KB039041

# 폴리티컬 마인드

21세기 정치는 왜 이성과 합리성으로 이해할 수 없을까?

# 폴리티컬 마인드

21세기 정치는 왜 이성과 합리성으로 이해할 수 없을까?

**조지 레이코프** 지음 ㅣ **나익주** 옮김

한울
아카데미

# THE POLITICAL MIND

## A Cognitive Scientist's Guide
## to Your Brain and Its Politics

면역체계와 시상하부, 복내측 전(前)전두엽 피질, 권리장전은 동일한 근원을 지닌다.

안토니오 다마지오
『데카르트의 오류』에서

# 대선과 그 이후 정치에 대한 비밀이 담긴 레이코프의 신간

안병진(경희사이버대 미국학과 교수)

만약 올해 다가오는 결정적 선거인 대선에서부터 향후 대한민국의 10년 정치를 좌우할 가장 중요한 정치 서적은 무엇일까? 나는 조금도 주저하지 않고 제러미 리프킨의 『공감의 시대』와 조지 레이코프의 『폴리티컬 마인드』를 추천하고 싶다.

그러나 출간 당시 『공감의 시대』는 안타깝게도 마이클 샌델의 『정의란 무엇인가』 신드롬을 능가하진 못했다. 사실 샌델의 책은 드디어 역사의 시계추가 '부자 되세요'(사익)에서 '무엇이 올바른가?'(정의)로 이동하기 시작했음을 알리는 강력한 신호탄이었다. 그리고 샌델의 책이 신호탄이라면 리프킨과 레이코프의 책은 본격적인 시대정신 그 자체이다.

2012년 이후 시대정신을 한 단어로 압축하라면 그 답은 '공감, 즉 감정이입(empathy)'이다. 리프킨은 인류가 거울뉴런 덕분에 타자에게 감정이입하는 능력을 가지고 있다는 최신 신경과학의 성과에 근거해 상호 존중과 상호 공감의 세계시민 공동체로의 진화를 선언하고 있다. 공감 뉴런이라는 최신 연구 성과를 가지고 리프킨이 인류의 진화를 규명했다면 레이코프는 이를 진보의 정치 마인드와 메시지 전략으로 발전시켰다.

물론 레이코프의 정치적 프레임에 대한 연구는 이 책의 번역자이자 인지언어학자인 나익주 박사의 헌신적인 노력 덕분에 이제 우리에게도 널리 알려져 있다. 은유 이론을 적용해 보수와 진보 세계관의 근저에 엄격한 아버지 모형과 자애로운 부모 모형이 작용한다는 레이코프의 통찰은 정치 전략과 메시지 전술에 풍부한 시사점을 던진 바 있다. 특히 그의 재치 있는 비유인 '코끼리는 생각하지 마'는 사람들이 이 말을 들을 때 누구나 역으로 코끼리를 연상하게 된다는 사실을 지적하며 자기 프레임의 중요성을 설득력 있게 각인시켰다.

하지만 그의 저작은 람 이매뉴얼 전 비서실장 같은 정치 전문가로부터 민주당 위기의 핵심을 잘못된 가치와 정책에서 찾기보다는 메시지의 메이크업에서 찾게 만든다는 비판에 시달렸다. 이 야심 찬 신간에서 레이코프는 이러한 비판을 비웃기나 하듯이 자신의 본질적 목적은 21세기 문화전쟁의 핵심 전장인 뇌신경을 변화시키는 것이라는 대담한 주장을 펼친다. 즉, 뇌의 영역에서 진보의 혼과 태도를 21세기 과학에 입각해 제시해 지구와 민주주의, 인류의 위기를 극복하는 큰 시야의 프로젝트라는 말이다. 과거 마르크스주의에 비유하자면 공산당의 전술을 제시한 레닌의 '무엇을 할 것인가'가 아니라 당시의 최신 과학적 성과에 단단하게 기초해 공산당의 근본 가치와 태도를 제시한 '공산당 선언'에 더 가깝다. 이와 마찬가지로 레이코프는 21세기 과학적 성과에 입각해 18세기 계몽주의 과학의 이성주의적인 사익과 탈신체화된 관념을 극복하고 감성적 공감과 국가의 시민에 대한 책임의 근본 가치와 태도, 좌우의 단순 화법을 넘는 메시지 전략을 총체적으로 제시한 셈이다. 나는 이를 21세기 공화주의 정치 마인드에 대한 정치과학이자 선언이라 부르고 싶다. 한편 그는 최근 서구의 자유주의자들이 좋아하는 이익과 정책 프로그램의 정치 위주로 진보를 포장하면 사익의 정치 계산에서는 타의 추종을 불허하는 보수의 전장 안에 들어가는 것이라고 경고했다.

물론 구체적 프로그램이나 좌우로의 단순 선회가 아니라 공감과 국가의 책임 가치로 뇌를 무장하라는 그의 말은 너무나 당연하게 들린다. 하지만 오늘날 미국과 한국 진보의 정치에서 이보다 더 핵심을 잘 표현하는 말은 없다. 오바마는 과거 앨 고어나 존 케리 민주당 대선 주자들과 달리 구체적 프로그램 이전에, 그리고 좌우 논법을 넘어 민주공화국을 향한 그의 가치와 꿈을 제기했다. 그는 유권자들이 민주당의 대부분의 정책에 동의하면서도 대통령으로는 부시를 찍을 수 있는 복합적인 정치적 마음을 가질 수 있다는 점을 잘 이해했다. 따라서 그는 선거 기간 동안 세밀한 정책주의적 선거나 좌우로의 단순 위치선정보다는 미국인으로 살아가는 것이 지긋지긋한 유권자들과 진정성을 가지고 공감하며 국가 역할의 대담한 변화를 제시해 정치적 마음을 되찾아 왔다.

집권 이후 오바마는 레이코프식 뇌의 정치를 잠시 잊어버리고 이익들 간의 절충과 타협의 관리자로만 비추어지면서 비틀거려왔다. 그는 이제 다시 선거철을 맞이해 공감과 책임의 정치를 전면화하고 있다. 이번에는 공감의 정치와 너무나 잘 어울리고 경이롭게 진화하는 SNS 무기를 2008년보다 더 정교하게 활용하고 있다. 예를 들어 그는 200만 명 조직을 목표로 자신의 메시지를 알리는 '트루스 팀(Truth Team)'을 조직함은 물론이고, 각 유권자와 스토리텔링을 공유하며 이것을 집단적 서사로 발전시키고 있다.

한국은? 레이코프의 책이 여의도 정가에서 인기를 끌었지만, 안타깝게도 야권은 여전히 D학점 수준의 이해도를 보이고 있다. 나는 지난 총선 직전 민주당 핵심 전략 회의에 참가해 새누리당의 새 플래카드 시도를 칭찬했다가 집단적 조롱거리가 된 적이 있다. 전략 회의에 참석하기 전 출근길에 학교 앞에서 본 '보수가 바뀌면 대한민국이 바뀐다'는 플래카드는 잠시 나의 머릿속을 헝클어놓았다. 마치 민주당이 걸어놓은 것 같은 새누리당의 구호는 시민들의 마음속 복잡한 심경을 섬뜩하게 들여다보는 것 같았던 것이다. 그러나 이 새로운 시도를 칭찬하는 내 의도는 무시당했고, 어떻게 그 황당한 슬로건을 신선하다고 칭찬할 수 있냐며 조롱과 비난을 퍼붓는 그들의 얼굴을 보면서 불길한 예감이 스쳤다.

아직도 그들은 시민들의 마음속 가치와 복잡하고 미묘한 심경을 들여다보기 위한 치열한 노력보다는 그저 자칭 '선수'들 머릿속의 정치공학과 진보 정책 담론의 한방 위력이라는 환상에만 빠져 있다. 이 책의 표현을 빌리자면, 이들은 여전히 18세기 마음으로 21세기 정치를 이해하려 하고 있는 셈이다.

이 레이코프의 신간에는 올해 미국과 한국 대선 승리와 21세기 정치의 모든 비밀이 다 담겨 있다. 그저 일상적 전략과 메시지로 전화시키면 된다. 보너스로 통합진보당의 구당권파와 같은 '권위주의적 좌파'의 비틀린 조합을 이해하는 분석틀(113~119쪽)도 담겨 있어 읽는 재미가 상당하다. 하지만 현재 한국의 현실은 필자의 지인이 얼마 전 보여준 SNS 데이터로 압축된다. 그가 보여준 각 대선후보의 긍정 키워드를 보면서 나는 한숨을 쉬었다. 올해의 시대정신의 핵심이 공감인데, 박근혜에 비해 야권 후보들은 공감의 긍정 키워드가 놀랍게도 그리 빈번하게 나타나지 않고 있기 때문이다. 야권의 핵심 무기인 공감의 정치에서도 크게 이기지 못하는 진보는 공격도 해보지 못하고 반드시 패배한다는 점을 한국의 야권은 너무나 쉽게 잊는다.

이제 한국의 야권 진영은 감성적 공감과 국가의 시민에 대한 보호와 잠재력 강화의 책임에 대한 새로운 공화주의적 '폴리티컬 마인드'와 이를 과학적으로 연구하는 기반을 만들며 급진적으로 혁신해야 한다. 나아가 이 '폴리티컬 마인드'와 태도를 진정성 있게 제기할 큰 정치가와 새 정치세력을 장기적으로 만들어가야 한다. 이 핵심 토양이 단단하게 만들어지지 않는 한 앞으로의 모든 선거와 국정에서 진보는 고전하거나 최악의 경우 패배할 것이다. 과연 한국의 진보 정치세력들이 이 신간의 과학적이면서도 절절한 메시지를 몇 퍼센트나 이해하고 실천할 수 있을지 무척 궁금하다. "바보야, 문제는 뇌란 말이야(It's brain, stupid!)."

# | 차 례 |

두 가지 혁명이 우리 앞에 펼쳐지고 있다. 하나는 뇌와 마음에 대한 우리의 이해에서 일어나고 있다. 이 혁명 덕분에 우리는 이성과 합리성을 과학적으로 새롭게 조망하는 중이다. 다른 하나는 우리의 정치에서의 혁명이다. 이 혁명에서 오바마(Barrack Obama) 대통령은 우리에게 미국 민주주의의 핵심이 무엇인지에 대해 새로운 발상을 하도록 요구하고 있다. 분명하지는 않지만 이 두 혁명은 밀접한 관련이 있다.

이 책은 2008년 말의 끔찍한 경제 위기 이전에 그리고 오바마가 민주당의 대통령 후보로 지명을 받아 대통령 선거에서 승리하기 전에 이미 구상하고 쓴 것이다. 그러나 이 책은 오바마가 미친 엄청난 영향을 이해하는 것과 깊은 관련이 있다. 그 영향은 텔레비전과 신문의 논평 전문가들이 대부분 놓쳤던 엄청난 변화이다.

신경과학의 위대한 진전 가운데 하나는 이른바 거울뉴런(mirror neurons)과 그 경로의 발견이었다. 이 경로 덕택에 거울뉴런은 감정이입에서, 즉 다른 사람의 처지에서 생각하고 판단할 수 있는 생물학적 토대에서 핵심적인 역할을 수행할 수 있다. 감정이입은 오바마가 성공을 거둔 주요한 열쇠 중 하나이며 미국에 대한 그의 비전에서도 가장 중요한 부분이다.

이 책에서 나는 이른바 '진보적' 사고의 이면에 있는 무의식적인 가치를 분석한다. 그러한 가치에는 감정이입과 (자신과 타인에 대한) 책임, (자신과 세계를 더 좋게 만드는) 탁월성 윤리가 있다. 나는 이러한 정치적 가치가 은유적으로 어떻게 자애로운 '가정' 개념에 연결되어 있는지를 밝히고자 한다.

오바마 대통령은 이 가치들이 어떻게 진보적인 개념과 보수적인 개념을 넘어서서 통일성을 얻게 되는가를 강조했다.

2008년 1월 20일 마틴 루터 킹의 날에 행한 연설에서 오바마는 '감정이입의 결여'라는 말을 반복했다.

> 단결은 시대가 필요로 하는 위대한 것입니다. 이 시대에도 진정으로 필요한 위대한 것입니다. 이 낱말이 즐겁게 들리기 때문도, 우리를 기분 좋게 해주기 때문도 아닙니다. 다만 이것만이 이 나라 미국에 존재하는 본질적인 결핍을 극복할 수 있는 유일한 길이기 때문입니다.
>
> 나는 재정 적자에 대해 말하고 있지 않습니다. 무역 수지 적자에 대해 말하는 것도 아닙니다. 좋은 발상이나 새로운 계획의 부족에 대해 말하는 것도 아닙니다.
>
> 나는 **도덕성의 결여**에 대해 말하고 있습니다. **감정이입의 결여**에 대해 말하고 있습니다. 서로에게서 자신을 인식할 수 있는 능력의 결여에 대해 이야기하고 있습니다. 즉, 우리 스스로가 우리 형제와 자매의 수호자라는 것을, 마틴 루터 킹 목사의 말을 빌리자면 우리 모두 하나의 운명의 갑옷을 입은 채 서로 연결되어 있다는 것을, 이해할 능력이 없음에 대해 이야기하고 있습니다.
>
> 우리는 **감정이입**이 **결여**되어 있습니다. 여전히 우리의 자녀를 부끄러운 복도로

내보낼 때, 즉 피부색이 여전히 교육 내용에 영향을 주는 미국의 잊힌 모퉁이의 학교에 보내고 있을 때 말입니다.

우리는 무언가 결핍되어 있습니다. 노동자가 열 달 동안 버는 돈보다 많은 돈을 기업의 대표가 단 10분 만에 벌고 있을 때, 다수의 가정이 자신의 집을 잃음으로 인해 대부업자가 이익을 낼 때, 아이가 아픈데도 어머니가 의사를 만날 비용을 감당할 수 없을 때, 우리는 무언가 결핍되어 있습니다. 이 밖에도 결핍의 사례는 많습니다.

그는 앤 커리(Ann Curry)와의 인터뷰(2008년 4월 1일)에서 다음과 같은 대화를 나누었다.

> **커리**: 당신의 어머니가 당신에게 가르쳤던 것 중에서 가장 소중한 것은 무엇인지요?
>
> **오바마**: 감정이입이에요. 반드시 다른 사람의 눈을 통해 세계를 볼 수 있도록, 그들의 처지에 서 보아라. 그것이 바로 친절과 공감의 기초라고 생각합니다.

(2008년 3월 19일) ≪앤더슨 쿠퍼 360(Anderson Cooper 360)≫ 인터뷰에서 쿠퍼는 오바마에게 애국심을 어떻게 정의하는지 물었다. 오바마는 이렇게 대답했다. "애국심의 핵심은 '우리는 서로를 보살피고 있는가? 우리는 이 나라를 세운 사람들의 가치를 옹호하고 있는가? 우리는 미래 세대를 위해 기꺼이 희생하고 있는가?' 등의 문제이다."

많은 점에서 오바마와 나는 의견을 같이한다. 예를 들어, 우리는 이러한 점에 동의한다. 우리의 민주주의는 감정이입, 즉 서로를 보살피는 것과 그러한 보살핌을 바탕으로 책임감 있게 행동하는 것에 근거한다. 이것이 바로 우리 자신만이 아니라 모두를 위한 자유의 원리와 공평성 원리, 평등의 원리를 가지고 있는 이유이다. 오바마가 던진 개념적 승부수는 진정성이 있고 역사적인 것이다. 감정이입과 (개인적인 것이든 사회적인 것이든) 책임은 단순히 진보의 가치가 아니라 아주 중요한 미국적 가치이다. 오바마는 감정이입과 책임이 바로 미국의 단결을 이끌어내는 가치라고 본다.

이 책의 제3장은 우리가 왜 흔히 통치 기관을 가정의 관점에서 이해하는지와, 두 개의 흔한 이상화된 가정 모형이 어떻게 진보적인 가치와 보수적인 가치를 생성하는지에 대해 신경 학습 원리에 근거해 설명한다.

이것이 오바마의 비전에서 핵심적인 개념이다. 2008년 아버지의 날 연설에서 오바마는 가정과 국가 정부를 명시적으로 연결한다. 이 연설에서 그는 부모의 책임에 대해 이렇게 역설하고 있다.

첫 번째 책임은 자녀에게 우수한 사례를 제시해주는 것입니다. 그 이유는 만일 우리가 자녀에게 높은 기대치를 설정하고 싶다면, 우리 자신에게도 높은 기대치를 설정해야 하기 때문입니다.

아버지로서 우리가 해야 하는 것은 감정이입의 가치를 자녀에게 전해주는 것입니다. 연민이 아니라 감정이입, 즉 다른 사람의 처지에 서서 그 사람의 눈으로 세계를 바라볼 수 있는 능력 말입니다. …… 그런데 그것은 또한 워싱턴에까지도 확장되는 책임입니다. 그 이유는 만일 아버지들이 자신의 역할을 수행하고 있다면, 즉 자녀들을 위해 존재하며 높은 기대치를 설정하고 그들에게 탁월성과 감정이입의 의미를 주입해야 할 우리의 책임을 진지하게 수용하고 있다면, 우리의 정부는 그들을 가운데쯤에서 만나야 하기 때문입니다.

오바마는 계속해서 이것을 혼인세와 혼인 위약금, 아동 지원 프로그램, 직업 훈련, 소득세 공제 등 구체적인 정책에 연결했다. 그의 추론은 분명하다. 만일 우리가 자녀들에게 감정이입을 가르치지 않는다면, 서로를 보살피지 않는 사람들의 세대와 국민을 보살피지 않는 정부만이 남을 것이다.

거울뉴런의 발견(155쪽과 그 다음을 볼 것)은 감정이입이 우리가 태어날 때부터 가지고 있지만 자애로운 양육을 통해서 강화되어야만 하고, 그렇지 않으면 퇴화될 인간의 근본적인 역량이라는 것을 보여준다. 신경과학을 이해하는 것은 미국의 핵심적인 가치에 대한 오바마의 해석을 파악하고 가정과 미국 민주주의의 연결을 이해하는 데 아주 중요하다.

그것은 편리한 은유 이상의 것이다. 자애로운 가정에서 자녀를 보호하고 자녀의 역량을 강화해주는 것과 탁월성 윤리를 주입하는 것은 부모의 책임이다. 그래서 정부에 대한 견해에서 오바마는 정부가 보호(protection)와 역량강화(empowerment)에 대한 동일한 도덕적 임무와 탁월성 윤리를 가지고 있다고 본다. 이 탁월성 윤리는 오바마의 내각 구성원 선택에서 찾아볼 수 있다. 분명히 그들은 모두 자신의 능력 덕택에 잘 알려져 있으며 존경을 받는다. 그리고 이 탁월성 윤리는 오바마가 교육에 부여하는 우선순위에서 드러난다. 보호는 군사적인 보호나 경찰의 보호뿐 아니라 소비자, 노동자, 환경, 연금수혜자, 투자자, 그리고 의학적 치료를 필요로 하는 사람들에 대한 보호를 포함한다. 정부에 의한 역량강화는 (도로, 다리, 공공건물, 학교, 에너지 망 등) 기반시설의 구축과 보수, 교육제도, 금융제도와 주식시장, 사법제도를 통해 이루어진다. 정부에 의한 보호와 역량강화 없이 어딘가에서, 특히 사적 부문에서 돈을 조금이라도 벌 수 있는 사람은 결코 없다. 이른바 자유시장의 지지자가 많은데도 보호와 역량강화는 언제나 미국 경제에서 가장 중요한 개념이었다. 그리고 이 둘은 우리 경제를 다시 건설할 때에도 아주 중요하다. 우리는 이제까지 국민의 정부가 자신의 도덕적 임무를 소홀히 한 데서 빚어진 유감스러운 결과를 목격했다. 오바마가 제시하는 경기부양 프로그램의 희망은 정부의 도덕적 임무에 대한 그의 이해에서 나온다. 오바마가 '무엇이 작동하는가?'에 대해 이야기할 때, 그의 말은 모두를 위한 도덕적 평등과 보호, 역량강화 ─ 동등한 보호와 동등한 역량강화 ─ 에 도달하기 위해 무엇이 작동하는가를 의미한다.

그러나 오바마는 정부가 모든 것을 혼자서 다 할 수는 없다는 것을 분명히 인식하고 있었다. 미국 자본주의와 민주주의는 언제나 봉사에 의존해왔다. 즉, 자신의 전문영역과 공동체, 열정적인 관심 분야에서의 자원봉사 활동에 의존해왔다. 그러나 오바마는 자원봉사자들이 시민 자격의 한 척도로서, 일상생활의 한 형태로서, 이 나라에 대한 헌신으로서 훨씬 더 많은 노력을 할 필요가 있다는 것을 인식한다. 적어도 미국 국민의 4분의 1은 정부가 제공할 수 있는 것 이상의 보호와 역량강화를 필요로 한다. 정부의 노력만으로 한계가 있다면, 이러한 도덕적 임무는 우리의 동포를 섬기고 따라서 이 나라를 섬길 수 있는 우리 모두의 몫이다. 오바마는 봉사에 대한 존 에프 케네디의 외침을 되풀이하고 있다(아니 그 외침을 넘어서고 있다). 봉사는 미국 어느 곳에서나 필요하다. 교실에서의 도움을 원할 수도 있는 학교나, 질병 예방과 건강관리를 위해 강사의 도움을 받을 수 있는 진료소, 은퇴 노인 시설, 특별한 도움을 필요로 하는 아이들이 있는 모든 장소, 영어 학습을 위한 도움이 필요한 이민자, 고용에 도움이 될 만한 기술이 전혀 없는 젊은이는 모두 봉사자의 손길을 필요로 한다. 주변을 돌아보라. 당신은 개인적인 봉사든, 정치 조직이나 시민단체를 통한 봉사든, 봉사의 기회가 도처에 있음을 알게 될 것이다.

다름이 아니라 봉사와 정부의 도덕적 임무에서 우리의 가치와 경제는 하나가 된다. 정부 프로그램을 통해 전달되든 개인적인 봉사를 통해 전달되든 공적인 변호를 통해 전달되든, 봉사를 필요로 하는 사람들을 위한 보호와 역량강화는 경기부양책이다. 우리 국민들이 더 좋은 교육을 받고 더 건강해질 때, 우리의 환경이 더 푸르러질 때, 사람들이 우리 모두에게 가치가 있는 자신의 일에 대해 합당한 보수를 받을 때, 그리고 무엇보다도 신뢰가 있을 때, 우리의 경제는 더 나아진다.

오바마의 봉사 요청은 일회성 봉사 — 자선단체에 대한 기부나 추수감사절에 노숙자에게 대접하는 저녁 식사 등 — 가 아니다. 그것은 당연히 미국에서의 삶의 구조의 일부이다. 즉, 가족 구성원이나 공동체 구성원, 미국인이 되기 위해서 당연히 해야 하는 그런 속성을 생각나게 하는 말이다. 감정이입과 책임, 탁월성이 바로 이러한 속성이며 진정한 미국적 가치이다. 개인적 책임이 아니라 사회적 책임이, 탐욕이나 사익이 아니라 관대함이, 그리고 이익 집단이 아니라 단결이 바로 이러한 가치이다. 이것은 오바마 선거운동에 '희망'과 '변화'의 동력을 공급할 수 있는 가치이다.

이러한 전망을 끝까지 실현하기 위해 필요한 것은 바로 우리 국민의 뇌신경의 커다란 변화라고 나는 믿는다. 내가 '뇌신경 변화'라는 말을 하는 이유는, 우리가 알고 믿고 이해하고 가치 있게 생각하는 모든 것이 물리적으로 우리 뇌신경의 일부이기 때문이다. 이것이 바로 이 책의 내용이다. 뇌신경 변화는 경험을 통해서 그리고 대중 담론의 언어를 통해서 이루어진다. 감정이입과 일상적인 봉사를 통해서 미국인의 경험을 변화시킴으로써 미국인의 뇌는 변화한다. 그리고 이에 따라 미국은 (물질적인 측면에서 그리고 가치의 측면에서) 변화한다.

오바마는 이 책의 또 다른 주제 — 이중개념주의 — 를 분명하게 이해했다. 우리 뇌 속의 신경 체계는 상호 억제를 위해, 즉 모순적인 가치 체계가 서로 다른 맥락에서 사용되도록 설정되어 있다. 이 체계에서는 한 가치가 활성화되면 다른 한 가치는 억제된다. 아주 많은 미국인이 어떤 쟁점에 대해서는 진보적이지만 다른 어떤 쟁점에 대해서는 보수적이다. 이것은 거의 모든 미국인이 적어도 삶의 어떤 중요한 영역에서 적어도 일부 쟁점에 대해서는 이미 감정이입과 (사회적이거나 개인적인) 책임, (더 우월함으로써 세계를 좋게 만드는) 탁월성의 윤리를 가지고 있다는 것을 의미한다.

대중 담론은 물론 일상생활에서 근본적으로 미국적인 이 가치 체계를 점점 더 활성화함으로써, 오바마는 이러한 가치를 중심으로 미국의 단결을 도모한다. 그러한 변화를 이끌어내고자 한다면, 뇌가 어떻게 작동하는가를 이해하는 것이 중요하다.

이것이 바로 이 책이 우리의 미래를 위해 가져다주는 희망이다. 더 불운했던 우리의 최근 과거와 관련해, 이 책은 2008년에 왜 미국 경제가 붕괴했는가에 대한 중요한 통찰을 제공한다. 그린스펀(Alan Greenspan)의 인지불일치로 논의를 시작해보자. 그린스펀은 의회에서 이렇게 증언했다. "대부기관이 주주의 순수자본을 보호할 것으로 기대해왔던 사람들은 충격을 받아 불신의 상태에 있다. 물론 나도 그런 사람 중 하나였다." 자, 앨런, 당신의 믿음에 도움을 줄 수 있는 다음 요인의 일부를 생각해보라.

첫째, 그린스펀과 대부분의 노회한 금융 전략가는 사익이 인간 행동을 지배하는 '자연스러운' 동기라는 믿음에 매달려왔다. 이 책에서는 이 믿음이 이성이 의식적이고, (세계와 직접 일치할 수 있어서) 축자적이며, 감정적이 아니고, 탈신체화되어 있으며, (수학적 논리의 원칙을 따르기에) 논리적이라고 (그리고 모든 인간이 공유하는 것이라고) 보는 구계몽의 착상에 의존하는 것이라고 설명한다.

이 시나리오에서 경제적 인간은 또한 자연스럽게 합리적인 사익을 따르며, 이른바 '합리적 행위자 모형'에 의해 수학적으로 모형화된 '합리적인' 의사결정을 사용한다. 이것은 자유시장을 모든 사람이 개인적으로 자신의 합리적인 사익을 추구하는 행위의 결과물로 보는 발상의 근거가 된다. 자유시장 주창자는 그러한 시장이 자기조정 능력이 있으며 모두의 이익을 극대화할 것이라고 말한다. 그 결과 이렇게 개념화된 자유시장은 자연적이고 도덕적인 것으로 간주된다. '시장이 결정하게 하라'는 슬로건에서는 이 시장 자체가 결정자, 즉 시장 절제에는 보상하고 시장 절제의 결여에는 벌하는 경제적인 수정의 궁극적인 도덕적 조정자로 간주된다. 따라서 자유시장에 대해 외적인 제약을 가하려는 어떤 시도 ― 규제, 과세, 노동조합, 집단소송 사건 ― 든지 비도덕적이고 비현실적인 것으로 간주된다.

지난 8년 동안, 미국의 보수 정부는 탈규제와 민영화를 극대화하고, 과세와 집단소송 사건을 최소화했으며, 노동조합을 무력화했다. 여기에서 그 비극적인 결과를 다시 언급할 필요는 없다.

(고정된 뇌 회로에서 물리적으로 실현되는) 이 심적 경향의 또 다른 부문은 규제 없는 시장에서 투자자가 투자에 대한 단기 이익을 극대화하고자 하는 경향이다. 자산관리자와 주식중개인에 대응되는 심적 경향은 단기 이익의 극대화를 겨냥한 단기적 프레임과 수학적 모형을 사용해 생각하는 것이다.

보수적인 경향은 인과관계를 (문화적이든 자연적이든 전체 체계의 구조에서 도출되는) 유기적인 것이 아니라 (개인적 행위와 개인의 책임에 근거하는) 직접적인 것으로 본다. 이로부터 따라오는 경향은 경제 체계 전체의 구조와 관행에서 그리고 경제를 운용하는 사람들의 집단적인 심적 경향에서 비롯하는 유기적인 위험성을 살피는 것이 아니라 개인 투자와 기업의 위험성을 살피는 것이다.

그렇다면 물론 위의 모든 것을 강화하는 데에는 인간의 탐욕이 수행하는 역할이 있다. 이 책은 곳곳에서 인지과학과 뇌과학에서 나오는 기본적인 결과에 대해 설명할 것이다. 이 설명은 이러한 요인이 어떻게 경제 붕괴를 초래했는가와 관련이 있다.

첫째, 이성과 합리성에 대한 계몽주의 관점은 현대 인간의 행동을 기술하거나 설명하는 데 완전히 부적합한 것으로 드러났다. 우리 모두가 모든 행동에서 합리적인 행위자인 것은 아니다. 심지어는 그와 유사하지도 않다.

둘째, 사익을 모든 사람의 가장 중요한 자연적인 동인으로 보는 관점도 역시 전망이 없고 불충분한 것으로 드러났다. 결과적으로 합리적 행위자 모형과 이 모형에 근거한 수학적 모형도 역시 본질적으로 결함이 있다.

셋째, 유기적 원인은 환경과 사회, 경제 등 어디에나 존재한다. 이러한 연유로 유기적이 아니라 국소적인 수학적 위험성 모형을 널리 사용하는 것은 재앙을 초래한다.

넷째, 시장은 정부에 의한 보호와 역량강화에 의존하기 때문에 '자유롭지' 않다.

다섯째, 기업의 행동은 투자자와 경영자의 행동에 의존한다. 감정(예: 탐욕)은 투자자와 자산관리자의 심적 경향에서 주요한 역할을 하고, 따라서 그들의 사유에서도 그렇다. 그러한 심적 경향은 고정되어 있으며, 더 많이 사용될수록 더 강해지는 신경회로로서 뇌에서 실현된다.

여섯째, 날마다 사용될 때 그러한 회로는 아주 강해져서 기본적인 상식 ─ 심지어는 기본적인 경제학의 핵심 원리 ─ 을 압도할 수 있다. 그래서 급박한 대재앙을 인식하지 못하게 될 수 있다.

인지과학의 토대와 함축을 살펴볼 때, 2008년의 경제 붕괴는 많은 사람들이 이해하지 못하는 것으로 보이는 잠재적으로 중요한 정치적 의미를 지닌다. 이 경제적 붕괴에는 당연히 고삐 풀린 자유시장의 이상의 붕괴가 뒤따르며, 이와 함께 그 이상을 지탱했던 핵심적인 이념이 제거된다. 즉, 사익이 인간 행동의 주요하고도 가장 자연스러운 동인이며 감정이입은 그렇지 않다는 생각과, '책임'은 사회적인 것이 아닌 개인적인 책임만을 의미한다 ― 우리는 결코 우리 형제자매의 수호자가 아니다 ― 는 생각과, 인과관계가 유기적이 아니라 국소적이고 직접적이며 따라서 위험성도 그러하다는 생각은 사라지게 된다.

2008년의 경제 붕괴로 인해 '시장이 결정하도록 하라'는 원리도 당연히 폐기되어야 한다. 달리 말하면, 시장이 무엇이 경제적으로 옳고 그른가를 결정하며 따라서 누가 경제적인 보상과 벌을 받아야 하는가를 결정하는 궁극적인 조정자라는 개념이 사라져야 한다. 이러한 오해가 확장되어 다음과 같은 자유시장 개념이 나오기 때문이다. 인간의 '가치'는 절제와 자기 통제의 문제이다. 부를 얻지 못하는 것은 개인적인 절제와 자기통제의 결여 때문이다. 부를 축적하지 못한 어떤 사람의 실패에도 유기적인 원인은 결코 있을 수 없다. 부를 축적하지 못한 사람은 모두 자기 실패의 결과를 감내해야 하며, 정부의 보호나 보장, 수혜를 받아서는 안 된다.

이것은 시장경제학에 대한 나쁜 발상일 뿐 아니라, 극보수적 사고의 핵심적인 개념이다. 이러한 개념으로 인해 재앙이 초래되었다. 이러한 개념은 완전히 수치스러운 것이다. 왜냐하면 이러한 개념이 오바마와 마찬가지로 내가 미국의 가장 근본적인 가치라고 믿는 것 ― 감정이입, 자신과 타인에 대한 책임, 탁월성 윤리 등 ― 과 정면으로 충돌하기 때문이다.

이 책은 긴밀히 연결된 두 가지 목적을 지닌다. 인간 이성에 대한 우리의 과학적 이해의 진전에 대해 독자에게 알려주는 것과, 그러한 과학적 지식이 우리 미국의 정치를 이해하는 데 어떠한 도움을 줄 수 있는가를 제시하는 것이다. 나는 이 책이 미국의 전통적인 가치 ― 감정이입과 자애로움, 공평성, 평등 ― 를 다시 찾고자 애쓰며 이 나라의 미래를 논의하는 과정에서 하나의 도구로 사용될 수 있기를 바란다. 또한 모든 국민을 위한 가장 좋은 미래를 만들어 갈 때 우리가 수행해야 할 역할을 논의하는 데에도 이 책이 도움이 되기를 바란다.

2009년 1월
캘리포니아 버클리
조지 레이코프

# 뇌의 변화와 사회 변화

극보수주의자가 문화 전쟁을 벌이고 있다. 이 싸움의 주요한 전장은 뇌이다. 위험에 처한 것은 미국이 지향해야 하는 나라의 모습이다. 그들의 목적은 보수의 도덕적 세계관에 맞도록 미국을 급격하게 변화시키는 것이다. 이 싸움은 민주주의는 물론 민주주의에 어울리는 모든 것을 위협하고 있다.

이곳만이 아니라 미국의 영향이 미치는 곳이면 어디에서나 이러한 위험은 실재한다.

미국의 가치는 근본적으로 진보적이며, 평등과 인권, 사회적 책임을 중시한다. 그리고 이것은 모두를 위한 것이다. 그렇지만 진보주의자는 지금까지 그 이유도 모른 채 이 문화전쟁에서 보수주의자에게 엄청나게 밀렸다. 극보수주의자가 추구하고 이미 도입하기 시작한 것은 이러하다. 그들은 부의 엄청난 집중과 통제에 근거한 권위적인 위계를 만들고, 공포와 협박, 순종에 근거한 질서를 중시한다. 그들은 정부가 허약하기를 바라고 권력의 균형이 없는 것을 원한다. 또한 그들은 우선순위를 공공 부문에서 기업과 군 부문으로 넘기고, 책임을 사회로부터 개인에게 전가하려 하고 있다. 더 나아가 그들은 투표하는 사람과 투표를 계산하는 방식을 통제해 선거를 통제하고, 미디어를 통해 개념을 통제하려고 하고 있다. 궁극적으로 그들은 가부장적인 가정의 가치를 종교와 정치, 시장에 투사하는 것을 목표로 한다.

지금, 민주주의의 미래가 위협을 받고 있다.

사회 변화는 물질적 변화(누가 얼마만큼의 부를 통제하는가)이고, 제도적 변화(누가 어떤 권력 기관을 이끄는가)이며, 정치적 변화(누가 선거에 승리하는가)이다. 그러나 이 문화전쟁의 주요한 전쟁터는 뇌이다. 특히 의식의 층위 아래에서 뇌가 작동하는 방식이다.

진보주의자는 지금까지 이성에 대한 낡은 견해를 수용했다. 이것은 이성이 의식적이고, 축자적이며, 보편적이고, 감정적이 아니며, 탈신체화되어 있고, 사익에 충실하다는 계몽주의 이성관에까지 거슬러 올라간다. 인지과학과 뇌과학이 보여주는 바와 같이, 이것은 이성에 대한 그릇된 견해이다. 아주 이상한 얘기지만, 이것은 정말 중요하다. 이것이 학문적 쟁점처럼 들릴지 모르지만, 이성의 본성에 대한 이 가정으로 인해 진보주의자들은 민주주의를 효과적으로 옹호하고 신장하는 데 어려움을 겪어왔다. 지금까지 진보는 극보수파에게 정치적 마음을 넘겨주었다.

이 책은 세 부분으로 나누어 이 문제를 다룬다.

제1부는 기본적인 개념에 대한 머리말로서 먼저 마음과 뇌, 대부분 무의식적인 정치적 사고 양식을 다룬다. 그리고 이 정치적 사고 양식들이 어떻게 정교하게 연결되는지를 탐구한다.

제2부에서는 이러한 개념을 적용하기 시작하며, 이들을 사용하기 위한 기본 원리를 제시한다.

제3부는 전문적인 쟁점으로 관심을 돌려 미국 정치에 대한 전문가의 역할

과 영향력을 다룬다. 먼저 인지과학과 뇌과학의 전개 양상을 살펴보고, 이 두 분야가 경제학과 국제 관계, 진화, 언어학과 같은 분야에 대한 이해를 어떻게 변화시키고 있는지, 이러한 변화가 왜 정치에서 중요한지를 살펴본다.

## 이 책을 사용하는 방법

이 책의 용도는 두 가지이다. 먼저 독자들에게 우리의 정치적 삶에 대해 더 심오한 이해를 제공하고자 한다. 그리고 진보의 정치적 주장을 더 효율적으로 펼치고자 한다. 이 두 목적을 달성하기 위해서는 먼저 뇌와 마음이 작동하는 방식에 대한 지난 30년 동안의 연구에서 축적된 새로운 지식을 활용해야 한다. 이 지식은 정치의 영역을 넘어서서 일상적인 삶의 모든 영역에까지 확대된다. 이 지식에는 우리 자신에 대한 정보가 들어 있다. 우리는 이 지식에 직접 접근할 수 없으며, 이 지식이 존재한다는 사실조차 모른다. 비록 이 정보가 우리의 사고와 대화, 행동 방식을 지배하지만 말이다.

이 책은 사고 양식과 이 사고 양식의 발현 방식에 대한 것이다. 개인들의 사고는 복잡하며, 그들은 보통 둘 이상의 사고 양식을 사용한다.

나는 이 책에서 진보적 사고방식과 보수적 사고방식을 넘어서서, 이른바 나의 '신자유주의적' 사고 양식을 따로 분류할 것이다. 이것은 때때로 진보주의자에게는 보수적으로 보이고 보수주의자에게는 사회주의적으로 보이는 사고 양식이다.

부디 분류 명칭을 사고 양식과 혼동하지 않기를 바란다. 자칭 '보수주의자'인 사람이 어떤 쟁점 영역에서는 진보적인 사고 양식을 사용할 수 있다. 반대로 스스로 '진보주의자'라 칭하는 사람이 어떤 쟁점 영역에서는 보수적인 양식으로 사고할 수 있다.

마찬가지로 당 정체성을 사고 양식과 혼동하지 않기를 바란다. 나의 관심은 정당 소속에 따라 사람들을 분류하는 것이 아니라, 사고 양식과 그 귀결을 밝혀내는 것에 있다.

마음의 과학은 무의식적 사고라는 거대한 배경에 불을 지폈다. 뇌가 수행하는 사고 활동의 98퍼센트를 우리는 자각하지 못한다. 이러한 무의식적 사고의 대부분이 정치에서 아주 중요하다.[1] 우리의 눈으로 볼 수 없는 마음이 이 나라(미국)를 통치하는 방식에서 결정적인 역할을 수행한다.

그렇지만 우리는 대부분 적어도 계몽주의까지 거슬러 올라가는 마음의 이론을 물려받았다. 이 이론은 이성이 의식적이며 논리적이고, 감정적이 아니고, 탈신체화되어 있으며, 보편적이고, 우리의 이익에 충실한 활동을 한다고 주장한다. 인간의 이성에 대한 이 이론은 모든 점에서 거짓인 것으로 드러났다. 하지만 이 이론은 여전히 살아남아 있다. 삶의 많은 측면에서는 이것이 중요하지 않을지도 모르지만 정치에서는 아주 부정적인 영향을 미칠 수 있다.

- ◆ 정치적 이데올로기와 유권자들의 사고방식에 대한 잘못된 견해를 제공한다.
- ◆ 현 시대 보수주의의 실체와 목적이 무엇인가에 대한 많은 것을 대중과 언론에게 은폐한다.
- ◆ 쟁점 중에서 가장 중요한 것을 감출 수 있다.
- ◆ 진보주의자들에게 자신의 도덕적인 비전과 정부의 도덕적인 임무를 의식적으로 분명히 제시하지 못하도록 방해할 수 있다.
- ◆ 신자유주의적 사고의 토대를 형성한다. 이로 인해 너무나도 흔히 진보

주의자는 자신의 이상을 밝히지도 못하고 포기하게 된다.

◆ 그리고 진보주의자와 신자유주의자를 둘 다 무력하게 만들 수 있다.

이 결과는 지금까지 미국에도 전 세계에도 재앙이었다고 나는 믿는다. 이러한 연유로 우리가 뇌와 마음이 실제로 작동하는 방식에 대한 이해에 도달하는 것은 정말로 시급한 과제이다. 주제가 정치일 때에는 특히 그러하다.

인지과학은 우리가 일간지나 텔레비전은 물론 친구나 이웃에게서도 얻을 수 없는 정치적 마음에 대한 안목을 제공한다. 나는 사회적·정치적 사고의 보이지 않는 양상을 공론화하고 싶으며, 또한 그러한 사고를 밝혀내는 마음의 과학에 대한 이해의 실마리를 제공하고 싶다.

나는 인지과학자인 동시에 미국에 대해 염려하고 미국의 진보적인 민주주의 이상을 충실히 신봉하는 시민이다. 현재 이 이상이 위협을 받고 있다. 이이상을 지키기 위해서 우리의 정치를 최대한 명확하게 이해할 필요가 있다. 나는 이 책이 유익한 안내서 역할을 할 수 있기를 바란다. 단순히 정치를 이해하기 위한 안내서가 아니라, 효율적인 정치 참여의 지침서 역할을 수행하길 바란다.

## 왜 마음인가?

우리는 보통 정치를 경제와 권력, 사회 조직으로 나누어 설명하며, 이 모든 분야의 역사를 중시한다. 이들이 정치에서 아주 중요하지만, 이들에 대한 우리의 이해는 우리의 사고방식에 의존한다. 우리는 마음을 정치의 한 요인 —

즉, 행위자 — 으로 간주해야 한다. 우리의 사고방식에 대한 방대한 새로운 지식을 우리 마음대로 사용할 수 있기 때문에 이 모든 경향에 대해 다시 생각해 볼 필요가 있다. 그리고 앞으로 살펴보겠지만, 이렇게 다시 생각하는 과정을 통해 정치의 이 모든 차원에 대한 우리의 가장 근본적인 이해는 철저하게 변화한다.

그러나 이것은 정치적 마음을 고찰하는 학문적인 이유이다. 이렇게 해야만 하는 직접적인 이유가 있다. 우리의 민주주의가 위험에 처해 있기 때문이다. 이 위험의 뿌리는 돈과 권력, 사회구조, 역사에 있지만, 궁극적인 근원은 바로 우리의 뇌에 있다.

미국의 정치적 분할은 '두 개의 미국(two Americas)'에서와 같은 물질적 분할이 아니며, 또한 종교적 분할도 아니다. 또한 누가 어떤 권력을 지니는가의 문제도 아니다. 이 분할은 우리의 뇌 속에 자리 잡고 있다. 즉, 미국인들이 세계를 이해하는 방식에 있다. 거기에서 우리는 이 나라를 지배하는 모순적인 방식을 초래하는 경쟁적인 두 가지 사고 양식을 보게 된다. 하나는 근본적으로 민주적이고 다른 하나는 반민주적이다. 그러나 무의식적인 사고 양식은 맨눈으로는 볼 수 없다. 그래서 이들은 지금까지 핵심적인 역할을 해왔는데도 공적인 담론에서 논의되지 않았다.

그리고 그것은 단지 흑백의 문제 또는 파랑과 빨강의 문제가 아니다.* 우리는 대부분 자기 내부에 두 가지 사고 양식을 다 지니고 있다. 그런데 우리는 이 두 가지 사고양식을 우리 삶의 다양한 국면에서 각각 다르게 사용한다. 그러나 반민주적인 사고 양식이 더 풍부한 자금을 지원받고, 더 잘 조직화되어 있으며, 더 철저하게 실행되기 때문에 지금까지 승리를 거두고 있으며, 우리의 삶을 지배하는 방식을 근본적으로 바꾸어왔다.

* 파랑과 빨강'은 blue state(파랑 주)와 red state(빨강 주)에서 나온 표현으로, '이것은 흑백논리 또는 정치적 이념 차이의 문제가 아니다'라는 의미를 담고 있다.

불행하게도 이 위협의 전체적인 본질과 어떻게 이 위협에 대처할 수 있는지에 대한 폭넓은 이해가 부족하다. 정말로 아이러니하게도 이 위협 요인으로 작용하고 있는 것은 바로 미국 민주주의의 토대를 제공했던 마음 이론이다.


## 18세기 뇌로는 21세기 정치를 이해할 수 없다

강연을 하러 미국 전역을 돌아다니면서, 나는 동일한 종류의 질문을 계속 받았다. 민주당은 왜 이렇게 무기력한가? 무엇 때문에 그들은 분열하는가? 어쨌든 그들이 신봉하는 것은 무엇인가? 보수는 왜 자신의 개념을 훨씬 더 잘 전달하는가? 왜 민주당은 2006년 의회를 장악한 이래 더 많은 성공을 거둘 수 없었는가? 가난한 보수주의자는 왜 자신의 이익에 반하는 투표를 하는가? 왜 민주당의 포퓰리즘은 효과를 발휘하지 못했는가? 대중은 지구온난화가 실재한다고 인식하면서도 왜 그것에 훨씬 더 높은 우선순위를 부여하지 않는가? 민주당의 후보는 왜 공화당의 후보와 달리 상세한 프로그램의 목록을 들고 나오는가?

이 책의 목적은 이러한 질문뿐 아니라 유사한 질문 수십 개에 답하는 것이다. 그러나 통상적인 방식으로 답하지는 않을 것이다. 즉, 역사나 제도, 물질적 조건, 그리고 계층이나 인종, 성과 같은 사회적 요인이 중요하기는 하지만, 이것들의 관점에서 대답하지 않을 것이다. 나는 더 심오한 설명을 찾고 있다.

진보 진영은 왜 보수 진영처럼 두뇌집단을 구축하거나 미디어에 투자하지 않았는가? 진보 진영에도 보수 진영에 버금가는 돈이 있다. 진보가 보수적인 두뇌집단과 선전기구, 언론통제의 주요한 역할을 자각하게 된 것은 겨우 10년 전이다. 왜 이러한 분야에서 역량 있는 진보적인 기관을 세우려는 노력을 거의 하지 않았는가? 돈이나 자원의 부족 때문이 아니다. 통상적인 설명 양식은 그 자체가 부분적일뿐더러 그 설명 양식이 효력을 발휘하는 곳에서도 역시 어떤 설명이 더 필요하다.

그들의 설명에서 빠져 있는 것은 거의 눈에 보이지 않는 것, 즉 인간의 뇌와 마음의 역할이다.

최근의 미국 정치사와 그러한 기관의 편향성을 초래하고 계층이나 인종, 성의 역할을 결정했던 것은 바로 우리 마음의 무엇인가? 현재와 같은 우리의 사고방식을 유도했던 것은 바로 우리 뇌의 무엇인가? 그리고 궁극적으로 뇌와 마음에 대한 지식은 정치적 변화를 가져오는 데 어떤 도움을 줄 수 있는가? 이러한 질문에 답하는 것이 바로 이 책의 과제이다.

미국은 계몽주의에서 나오는 장엄한 원리를 바탕으로 18세기에 형성되었다. 계몽주의의 핵심적인 개념은 보편 이성이다. 즉, 합리성은 오직 한 형태만이 있으며, 바로 이것 때문에 우리가 인간이 된다는 개념이다.

다음 진술은 보편 이성과 민주주의가 어떻게 연결되었는가를 보여준다.

- 모든 사람이 이성의 역량을 지니고 있기 때문에, 우리는 왕이나 교황, 소수의 독재자와 같은 더 높은 권위자에게 굴복하지 않고 자신을 지배할 수 있다.
- 이성 때문에 우리는 평등하며, 따라서 가장 좋은 형태의 정부는 민주주의이다.
- 우리는 이성을 사용해 자신의 이익을 도모한다. 그래서 최적의 정부는 모든 사람의 이익을 섬길 것이다.
- 우리는 모두 동일한 이성을 지니고 있기 때문에, 동일한 법이 모두에게 적용될 수 있다. 따라서 우리는 개인적인 잣대가 아닌 일반적이며 합리

적인 법의 지배를 받을 수 있다.

◆ 우리 자신에게 내재하는 합리적 본성 덕택에 우리는 본연의 권리와 자유를 갖는다.

◆ 정부는 전력을 다해 모든 시민의 합리적 이익을 도모해야 하며, 어떤 권위도 시민을 억압할 수 없도록 정부의 구조를 만들어야 한다.

◆ 이성은 맹신과 대조되며, 따라서 정부는 종교와 구별되고 종교로부터 독립적이어야 한다.

◆ 과학은 이성에 토대를 두고 있다. 따라서 우리의 정부는 과학적 지식을 인정하고 존중하며 늘려야 한다.

◆ 따라서 이성에 충실한 정부는 민주적인 정부일 것이다.

◆ 민주적인 가치가 훼손될 때, 이를 복원해야 하는 것은 바로 이성이다.


부시 행정부에 대한 앨 고어(Al Gore)의 통렬한 비판서의 제목이 『이성의 습격(The Assault on Reason)』이고, 극보수주의에 대한 라이시(Robert Reich)의 비판이 『이성(Reason)』이라는 이름을 달고 있는 것은 우연이 아니다. 이러한 이상은 18세기에 미국의 민주주의를 가능하게 했던 계몽주의의 업적이었다. 우리는 오늘날 예전 어느 때보다 이러한 이상을 더 많이 필요로 한다.

그러나 계몽주의에는 문제가 있다. 그런데 문제는 계몽주의의 이상에 있는 것이 아니라 18세기의 이성관에 있다. 이 견해에서는 이성에 대해 이렇게 가정했다.


◆ 이성은 의식적이다. 우리는 우리 자신이 무엇을 생각하는지 알고 있다.

◆ 이성은 보편적이다. 즉, 이성은 모두에게 동일하다.

◆ 이성은 탈신체화되어 있다. 즉, 신체로부터 자유로우며 지각이나 행위

와도 무관하다.

- 이성은 논리적이다. 즉, 이성은 고전 논리의 속성과 일치한다.
- 이성은 감정적이 아니다. 즉, 감정으로부터 자유롭다.
- 이성은 가치중립적이다. 당신의 가치에 상관없이 동일한 이성이 적용된다.
- 이성은 이익에 근거한다. 즉, 이성은 우리의 목적과 이익에 충실하다.
- 이성은 축자적이다. 즉, 이성은 객관적인 세계와 정확히 일치하며, 마음의 논리는 이 세계의 논리와 일치할 수 있다.

만일 이 이성관이 옳다면, 정치는 보편적으로 합리적일 것이다. 만일 정확하고 자세한 정보를 알게 된다면, 사람들은 당연히 추론을 통해 올바른 결론에 이르러야 한다. 유권자들은 자신의 이익에 맞게 투표해야 한다. 어떤 정책과 프로그램이 자신의 이익을 위해 가장 좋은지 계산하고, 그러한 정책과 프로그램을 옹호하는 후보에게 투표해야 한다. 그러나 유권자들은 그런 식으로 행동하지 않는다. 그들은 자신의 분명한 사익에 반하는 투표를 한다. 즉, 선입견과 편견, 감정에 따라 결정을 내릴 수 있다. 그리고 가치와 우선순위, 목적을 열광적으로 지지한다. 아니 그들은 이유를 의식적으로 알아보지도 않은 채 말없이 자신의 이익과는 무관한 결론에 도달한다. 계몽주의 이성관은 거짓이기 때문에, 계몽주의 이성으로는 실제적인 정치 행위를 설명하지 못한다.

이성과 감정의 낡은 이분법을 예로 들어보자. 오래된 이 관점에서는 이성과 감정이 정반대이며, 감정이 이성을 방해하는 것으로 간주되었다. 그러나 다마지오(Antonio Damasio)는 『데카르트의 오류(Descartes' Error)』에서 이 계몽주의 관점이 완전히 잘못되었다는 것을 보여주었다. 오히려 이성은 감정을 필요로 한다. 뇌 손상으로 인해 감정을 경험할 수 없거나 다른 사람의 감정을 추적할 수 없게 된 사람들은 결코 합리적으로 살아갈 수 없다. 그들은 어떤 결정으로 인해 자신이 (또는 타인이) 행복하게 될 것인지 불행하게 될 것인지, 만족하게 될 것인지 걱정하게 될 것인지를 느낄 수 없다.

정치적 무대에서는 웨스턴(Drew Westen)이 『정치적 뇌(The Political Brain)』에서 감정이 정치적인 설득에서 아주 중요하며 정당하다는 것을 보여주었다. 계몽주의 사고의 주장과 달리, 감정의 사용은 비합리성에 대한 부당한 호소가 아니다. 적절한 감정은 합리적이다. 고문이나 부패, 요인 암살, 수천의 생명을 죽게 만든 거짓말에 분개하는 것은 합리적이다. 만일 당신의 정책으로 인해 사람들이 진정으로 행복하게 된다면, 희망과 기쁨의 감정을 자극하는 것은 합리적이다. 만일 지구 자체가 급박한 위협에 처해 있다면, 공포는 합리적 반응이다. 그리고 만일 이라크 전쟁이 정말로 석유와 관련이 있다면, 즉 그 많은 사람이 석유 때문에 죽거나 불구가 되거나 고아가 되었다면, 혐오의 감정은 합리적이다.

그러나 만일 의식적인 이성과 감정에 머무른다면, 우리는 주요한 핵심을 놓치게 된다. 대부분의 이성은 무의식적이다. 이 무의식적인 이성은 결코 계몽주의 이성과는 유사하지 않다.

그리고 실제로 무의식적인 이성은 정치에서 아주 중요하다.


당신은 당신의 뇌로 생각한다. 다른 선택의 여지가 없다. 비록 우리가 때로는 특정한 정치 지도자가 몸의 어떤 부분을 사용해 생각하는지에 대해 궁금해할 수도 있지만, 사실 그도 역시 뇌로 생각한다. 사고 ― 모든 사고 ― 는 뇌의 활동이다.

물론 우리에게는 뇌가 어떻게 작동하는지 검사할 수 있는 직접적인 방법이 전혀 없다. 직접적인 내성(introspection) — 단지 우리의 뇌에 대해 생각하는 것 — 으로는 시냅스나 신경세포의 축색돌기(軸索突起), 수지상돌기(樹枝狀突起)에 대해 알 수 없으며, 이것들이 어떻게 사고를 생성하는지와 당신의 뇌 어디에서 무슨 일이 일어나고 있는지에 대해서도 말할 수 없다. 우리는 우리 자신의 뇌를 잘 모른다는 것을 알고 있다.

반면에 우리는 대부분 자신의 마음을 알고 있다고 생각한다. 이것은 우리가 의식적인 사고에 참여하고 그것이 우리의 깨어 있는 삶의 많은 부분을 채우기 때문이다. 그러나 대부분의 사람들이 알지 못하고 있다가 때때로 알게 되어 충격을 받는 것은, 우리 사고의 대부분 — 98퍼센트로 추정되는 — 이 의식적이지 않다는 점이다. 사고의 대부분은 의식의 층위 아래에 있다. 우리가 보지도 듣지도 못하는 것은 바로 우리 자신의 뇌가 하고 있는 일이다. 그것은 인지적 무의식이라 불리며, 이것의 존재나 많은 속성에 대한 과학적 증거는 어마어마하다. 무의식적 사고는 **반사적**(反射的)이다. 즉, 자동적이고 통제를 받지 않는다. 무릎 반사를 떠올려보라. 즉, 의사가 당신의 무릎을 가볍게 두드릴 때 당신의 다리가 무엇을 하는지를 생각해보라. 의식적 사고는 **반성적**(反省的)이며, 자신의 모습을 거울로 보는 것과 같다. 만일 모든 사고가 의식적이고 반성적이라면, 당신은 자신의 마음을 알고 있으며, 자신이 내리는 결정을 통제할 것이다. 그러나 대부분의 경우에 우리의 뇌가 무엇을 하고 있는지 모르기 때문에, 대부분의 사고는 반사적이며, 회상적이지 않고 의식적으로 통제되지도 않는다. 그 결과 당신의 뇌는 당신이 의식적으로 자각하지 못하는 결정을 한다.

우리의 뇌는 몸이 아닌 통 속에 따로 담겨 있어도 마찬가지로 기능을 잘 발휘할 수 있는 탈신체화된 사고 기계가 아니다. 오히려 뇌는 가장 심오한 방식으로 신체화되어 있다. 우리의 뇌는 우리의 몸을 운용한다. 뇌는 척수를 통해 아래로 퍼져나가고, 신경 연결을 거쳐 우리의 몸 구석구석에까지 도달한다. 우리 뇌의 구조 그 자체가 몸을 운용하도록 수많은 세월 동안 진화해왔다. 뇌는 우리의 자동적인 기능을 수행한다. 우리의 심장은 우리가 명령을 내리지 않아도 피를 내보낸다. 우리는 글을 읽는 방법이나 밴조를 연주하는 방법, 유격수로 활동하는 방법을 배울 때 뇌를 훈련시킨다.

신체화된 우리의 뇌가 제시하는 개념이 대부분 일반적으로 우리 몸의 해부학적인 특성과 우리가 인간으로서 이 지구에서 더불어 살아가는 방식에 의존한다는 것이 결코 놀라운 일은 아니다. 이것은 추상적으로 대충 논의할 때에는 놀라운 것이 아니지만, 상세한 측면에서는 대단한 것이다. 도덕성이나 정치라는 우리의 개념조차도 이렇게 풍부한 방식으로 신체화되어 있다. 즉, 그러한 개념을 창조하고 실행하는 것은 우리의 뇌가 신경적인 해부 구조를 가지고 있으며 신경적으로 연결되어 있기 때문이며, 또한 우리가 물리적·사회적 세계에서 몸으로 살아가는 방식 때문이다. 도덕성과 정치는 추상적인 개념이 아니라 신체화된 개념이며, 대부분 인지적 무의식에서 작용한다. 즉, 그러한 개념은 우리의 뇌가 무엇을 하고 있는지 우리가 알지 못하는 상태에서 작용한다.

마음의 신체화는 왜 정치에서 중요한가? 세 가지 이유를 제시할 수 있다. 하지만 어느 것도 분명하지는 않다.

첫째, 우리의 신체화된 뇌는 의식의 층위 아래에서 무언가를 수행하고 있다. 바로 이것이 우리의 도덕성과 정치에 영향을 미친다. 즉, 우리의 사회적·개인적 삶의 거의 모든 측면에 영향을 미친다. 그런데 이러한 영향을 우리는 모두 너무나도 흔히 의식하지 못한다. (영악한 판매담당자는 물론) 노회한 정치가는 자신의 마음을 모르는 우리의 무지를 이용해 이 무의식 층위에 호소한다. 반면에 정직하고 윤리적인 정치지도자와 언론인, 사회운동가는 보통 마음의 숨은 작용을 모르기 때문에, 도덕성과 진리를 섬길 때 마음에 대해 알려진 사실을 이용하지 못한다.

둘째, 도덕성과 정치에 사용되는 무의식적인 이성의 형식은 자의적이 아니다. 우리는 우리의 도덕적·정치적 세계관을 마음대로 변화시킬 수 없다. 도덕적·정치적 사고에는 패턴이 있으며, 이러한 패턴은 우리가 물리적 세계와 사회적 세계에서 우리의 몸을 가지고 살아가는 방식에 의해 결정된다.

셋째, 앞으로 살펴보겠지만 신체화된 마음 덕택에 우리는 상호 연대를 하며, 다른 생명체나 물리적 세계와 관계를 맺는다. 궁극적으로 도덕성과 정치의 당위적인 내용을 결정하는 것은 바로 이것이다. 이것이 바로 이성이 실제로 작동하는 방식이다. 이것은 우리 대부분이 자라면서 믿으라고 배웠던 것과 정반대이다.

이제 우리는 지구라는 우리 행성의 생존가능성 그 자체가 위협을 받고, 우리의 민주주의가 존폐의 기로에 서 있는 지점에 이르렀다. 우리는 이제 뇌와 무의식적인 마음이 어떻게 이러한 문제를 초래하는지, 그리고 어떻게 해결책을 내어놓을 수 있는지에 대한 이해를 더는 미룰 수 없다.

만일 18세기의 마음 이론이 옳다고 믿는다면, 당신은 시대에 뒤처지게 보일 것이고 그렇게 행동할 것이다. 당신은 자신의 유일한 임무가 사람들에게 정확하고 자세한 정보를 알리는 것이며, 그렇게 하면 그들이 정확한 결론에 도달하리라고 생각할 것이다. 그리고 당신은 당신의 모든 의무가 사람들에게 자신의 이익이 어디에 있는지를 알려주는 것이며, 그렇게 하면 그들이 자신의 이익을 최대화하기 위해 정치적으로 행동하리라고 생각할 것이다. 당신은 여론조사 집단(polling group)과 초점 집단*을 믿을 것이다. 즉, 당신은 사람

* **초점 집단(focus group)**: 연구자가 토의 주제를 제공해서 집단 토론 속에서 상호작용을 관찰하고 기록한 토론내용을 분석하기 위해 인위적으로 구성하는 집단.

들에게 자신의 이익이 무엇인지 묻는다면 그들이 자신의 이익을 자각하고 당신에게 말해줄 것이며 자신의 이익에 맞게 투표할 것이라고 믿는다. 당신은 감정에 호소할 필요가 전혀 없을 테고, 사실 그렇게 감정에 호소하는 것은 잘못일 것이다! 당신은 가치에 대해 얘기할 필요가 없이 정확하고 자세한 정보만을 제시하면 될 것이다. 당신은 사람들의 뇌를 변화시킬 필요가 없을 것이다. 그들의 이성이면 충분할 것이다. 당신은 사실을 프레임에 넣을 필요가 없을 것이다. 사실이 스스로 말할 테니까. 당신은 사람들에게 사실을 알려주기만 하면 된다. 예를 들어, 4,700만 명이 의료보험이 전혀 없고, 최상위 1퍼센트가 감세 혜택을 받고 있고, 대량살상무기는 전혀 없고, 만년설이 녹고 있다는 등의 사실을 알려주기만 하면 된다. 당신과 반대 의견을 지닌 사람들은 나쁜 사람이 아니다. 그래서 그들에게 사실을 이렇게 열거해 일깨워주기만 하면 된다. 당신과 같은 방식으로 투표하지 않으려는 사람들은 대부분 무지할 뿐이다. 그들에게 사실을 말해줄 필요가 있다. 아니면 그들은 탐욕스럽거나, 부패하거나, 속임을 당하고 있다.

만일 18세기 마음 이론이 옳다고 믿는다면, 당신은 이와 같이 믿을 것이다. 하지만 정말로 그렇게 믿는다면 당신은 완전히 잘못 짚은 것이다! 당신은 인지적 무의식을 무시하고, 당신의 가장 심오한 가치를 진술하지 않고, 정당한 감정을 억압하고, 상대방의 프레임을 마치 중립적인 것처럼 수용할 것이다. 또한 당신은 어떤 사람이라 불릴까 두려운 나머지 위축되어 사실을 프레임에 넣어 인정받을 수 있도록 하지 못할 것이다. 결국 당신은 무능한 사람, 한마디로 얼간이일 것이다.

그러나 계몽주의 이성을 믿는 민주당과 그 지지자들은 결코 자신을 얼간이라고 생각하지 않는다. 그들은 자신이 사실과 진리, 논리에 충실하고 전력을 다해 무지한 사람들에게 그러한 사실을 알려주고 있으며, 또한 계몽주의적인 민주주의 이상을 옹호하고 있다고 본다. 그들은 사실을 비당파적인 것으로 보고, 따라서 초당파적인 합의를 위한 근거로 본다. 당신은 교육이 필요한 사람들의 기분을 상하게 하지 않는 데 힘이 든다고 말할 것이다. 정확하고 자세한 정보를 계속해서 진술하는 데에는 인내가 필요하다(정말로 그러하다). 그것은 계몽주의 이성관에서는 결코 얼간이 짓이 아니다.

공화당과 그 지지자들의 사고는 그러한 제약을 전혀 받지 않으며, 뇌와 마음이 어떻게 작동하는지에 대해 더 잘 알고 있다. 바로 이 때문에 그들은 더 효율적으로 활동한다. 왜 민주당은 의회를 장악하게 되었던 2006년 선거 직후에 더 많은 것을 성취할 수 없었는가? 대통령이 거부한 법안을 재가결하거나 의사진행 방해를 막을 수 있는 의석수를 갖지 못했기 때문이 결코 아니다. 민주당은 대중 — 그리고 미디어 — 이 쟁점에 대해 생각했던 방식을 실제적으로 변화시키기 위해, 국민에게서 위임받은 자신들의 권한을 제대로 활용하지 못했다. 그들은 다만 합리적이 되고, 사람들의 이익과 여론조사에 적합한 프로그램을 계발하려고 노력했다. 뇌에 대한 이해가 거의 없었기 때문에, 뇌신경을 변화시키기 위한 캠페인을 전혀 하지 않았다. 실제로 '뇌를 변화시킨다'는 발상 그 자체가 진보주의자에게는 약간 불길하게 들린다. 일종의 프랑켄슈타인 이미지가 떠오른다. 자유주의자에게 이 개념은 공화당의 행태와 마찬가지로 마키아벨리식 술수처럼 들린다. 그러나 어떤 심오한 방식으로든 '마음을 변화시키는 것'은 언제나 뇌를 변화시키는 것을 전제한다. 일단 뇌가 작동하는 방식에 대해 조금 더 많은 것을 알고 나면, 당신은 정치가 뇌를 변화시키는 것과 관련이 아주 많다는 것과, 이것이 아주 도덕적이어서 전혀 해롭거나 불공정하지 않다는 것을 이해할 것이다.

하나의 유행처럼 진보주의자는 대부분 '빨강 주'(공화당이 승리한 주)의 그렇게도 많은 유권자가 왜 자신의 경제적 이익에 맞게 투표하지 않는가에 대해 의아하게 생각한다. 간단히 말해서 이것은 18세기 합리주의의 또 다른 징후이다. 이 관점에서는 모든 사람이 합리적이며 합리성은 사익을 추구하는 것을 의미한다고 가정한다. 에드워즈(John Edwards)의 경제적 포퓰리즘이 왜 모든 가난한 사람들의 호응을 받지 못하는가에 의문을 제기한다면, 이것도 역시 동일한 잘못된 가정을 하는 것이다. 사람은 18세기식의 이성 기계가 아니다. 실제 이성은 다르게 작용한다. 이성은 정말로 중요하다. 그래서 우리는 이성이 실제로 작동하는 방식을 이해해야 한다.

미국과 여타 국가의 상당히 많은 정치 투쟁은 개별 시민의 인지적 무의식에서 유래한다. 그러나 정치는 우리 신문의 맨 앞면에 실려 있지만, 인지과학의 발견은 행여 대중을 위해 싣는다 하더라도 주간 과학란으로 밀려나는 경향이 있다. 이 책에서는 신경과학과 인지과학을 전면에 내세운다. 그곳에 정치가 있기 때문이다. 이제 당신은 정치적 마음의 작용을 어렴풋이 알게 될 것이다.

당신 자신의 마음의 심층을 발견할 때, 당신은 이 새로운 지식으로 무엇을 해야 하는가의 문제를 제기해야 한다. 우리는 완전히 새로운 계몽주의를 필요로 한다. 21세기 마음 이론을 수용한다면, 우리는 신(新)계몽이 어떤 모습일지 알 수 있다.

구계몽의 가치는 그 당시에 대단한 진보였다. 그러나 우리는 이제 인간이라는 것이 무엇을 의미하는지, 인류가 어떤 도전에 직면해 있는지에 대해 18세기 당시보다 훨씬 더 많은 것을 알고 있다. 미국의 헌법은 대부분 초안자들이 계몽사상가에게서 물려받았던 지적인 도구와 개념에 근거한다. 그러한 도구와 개념은 이제 더는 적합하지 않다. 그러한 도구와 개념 덕택에 우리는 놀랄 만한 정치적·사회적·물질적 업적을 이루었다. 그리고 경이롭게도 헌법 초안자들은 그러한 발전을 예견했던 것으로 보인다. 그들이 고안했던 역동적인 민주주의는 혁명적인 변화의 가능성을 열어두고 있기 때문이다. 현대의 우리에게는 발견해야 할 새로운 경이로움, 즉 꾸어야 할 새로운 꿈이 있다. 그러나 그렇게 하려면 먼저 우리는 누구이며 어떻게 생각하는가에 대해 현대 뇌과학이 우리에게 가르쳐주었던 것을 이해해야 한다.

우리는 대부분 무의식적이고, 신체화되어 있으며, 감정적이고, 공감적이며, 은유적이고, 부분적으로만 보편적인 마음을 설명하고 활용할 수 있는 심오한 합리성을 수용할 필요가 있을 것이다. 신계몽은 이성을 포기하는 것이 아니라, 오히려 우리가 실제 이성을 사용하고 있다는 것을 이해할 것이다. 신체화된 이성으로서, 실제 이성은 우리의 몸과 뇌와 실제 세계 내 상호작용에 의해 형성되고, 감정을 담고 있으며, 프레임과 은유와 영상과 상징에 의해 구조화된다. 또한 실제 이성에서는 의식적 사고가 의식이 접근할 수 없는 보이지 않는 방대한 영역의 신경 회로에 의해 형성된다. 그리고 우리 자신의 마음에 대한 지침으로서, 특히 정치에서는 인지과학 ─ 즉, 신경과학과 신경계산, 인지언어학, 인지발달심리학 등 ─ 으로부터 상당한 도움을 받아야 할 것이다.

더 나아가 우리는 새로운 철학을 필요로 할 것이다. 인간이라는 존재의 의미는 무엇인지, 도덕성은 무엇인지, 그리고 도덕성의 기원은 어디인지에 대해서도 새롭게 이해할 필요가 있다. 또한 경제학과 종교, 정치, 자연 그 자체에 대해서도 새로운 이해가 필요하다. 심지어는 과학과 철학, 수학이 실제로 무엇인가에 대해서도 새롭게 이해할 필요가 있다. 위대한 개념 ─ 자유와 평등, 공정성, 진보, 심지어는 행복 ─ 에 대한 우리의 이해를 확대해야 할 것이다.

그리고 무엇보다도 미묘하지만, 실재에 근거한 공동체 내의 존재인 우리는 우리 자신이 실재를 어떻게 이해하는가를 새롭게 이해해야 할 것이다. 실재는 정말로 존재하며, 우리는 그 실재의 일부이다. 그리고 우리가 실재를 이해하는 방식 그 자체가 실제로 존재한다.

뇌는 중립적이 아니며 만능 장치도 아니다. 뇌는 어떤 구조를 동반한다. 그래서 세계에 대한 우리의 이해는 우리의 뇌가 이해할 수 있는 것에 국한된다. 우리 사고의 일부는 축자적이다. 즉, 우리의 경험을 직접 프레임에 넣는다. 그러나 우리 사고의 많은 부분은 은유적이고 상징적이며 우리의 경험을 간접적으로 구조화하지만, 그 강도는 직접 프레임에 넣는 방식에 결코 뒤지지 않는다. 우리가 무언가를 이해하는 데 작용하는 기제의 일부는 세계 어디에서나 동일하다. 그러나 이 가운데 많은 기제는 그렇지 않다. 심지어 자기 나라와 자신의 문화 내부에서조차도 다를 수 있다.

우리의 뇌와 마음은 특정한 과학적 이해를 실재에 부과하기 위해 작용한다. 그래서 모든 사람이 동일한 방식으로 실재를 이해하지는 않는다는 것을 알게 되는 것은 두려운 일일 수 있다. 이 두려움은 중요한 정치적 귀결로 이어진다. 실재를 이해하기 위한 뇌의 기제는 대부분 무의식적이기 때문에, 이해 자체에 대한 이해는 정치적으로 꼭 필요한 일이 된다.

언어가 사고를 전달하는 데 사용되기 때문에, 우리의 언어관 역시 사고의 본성에 대한 우리의 새로운 이해를 반영해야 한다. 언어는 표층 현상이면서 동시에 힘의 근원이다. 언어는 사고를 표현하고 전달하며 사고에 접근하고 심지어 사고를 만드는 수단이다. 낱말은 프레임과 개념적 은유에 상대적으로 정의된다. 언어는 신체와 뇌에 근거해 실재를 파악하는 우리의 이해와 일치하는 한도 내에서만 '실재와 일치한다'. 우리는 모두 유사한 신체와 뇌를 가지고 있으며 동일한 세계에 살고 있기 때문에, 많은 경우에 언어는 정말로 실재와 완전히 일치하게 보일 것이다. 그러나 실재에 대한 우리의 이해가 다를 때, 언어가 우리에게 의미하는 것 또한 다를 수 있다. 그 차이가 엄청난 경우도 흔하다. 정치에서는 그러한 일이 아주 흔하기 때문에 우리는 언어 사용에 세심한 주의를 기울여야 한다.

언어는 프레임과 원형, 은유, 서사, 영상, 감정에 상대적으로 정의되기 때문에 힘을 갖는다. 언어가 지닌 힘의 일부는 언어의 무의식적 국면에서 나온다. 즉, 우리는 언어가 우리 내부에서 환기하는 모든 것을 의식적으로 자각하지는 않는다. 그것은 숨겨진 상태로 존재하며 언제나 그 힘을 발휘한다. 만일 동일한 언어를 반복해서 듣는다면, 우리는 그 언어가 활성화하는 프레임과 은유의 관점에서 더 많은 사고를 하게 될 것이다. 당신이 그 낱말을 부정하는지 또는 그 낱말에 의문을 제기하는지는 중요하지 않다. 부정을 하든 의문을 제기하든 동일한 프레임과 은유가 활성화되고 강화될 것이다.

언어는 상징을 사용한다. 언어는 도구, 즉 수단이다. 그러나 언어는 뇌의 영혼이 아니라 표층이다. 나는 우리가 언어 이면을 보길 원한다. 지반이 붕괴하고 있다면, 새로운 커튼을 쳐도 당신의 집은 온전하지 못할 것이다.

구계몽의 이성관은 우리의 정치를 이해하는 데 알맞지 않다. 정말로 이 견해는 방해가 된다. 왜냐하면 우리의 민주주의에 대한 실재하는 위협을 은폐할 뿐 아니라, 너무나도 흔히 우리의 가장 헌신적인 많은 정치지도자와 정책전문가, 정치평론가, 사회운동가의 효과적인 활동을 방해하기 때문이다.

구계몽은 이제 경주를 다 마쳤다. 좋든 싫든 신계몽이 우리에게 다가와 있다. 첫 단계는 21세기 마음을 이해하고 포용하는 것이다. 이것이 지금까지 우리가 얻은 유일한 것이다.

제1부

# 뇌는 어떻게 **정치적 마음**을 **형성**하는가

## 지식의 민주화

　마음과 뇌에 대한 우리의 지식은 지난 30년 동안 매우 **빠르게** 확대되어서 어느 누구도 좀처럼 따라잡을 수 없었다. 우리는 대부분 우리 자신의 마음과 뇌가 작동하는 방식에 대해 과학자들이 발견했던 것을 잘 알지 못한다. 특히 의식의 층위 아래에 있는 방대한 영역에 대해서는 더욱 그러하다. 그러나 우리의 삶 ─ 그리고 우리의 정치 ─ 을 지배하는 것은 무의식적 사고이다.

　우리는 자유 의지를 가지고 있는가?

　자, 나는 찻잔 속의 차를 한 모금 마시기로 자유로이 결정할 수 있다. ……자, 그래서 방금 한 모금을 마셨다. 단지 아무 생각이나 떠올리기로 자유로이 결정할 수 있는가? 나의 뇌가 그 심정을 이해하도록 구조화되어 있기만 하다면, 그렇게 할 수 있다.

　어떤 낱말을 사용할 때, 그리고 특정한 사고를 활성화하도록 나의 뇌가 조율되어 있을 때, 나는 그러한 생각을 하지 **않기로** 자유로이 결정할 수 있는가? 우리에게는 어떤 선택권도 없을지 모른다. **황급히 도망쳐라.** 당신은 겁쟁이를 떠올리지 **않을** 수 있는가?

　이 책은 전적으로 지식의 민주화를 다룬다. 즉, 이 책은 우리의 정치가 작동하는 방식을 이해하는 데 매우 중요한 우리 자신의 마음에 대한 그러한 새롭고 위대한 발견을 다양한 청중에게 알리는 역할을 한다. 위험에 처한 것은 바로 가장 심오한 형태의 자유, 즉 우리 자신의 마음을 통제할 자유이다. 그렇게 하기 위해서 우리는 무의식적인 것을 의식적인 것으로 만들어야 한다.

　제1부는 뇌와 마음에 대한 기본 내용으로 구성되어 있으며, 정치적 사고가 작동하는 방식을 간략히 개괄한다.

- 우리는 정치 고유의 영역 밖에서 논의를 시작한다. 애나 니콜 스미스의 죽음과 그녀가 살면서 보여준 많은 서사, 뇌가 작동하는 방식에 대한 많은 것을 보여주는 서사로 논의를 시작한다.
- 제2장의 내용은 사고 양식 — 보수적 양식과 진보적 양식, 신자유주의적 양식 — 과 관련이 있다.
- 제3장이 끝나기 전에, 우리는 이러한 사고 양식이 일상의 편재하는 은유를 통해 어떻게 출현하는지, 그리고 은유 그 자체가 자연스러운 뇌처리를 통해서 어떻게 발생하는지를 보여줄 수 있다.
- 제4장은 뇌가 어떻게 정치적 이데올로기를 생성하고 지속시키는지를 보여준다.

기대하라. 애나 니콜 스미스가 온다!

# 01

# 애나 니콜 사건과 뇌

2007년 2월 말, 애나 니콜 스미스는 도처에 있었다. 외견상 약물 과다 복용으로 인한 이 불쌍한 여인의 죽음은 온 나라의 관심을 끌었다. 사실 웬만해서는 정치적 사건도 그러한 큰 관심을 끌지 못한다. 그녀의 인생사는 이(E)채널과 CNN을 비롯한 모든 채널에서 끝없이 방영되었다. 그녀는 텍사스 빈민가에서 태어났으며, 어린 시절 생존을 위해 몸부림치다가 스트립걸이 되었고, 나중에 모델이 되었으며, 드디어 늙은 억만장자와 결혼했다는 등의 이야기가 계속 나왔다.

그때 나는 뉴욕에서 신문기자 모임에 참여하고 있었다. 우리는 정치적 충직성을 반영하는 뇌 스캔의 사용에 대해 논의하고 있었다. 강연이 끝난 뒤, 아마도 미국에서 인도주의적 쟁점을 다루는 가장 영향력 있는 작가인 데이비드 리프(David Rieff)가 이 놀라운 논평을 했다. "애나 니콜 스미스를 이해하지 못한다면, 정치가 작동하는 방식을 결코 이해하지 못할 것입니다." 애나 니콜 스미스가 정치와 무슨 관계가 있을까? 아니면 뇌 스캔과는 또 무슨 관련이 있을까?

이 질문에 대한 대답의 풍부한 실마리는 그날 밤 모든 텔레비전의 채널에서 찾을 수 있었다. 방송국에 전화를 걸어 애나 니콜의 삶과 죽음에 대해 자신의 감정적 반응을 하나하나 열거하는 시청자들이 있었다. 그들은 대부분 여성이었으며, 그녀를 애도하면서 우상화했다. 반면에 다른 어떤 사람들은 그녀를 남자를 홀려 돈을 우려내는 여자나 머리에 든 것 없는 유명인으로 보았다. 그들에게 그녀는 단지 유명인이니까 유명인이었을 뿐이었다. 그녀는 정말로 다양한 서사의 좋은 실례였기 때문에, 그녀의 삶과 죽음은 아주 많은 사람에게 아주 깊이 각인되었다. 그러한 서사는 우리의 몸 밖 — 우리의 문화 속 — 에, 그리고 몸 안 — 우리 뇌의 건축 벽돌 그 자체 안 — 에 존재한다. 리프의 말은 전적으로 옳았다. 애나 니콜 스미스의 중요성을 이해한다면, 우리가 정치를 이해하는 데 도움이 될 것이다.

## 삶을 이끌어가는 서사

복합적인 서사 — 동화나 소설, 드라마는 물론 어떤 사람의 인생사에서라도 드러나는 그런 것 — 는 매우 단순한 구조를 지닌 더 작은 서사로 구성된다.[1] 그러한 구조는 '프레임'이나 '스크립트(script)'라 불린다.[2]

프레임은 우리가 사고의 수단으로 사용하는 인지 구조의 일부이다. 예를 들어, 미스터리 살인 사건에 대한 기사를 읽을 경우에는 다양한 종류의 등장인물을 포함하는 전형적인 프레임이 있다. 이 프레임에는 살인자, 희생자, 공범 가능성, 피의자, 동기, 살인무기, 형사, 단서 등이 있다. 그리고 살인자가 희생자를 살해하고 나중에 형사에게 붙잡히는 시나리오가 있다.

프레임 구조를 생성하는 데 필요한 신경회로는 비교적 간단하다.[3] 그래서 프레임은 우리 사고의 엄청난 양을 구조화하는 경향이 있다. 각 프레임에는 (인물 배역과 같은) 역할과, 역할들 사이의 관계, 역할을 맡은 사람들이 수행하는 시나리오가 있다. 사회학자 고프만(Erving Goffman)은 모든 기관이 프레임에 의해 구조화된다는 것을 발견했다.[4] 예를 들어, 병원에는 의사, 간호사, 환자, 방문객, 수술실, 방사선기사 등의 역할이 있으며, 접수, 검진, 수술, 병문안 등의 시나리오가 있다. 만일 방문객이 접수대에서 의사를 수술하고 있다면, 이것은 이 프레임의 구조를 '파괴할' 것이다.

언어학자 필모어(Charles Fillmore)는 모든 낱말이 개념적 프레임을 참조해 정의된다는 것을 발견했다.[5] '의미밭(semantic field)'이라고 하는 관련 낱말의 무리 역시 동일한 프레임을 참조해 정의된다. 따라서 '비용이 들다' '팔다' '제품' '가격' '사다' 등의 낱말은 하나의 프레임과 관련해 정의된다. 이 프레임에서 역할은 구매자와 판매자, 제품, 돈이며, 시나리오는 간단하다. 먼저 구매자는 돈을 가지고 있으며 제품을 사고 싶어한다. 판매자는 제품을 가지고 있으며, 돈을 원한다. 그래서 이 두 사람은 제품과 돈을 교환한다. 그러면 구매자는 제품을 가지게 되며, 판매자는 돈을 소유하게 된다. 이러한 프레임은 상거래에 대한 우리의 이해의 근거이며, 상거래에 대한 우리의 추론의 바탕이며, 상거래에 이용할 수 있는 낱말의 토대이다.

과학자들은 관련 낱말의 무리에 대한 일반화, 어떤 주제 문제에 대한 추론의 형식, 그리고 피험자들이 부분(시나리오 속의 역할과 사건)이 있는 전체로 인정하는 구조를 찾음으로써 프레임을 발견했다. 그리고 뇌 자체 내부에서, 프레임은 뇌가 행하는 것으로부터 진화해왔고, 단순한 단위로부터 결합되는 자연적인 구조이다.

심지어는 물건을 물리적으로 움켜쥐는 것과 같은 가장 기본적인 행위조차도 신경 층위에서 관찰할 수 있는 프레임 구조를 지닌다. 이것은 이미 갈레세

(Vittorio Gallese)와 내가 보여준 바 있다.[6] 이 행위의 역할에는 움켜쥐는 사람과, 움켜쥐어지는 물건, 움켜쥐는 행위에 사용되는 신체 부위가 있다. 이 행위의 시나리오는 간단하다. 즉, 움켜쥐는 사람이 움켜쥐어지는 물건을 향해 손과 팔을 뻗고, 그 물건에 손을 대며, 그 물건 주위에서 손을 멈춘다.

간단한 프레임이 결합해 더 복잡한 프레임을 형성할 수 있다. 예를 들어 전쟁터의 야전병원에서는 의사와 간호사, 환자가 모두 군인일 수도 있으며, 병원이 전쟁터의 천막일 수도 있고, 상처가 전쟁에서의 부상일 것이다. 빵 바자회(bake sale)는 자선행사와 상거래를 결합한다. 이 경우에 제품은 구운 빵이고, 판매자는 굽는 사람이며, 구매자는 자선행사의 기부자이며, 돈은 자선행사의 기부금이다.

단순한 서사는 프레임에 근거한 시나리오의 형식을 가지고 있지만, 추가적인 구조가 있다. 서사는 주역이 있으며 그의 관점을 취한다. 사건은 발생하는 좋은 일과 나쁜 일이다. 그리고 시나리오 속의 특정한 종류의 사건에 어울리는 적절한 감정이 있다. 단순한 '가난뱅이에서 부자로' 시나리오에서는 주역의 처음 상태는 빈곤이며, 이에 대한 적절한 감정은 슬픔이다. 그 다음에는 열심히 노력하는 중간 단계가 있으며, 이 경우에 적합한 감정은 좌절과 만족의 교차이다. 그리고 드디어 부유한 상태에 이르는데, 이 경우에는 기쁨과 긍지의 감정이 적합하다.

프레임의 특별한 경우이기 때문에, 서사는 특별한 사람이나 여러 유형의 사람, 일반적인 사람과 관련이 있을 수 있다. 서사가 문화적이 되는 이유는 부분적으로 문화적인 원형과 주제, 영상, 아이콘을 사용하기 때문이다. 러시아 동화에는 바바야가(Baba Jaga)가 있다. 그녀는 공상 속의 힘이 세고 악랄한 늙은 마녀로, 숲속의 닭다리 위에 서 있는 오두막에 산다. 인도 신화와 민담에는 라마(완벽한 인간)와 시타(완벽한 부인), 하누만(라마의 조력자로서 아주 힘이 세고 날 수 있으며 말하는 원숭이의 형상으로 나타날 수 있음), 아르주나(궁사)가 있다. 미국의 만화책에는 슈퍼맨이나 배트맨, 스파이더맨, 그 밖의 슈퍼 영웅이 있다. 그리고 영화와 텔레비전에도 람보와 록키, 〈카사블랑카〉의 릭, 외로운 보안관(Lone Ranger), 〈스타 트렉〉의 커크 선장, 〈스타 워스〉의 루크 스카이워커 등의 영웅이 있다.

그러나 일단 문화적 세부사항을 제거하고 나면, 많은 서사는 비슷하게 보인다. 일반적인 구원 서사가 이에 해당한다. 이 서사에는 수많은 '의미역', 즉 수많은 주역과 활동, 도구가 있다. 등장인물은 영웅과 희생자, 악당, 조력자이다. 영웅은 본래 선하고 악당은 본래 악하다. 주요 활동은 시나리오를 구성하며, 보통 이런 순서로 진행된다. 악당이 희생자에게 악행을 범하고, 영웅이 어려움을 겪으며, 영웅이 악당과 싸움을 벌이고 악당에게 승리해 희생자를 구출하고, 악당은 벌을 받고, 영웅은 상을 받는다. 악행은 도덕적 균형을 무너뜨린다. 승리와 구출, 벌, 상이 도덕적 균형을 복원한다. 영웅이 희생자가 되는 변형된 서사도 있다. 이것은 자기방어 서사이다. 즉, 영웅이 자신을 구원하는 서사이다.

이야기의 중심이 라마인지 원더우먼인지 슈퍼맨인지는 중요하지 않다. 이러한 서사에는 동일한 일반적인 구원 구조가 나타난다. 우리는 이 일반적인 경우를 '심층 서사'라 부른다. 그런데 이것은 단지 영웅에게 초점이 맞추어진 서사이다. 금광을 파는 사람이나 순교자, 바람둥이 등 다른 문화적 원형도 많이 있다.


그러나 단순한 서사가 결합해 거대하고 복잡한 서사가 될 수 있는 것은 정말로 뇌 속의 무엇 때문인가? 뇌의 어떤 기제로 인해 자기방어 서사에서는 두 개의 다른 역할 ─ 희생자와 영웅 ─ 을 동일한 것으로 식별할 수 있는가? 뇌 속의 그 무엇으로 인해 일반적인 서사 형식, 이를테면 '가난뱅이에서 부자로' 서사를 특별한 경우에 적용할 수 있는가?

이 세 질문에 대한 대답은 '신경 결속'이다. 구체적인 시각적 실례를 제시하면 이것을 더 쉽게 이해할 수도 있다. 당신의 눈에 파란 광장이 보일 때, 그것은 단 하나의 대상으로 들어온다. 그러나 그 색과 모양은 뇌의 다른 영역에 등록된다. 신경 결속 덕택에 우리는 뇌의 여러 다른 영역의 신경활성화를 한데 모아 단일한 통합체를 만들 수 있다.

더 정확하게 말하자면, 뇌 속에서 근육과 감각기관에 신경적으로 더 가까운 부분은 '하류'라고 하며, 더 멀리 떨어져 있는 부분은 '상류'라고 한다. 신경 신호는 하류에서 상류로 가고 다시 상류에서 하류로 돌아간다. 하류 영역에서 나오는 신경 경로는 상류로 오는 길에 이른바 '수렴 영역'에서 '병합'된다.[7] 상류에서 나오는 정보는 신경 결속을 통해서 수렴 영역에서 '통합'된다. 색과 모양은 뇌의 비교적 하류에 등록된다. 신경 결속 회로는 더 먼 상류에서 병합해, 색과 모양을 통합하고 파랑과 사각형으로 파란 사각형을 만든다.

결속이 어떻게 작동하는가에 대한 여러 이론이 있지만, 우리는 이에 대해 확실히 알지 못한다. 가장 설득력 있는 이론은 결속이 '시간자물쇠(timelocking)'처럼 작동한다는 것이다. 즉, 뉴런들이 연결 경로를 따라 뇌의 여러 다른 영역에서 동시에 점화된다는 것이다. 뉴런이 이런 식으로 점화될 때, 우리는 동시적 점화를 동일 개체에 대한 특성으로 경험한다. 현존하는 또 하나의 이론은 이른바 신경 서명의 조정에 근거한다. 즉, 개별 뉴런의 소집단들이 별개의 점화 패턴을 함께 형성한다는 것이다. 그러나 결속이 어떤 식으로 발생하든지, 그리고 어떤 결속 이론이 정확하다고 판명되든지, 결속은 모든 뇌 기제 중에서 가장 중요하고 가장 흔한 것이다.

반드시 기억해야 할 중요한 사항은 신경 결속이 마술에 의해 수행되지 않는다는 점이다. 신경 결속은 뇌의 여러 다른 영역의 '결속 부지'를 연결하는 신경 회로에 의해 수행되어야 한다. 각각의 뉴런에는 다른 뉴런들에서 들어오는 1,000개에서 1만 개까지의 연결이 있고, 1,000개에서 1만 개까지의 나가는 또 다른 연결이 있다. 뇌에는 100억에서 1,000억 개까지의 뉴런이 있다. 이것은 연결의 수가 회로의 수와 마찬가지로 수조(兆)에 이른다는 것을 의미한다. 이들 중 아주 많은 연결이 결속 회로이다.

일부 결속은 장기적이다. 나는 빨간 폭스바겐 소형차를 한 대 소유한 적이 있다. 그래서 내가 이 기억을 활성화할 때에는 그 빨간색이 여전히 폭스바겐 소형차에 신경적으로 결속된다. 그러나 만일 내가 특정한 모양의 새 자동차를 한 대 사고 싶어한다면, 색을 모양에 잠시 묶음으로써 그 차를 제공되는 어떤 색으로나 떠올릴 수 있다. 우리는 언제나 단기 결속을 사용한다. 예를 들어, 우리는 기존의 구원 서사를 사용해 새로운 구원을 구조화하는 경우에 언제나 단기 결속을 사용한다. 이것은 아버지가 아들을 익사 위기에서 구하는 경우에도 그러하다.

결속 회로는 뉴런과 연결로만 구성되지만 특별한 효과를 낸다. 즉, 결속 회로는 새로운 경험을 창조한다. 예를 들어, 빨간 장미에 대한 경험은 단지 장미 모양에 대한 경험과 빨강에 대한 경험, 향기에 대한 경험에 지나지 않은 것이 아니다. 모양과 색, 향기를 함께 묶으면 복합적인 경험 — 노란 장미나 하얀 장미와는 아주 다른 빨간 장미 — 을 하게 된다. 이 결속은 단지 뉴런과 연결에 의해 이루어진다.

신경 결속은 또한 서사의 시간 구조에도 아주 중요하다. 가장 간단한 서사조차도 시간의 흐름에 따라 활성화되는 구조를 지닌다. 다음은 서사 구조의 시간적 단계이다.

- ◆ 전제 조건 — 서사에 필요한 앞선 맥락
- ◆ 강화 — 주요 사건, 즉 핵심 사건으로 이어지는 사건들
- ◆ 주요 사건 — 서사의 주요한 내용
- ◆ 목적 — (목적이 있는 경우에) 성취되는 것
- ◆ 진정 — 서사를 종결짓는 사건
- ◆ 결과 — 진정 국면 직후의 최종 맥락
- ◆ 후속 효과

이 구조에는 여러 변이가 있지만, 이것은 단순한 서사에서 전형적이다. 이것은 '사건 구조'를 갖는다. 계산적인 신경 모형화 분야에서 전문용어는 '실행 도식(executing schema, 약어로는 X-도식)'이다.[8]

심지어는 물을 한 모금 마시는 것이나 신발 끈을 매는 것과 같은 가장 단순한 행동에도 우리의 뇌가 부과하는 그러한 구조가 있다. 그렇게 해야만 우리의 몸이 움직이기 때문이다. 우리는 우리 몸이 무엇을 할 수 있는가의 측면에서 세계의 사건을 이해한다. 결과적으로 모든 단순한 서사에는 그러한 사건 구조가 있다. 신경 결속은 매우 일반적인 그러한 사건 구조와 특별한 종류의 행위나 서사 사이의 연결을 생성하는 기제이다.

예를 들어, 선거를 생각해보라. 이 경우에는 사건 구조를 선거라는 특별한 경우에 연결하는 결속이 있다. 전제 조건에 정당의 존재와 후보 지명 등이 포함된다. 강화는 선거운동이고, 주요 사건은 선거이며, 목적은 공직을 차지하는 것이며, 결과는 선거 뒤의 힘의 배열이며, 후속 효과는 선거의 결과로 추후에 나타나는 것이다. 이것이 선거에 대한 우리의 가장 단순한 이해이다. 만일 당신이 단지 선거를 따라다니거나 선거 기사를 읽고 있다면, 이러한 구조만으로 충분할 수도 있다. 그러나 실제로 공직에 출마한다면, 이 구조에는 살아

있는 서사가 수백 가지 방식으로 추가된다.

정치에 우리가 실망하는 이유 중 하나는 계속해서 정치를 우리의 이상적인 서사나 텔레비전이나 영화 속의 정치와 비교하기 때문이다. 텔레비전이나 영화에서는 정치가 더 만족스러워 보이고 그러한 구조와 더 잘 어울린다.

극적인 사건 구조는 뇌 회로가 실행한다. 어떤 행동이나 서사를 실연하기 위해, 또는 다른 사람의 행동이나 어떤 이야기의 구조를 이해하기 위해 동일한 사건 구조 회로를 사용할 수 있다.

이에 더해 신경 결속은 감정적인 경험을 새로 생성할 수 있다. 대뇌 변연계(邊緣系) 영역, 즉 진화의 측면에서 뇌의 가장 오래된 영역에는 다른 신경전달물질을 지닌 두 개의 감정 경로가 있다. 하나는 긍정적 감정(행복, 만족)을 위한 도파민(dopamine) 회로이고, 다른 하나는 부정적 감정(두려움, 불안, 화)을 위한 노르에피네프린(norepinephrine) 회로이다. 뇌에는 이 두 감정 경로를 전뇌에 연결하는 경로들이 있다. 여기에 극적 구조 회로가 위치할 가능성이 가장 높아 보인다.

그러한 수렴 경로의 활성화는 '체성 표지(somatic markers)'라 불린다. (하류, 즉 뇌간 근처에 있는) 감정을 (상류, 즉 외견상 전뇌 앞쪽의 피질, 다시 말해 뇌의 전방과 상부에 있는) 서사의 사건 연쇄에 신경적으로 결속하는 것은 바로 이 체성 표지이다. 체성 표지 덕택에 정당한 감정이 어떤 이야기 속에서 마땅히 있어야 할 곳으로 이동할 수 있다. 체성 표지는 일상 경험의 감정적 내용을 책임지는 결속 회로이다. 색과 모양을 신경적으로 결속해 빨간 장미에 대한 통합적 경험을 생성할 수 있는 것처럼, 감정적 내용을 어떤 서사에 결속해 멜로드라마 ― 고양된 감정적 내용을 지닌 서사 ― 를 생성할 수 있다. 당신은 여주인공이 위협을 받을 때 두려움을 느끼고, 남자주인공이 그녀를 구할 때 만족감이나 기쁨을 느낀다. 서사 구조를 갖는 정치적 경험도 마찬가지이다. 즉, 당신의 후보가 선거에서 이길 때는 (또는 앞서고 있을 때는) 의기양양하고 당신의 후보가 질 때는 우울하거나 화가 날 수 있다. 당신의 영웅의 승리를 특성화하는 회로는 도파민 회로에 신경적으로 결속되어 있고, 이 회로가 활성화되면 긍정적인 감정이 생성된다. 서사와 프레임은 단지 지적인 내용을 갖는 뇌 구조가 아니라 오히려 통합된 지적·감정적 내용을 갖는 뇌 구조이다. 신경 결속 회로 덕택에 이 통합이 가능하다.

이제 우리는 애나 니콜의 삶과 죽음의 신화적 성질을 이해하고, 그것이 정치와 어떤 관계가 있는지를 이해해야 한다.

애나 니콜의 경우에는 기성의 감정을 지닌 많은 단순한 문화적 서사가 있다. 그러한 서사를 한데 모으면, 당신은 복잡한 줄거리뿐 아니라 복합적인 감정의 기복을 알 수 있다. (앞으로 살펴보겠지만, 여성과 관련이 있는 이러한 고전적인 단순한 미국의 서사는 대부분 성차별적이다. 이것은 놀라운 일이 아니다. 이성차별적 서사는 오랫동안 도처에 있었기 때문이다. 이러한 서사가 아주 많은 미국인들의 뇌 속에 부속물로서 자리 잡았다. 바로 이 때문에 우리가 이러한 서사의 존재와 지속성을 인식하고, 이러한 서사를 우리 뇌 밖으로 몰아내는 것이 더욱 시급하게 된다!)

'가난뱅이에서 부자로' 서사나 '자수성가' 서사로 논의를 시작해보자. 남주인공/여주인공의 시작은 가난하고 무명이다(전제조건). 남주인공/여주인공은 일련의 고난을 겪는다. 즉, 모든 상황이 그/그녀에게 불리하다(강화). 의지와 절제를 통해서 그/그녀는 무언가 아주 대단한 일을 하며(주요 사건), 이를 바탕으로 성공을 거두고(목적), 이 성취로 인해 존경과 명성, 부를 얻는다(결과). 이 '가난뱅이에서 부자로' 서사는 미국의 정치 활동에서 계속 등장한다. 이 서사는 버락 오바마, 알베르토 곤잘레스(Alberto Gonzales), 존 에드워즈(John

Edwards), 클래런스 토머스(Clarence Thomas) 등이 사용해왔다. 그리고 이 서사는 그 자체가 미국적 아이콘으로서 아메리칸 드림의 한 유형을 정의한다. 이것은 가난하게 삶을 시작한 모든 미국인이 실현하고 있어야 하고 또한 실현할 수 있는 그런 꿈이다.

이와는 대조적으로 열심히 일하지만 사회적 발판이 없기 때문에 출세의 사다리를 올라갈 수 없는 미국인의 현실에 대한 유명한 서사는 하나도 없다. 미국의 고전적인 서사에는 값싼 노동의 덫에 대한 서사가 전혀 없다. 현실에서는 회사가 외주와 그 밖의 수단으로 노동 비용을 절감하고 있다. 이로 인해 결국 수천만의 노동자가 피할 수 없는 저임금의 일자리에서 허덕이고 있다.

'가난뱅이에서 부자로' 서사의 흔한 확장은 자아 재창조이다. 미국에서는 부를 재창조하면 환영과 찬사를 받는다. 리처드 닉슨(Richard Nixon)과 앨 고어와 같은 정치인의 경우에는 특히 그러하다. 비키 린 호건(Vickie Lynn Hogan)은 토플리스 바의 댄서였지만 자신을 재창조했다. 그녀는 새로운 계층 정체성을 지닌 새로운 이름을 선택했다. 그리하여 비키 린 호건이 애나 니콜 스미스(Anna Nicole Smith)가 되었다.

애나 니콜은 언제 ≪플레이보이≫의 모델로 선발되었고, 언제 잡지 중간에 접어 넣는 화보의 주인공이 되었다가 '올해의 연애상대'가 되었으며, 언제 청바지 브랜드 게스(GUESS)의 제안을 받았는가? 이 청바지 회사와의 모델 계약과 억만장자와의 결혼에는 단지 '가난뱅이에서 부자로' 서사 이상의 것이 있다. 이것은 미국적인 '구원' 서사의 실현이다. 이 여주인공은 처음에는 실패하고, 인생의 낙오자처럼 보인다. 그녀는 고등학교에서 퇴학당하고, 오후에 시간제 종업원으로 일한다. 빈곤한 미혼모를 거쳐 일확천금을 위해 토플리스 바의 댄서가 된다. 인생 후반부에서의 성공이 그녀를 구원해준다. 그녀는 퇴학생과 웨이트리스, 토플리스 바 댄서로서의 세월에 대한 보상 이상의 것을 얻는다.

애나 니콜이 억만장자 마셜 2세(J. Howard Marshall II)와 결혼한 것은 두 개의 대립적인 서사와 잘 어울린다.

◆ **미모를 이용해 남자에게서 돈을 우려내는 여자**. 그녀는 남자를 홀려 돈을 우려내는 비정하고 냉혹한 더러운 여자이다(그녀가 이 억만장자를 만난 것은 토플리스 바에서 댄서로 일할 때였다). 그녀는 돈을 보고 자기보다 60살이나 더 많은 남자와 결혼했다. 그녀가 가운과 보석에 지출한 신용카드 청구 금액이 엄청났다. 심지어 그녀는 그가 죽어가고 있을 때 병문안조차 하지 않았다. 그리고 부동산에 대한 그의 아들의 소유권 청구를 거부하며 이 사건을 대법원까지 가져갔다.

◆ **백만장자와 결혼하는 방법**. 마릴린 먼로(Marilyn Monroe)나 줄리아 로버츠(Julia Roberts)가 자신들의 상징적인 배역에서 그러했던 것처럼, 그녀도 마음이 아름다운 순진하고 성적 매력이 있는 여자였다. 그래서 그 억만장자의 인정과 존중을 받는다. 그의 존중이 그녀의 마음을 얻는다. 그녀는 이렇게 말한다. "지금까지 아무도 나를 존중해주지 않았으며 나를 위해주지도 않았다. 그래서 하워드가 나에게 다가왔을 때, 그것은 축복이었다."

이것은 두 개의 다른 '가난뱅이에서 부자로' 서사이다. 단순한 심층 서사 '가난뱅이에서 부자로'에 덧씌워지는 것은 바로 이른바 '여성의 운명(Woman's Lot)' 서사이다. 이 서사의 중심인물은 교육을 받지도 않고 돈도 없이 남성의 세계에서 성공하려고 노력하는 여성이다. 성적 매력과 굳은 의지는 그녀의 주요한 자원이다. 그녀는 악한 남자들의 세계를 헤쳐가고, 착한 남자를 찾으려고 노력하며, 성공을 위해 자신의 성적 매력을 최대한 이용한다. 여기에는 가능한 역할이 몇 개 있다. 예를 들면, 청순한 소녀, 희생자, 강한 담력과 굳은 의지를 지닌 소녀, 타산적인 암캐 등의 역할이 가능하다. 성공은 훌륭한 가정, 매혹적인 여배우, 추진력이 강한 사업계 여성, 부유한 남자의 정부 등 다양한 형태로 실현될 수 있다. 애나 니콜은 십대에 마릴린 먼로를 정말로 좋아했다. 그녀의 눈에 성적 매력이 풍만한 이 여배우는 바로 성공을 의미했다. 전설 — 그리고 할리우드 영화 속 — 의 마릴린 먼로는 바로 청순한 소녀였다.

'여성의 운명' 서사의 한 변형은 '커다란 유방' 서사*이다. 여자는 커다란 유방을 가지고 있으며, 하찮은 직업이라도 얻기 위해 이것을 이용해야 한다. 애나 니콜은 이 서사에서는 성공하지 못했다. 그 시기에는 그녀의 유방이 별로 크지 않았기 때문에, 그녀는 짐스 크리스피 프라이드 치킨(Jim's Krispy Fried Chicken)의 저녁 시간 웨이트리스 일자리조차도 얻을 수 없었다. 그녀는 오후

* **커다란 유방 서사(the Hooter narrative):** 여성의 커다란 유방을 뜻하는 미국 영어의 속어인 후터스(Hooters)는 여성종업원의 성적 매력을 주요한 이미지로 활용해서 성공한 식당 체인의 이름이다. 이 식당의 여성종업원은 가슴 부분이 깊이 파이고 몸에 달라붙는 (Hottie the Owl 로고가 새겨진) 하얀 민소매 셔츠를 입는다.

시간 웨이트리스로 일하다가, 결국 열일곱 살에 열여섯 살짜리 요리사와 결혼해 아이를 낳았다.

하지만 그녀가 열아홉 살이 되던 해에 훌륭한 가정을 꾸릴 가능성은 사라졌다. 그녀는 이혼을 했고, 아기의 아버지는 떠났으며, 그녀는 땡전 한 푼 없이 아이를 기르고 있었다. 그녀의 주요한 자산은 섹시한 몸이었다. 공과금을 내기 위해, 그녀는 휴스턴의 나체쇼 클럽에서 토플리스 댄서로 일했다. 그녀는 이름을 바꾸고 '자아 재창조' 서사를 이용했다. 그곳에서 그녀는 억만장자 제이 하워드 마셜 2세를 만났고, 드디어 몇 년 뒤 그와 결혼했다. 이 세계에서 그녀가 성공할 수 있었던 것은 자신의 성적 매력을 계발해 최대한 활용했기 때문이었다. 즉, 그녀는 '가난뱅이에서 부자로' 서사에 더해진 '여성의 행운'

줄거리 구성을 따랐다.

그러나 청순한 소녀와 타산적인 암캐 중에서는 어떤 유형을 따랐는가? 이 두 서사는 상호 배타적이지만, 둘 중 어느 것이나 그녀에게 적합할 수 있었다. 그녀의 공적 인성은 청순한 소녀에 어울렸다. 마음이 열려 있고, 천진하고, (개와 아들을 보살피는 일에) 자상하고, 놀기 좋아했기 때문이다. 반면에 이름을 바꾸고, 가슴 확대 수술을 받고, 모델 활동의 기교를 배우고, ≪플레이보이≫ 와 게스 청바지의 모델이 되고, 억만장자와 결혼하고, 영화와 텔레비전에 출연하고, 자기 소유의 다이어트 회사를 세우려고 했다는 것 등의 측면에서는 그녀의 행보가 타산적이었다. 이 둘 중에서 하나를 택하면 다른 하나가 드러나지 않을 것이다.

'여성의 행운' 서사의 다른 유형도 또한 그녀에게 잘 어울렸다. 자신의 성적 매력을 계발하고 이용하는 것은 그렇게 쉬운 일이 아니었다. 그녀는 '괴로운 인생' 서사의 삶을 거쳤다. 살이 찌고 살을 빼고 다시 살이 찌는 등 그녀는 비만으로 어려움을 겪었다. 사람들은 그녀를 미모를 이용해 돈을 우려내는 여자로 단정해 그녀의 이미지를 훼손했다. 파티 접대부로서 그녀는 술에 취하고 마약을 복용했다. 음주운전과 폭행으로 체포되기도 했고, 양성애자라는 소문도 있었으며, 성희롱으로 한 여성에게 고소당하기도 했다. 그녀에게 배우로서의 재능은 거의 없었으며, 그녀가 출연한 영화는 자신의 이름을 단 리얼리티 텔레비전 쇼와 마찬가지로 혹평을 받았다(텔레비전 쇼의 경우는 신비스러운 인물로 알려진 그녀의 지위 덕분에 약간의 열성팬을 끌어 모으기는 했지만 말이다). 그녀의 억만장자 남편은 그녀에게 유언장을 써주었다. 그리고 마침내 그녀가 딸을 낳았을 때, 첫 남편과의 사이에서 낳았던 그녀의 사랑하는 아들은 메타돈과 처방약 과다 복용으로 회복실에서 그녀가 지켜보는 가운데 죽었다. 그녀는 실의에 빠졌고, 얼마 안 되어 그녀 자신도 외견상 처방약 과다 복용으로 죽었다.

이 모든 과정을 거치면서, 그녀는 '여성의 행운'과 '괴로운 인생'이 결합된 또 다른 유형의 삶을 살았다. 첫 남편은 그녀에게 부양해야 할 아이를 남겨두고 떠났다. 다른 한 명의 억만장자 연인은 그녀에게 맨션을 주었다가 나중에 그것을 되찾으려고 소송을 걸었다. 그녀는 자신의 사진사와 바람을 피웠고 임신을 했다. 그녀의 남자들이 그녀를 성적으로 이용하려고 그녀에게 계속 약물을 복용하게 했다는 소문이 있었다.

그녀도 역시 자신이 문화 전쟁에 휘말려 있음을 알게 되었다. 1994년 잡지 ≪뉴욕≫은 표지에 '백인 쓰레기 국가'에 대한 기사를 광고하면서 그녀의 아주 음란한 사진을 실었다. 교육받은 하위문화에서는 그녀가 백치미가 있는 섹시한 여자, 할리우드의 촌년, 섹시한 촌뜨기 등 다른 서사 역할의 삶을 살았다고 생각했다. 그렇지만 (미국 남부의) 순박한 선남(善男)들에게 그녀는 순박한 선녀(善女)였다.

줄곧 그녀는 유명 인사가 되었고, 타블로이드 신문이나 영화, TV에서 유명했으며, 연예뉴스의 주요 기사였다. 그녀는 '성공이 성공을 부른다(Nothing-Succeeds-Like-Success)' 서사에 등장했다. 그녀는 어떤 뛰어난 재능이나 업적 때문이 아니라 그냥 유명 인사니까 유명 인사였다.

그녀의 아들의 갑작스러운 죽음에서 세 개의 문화적인 서사가 더 나왔다. 즉, '십대 약물 남용(교외의 악몽)' 서사와 '아이의 죽음(모든 부모의 최악의 악몽)' 서사, '죽음과 재탄생의 순환(한 아이가 태어나면 다른 아이가 죽는다)' 서사가 나왔다.

심지어 죽을 때에도 그녀는 '방탕하게 살다가 젊어서 죽다'라는 문화적 서사와 일치했다. 그녀는 마릴린 먼로, 제인 맨스필드(Jayne Mansfield), 재니스 조플린(Janis Joplin), 제임스 딘(James Dean)과 같은 비극적인 서사에 등장했다. 죽어서도 그녀는 DNA 확인이라는 현대적인 방식으로 해결된 친부확인 소송에 휘말려 있었다. 이것은 또 다른 드라마였다. 그러나 그 소송은 아버지가 친부임을 피하려고 시도하는 통상적인 친부확인 소송과는 다른 것이었다. 이 소송에서는 아이에게 수백만 달러가 걸려 있었다. 자칭 아버지들은 이 아이를 이용해 한밑천 잡으려고 하는 '탐욕스러운 부모' 서사와 일치했는가? 아니면 그들은 이 여자아이를 바르게 대하며 양육하고 보호하려고 애쓰는 '수호자 아버지' 서사와 일치했는가? 이 딸은 이미 세상에 나와 있고, '역사는 반복될 것인가'라는 서사를 환기한다(이 딸은 수십 년 동안 언론에 등장할 것이다). 그녀는 아름다울 것인가? 얼마나 많은 상속을 받을 것인가? 모델이 될 것인가? 자기 어머니의 서사 중 어느 것과 일치할 것인가?

무엇 때문에 애나 니콜 스미스는 신비로운 인물이 되는가? 그녀의 삶이 미국의 이 모든 흔한 서사나 프레임과 한꺼번에 일치하기 때문이다. 잡지 ≪오케이!(OK!)≫의 특집란 편집장인 칠튼(Rob Chilton)은 "그녀는 거의 만화 주인공과 같은 대중의 위대한 우상이었다"라고 말했다. 만화 주인공은 어떤 독립적인 실재도 없으며, 단지 자신에게 부과된 프레임과 문화적 서사를 통해서만 이해된다.

애나 니콜이 죽은 직후의 텔레비전 대담 프로그램을 보면서, 나는 얼마나 많은 여성이 자신을 그녀와 동일시하며 그녀의 죽음을 슬퍼하는지를 알고서 충격을 받았다. 그들은 그녀를 돈을 보고 남자와 교제하는 여자나 섹시한 백치미 여자, 재능은 전혀 없는 유명 인사로 본 것이 아니라, '여성의 행운' 서사에 적합한 것으로 보았다. 이것은 그들이 자신을 그렇게 보는 것과 마찬가지였다. 그들은 그녀를 교육을 전혀 받지 않은 마음씨 착한 불쌍한 소녀라고 생각했다. 그들은 그녀가 자신의 유일한 자산(몸과 의지)을 사용해 대부분 뛰어난 재기와 장난기로 명성을 얻고 돈을 버는 데 성공했지만, 이 과정에서 온갖 어려움에 대처하려고 애쓰면서 약을 복용하는 동안 여성으로서 많은 형태의 지옥을 겪은 것으로 이해했다. 그녀의 죽음에 그들은 진정으로 슬퍼했다. 이러한 애도의 마음은 ≪유에스에이 투데이(USA Today)≫의 머리기사에 "괴로운 인생의 슬픈 종말"이라고 실렸다.

우리는 자신의 서사를 살아간다. 우리가 살아내는 삶의 이야기는 현대 성격이론의 한가운데에 있다.[9] 앞으로 살펴보게 될 신경계산 이론은 우리의 뇌가 이 이야기를 어떻게 허용하는지뿐 아니라 선호하는지도 보여줄 것이다. 서사에서 펼쳐지는 전형적인 역할에는 영웅과 희생자, 조력자가 포함된다. 의사는 단순히 의사가 아니라, 사람들의 생명을 구하는 영웅 의사이다. 주부는 자신을 희생자, 즉 사회의 성차별에 희생당한 주부로 간주할 수 있다. 간호사는 자신을 영웅 의사의 조력자나 의료계 내부의 성차별 희생자로 간주할수 있다. 대통령은 자신을 악당(독재자)에게서 희생자(국민)를 구출하는 영웅이나 악에 대항해 선한 싸움을 벌이는 지도자로 간주할 수 있다. 자신에게 어울린다고 이해하는 서사에서의 역할이 서사 구조에 내재하는 감정적 색채를 주며, 우리의 인생에 의미를 준다.

우리가 이러한 문화적 서사와 프레임을 인식한다는 사실 그 자체가 그것들이 우리의 뇌 속에서 물리적으로 예시된다는 것을 의미한다. 우리는 서사와 프레임을 가지고 태어나는 것이 아니라 빠르게 키워나가기 시작한다. 그리고 우리가 심층의 서사를 습득함에 따라 우리의 시냅스는 변화하기도 하고 고정되기도 한다. 아주 많은 심층의 서사가 함께 활성화될 수 있다. 우리는 그러한 문화적 서사 없이 다른 사람을 이해할 수 없다. 그러나 더욱 중요한 것은 우리가 어떻게 문화적 서사에 어울리는지를 인식하거나 이해하지 않고서는 우리 자신 — 즉, 우리가 현재 어떤 사람인지, 지금까지 어떤 사람이었는지, 어디로 가고자 하는지 — 을 이해할 수 없다는 것이다.

우리는 대중적 인물을 그러한 서사 복합체에 일치시킴으로써 그 인물을 이해한다. 이것은 유명 인사는 물론 정치가에게도 그대로 적용된다. 마찬가지로 정말로 우리는 흔히 아는 사람을 그러한 방식으로 이해한다. 지난주 파티에서 당신이 만났던 그 사람은 누구인가? 당신에게 그 사람은 당신이 (대부분 무의식적으로, 즉 반사적으로) 그에게 할당한 서사 복합체나 프레임 복합체이다. 즉, 만화 주인공 비슷한 그 무엇이다. 그러한 서사는 특별히 그 사람에게만 해당되는 것이 아니다. 당신은 바로 이 동일한 단순 서사들을 다르게 조합해 다른 사람들에게 계속 사용한다.

인지과학과 신경과학으로부터 우리는 그러한 서사가 우리 뇌의 신경 회로에 자리 잡고 있다는 것을 안다. 또한 우리는 그러한 서사가 무의식적·자동적·반사적으로 활성화될 수 있다는 것을 안다. 그리고 애나 니콜이나 힐러리 클린턴(Hilary Clinton), 조지 W. 부시를 그러한 서사의 관점에서 (의식적인 통제 없이 자동적으로) 인식하는 것처럼, 우리는 우리 뇌의 프레임과 문화적 서사가 정의하는 선택만이 우리 자신에게 있다고 본다. 우리는 의식적으로 자각하지도 못한 채 우리의 뇌가 만들어준 서사적 선택의 삶을 살아간다.

과학자로서 그리고 시민으로서 나의 목적은 인지적 무의식을 최대한 의식적인 것으로, 즉 **반사적인** 결정을 **반성적인** 결정으로 만드는 것이다. 그러한 선택이 (대통령과 상원의원, 하원의원을 뽑는) 정치적 선택일 때는, 무의식적인 서사와 프레임에 맹목적으로 이끌려서는 안 된다는 것이 우리 모두에게 아주 중요해진다. 힐러리 클린턴을 유능하고 존중받을 만한 여인의 모형인 '참을성 있는 아내' 프레임에 넣을 것인가? 아니면 '계산적인 암캐' 프레임에 넣을 것인가? 우리는 힐러리가 대통령이 될 가능성을 왕조 서사 — 클린턴 집권기로의 왕조적 귀환 — 의 관점에서 이해하는가? 힐러리를 문화적 서사의 관점에서 이해하지 않을 수 있는가?

그럴 수 없다고 나는 생각한다. 문화적 모형은 바로 우리 뇌 속에 존재한다. 우리는 대부분 의식적인 자각이나 심지어는 의식적인 인식조차도 없이 자동적으로 그러한 문화적 모형을 사용할 것이다.

데이비드 리프가 옳았다. 정치는 문화적 서사와 아주 많은 관련이 있다. 후보자에게 정치는 자신이 살아왔으며 살고 있는 이야기, 자신에 대해 말하는 이야기, 경쟁자가 자신에게 뒤집어씌우려는 이야기, 언론이 자신에 대해 말하는 이야기와 관련이 있다. 그러나 더 심오한 의미에서 정치는 우리의 문화와 환경 덕택에 우리 모두의 삶이 될 수 있는 서사와 관련이 있다. 페미니즘은 여성이 살아야 할 새로운 서사를 창조하기 위해 노력했다. 그러나 전 세계의 글로리아 스타이넘(Gloria Steinems)이나 힐러리 클린턴이 살아갈 수 있는 서사의 삶을 비키 린 호건은 살아갈 수 없었다. 만일 당신에게 열려 있는 유일한 선택이 '여성의 행운' 서사인 문화에서 자라났다면, 페미니즘은 우습게 보이거나 기껏해야 중산층 이상의 사람들의 환상으로 보일 수 있다. 문화적 서사는 우리의 가능성과 도전, 실제 삶을 정의한다. 애나 니콜에게 자신을 동일시하고 그녀의 죽음에 진정으로 애도했던 여성들은 그녀의 삶이 전해주는 서사의 많은 부분을 살아가고 있다. 그러한 측면에서 그들이 바로 애나 니콜 스미스였다. 그리고 바로 이런 연유로 그들은 자기 딸에게 무슨 일이 일어나는지에 진지한 관심을 갖는다.

조지 W. 부시는 '구원' 서사의 힘을 이해했다. 그는 알코올 중독자였고, 음주운전 경력이 있었으며, 베트남 참전을 기피했고, 주(州) 공군 부대 복무 당시 근무 특혜와 관련한 의혹*이 있으며, 잇따라 사업에 실패했다. 당신은 이것만 보아도 그가 대통령 자격

> * 2004년 미국 대통령 선거에서 부시가 베트남 참전을 기피하고 상대적으로 안전한 주 방위군 공군에서 복무했는데 이것마저도 제대로 복무하지 않았다는 의혹이 제기되었다. 텍사스 주 방위군에서 앨라배마 주 방위군으로 소속을 옮긴 기록은 있지만 같은 부대의 근무자 중 그를 보았다는 사람이 없다는 것이 논란의 핵심이었다.

이 없다고 생각할 수 있다. 그러나 '구원' 서사의 힘으로 인해 이 모든 것이 그에게 유리하게 바뀌었다. 술을 끊었을 때, 그는 '구원' 서사를 바탕으로 살아가거나 살아가고 싶은 모든 사람들의 눈에 자신을 구원한 사람으로 보였다. 그래서 그들은 그의 '젊은 날의 과오'를 용서했다. 모든 어려움과 실패를 이겨낸 것이 그의 인품에 대한 증거가 되었다. 바로 이 때문에, 그의 알코올 중독이나 음주운전 경력, 병적 기록에 관한 사실을 언급하는 것만으로는 그의 당선에 아무런 영향을 주지 못했다.

앨 고어는 자신이 '구원' 서사를 사용한다는 것을 아주 잘 알고 있다. 그는 심지어 자신을 자조적으로 '구원의 정치인'이라 칭하기도 한다. 지구온난화의 위험성을 성공적으로 세계에 알렸을 때, 2000년 선거에서 대통령이 되지 못한 실패로부터 자신을 구원했다. 그의 노벨상 수상은 분명히 그러한 성공을 예시하는 확실한 증거이다.

신계몽에서, 문화적 서사는 사라지지 않을 것이며 냉철하고 탄탄한 이성으로 대체되지 않을 것이다. 문화적 서사는 우리 뇌의 붙박이 가구의 일부이다. 그러나 신계몽에서는 적어도 우리가 자신을 자각할 것이다. 우리는 모두 자신의 서사를 살아가고 있음을 인식할 것이다. 자신의 서사가 무엇일지에 대해 논의하는 것, 즉 자신의 서사가 어떤 영향력을 갖는지 그리고 우리가 자신의 서사를 외면할 수 있거나 외면해야 하는지의 문제를 제기하는 것이 정상일 것이다.

서사의 어두운 측면도 역시 있다. 우리의 국가안보기구 ─ 군과 중앙정보국, 민간방위회사 ─ 의 종사자들은 개인의 정체성이 주로 우리가 살아가는 서사에 의해 정의된다는 것을 알고 있다. 그들은 조사받고 있는 피의자가 예전의 정체성을 유지하지 못하도록 그를 정의하는 서사를 파괴함으로써 제압하는 고문 방법을 고안해왔다. 그들은 감각 상실, 고립감, 공포, 신체적 타격 등의 기술을 사용해 피의자에게 새로운 정체성을 만들어준다. 이 경우에 피의자는 고문자에게 의존하며 기꺼이 그에게 협조한다.[10] 이러한 고문 기술의 효과는 무시무시하며 아주 실제적이다.

우리는 결코 18세기 철학자들의 천진함으로 되돌아갈 수 없지만, 우리 자신이 인간의 뇌를 지니고 있다는 것과 실제 인간의 마음으로 사고한다는 사실에서 벗어날 수도 없다. 우리가 할 수 있는 일은 최대한 자신을 자각하게 되는 것이다. 그렇게 하려면 우리는 마음의 과학이 우리에게 가르쳐야 하는 내용을 이용해야 한다.

## 서사와 전쟁

제1차 걸프 전쟁에서 부시(1세) 대통령은 처음에는 자기방어 서사를 사용했다. 사담 후세인(Saddam Hussein)이 미국을 위협하고 있다. 우리의 생명선인 석유를 차단하고 있다. 반전 시위자들은 '석유를 위해 피 흘리지 말자!'는 슬로건으로 맞섰으며, 이 슬로건은 효과적이었다. 제1차 걸프전 3개월 전에 실시된 여론조사에서 미국인들은 석유를 위해서는 참전하지 않을 것이지만, 구원을 위해서는 참전할 것이라는 결과가 나왔다. 이 여론조사 직후에 부시(1세) 대통령의 서사는 구원 서사인 '강간당하는 쿠웨이트'로 바뀌었다. 한 쿠웨이트 외교관의 딸이 야만적인 강간을 목격했다고 증언했다. 그녀는 쿠웨이트 내 사담 후세인 군대에 의한 희생자로 분류되었다. 그렇지만 이것은 거짓이었다. 사실 그녀는 당시에 미국에 살고 있었다. 그녀의 증언은 '강간당하는 쿠웨이트' 서사를 강화했다. 사담 후세인은 (이성이 없는 내재적으로 사악한) 악당이고, 쿠웨이트는 (천진하고 나약해 자신을 보호할 수 없는 여인과 같은) 희생자이고, 미국은 (구원자로서) 영웅이고, 연합군의 참여 국가는 조력자였다.

특정한 서사를 수용할 때, 당신은 그 서사와 모순이 되는 실재를 무시하거나 은폐한다. '천진한' 쿠웨이트는 아주 선한 나라가 아니었다. 쿠웨이트는 인권을 심하게 탄압하는 독재정권의 국가였다. 이란과 전쟁을 벌이는 기간 동안, 이라크는 쿠웨이트가 이라크 국경 지하를 뚫고 들어와 이라크 석유를 퍼내 자신의 소유로 삼았다고 주장했다. 쿠웨이트는 이란과의 대립에서 보호받기 위해 이라크에 돈을 지불했다. 그런데 나중에 쿠웨이트는 그 돈이 재정적으로 고갈된 이라크가 다시 갚아야 할 차관이라고 주장했다. 쿠웨이트는 이라크의 통화 가치를 떨어뜨리기 위해 통화조작에 개입했으며, 쿠웨이트 부자들이 이라크에 들어가서 상품을 값싸게 사서 모으도록 허용했다. 이란·이라크 전쟁에서 죽은 이라크 남성의 미망인의 성적 봉사도 이러한 상품 중 하나였다. 이로 인해 이라크의 경건한 무슬림은 끝없이 분노했다. 후세인 군대가 사용하는 무기의 근원이 미국이라는 사실도 은폐되었다. 미국은 이라크를 이란을 계속 견제하기 위한 동맹군으로 보았었다. 이란·이라크 전쟁 기간 동안 자신의 동맹군 사담 후세인과 협의하기 위해 미국이 파견했던 인물은 바로 도널드 럼스펠드(국방장관)였다. 럼스펠드는 사담 후세인과 악수를 하면서 사진을 찍었다. 서사는 실재를 은폐하는 데 강력한 효력을 미친다.

흥미롭게도 부시(2세) 대통령도 동일한 서사를 이라크 전쟁에서 사용했다. 처음에는 자기방어 서사가 등장했다. 사담이 대량살상무기로 미국을 위협하고 있다는 것이었다. 우리(미국)는 희생자이면서 동시에 영웅이었다. 조력자는 기꺼이 참여한 연합군이었다. 대량살상무기가 전혀 발견되지 않자, 전쟁의 명분이 구원 서사로 옮겨갔다. 희생자는 이제 이라크 사람들이었다. 악당은 사담 후세인이었다. 그의 악행은 압제였다. 그는 자기 국민을 감시하고 고문하고 심지어 강간하는 것은 물론, 이라크의 석유 이익금을 독식했다. 미국은 이라크 국민에게 민주주의를 가져다주고, 고문과 강간, 부패, 살인으로부터 그들을 자유롭게 해주는 영웅이었다. 일단 사담을 패배시키고 나자, 미국은 새로운 악당을 찾았다. 새로운 악당은 바로 폭도들, 즉 내전에 참여하거나 미국이 자기 나라에서 손을 떼기를 바라는 이라크 사람들이었다.

심층의 '구원' 서사는 동일하게 남아 있다. 두 대통령이 벌인 두 개의 다른 전쟁에서 동일한 서사 구조가 동원되었으며, 동일한 서사 이동이 일어났다. 어떻게 뇌가 실제 세계의 서로 다른 두 경우에 동일한 서사 구조를 적용할 수 있을까? 심층의 서사는 뇌 속에 안정적으로 자리 잡고 있다. 그러한 서사를 특징짓는 신경 회로의 시냅스들이 크게 강화되어, 매우 일반적인 심층의 서사들이 영원히 우리 뇌의 일부가 되어 있다. 신경 결속 덕택에 이러한 영속적인 서사 구조가 조금이라도 새로운 특별한 경우에 적용될 수 있다. 바로 이런 이유 때문에 동일한 구조가 모든 전쟁에서, 이런저런 유명 인사에게서, 그리고 이런저런 정치적 인물에게서 반복적으로 나타난다.


## 우리는 멜로드라마 속에 있다

텔레비전을 시청하는 사람들이 수동적인 관찰자가 아니라는 것은 별로 새로운 이야기가 아니다. 리얼리티 텔레비전은 시청자가 쇼에서 어떤 역할을 수행한다는 발상에 근거한다. ≪아메리칸 아이돌(American Idol)≫은 이 발상의 분명한 실례이다. 무브온*은 이 발상이 인터넷에서도 동일하다는 것을 보여주었다. 무브온 회원들은 정치에서 활발하게 역할을 수행한다. 그들은 공직자

* **무브온(MoveOn.org)**: 500만 명의 회원을 기반으로 막강한 영향력을 행사하는 미국의 진보적인 온라인 유권자 운동 조직.

에게 편지를 보내고, 후보를 위한 모금 활동을 하며, 자신의 거실을 이웃에게 개방해 전국적인 토론에 참여하도록 장려한다.

가장 최근의 적극적인 참여의 실례는 2007년 7월 23일 유튜브(YouTube)가 (CNN과 함께) 주최한 민주당 대통령선거 후보자 토론회였다. 그 무렵 나는 이 책을 쓰고 있었다. 이 토론에서 유튜브 사용자들은 후보자에게 질문을 제기하는 자신의 비디오를 제출했다. 후보자들은 CNN의 운영진이 선별했는데, 그들은 실제로 그 토론에 참여했다. 집에 앉아 자신의 상상 속에서 질문자 역할을 하던 사람들이 현실의 질문자가 되었다. 나는 이것이 표준적인 토론 형식이 되지 않을까 생각한다.

왜?

이것을 설명하는 뇌의 추가적인 두 속성이 있다. 또한 훨씬 더 많은 속성이 있다. 우리는 시각 활동에 사용하는 뇌의 부분을, 무언가를 보고 있다고 상상할 때와, 보았던 것을 회상할 때, 보고 있는 꿈을 꿀 때, 시각 활동에 대한 언어를 이해할 때에도 똑같이 사용한다.

이것은 움직이기에도 마찬가지이다. 실제로 움직일 때 사용되는 뇌의 부분이, 움직이고 있다고 상상할 때와 움직임을 기억할 때, 움직임에 대해 꿈꾸거나 이해할 때에도 똑같이 사용된다. 심적 '시뮬레이션'은 움직이거나 지각하기, 상상하기, 기억하기, 꿈꾸기, 언어 이해하기를 위해 뇌의 영역을 사용하는 것에 대한 전문용어이다.[11] 상상의 이야기를 실제 삶의 서사에 연결하는 것은 바로 이 심적 시뮬레이션이다.

그러나 당신이 살아온 서사를 다른 누군가의 서사에 연결하는 것은 무엇인가? 현재로서 가장 그럴듯한 우리의 가설은 "거울뉴런 회로가 행동과 지각을 통합한다"는 것이다. 분명히 우리에게는 우리 자신이 어떤 주어진 행동을 수행할 때 또는 다른 누군가가 동일한 행동을 수행하는 것을 볼 때 점화하는 전(前)운동피질 내의 '거울뉴런 회로'가 있다.

이것은 마술이 아니다. 거울뉴런 회로는 양방향 경로를 통해 뇌의 여러 다른 영역에 연결되어 있다.

1. 신체 근육 내의 운동 뉴런에 연결되어 근육 운동을 직접 통제하는 일차 운동피질(primary motor cortex)에 연결됨.
2. 시각 영역과 청각 영역, 체지각 영역에서 발생하는 감각 정보를 통합하는 두정엽 피질(parietal cortex)에 연결됨.
3. 뇌섬(insula)을 통해 긍정적인 감정 경로와 부정적인 감정 경로에 연결됨.
4. 감정이입 경험에서, 즉 동정과 찬사에서 활성화되어야 하는 후내측부 피질(posteromedial cortex)에 연결됨.[12]
5. 분명히 거울뉴런의 감정이입 능력을 증대하거나 제한하기 위해 거울 뉴런의 활성화를 조정하는, 전(前)전두엽 피질 내의 이른바 슈퍼거울뉴 런(super-mirror neurons)에 연결됨.

거울뉴런 회로는 친숙한 어떤 행동의 일부를 보고서 그 행동의 나머지가 어떠할지를 짐작하는 이른바 독심술에도 사용되는 것으로 보인다.[13]

내가 약간 주저하는 이유는 다음과 같다. 거울뉴런 가설이 마카크(macaque) 원숭이의 뇌가 인간 뇌 속의 대응 영역과 동일한 구조와 기능을 지닌다는 가정에 근거하기 때문이다. 하나의 실례는 우리가 마카크 원숭이 뇌의 전운동 피질을 인간 뇌의 전운동 피질과 동일시할 수 있다는 것이다. 이 가정은 그럴 듯하고, 논란의 여지가 없으며, 신경과학 연구에서 널리 사용된다. 이 책에서 도 이 가정을 수용하고 있다.

간단히 말해서, 우리가 어떤 서사의 삶을 살아갈 때 사용하는 뇌 속의 동일한 신경구조의 일부는 다른 어떤 사람이 현실의 삶에서나 텔레비전에서 그러한 서사의 삶을 살아가고 있는 것을 볼 때, 또는 어떤 소설을 읽고 있는 경우처럼 그러한 삶을 상상할 때에도 똑같이 사용된다. 바로 이 때문에 문학과 예술은 의미 있게 되며, 실재와 텔레비전, 인터넷이 서로 교차하게 된다. 이것이 바로 '제2의 삶'이 인터넷에서 번창해 수천 명의 사람이 자신의 제1의 삶에 없는 진정한 의미를 제2의 삶에서 찾을 수 있는 이유이다.

상상과 행동이 많은 동일한 신경 구조를 사용한다는 사실은 엄청난 정치적 귀결을 갖는다. 2001년의 9 · 11은 수천 킬로미터 떨어진 곳에서 텔레비전으로 그 모습을 지켜보는 것만으로도 공포를 유발한 사건이었다. 공화당이 모든 광고에서 쌍둥이 빌딩이 무너지는 영상을 반복해서 내보냈을 때에도 공포감은 계속 유지되었다. 일단 공포의 신경회로가 당신의 뇌 속에 안정적으로 자리 잡고 나면, 심지어는 공화당의 수사에서 반복적으로 사용되는 공포에 관한 언어 표현 — '두려움'이나 '공격' — 조차도 계속 공포감을 조장할 수 있다. 어떤 사람은 이 공포를 정치적으로 이용하고 있다.

2004년 10월 17일자 ≪뉴욕타임스 매거진≫에 론 서스킨드(Ron Suskind)는 익명의 부시 대통령 보좌관과의 우연한 만남에 대해 이렇게 썼다.

> 그 보좌관은 나와 같은 친구들이 '이른바 실재에 근거한 공동체'에 있다고 말했다. 그는 이 공동체를 "식별 가능한 실재를 신중하게 검토해보면 해결책이 나온다고 믿는" 사람들이라고 정의했다. 나는 고개를 끄덕이며, 계몽주의 원칙과 경험주의에 대해 몇 마디 중얼거렸다. 그 보좌관은 내 말을 자르며 말했다. "그것은 이제 더는 세계가 실제로 작동하는 방식이 아니다." 그는 자신의 말을 계속 이어갔다. "우리는 이제 하나의 제국이다. 그래서 행동할 때 우리는 우리 자신의 실재를 창조한다. 그리고 당신이 (당신의 의지에 따라 사려 깊게) 그 실재를

검토하고 있는 동안 우리는 다시 행동해 다른 새로운 실재를 창조할 것이다. 그리고 당신은 또 이 실재를 검토할 수 있다. 그리고 이것이 바로 상황이 분류되는 방식이다. 우리는 역사의 배우이다. …… 그리고 당신, 당신들 모두는 남아서 우리가 무엇을 행하는가를 검토할 것이다."

많은 점에서 그러한 말은 예언적이었다. 부시 행정부는 자신들의 마음속 상상을 현실화하는 탁월한 역량을 보여주었다. 예를 들어, 감세, 사회보장 프로그램 폐지, 정부 활동의 민영화, 규제완화, 사익 추구를 위한 환경 파괴 등의 정책을 실시했다. 그들은 계속해서 어제의 정치적 상상을 오늘의 현실로 만들었으며, 대중은 이를 거의 알아차리지 못했다. 클라인(Naomi Klein)은 부시 행정부 아래에서의 '대재앙 자본주의(disaster capitalism)'의 대두라는 상세한 기록을 남겼다. 이 체제에서는 민간계약업자들이 수의 계약을 맺어 (9·11, 허리케인 카트리나, 이라크 전쟁 등) 예전에는 정부가 처리했던 대재앙의 일을 대행하는 반면, 정부 기관은 예산 삭감으로 기능을 발휘하지 못한다.[14] 본질적으로 이것은 납세자에서 사기업으로 거대한 부가 넘어가는 것이며, 정부의 엄청난 약화이며, 정부에서 기업으로의 역량 이전이다. 기업은 일반 대중이 엄청난 비용을 부담하는 재앙에서 커다란 이익을 챙긴다. 비교적 보이지 않는 이러한 '실재 창조'는 대중의 레이더망으로는 잘 포착되지 않는다. 이것이 어떻게 가능할 수 있을까?

이 질문에 대한 해명은 뇌가 제공한다. 첫째, (테러리스트 공격으로 인한) 공포, (재정이나 의료보험 등에 관한) 걱정, 과로 등의 스트레스는 부정적인 감정 체계인 노르에피네프린(부신수질 호르몬) 체계를 활성화하는 경향이 있다. 이 경향은 주의집중 능력의 감소를 초래한다. 둘째, 외견상 다른 사건들을 동일한 종류의 사건으로 인식하기 위해서는 적절한 개념적 틀이 자리 잡아야 한다.

예를 들어, 이 책을 쓰고 있을 때 서로 다른 상황과 관련이 있어 보이는 뉴스 기사 세 개가 1면에 실렸다. 이들은 '블랙워터 용병 이라크 민간인 살해'와 '(현재까지도 작동 중인 정부 운영) 국가아동건강보험프로그램(SCHIP) 유지에 대한 대통령의 거부권 행사', '식품의약품안전국 식품의약 안전성 재판 감시원의 절대 부족'이다. 그러나 이 세 기사는 동일한 쟁점과 관련이 있다. 극보수주의자의 정치적·경제적 의제는 공공 자원과 정부의 기능을 사적 영역으로 넘겨주는 반면, 대중을 보호하고 대중의 역량을 극대화해야 할 정부의 역량을 제거하는 것이다. 대중은 이 모든 것을 동일한 것으로 인식하고 이것이 무엇을 의미하는지를 이해할 개념적 틀이 전혀 없다. 그리고 공포와 걱정, 과로의 스트레스로 인해 대중은 삶의 수백 가지 영역에서 무슨 일이 벌어지고 있는지를 이해하는 데 소요되는 중요한 신경 구조에 주목하거나 그러한 신경구조를 창조할 능력이 거의 없다.

그들의 말에서 보듯이 민주당 지도자들은 이러한 점들을 연결하지 못하고 있다. 반대로 (의식적이고, 논리적이며, 감성적이지 않고, 탈신체화되어 있으며, 지각되는 사익에 근거하고, 고전적이라고 인식되는 합리적 논의에 따르는) 이른바 계몽주의 이성에 의지하는 그들의 호소는 극보수의 손아귀에서 놀아나고 있다. 정확하고 상세한 내용은 주어져 있지만, 이들은 모두 서로 다른 내용 — 이라크의 폭력과 아동건강, 약물검사 — 에 관한 것이다. 구계몽의 이성에 의한 접근은 실패이면서 동시에 노력과 시간, 돈의 낭비가 된다. 그 이유는 대중의 마음이 대부분 무의식적이고 은유적이며 스트레스의 물리적 영향을 받기 때문이기도 하지만, 지금까지 대중의 뇌가 신경적으로 과거의 보수적인 프레임에 따라 형성되었기 때문이기도 하다.[15]

그렇게나 많은 사람이 애나 니콜 스미스의 운명에 연대감을 느끼게 했던 멜로드라마 뒤에 숨은 동일한 신경 기제 — 계몽주의 이성을 넘어서는 기제 —

가 중요한 정치적 목적의 달성과 거대한 정치적·경제적 변화의 은폐에 이용되고 있다.

무엇을 은폐하고 왜 은폐하는가에 대한 그러한 설명이 있다면, 개념적 틀과 언어, 영상, 적절한 감정적 어조를 의식적으로 창조할 수 있게 된다. 그러면 레이더망에 잡히지 않는 아주 중요한 변화를 볼 수 있을 뿐 아니라, 물론 그러한 변화의 도덕적 귀결도 알 수 있게 된다. 이것이 쉬운 일은 아니지만, 문제를 이해한다면 이 과제를 완수할 수 있다.

# 02

# 정치적 무의식

정치는 도덕적 가치에 관한 것이다. 모든 정치 지도자가 자신의 정책을 제시하는 근거는 그 정책이 옳다는 믿음, 즉 그 정책이 도덕적이라는 믿음이다. 그렇지만 진보와 보수의 기본적인 사고 양식은 각각 무엇이 도덕성을 형성하는가에 대한 아주 다른 시각에서 비롯된다. 이 두 시각이 아주 다르기 때문에, 진보와 보수는 거의 정반대의 사고 양식이 된다.

우리는 이것을 어떻게 아는가? 대립하는 한 견해에서는 정치를 결국 완전히 돈과 권력, 조직의 문제라고 본다. 분명히 돈과 권력, 조직은 어떤 승자의 정치에서나 아주 중요하다. 그러나 만일 돈과 권력, 조직이 정치의 모든 것이라면, 즉 만일 어떤 도덕적 쟁점도 정치와 관련이 없다면, 누가 승리하는가는 중요하지 않을 것이다. 단, 누가 후원을 받는가는 예외이다.

그러나 오늘의 미국에서 도덕적 쟁점은 아주 중요하다. 정말로 누가 승리하는가는 도덕적으로 아주 중요하다.

그리고 인지과학은 이 문제와 어떤 관련이 있는가? 이 질문에 대한 답은 인지적 무의식 ─ 즉, 우리의 뇌를 구조화하지만 우리가 직접 들여다볼 수 없는 개념들의 체계 — 이다. 우리가 공적 담론에서 이해하는 내용의 대부분은 낱말 자체에 있는 것이 아니라 우리가 낱말에 연결하는 무의식적 이해에 있다. 필모어가 밝혀낸 바와 같이, 각 낱말은 적어도 하나의 개념적 프레임을 참조해 정의된다.[1] 그러한 프레임은 개념 체계 내에서 다른 프레임을 환기한다. 이해는 프레임의 논리를 끌어내는 것과 관련이 있다. 아주 많은 경우에 은유적 사고가 또한 사용된다. 인지의미론이 지금까지 밝혀낸 것은 우리가 개념 체계 — 서로 잘 어울리며 의미를 구성하는 체계 — 의 관점에서 생각한다는 것이다. 어떤 담론에서나 우리는 개념 체계를 사용해 명시적으로 말해진 것을 이해한다.

이 분석 기법을 정치적 연설이나 토크쇼의 생방송 전화인터뷰, 사설과 그 반대쪽 페이지의 논평, 두뇌집단 보고서, 편집자에게 보내는 편지, 블로그 등에 적용할 때, 특정한 사고 패턴이 출현한다. 즉, 무엇을 행하는 것이 옳은지에 대한 가정에 근거한 일반적인 사고 양식이 출현한다. 사고의 일부는 의식적으로 분명히 언어 표현 속에 존재한다. 그러나 사고의 98퍼센트는 무의식적이며 드러나지 않지만, 실제로 말해진 것의 의미를 구성한다.

비록 구계몽이 인간의 마음을 잘못 특징지었지만, 계몽주의의 가치는 미국 민주주의의 토대를 다져놓았다. 마찬가지로 신계몽도 의식적이든 무의식적이든 미국의 원래의 가치를 명확히 규정해야 하며, 동일한 방향으로 그러한 가치를 더욱 확대해야 한다. 미국은 건국 당시뿐 아니라 발달 과정에서도 진보적인 나라였다. 그래서 미국의 가치를 다시 찾아서 금(今)세기의 필요에 어울리도록 확대해야 한다.

보수주의자들은 자신들의 가치와 이상을 명확히 하는 데 아주 뛰어났다. 이제 진보주의자들이 똑같은 일을 해야 할 시기이다. 이 책에서 나의 임무는 인지적 무의식의 자물쇠를 열고 진보적 사고를 풀어내는 것이며, 비교할 수 있도록 보수적 사고에 대한 정확한 그림을 그리는 것이다. 극보수주의자는 자신의 가치에 어울리는 숨은 목적을 수행하는 데에도 아주 능숙했다. 그렇지만 이제 우리는 그들의 숨은 목적을 파헤칠 수 있다. 이것은 인지과학이 주는 또 다른 혜택이다.

보수주의자와 진보주의자는 목적이나 가치뿐 아니라 사고 양식도 다르다. 둘 중 어느 양식도 명확하지 않다. 정치적 마음을 이해하려면 깊게 파고들어 가야 한다. 우리가 보게 될 것은 복합성이다. 많은 미국인이 자신의 정치에서 보수적 사고 양식과 진보적 사고 양식을 둘 다 사용하지만, 서로 다른 영역에 다른 방식으로 적용한다. 규칙성은 존재하지만, 분명한 '좌에서 우로' 척도 ― 또는 파랑에서 빨강으로 이어지는 색채 스펙트럼 ― 는 존재하지 않는다. 중도주의자는 전혀 없다. 다시 말해서, 중도적 세계관, 즉 '중도파'의 특성을 규정하는 개념의 집합은 결코 없다. '중도파'라 불리는 사람들은 어떤 쟁점 영역에서는 보수적 사고를, 다른 어떤 쟁점 영역에서는 진보적 사고를 사용한다. 그들은 결코 어떤 선형적인 '좌에서 우로' 척도의 한 지점에 위치하지 않는다. 정말로 이른바 많은 중도주의자들은 결코 온건하게 타협하지 않으며, 자신들의 보수적 사고와 진보적 사고를 둘 다 아주 열정적으로 옹호한다. 예를 들어, 반전 보수주의자인 헤이글(Chuck Hagel)과 전쟁을 지지하는 자유주의자인 리버만(Joe Lieberman)의 경우를 살펴보자. 둘 다 '중도파'라 불리지만, 그들은 공통의 믿음을 거의 갖고 있지 않으며, 분명히 어떤 하나의 세계관을 공유하지 않는다.

정치 전문가들이 좋아하는 '좌에서 우로' 척도는 부정확한 은유이며, 두 가지 이유에서 위험한 은유이다. 첫째, 이 척도는 어떤 정치적인 '주류', 즉 통합된 하나의 정치적 세계관을 지닌 집단을 설정한다. 그렇지만 이러한 집단은 현재도 과거에도 존재한 적이 전혀 없다. 극보수주의자들이 지난 30년 동안 미국의 정치적 담론을 지배했기 때문에 보수적 개념이 '주류 개념'의 대접을 받고 있지만 이것은 사실이 아니다. 반면에 진보적 개념은 '좌파'나 '극단주의'로 규정되고 있지만 이것도 역시 그렇지 않다. 스티븐스(John Paul Stevens)는 1970년대에 포드(Gerald Ford) 대통령이 보수주의자로 보고 대법원 판사로 지명했다. 결코 자신의 견해를 바꾸지 않았다고 말하고 있음에도 그는 이제 '자유주의자'라 불린다. 사람들은 왼손과 오른손의 경우나 뇌의 좌반구나 우반구의 경우에 대해 말하듯이 중간에 어떤 선형적인 척도도 없이 좌파와 우파에 대해 말할 수 있다.

'좌에서 우로' 척도를 사용하는 것 자체가 극보수에 힘을 실어주고 진보를 주변부로 내모는 역할을 한다. 그 이유는, 미국인의 머릿속에 실제로 두 개의 일반적인 사고 양식 — 하나는 근본적으로 진보적이고 다른 하나는 근본적으로 보수적인 — 이 있기 때문이다. 각각의 사고 양식은 온갖 방식으로 특별한 경우에 적용될(즉, 신경적으로 결속될) 수 있다. 예를 들어, 이라크 전쟁과 학교자유수강권제도에는 보수적 사고 양식을 적용하는 반면, 다른 어떤 영역에는 진보적 사고 양식을 적용하는 리버만의 경우가 그러하다. 일부 사람들은 어떤 쟁점 영역에 하나의 사고 양식을 확고하게 결속하지 않고서, 오락가락할 수도 있으며, 무엇을 생각해야 하는지 모를 수도 있다.

1970년대 초반 대부분의 미국인은 대부분의 쟁점 영역에서 진보적 사고 양식을 사용했다. 로 대 웨이드 사건*은 정착된 것으로 보였고, 사회보장제도는 안정적이었고, 공교육은 정착된 제도였고, 노동조합은 강했고, 교회와 국가의 분리는 거의 도전을 받지 않았고, 과세는 필수적인 정부 서비스를 제공하는 것으로 이해되었다. 그때 이후 더 많은 쟁점 영역에 보수적인 사고 양식을 적용하는 사람들이 증가

* 로 대 웨이드 사건(Roe vs. Wade): 미국 역사의 획을 긋는 판결로 지금까지도 치열한 논쟁이 되고 있는 사건이다. 자신의 의지에 따라 낙태를 하려는 제인 로(Jane Roe)가 텍사스 주 법원에 소송을 내서 당시 검사였던 헨리 웨이드와 연방법원까지 가는 논쟁을 벌인 끝에 승소했다.

해왔다. 비록 여전히 다수의 미국인이 대부분의 영역에서 진보적 사고 양식을 사용하고 있음에도 말이다. 그래서 여론조사는 대부분의 미국인이 대다수의 쟁점에서는 민주당에 동의하지만, 앞으로 살펴보게 될 이유로 인해 투표에서는 민주당을 지지하지 않는다는 것을 보여준다.

동시에 보수적인 사고 양식과 언어가 미디어의 정치적 담론을 지배하게 되었다. 우리는 보수적인 언어의 일상적 사용과 이 언어에 수반되는 개념에서 이를 확인할 수 있다. **불법고용주**(illegal employers)나 **불법소비자**(illegal consumers)가 아닌 **불법이민자**(illegal immigrants), **이라크 점령**(occupation of Iraq)이 아닌 **이라크 전쟁**(war in Iraq), **장기 주둔**(escalation)이 아닌 **급파**(surge), **세금 낭비**(squandering tax money)가 아닌 **군수 지원**(supporting the troops) 등이 그러한 예이다. 비록 진보적인 사고 양식이 우리의 건국 문서에 제시된 미국 민주주의의 이상을 표현하지만, 공적 담론에서 이 사고 양식의 지배력이 점점 더 약화되었다. 인신보호영장제도(habeas corpus)의 거부와 국민에 대한 무제한적인 전화 도청, 일상화된 고문으로 인해, 생명과 자유, 행복 추구라는 양도할 수 없는 권리는 거의 논의할 수 없게 되었다.

철저한 진보주의자들은 정말로 모든 쟁점에 대해 미국 민주주의의 이상을 고수한다. 그들은 우리 민주주의의 반석이다. 그러나 '좌에서 우로' 척도에서 은유적으로 살펴볼 때, 우리 민주주의의 반석은 한쪽, 즉 '극단적으로 왼쪽에' 있다. '좌에서 우로' 척도 은유로 인해 우리 민주주의의 반석은 '극단적인 것'처럼 보이게 된다. 그래서 보수주의자들은 시민적 자유, 이민자의 적극적 수용, 공교육 등 전통적인 미국적 이상을 옹호하는 사람들을 극단주의자라고 규정해왔다.

따라서 '좌에서 우로' 척도 은유로 인해 은유적인 '중간'이 생겨나고, 유권자 중 대략 3분의 1이 두 '극단' 사이에 위치하게 된다. 그들의 견해가 어떤 모든 방식에서나 차이가 나고, 결코 단 하나의 사고 양식을 형성하지 않는데도 말이다.

은유는 표준적이며 대부분 무의식적인 사고 기제이다. 은유는 어떤 때에는 무해하며, 다른 어떤 때에는 좋게 사용될 수도 있고 나쁘게 사용될 수도 있다. '좌에서 우로' 척도 은유는 무해한 것이 아니다. 이 은유는 미국 민주주의의 이상을 억압하기 위한 정치적 조작에 이용되고 있다.

그렇지만 '좌에서 우로' 척도 은유는 결코 허구의 속임수가 아니다. 이것은 하나의 은유로서 실재하며, 사람들의 뇌 속에 들어 있다. 비록 이 은유는 완전히 틀렸지만, 많은 사람들이 이 은유를 사용한다. 여기에서 나의 임무는 당신이 이 은유에 대해 다시 한 번 생각해보게 해서 더는 이 은유를 사용하지 말도록 만드는 것이다. 그렇게 할 능력이 당신에게 있다면 말이다. 하지만 그것은 쉽지 않을 것이다. 그런 방식으로 사고하는 것은 (무의식적인) 반사 작용이기 때문이다. 당신은 '좌에서 우로' 척도에서 생각**할 것이다.** 당신 자신을 붙들어 매어 멈추어보라. 당신의 뇌 속에 물리적으로 들어 있는 당신을 오도하는 은유를 극복하는 일은 결코 쉽지 않다.


## 진보적 사고와 감정이입의 정치

모든 진보적인 정책 뒤에는 단일한 도덕적 가치인 감정이입이 있다. 우리는 그러한 감정이입을 바탕으로 행동해야 할 책임감과 그렇게 할 수 있는 능력이 있어야 한다. '책임감과 강인함'을 결코 잊지 말라. '책임감과 강인함'이 없이 진정한 감정이입은 존재할 수 없기 때문이다.

보수의 통치 기간 동안 우리는 오바마가 감정이입 결핍이라 부르는 것을 목격했다. 그것은 타인을 또한 서로를 보살피지 못한 것이었다. 보살핌은 단지 느끼는 감정이입이 아니라, 강력하고 용기 있게 행동하며 책임을 지는 것이다. 당신은 보살필 만큼 강해야 하고 그러한 보살핌을 성공적으로 실천해야 한다.

보살핌의 윤리가 정부를 만든다. 보살핌의 윤리에 따르면, 정부는 밀접하게 연결된 두 역할 — 보호와 역량강화 — 을 맡아야 한다. 보호 역할은 단지 군대나 경찰, 소방서와만 관련이 있는 것이 아니다. 이 역할은 사회보장, 질병관리와 공공건강, 식품 안전, 재난 구제, 소비자와 노동자 보호, 환경 보호를 의미한다.

정부에 의한 역량강화는 도처에 존재한다. 예를 들어, 고속도로와 다리 덕분에 당신은 가고 싶은 곳에 갈 수 있으며, 생산품을 실어 나를 수 있다. 또한 인터넷과 위성통신 시설 덕분에 세계와 접촉할 수 있으며, 공교육으로 인해 당신은 세계를 향해 나아갈 수 있으며, 기업은 숙련된 노동자를 공급받을 수 있다. 당신이 집을 사든, 당신의 회사가 또 다른 회사를 사든, 금융제도 덕택에 당신은 은행 융자를 받을 수 있다. 증권거래소가 있어서 주식 시장이 제 기능을 발휘할 수 있다. 법률제도로 인해 계약 이행은 의무적이 되고 특허는 보호받을 수 있다. 이 나라에서 정부에 의한 역량강화의 도움을 받지 않고서 돈을 번 사람은 아무도 없다. 자수성가한 사람은 없다. 그것은 신화일 뿐이다!

진보 정부의 역할은 우리의 자유를 극대화하는 것이다. 이것은 정부가 보호와 역량강화의 역할을 감당해야 가능하게 된다. 보호 역할은 해악과 궁핍, 공포로부터의 자유를 보장하기 위해 존재하며, 역량강화 역할은 우리의 목표를 성취할 자유를 극대화하기 위해 존재한다.

진보 정부는 자유의 수호자이다. 아니면 보호와 역량강화 역할을 통해서 그렇게 되어야만 옳다. 그것이 바로 바람직한 정부의 모습이다.

미국의 천재성의 일부는 세금의 형태로 나타났다. 독립전쟁 이전에는 세금이 영국의 왕에게 갔다. 미국은 세금을 폐지하지 않았으며, 세금의 목적을 국민을 보호하고 국민의 역량을 강화하기 위한 것으로 바꾸었다.

기업은 일반 시민보다 정부의 역량강화 역할을 더 잘 이용한다. 고속도로에서 나는 승용차를 몰지만, 기업은 대형트럭 편대를 몰고 다닌다. 나는 집을 사려고 은행 대출을 받지만, 기업은 다른 기업을 사기 위해 대출을 받는다. 따라서 기업은 정부의 역량강화 역할을 복합적으로 활용한다. 이것이 바로 일반 시민보다 기업과 그 투자자들이 정부의 역량강화 기능을 유지하기 위해 더 많은 비용을 지불해야 하는 이유이다.

보호와 역량강화 역할은 정부의 도덕적 의무의 일부이다. 정부는 기업과 근본적으로 다르다. 기업의 가장 중요한 책임은 돈을 버는 것이지만, 정부의 가장 중요한 책임은 국민을 보호하고 그들의 역량을 강화하는 것이다. 기업은 당신에게 햄버거와 텔레비전을 팔고 자동차를 대여하지만, 정부는 식품과 약품, 마시는 물의 안전을 보장해야 한다. 또한 정부는 도로와 다리를 보수하고, 국민을 교육하고, 통화 공급량을 통제해 인플레이션과 실업률이 너무 올라가지 않도록 해야 한다.

정부 기능의 사기업화는 어떤 경우에나 적절할 수 있을까? 아마도 정부의 기능이 도덕적 임무와 전혀 관련이 없는 경우나 정부의 생명 보장 역할이 위협받지 않는 경우에 적합하지 않을까? 예를 들어, 정부의 어떤 기관이 승용차를 아주 많이 보유하고 있다고 가정하자. 그냥 허츠(Hertz)나 에이비스(Avis)에서 승용차를 임대하는 것이 더 효율적이거나 더 경제적일 수도 있다. 이 경우는 정부의 어떤 도덕적인 임무와도 관련이 없다. 그러나 식품이나 약품의 안정성 시험은 분명히 정부의 도덕적인 임무와 관련이 있다. 즉, 대중을 보호해야 한다는 도덕적인 임무와 관련이 있다. 사기업화가 위험한 이유는 이윤 창출 동기가 도덕적 임무에 개입해 그 임무를 훼손하기 때문이다. 우리는 지금까지 이것을 많은 사례에서 목격했다. 예를 들어, 제약회사가 이익을 위해 안정성 검증 자료를 조작해 약을 복용한 사람들의 죽음을 초래했던 경우가 그러하다.

감정이입을 통해, 불공정한 차별 대우는 정부가 차단해야 할 일종의 해악이라는 것을 인식할 수 있다. 이것은 우리가 모두 평등하고, 평등의 불인정은 해악으로 간주된다는 생각과 상관이 있다. 이것은 (투표권법이나 행정법과 같은) 공민권법은 물론 노동법의 도덕적 토대이다. 예를 들어, 노동조합을 만들 권리는 고용조건 협상에서 고용자가 피고용자보다 불공정한 우위에 있다는 인식에서 나온다. 그래서 직업안전위생 관리국(OSHA: Occupational Safety and Health Administration)은 노동자 보호의 필요성을 인정한다.

감정이입은 공정하고 책임감 있는 시장 개념의 토대가 된다. 이 시장은 정부의 보호 기능을 존중하고, 정부의 역량강화 기능을 유지하고 모든 사람을 최대한 공평하게 대하는 방식으로 부를 창출하고 자원을 분배해야 한다. 공정성은 피고용자의 급여가 원칙적으로 자신의 노동과 생산성, 사회 전체에 대한 기여에 따라 책정되어야 한다는 것을 의미한다.

감정이입은 또한 집단소송의 도덕적 토대가 된다. 이 경우에는 피해를 입은 다수의 시민이 해악을 초래한 회사나 정부 기관에 책임을 묻고 징벌적 손해배상금을 받기 위해 회사나 정부를 상대로 소송을 걸 수 있다. 이 소송의 동기는 기업이 시민에게 다시 피해를 주지 못하도록 하는 데 있다. 이 소송은 시민정의 체제 내에서 이루어지는데, 이 체제는 형사법 제도와 거의 같다. 시민정의 체제에서는 유일한 처벌이 금전적 처벌이며 수사관과 기소담당 검사가 납세자가 비용을 지불하는 공무원이 아니라 공익변호사 — 법원이 결정한 손해배상금에서 보수를 받는 기소담당 변호사 — 라는 점에서만 차이가 있다. 이것은 공익변호사가 소송에서 이길 수 있다고 생각하고, 손해배상금액이 자신이 들인 시간에 대해 보상해줄 수 있을 정도로 해악이 큰 사건만을 맡는 경향이 있음을 의미한다. 시민정의 체제는 비양심적이거나 무책임한 기업에 대항해 대중을 보호하기 위한 마지막 수단이다.[2]

아마도 정부의 가장 중요한 보호는 정부의 힘 그 자체로부터의 보호이다. 바로 이 때문에 우리는 정부의 힘을 입법부와 사법부, 행정부로 분산한 견제와 균형 제도를 유지한다. 그리고 선거를 자주 실시하는 것도 바로 이 때문이다. 이 보호의 개념은 힘의 균형을 통해서 독재 권력을 차단하며, 정당화되지 않은 권력을 무한정 행사하는 것을 막기 위한 것이다. 이것은 정부의 개방성을 뒷받침하는 도덕적 토대이다. 그래서 정부의 활동은 투명해질 것이며, 필요한 경우에 비판하거나 책임을 물을 수 있다.

감정이입은 또한 정부의 권력 남용으로부터 국민을 보호하는 법의 도덕적 토대이다. 인신보호영장제도는 아무런 혐의 없이 시민을 체포해 법률적인 조언을 받지 못하는 상태나 고립무원의 상태에서 구금하지 못하도록 보호한다. 그렇게 하려면 국가는 반드시 증거를 제시해야 한다. 이런 연유에서 이 제도는 우리의 자유에 필수적이다. 또한 자유의 중요한 근본이 되는 것은 사생활의 권리와, 국가가 개인의 사적인 정보를 도청하거나 열람하려면 먼저 타당한 이유를 명시하는 영장을 받아야 한다는 조건이다.

진보주의자들은 시장에 대한 일련의 태도를 지니고 있다. 그들 중 일부는 대기업이 번성에 필요한 만큼의 이익을 내는 동시에 공익을 위해 도덕적으로 활동할 수 있으며, 공익을 가장 중요시할 수 있다고 믿는다. 다른 일부는 대기업이 거의 언제나 돈을 버는 것을 활동의 최우선 과제로 삼을 것이라고 믿는다. 시장에 대한 이들의 신념은 정부의 강력한 규제의 필요성이나 공익을 위한 세심한 시장 구축의 필요성을 인정한다.

그러나 많은 진보주의자가 기업이 공익이 아니라 자신들의 이익을 내기 위해 로비를 하며 어려운 상황에서는 공익보다 사익을 더 중요시할 것이라는 점을 명확하게 인식하고 있으며, 따라서 기업을 신뢰하지 않는 경향이 있다.

진보주의자들은 또한 대기업보다는 소기업을, 강력한 노동조합이 있는 기업을, 그리고 많은 경쟁이 있는 기업을 선호하는 경향이 있다.

반기업적인 진보주의자는 거의 없다. 그러나 그들은 정부가 수행해야 할 중요한 도덕적 임무가 있다고 믿는다. 앞에서 살펴보았듯이, 이것은 보호와 역량강화이며, 많은 경우에 본유적으로 사기업이 결코 수행할 수 없는 임무이다.

감정이입과 책임이 진보적 사고의 핵심이라는 점이 이제는 분명해져야 한다. 그러나 상황은 그렇게 단순하지 않다. 모든 진보주의자가 같지는 않기 때문이다.


## 신자유주의 사고 양식

오늘날 진보적 사고는 감정이입과 책임감에서 시작된다. 따라서 정부는 보호와 역량강화라는 두 가지 도덕적 임무를 지닌다. 내가 '신자유주의 사고'라 부르는 것도 동일한 도덕적 토대를 지니고 있지만, 다른 양식의 사고를 이 토대에 부과한다. 신자유주의 사고는 구계몽의 이성관을 수용한다. 이 견해에서 이성은 의식적이고, 논리적이며, 축자적이고, 보편적이며, 비감정적이며, 탈신체화되어 있다. 그리고 이성은 자신의 이익이든 타인의 이익이든 이익을 내기 위해 작용한다.

신자유주의 사고에서는 감정을 비이성적이며 따라서 비효과적이고 허약한 것으로 간주하는 반면, 이성은 합리적이고 효율적이며 강력한 것으로 간주한다. 비록 직관적으로는 감정이입과 보살핌의 윤리에서 비롯되지만, 신자유주의 사고는 소외된 사람들의 물질적 이익을 위한 프로그램을 만들어 그들을 보살피고, 인구통계학적으로 소외된 집단의 구성원들(도심 지역의 아프리카계 미국인, 융자를 필요로 하는 대학생, 저소득 가정의 아동, 중산층 노동자 등)을 위한 프로그램을 통해서 그들에게 혜택을 주고자 한다.

얼핏 보기에 여기에 암묵적으로 깔려 있는 도덕적 직관은 감정이입이 바로 무엇이 시장의 성공이나 실패로 간주되는가를 정의한다는 점이다. 시장이 일부 인구통계학적 집단을 부양하지 못하는 경우에, 정부는 경제에 근거한 프로그램으로 개입해야 한다. 즉, 정부는 시장을 법에 따라 재구성하거나 (직접적이든 장려금을 통해서든) 자금을 지원해야 한다. 정말로 공적 담론에는 시장의 실패나 성공이 무엇인지, 시장 실패의 시점을 어떻게 식별하는지, 그리고 시장 실패의 경우에 무엇을 해야 하는지에 대한 논의가 전혀 없다.

더 나아가 신자유주의 사고 양식은 궁핍이 필요의 증거라고 가정한다. 따라서 궁핍을 예시하는 통계를 통해서 이러한 프로그램이 필요하다는 객관적인 증거에 초점을 둔다. 즉, 객관적으로 측정할 수 있는 것과 정확하고 자세한 정보, 여론조사 결과, 통계치, 액면 그대로 이러한 프로그램을 뒷받침한다고 간주되는 증거의 제시에 초점을 둔다. 예를 들어, 4,700만 미국인이 의료보험이 없다는 것, (구체적으로 이런저런 수의) 많은 대학생이 학자금 융자를 감당할 수 없다는 것, 비폭력 범죄로 수감 중인 아프리카계 미국인의 수가 불균형적으로 많다는 사실 등에 초점을 맞춘다.

실제 이성의 관점에서 볼 때, 이러한 프로그램은 각각 원칙적으로 아주 훌륭하다. 실제 이성이 고려된다면, 즉 '사실'이 실제로 (편견에 빠지지 않는다는 의미에서) 객관적이라면, 즉 여론조사가 인지적 무의식(여론조사 도구에서 사용되는 프레임과 은유)을 고려한다면, 어떤 전제된 내용도 통계치 안에 감추어져 있지 않다면, 과학에서처럼 다수의 근원에서 동일한 증거로 귀결된다면, 그러할 것이다. 간단히 말해서, 실제 이성은 실재론 — 즉, 실제 이성 그 자체를 고려하는 실재론 — 에 충실하다. 이것은 일깨워진 자의식이며, 구계몽의 이성보다 훨씬 더 강력하다.

내가 이렇게 말하는 이유는 신자유주자들이 때때로 실제 이성을 상대주의로 오해하기 때문이다. 그들의 오해는 실제 이성이 뇌가 실재를 지각하는 다수의 방식이 있음을 인정한다는 데서 비롯된다. 나는 신자유주의자들이 정확하고 자세한 정보를 언급하기만 해도 정치적으로 승리를 거둘 것이라고 가정한다는 이유로 그들을 비판한 적이 있다. 사실 이 경우에 필요한 것은 정확하고 자세한 정보에 대해 도덕에 근거한 정직한 프레임을 만드는 것이다. 이렇게 할 때, 그러한 정보는 도덕적 중요성이 드러나고, 적절한 감정을 전달하며, 그리고 실제로 소통이 되는 낱말과 영상, 상징을 통해 전달된다. 자유주의자들은 정확하고 자세한 정보만을 전달하지만, 보수주의자들은 이러한 방식으로 그들에게 대응하지 않는다. 보수주의자들은 고유의 도덕에 근거한 프레임으로 감정과 상징을 전달한다. 이 경우에는 보수주의자가 프레임 만들기에서 승리할 것이다. 보수주의자의 프레임이 자유주의자의 프레임 없는 (따라서 무의미한) 사실을 압도할 것이다. 이것이 바로 신자유주의자가 실제 이성에 관심을 기울여야 하고 도덕적 중요성을 전달하는 진실과 감정을 보여주는 프레임을 사용해야 하는 한 가지 이유다.

그러나 신자유주의 사고 양식은 프레임에 담겨 있지 않은 정확하고 자세한 정보보다 훨씬 더 광범위하게 확대된다. 구계몽 이성에 초점을 맞추기 때문에, 신자유주의자들은 자신들의 제안의 도덕적 토대 — 감정이입과 책임에서 흘러나오는 — 를 분명하게 진술하지 못한다. 오히려 그들은 이익 — 인구통계 집단 구성원의 물질적 이익 — 에 근거한 논증을 하며, 집단 구성원의 이익으로부터 감정이입과 책임의 도덕적 전망에 도달하려고 노력한다. 그들의 논증은 이러하다. 다른 사람들이 물질적 이익을 얻도록 돕는 것이 우리의 정치적 이익이다. 만일 우리가 그렇게 한다면, 그들은 우리에게 투표할 것이다. 예를 들어, 중산층을 위한 세금 인하, 대학생을 위한 저금리 융자, 무주택자를 위한 주택 바우처 제도, 이 도시 저 도시로 떠도는 아프리카계 미국인을 위한 녹색 일자리, 불법이민자에 대한 시민권 부여, 공공 근로자의 연금 보호, 저소득층 아동을 위한 의료보험 등의 프로그램이 유리할 것이다. 이러한 프로그램은 모두 인정받을 만하다.

신자유주의자의 직관적인 동인은 감정이입의 도덕성이다. 그러나 이 논증의 토대는 감정이입이 아니라, 집단의 이익이다. 왜 이것이 중요한가? 왜냐하면, 모든 정치적 견해는 옳아야 하기 때문에, 정치적 사고가 도덕적 전제에서 시작되기 때문이다. 대중에게 진보의 도덕적 견해를 취하도록 하려면, 당신은 인구통계 집단의 이익만이 아니라 도덕성을 공개적으로 (그리고 계속해서) 강조함으로써 그들 내부의 진보적인 도덕적 사고를 활성화해야 한다.

감정이입이 아니라 이익에 초점을 맞추면 많은 측면에서 우리는 보수주의자의 손아귀에서 놀아나게 된다. 보수주의자들이 자신의 이익을 충실하게 섬기는 집단을 '특별 이익집단'이라고 비판할 수 있기 때문이다. 이렇게 되면, 자신의 이익이 충실하게 섬김을 받지 못하고 있는 인구통계 집단의 사람들이 분노하게 되고, 보수주의자들이 분파적인 정치꾼이 아니라 도덕적인 사람으로 보일 수 있게 된다. 그리하여 감정이입과 책임, 즉 보호와 역량강화라는 진보의 도덕적 전망은 진술조차 하지 못하게 된다. 이것은 '자유시장'을 우리 모두에게 도움이 되는 사익의 도덕적인 추구로 보는 보수주의 견해를 강화한다. 시장을 통한 이익 추구가 도덕적이라는 생각이 사람들의 뇌 속에서 활성화되기 때문이다. 이로 인해 보수주의자는 비물질적인 진보적 가치 — 예술, (더 나은 직업을 위한 것이 아니라) 그 자체를 위한 교육, 환경 보호 등 — 에 반대하는 싸움을 쉽게 벌일 수 있다. 그리고 그들은 외교 정책에서 합리적 행위자 모형을 사용할 수 있게 된다. 이 모형에서 국가는 자신의 물질적 사익을 극대화하기 위해 '합리적으로' 행동하는 사람으로 간주된다.

외교 정책의 합리적 행위자 모형은 실재의 사람들, 즉 가난하고 굶주리며 직업도 없고 집도 없으며 질병에 걸려 있고 교육을 받지 못한 채 착취당하고 억압받는 사람들의 필요를 은폐한다. 이 모형은 외교 정책에서 사람에 대한 감정이입과 책임을 제거해버린다. 즉, 사람에 대한 감정이입과 책임을 국가의 사익으로 대치하고 우리 개별 시민의 이익을 국내총생산(GDP) 성장, 기업의 이익, 군사적 우위 등의 국익으로 대치한다. 그 결과 외교 정책에서 신자유주의를 택하게 되어, '자유시장'은 언제나 부를 창출하는 것으로 간주된다. 이론적으로는 이것이 모두에게 유익해야 하지만, 사실은 오히려 실제 사람들의 필요나 소망보다 미국 기업과 여타의 다국적 기업의 이익을 섬기고 있다.

한편으로는 정확하고 자세한 정보의 측면에서 신자유주의적으로 사고하고 다른 한편으로는 인구통계 집단의 이익을 섬김으로 인해, '이슈 격리창고' (issue silos)가 생겨난다. 예를 들어, 식품의약 안전성, 아동의료보험, 군수업자 통제 등 다양한 이슈가 서로 단절된다. 이로 인해 마치 이 모든 이슈를 지배하는 일반적인 정치적·도덕적 원리가 전혀 없는 것처럼 보이게 된다. 그러나 사실은 이 모든 이슈를 지배하는 원리가 있는데, 바로 사기업의 나포행위 (privateering)이다(제7장 참조). 사기업의 나포행위는 도덕적 임무를 수행할 정부의 역량을 파괴하는 것인 동시에, 정부 기능을 사유화해 대중에게 아무런 책임도 지지 않으면서도 대중의 비용으로 기업을 부유하게 만드는 것이다.

불행하게도 만일 당신이 정확하고 자세한 정보에만 근거해 논증을 해야 한다면, 식품의약국 조사관이 부족하다는 정확하고 자세한 정보는 이라크 내의 블랙워터 안전에 관한 그러한 정보와 아무런 관련이 없다. 그리고 후자에 관한 정보는 아동의료보험에 관한 정보와 아무런 연관을 갖지 않는다. 신자유주의 사고는 이러한 이슈뿐 아니라 (수백 개는 아니라 하더라도) 수십 개의 다른 이슈를 연결하고 지배하는 아주 강력한 도덕적·정치적 이슈도 놓친다.

따라서 신자유주의 정책을 입안하는 두뇌 집단은 격리창고가 되는 경향이 있다. 그들은 쟁점에 따라 정책을 쏟아내는 반면, 우리의 민주주의에 대한 더 심오한 위협(예를 들어, 기업의 나포행위)을 언급하지 않는 경향이 있다. 또한 이러한 사고로 인해 그들의 정책은 입법과 정부의 집행을 통해 실현되는 기술관료적 해결책과 '합리적 제도'가 된다. 그들은 합리적인 법 제도와 법의 집행, 정부 규제, 법원이 이길 것이라고 가정한다. 그러는 사이에 보수주의자들은 그러한 모든 정책을 무너뜨릴 방법을 고안해냈다. 그들은 자금을 차단하거나 규제담당자를 다시 배정하고, 정부 요직의 인사를 로비스트로 고용하고, 기업의 로비스트에게 법문을 쓰게 하고, 법 집행을 거부하고, 보수 진영의 판사를 법원에 심어놓는다. 보수주의자들의 이러한 행태를 '행정부 잠식'이라 부르기로 하자. 구계몽의 이성은 이슈 격리창고를 만들기 때문에, 행정부 잠식의 일반적인 사례에 대해 아직 명명조차 하지 않았으며, 더욱이 이러한 사례를 민주주의에 대한 전면적인 위협이라고 부르지도, 쟁점으로 삼지도 않았다. 구계몽의 이성은 사기업의 나포행위나 행정부 잠식과 같은 일반적인 정책이 민주주의를 위협하고 있다는 것을 도덕적으로 진술해야 할 의무조차 이행하지 않는다.

신자유주의에는 또한 자신은 결코 엘리트주의적이라고 인정할 수 없는 상당히 엘리트주의적인 경향도 있다. 만일 당신이 이성이 축자적·논리적·보편적이며 당신의 정책이 이성에 근거한다고 믿는다면, 그러한 정책은 아마도 엘리트주의적일 수 없을 것이다. 왜냐하면 모든 합리적 존재는 동일한 방식으로 사유할 것이므로 동일한 정책을 지지해야 할 것이기 때문이다. 그러나 만일 이성이 실제로 축자적·논리적·보편적이 아니라면, 정책을 위에서 아래로, 즉 정책 두뇌 집단에서 의회나 법원으로 부과하는 것은 실제로 엘리트주의 분위기가 풍긴다. 타인의 시각이 아니라 당신의 시각에서 정책을 프레임에 넣어 여론조사를 실시하는 것조차도 '미국인들은 …… 라고 믿는다'와 같은 선언과 함께 드러나는 일종의 엘리트주의이다. 이 선언은 정책에 대한 당신의 프레임 구성이 뒤따른다. 그리고 무엇이 엘리트주의 분위기를 풍기든지 바로 이 무엇 때문에 자유주의자를 엘리트주의자라고 비난하는 보수주의자들의 주장이 신빙성을 얻게 된다.

중요한 것은 신자유주의 사고가 그 자신의 프레임 만들기를 프레임 만들기로 인식할 수조차 없다는 것이다. 만일 구계몽의 이성이 축자적이라면, 즉세계를 언제나 직접 반영하며 실재의 합리적 구조와 일치한다면, 정직한 다른 어떤 프레임 구성도 존재할 수 없다. 만일 당신이 구계몽의 이성을 수용한다면, 프레임 만들기는 실제적 개념과 도덕적 원리를 포함할 수 없으며, 단지 메시지 전달과 관련이 있을 수 있고, 또한 선전에 지나지 않을 수 있다. 신자유주의가 뇌와 마음이 실제로 어떻게 작동하는지 이해하지 못하기 때문에, 신자유주의자가 아닌 진보주의자들이 제시하는 개념들과 도덕적 원리가 은폐된다.

가장 위험한 것은 구계몽의 이성이 축자적이고 보편적이기 때문에 보수주의자의 프레임 만들기를 프레임 만들기로 인식하지 못한다는 점이다. 오히려 구계몽의 이성은 보수적인 언어와 개념을 액면 그대로 수용하는 경향이 있다. 만일 보수주의자들이 '테러와의 전쟁'이 있다고 말한다면, 신자유주의 사고 양식을 따르는 사람들은 그 말을 되풀이하며 보수주의 프레임 내에서 주장을 펼칠 것이다. 그들은 보수적인 정책에 반대하는 주장을 펼칠지 모른다. 하지만 만일 보수주의 프레임에 머물러 있다면, 그들은 그 프레임에 도전해 그 프레임을 대치하기보다는 오히려 강화하고 활성화하고 있는 것이다. 우리가 프레임과 은유를 통해 생각한다는 발상 그 자체가 신자유주의 사고에는 이질적이며 어울리지도 않는다.

그 결과, 정치적으로 신자유주의자들은 별다른 생각 없이 보수주의 프레임을 수용함으로써 보수주의자들에게 미리 굴복하는 경향이 있다.

사익에서 시작하는 것 이외에도 신자유주의 이성은 '비록 아주 많지는 않다고 하더라도 얻을 수 있는 것은 모두 얻어내자'라는 최적화 개념에도 의존한다. 이것은 '하나도 못 얻는 것보다는 지금 조금이나마 얻는 것이 더 낫다'는 점진주의적 사고이다. 비록 그것이 보수주의 프레임 구성을 수용하는 것을 의미한다 하더라도 말이다. 이 사고는 무엇이 잘못인가? 어떤 경우에는 모든 것이 다 문제이다. 점진주의적 해결책이 지속적이고 장기적인 해결책이 될 것인지가 문제이다. 의료보호를 예로 들어보자. 보험회사는 의료보호를 **거부함**으로써 돈을 모은다. 즉, 보험회사는 할 수만 있다면 어려움에 처한 최대한 많은 사람에게는 '가입불가!'라고 말하는 반면, 건강한 사람에게서 받는 보험료는 극대화한다. (보험회사가 운영하는) 건강보험은 언제나 이런 식으로 작동할 것이다. 이것은 의료보호와 동일하지 않다. 당신이 보험계약서의 작은 글자 부분을 읽어볼 때, '보장 규정'은 보호조차도 포함하지 않을 수 있다. 만일 신자유주의적인 점진주의자들이 이 나라를 위해 이윤 극대화 보험에 근거한 의료보호 방안을 만든다면, 그것은 건강보험회사를 없애는 제도를 향한 진전이 아닐 것이다. 오히려 보험회사의 장악력이 강화되고, 보험회사를 배제하는 진정한 의료보호 개혁이 불가능하게 될 것이다. 점진주의는 재앙을 초래할 수 있다.

그 결과 또 다시 신자유주의자는 진보주의 도덕관을 옹호하지도 못함은 물론 제대로 진술조차 못하는 경우가 빈번하게 된다. 뇌의 전체 영역이 보수주의자에게 맡겨져 있다. 진보의 도덕적 가치로 시작하는 실용적 타협과, 그러한 가치를 검증하지 않음은 물론 심지어 진술조차 하지 않은 채 미리 양보하는 타협 사이에는 차이가 있다.

아마도 가장 슬픈 경우는 다른 나라에 적용된 신자유주의 경제이다. 지금까지 내가 본 것 중에서 구계몽의 이성과 신자유주의 경제학을 연결한 가장 뛰어난 진술은 『이성의 습격』에서 앨 고어가 제시한 다음 서술이다.

> 아담 스미스(Adam Smith)의 『국부론』과 미국 독립선언서는 같은 해에 발표되었다. 두 문서에서는 인간을 자유로이 이용할 수 있는 정보에 근거해 결정을 내릴 수 있는 독립적인 판단의 단위로 보았다. 그리고 총체적 결과가 부(『국부론』의 경우)와 정치권력(미국 독립선언서의 경우)의 가장 현명한 배분이었다.
>
> 자본주의와 민주주의는 동일한 내적 논리를 다음과 같이 공유했다. 자유시장과 대의정부는 둘 다 개인들이 합리적인 결정을 내릴 때 가장 잘 작동한다고 가정했다. 이 가정은 그들이 토지를 매매하든 명제를 수용하거나 거부하든 적용된다.[3]

시장에서 만들어지는 돈과 정치권력이 '호혜적으로' 상호 작용한다는 이유에서, 고어는 계속해서 이 관점을 재앙이라고 지적한다.

그러나 고어의 기술은 구계몽의 이성에 근거한 신자유주의 사고에서 비롯된다. 첫째, 고어의 기술에서 우리가 확인하는 것은 미국 민주주의에 대한 잘못된 표상이다. [역사학자 린 헌트(Lynn Hunt)가 지적했듯이], 미국 민주주의는 감정이입에 뿌리를 두고 있다.[4] [추정컨대 거울뉴런 회로와 전전두엽 피질과 후내측 피질, 뇌의 여타 영역으로 드나드는 경로를 통해서] 우리가 본능적으로 타인과 유대를 맺으며, 타인과 경험을 공유할 수 있고 이에 따라 공통의 인간애를 평등의 토대로 이해할 수 있다는 점에서 그러하다. 이것이 바로 계몽주의의 진정한 도덕적 토대이다. 그렇지만 고어의 기술은 구계몽의 이성에 근거한, 기업과 정치 둘 다에서 사익을 위해 사용되는 신자유주의적 이해와 일치한다. 그러나 당신이 사익으로부터 감정이입에 도달할 수 없는 것처럼, 시장으로부터 민주주의에 도달할 수는 없다.

지금까지 이것은 제3세계에 적용된 신자유주의 경제학의 재앙이었다. 감정이입이 없는 민영화는 정부에게서 진보적인 도덕적 역량 – 보호와 역량강화 – 을 제거하는 것이며, 이와 더불어 미국을 번영하는 민주주의 국가로 만들었던 동인도 역시 제거한다. 제3세계 국가의 국민들에 대한 감정이입이 결여되어 있기 때문에, 신자유주의 경제에서 기업은 너무나도 흔히 그들의 땅과 물, 자연환경, 문화, 생활방식, 존엄성, 자유, 안전을 빼앗는다.

구계몽의 합리성이 외교 정책과 자유무역에 적용되어, 신자유주의 경제는 모든 사람에게 공정한 것처럼 들린다. 사실은 결코 그렇지 않지만 말이다.

마지막으로 어떻게 선거운동을 펼치는가에 대해 신자유주의가 영향을 미치는 방식이 있다. 바로 '좌에서 우로' 척도 은유를 이용하는 것이다. 이것은 대재앙을 초래한다.

사고를 축자적·논리적이라고 믿기 때문에, 신자유주의자들은 사람들이 일관성이 없는 두 개의 세계관을 동시에 갖고 있으며, 의식조차 하지 못한 채 삶의 서로 다른 영역에서 이 둘을 사용할 수 있다는 현실을 이해할 수 없다. 보편적인 이성은 단지 하나의 합리적인 사고 양식이 있다고 말한다. 당신의 주장에 반대하는 사람은 누구든지 (사실이 부족해서) 잘못 알고 있거나, (그들의 추론을 바로잡아 줄 필요가 있다는 점에서) 비합리적이거나, 아주 비도덕적임에 틀림없다. 계몽주의 이성에 대한 믿음으로 인해 대립하는 두 세계관을 이해하지 못하게 되고, '좌에서 우로' 척도에 빠지게 된다.

'좌에서 우로' 척도를 수용하면, 표를 더 많이 얻으려면 당신이 오른쪽으로 이동해야 한다는 논리 ― 그리고 주장 ― 를 따르게 된다. 이것은 실제로 진보주의자에게 불리한 세 가지 결과를 초래한다.

1. 진보주의의 도덕적 세계관에 어울리는 정책을 포기함으로써, 당신의 정치 기반이 소외감을 갖게 된다.
2. 보수주의의 도덕적 세계관에 일치하는 정책을 수용함으로써, 유권자들의 뇌에서 보수적 세계관이 활성화된다. 이것은 상대를 도와주는 것이다.
3. 그리고 일관성 있는 도덕적 세계관을 보여주지 못함으로써 당신은 아무런 가치도 보유하지 않은 것처럼 보이게 된다.

신자유주의 사고의 안정성은 다양하다. 어떤 사람들은 완전히 이 사고를 사용한다. 어떤 사람들은 심지어 이 사고를 이용해 자신들의 정체성 자체를 정의하기도 한다. 다른 어떤 사람들은 이 사고를 부분적으로만 수용하며, 특정한 쟁점에 대해 규칙적으로, 또는 친구나 동료의 압력을 받을 때 이런 방식으로 사고한다.

신자유주의 사고는 구계몽의 마음 이론에서 발생한다. 이것은 중대한 정치적 귀결을 갖기 때문에 결코 사소한 문제가 아니다. 인지과학이 우리에게 가르쳐주는 것 중 하나는, 사람들이 어떤 세계관이나 서사, 사고 양식에 따라 자신의 고유한 정체성을 정의할 때 그들의 정체성이 바뀔 가능성이 없다는 점이다. 그 이유는 간단하다. 세계관이나 서사, 사고 양식은 물리적으로 사람들의 뇌의 일부이며, 따라서 뇌 구조의 많은 다른 국면이 또한 변화해야 할 것이다. 하지만 그러한 변화의 가능성이 아주 낮기 때문이다.

이러한 연유로 우리는 신자유주의 사고에 젖어 있는 사람이 신경과학/인지과학의 증거를 '합리적으로' 관찰하고, 과학을 존중하는 자신의 일반적 경향을 따르고 그 다음에 자신의 사고 양식을 바꿀 것이라고 결코 기대할 수 없다. 확고부동한 신자유주의자에게 우리가 기대할 수 있는 최선의 희망은 열린 마음에 대한 계몽주의적 믿음으로 인해 그들이 꾸준한 독서를 통해 자신들의 사고 양식 자체가 거의 모든 경우에 정치적으로 쟁점이 된다는 것을 인식하리라는 것이다.

그러한 열린 마음의 신자유주의자는 무엇을 행해야 하는가? 첫째, 가장 힘든 부분이지만, 다음과 같이 행하라. 계몽주의 관점에서 벗어나서 생각하는 방법, 즉 세계관과 프레임, 은유, 서사 등의 관점에서 생각하는 방법을 배우라. 감정이입과 책임, 보호와 역량강화의 도덕적 시각에서 강력하게 그리고 감정에 호소하는 방식으로 주장을 펼치는 방법을 배우라. 이것이 우리 민주주의의 도덕적 토대라는 점을 지적하라. 그리고 애국심에 근거하는 주장을 펼치라. '좌에서 우로' 척도와 더 많은 표를 얻기 위해 오른쪽으로 이동하라는 생각을 포기하라. 여러 쟁점을 포괄하는 일반화를 찾으라. 두뇌 집단의 성장과 쟁점을 포괄하는 여타의 정책 기구(policy shops)의 계발을 지원하라. 실제로 도덕 체계와 정부의 역할에서 구체적인 사례에 이르는 쟁점을 계발하라. 쟁점에 대한 보수적인 프레임 구성을 결코 수용하지 말라. 심지어는 그러한 프레임 구성에 반대하는 주장조차도 펴지 말라. 자신의 프레임을 제시하라! 신자유주의 경제에 대한 지원을 전면적으로 중단하라. 만일 당신이 보수주의와 타협을 해야 한다면, 당신 자신의 도덕적 견해에서 협상을 시작하라. 즉, 신자유주의적인 사익이 아니라 감정이입과 책임으로 협상하라.

많은 경우에 신자유주의 사고는 보수주의 사고의 정책과 일치한다. 이제 우리는 왜 그러한지 살펴보겠다.

# 보수주의 사고와 권위의 정치

보수적 사고는 진보적 사고와는 아주 다른 도덕적 토대를 지니고 있다. 보수적 사고는 도덕성이 권위에 대한 순종이라는 개념에서 시작한다. 이 경우에 권위는 본래 선하고, 옳고 그름을 분별하며, 세계의 악으로부터 우리를 보호하는 역할을 하고, 복종 명령을 내리고 악에 대항해 싸우기 위해 힘을 사용할 권리와 의무를 둘 다 지니고 있는 합법적인 권위라고 가정한다. 권위의 소유자는 '결정권자'이다. 합법적 권위에 순종하는 데에는 개인적 책임과 절제가 필요하다. 그래서 책임과 절제는 보수의 최고 미덕이다. 순종은 벌을 통해 강제된다. 거대한 기관에는 무엇보다도 질서를 유지하기 위해 사용되는 권위의 위계가 있게 마련이다. 충직성은 이 위계를 유지하기 위해 필요하다. 자유는 그러한 질서 내에서 고유한 기능을 제대로 발휘하는 것으로 간주된다. 당신에게 제시된 규칙을 준수할 때, 당신은 그 질서 내에서 자유롭게 행동한다. 2007년 미국 남부의 한 군사 기지의 표지판에 "복종이 자유이다"라고 씌어 있었다. 모르몬교 총회장 파우스트(James E. Faust)가 설명하는 바와 같이, "복종이 곧 진정한 자유로 이어진다. 계시된 진리에 더욱 순종할수록, 우리는 더욱 해방된다".[5] 그리고 루디 줄리아니(Rudy Giuliani)의 유명한 말로 표현하면, "자유는 권위와 관련이 있다".[6]

기관은 흔히 의인화된다. 우리는 교회가 믿음을 가지고 있으며, 신문이 의견을 가지고 있고, 노동조합이 결정을 내리고, 컨트리클럽이 거만하다고 이해한다. 법에서 기업은 미국수정헌법 제1조의 권리와 여타의 권리를 갖는 법적인 '사람' — 즉, 법인(法人) — 이다. 이것은 시장이라는 제도에서도 마찬가지이다. 살펴본 바와 같이, 진보주의자는 이상적으로 시장이 도덕적이어야 하며 사람들을 공정하게 대해야 한다고 믿는다.

보수주의자에게 시장은 은유적으로 기관으로 간주된다. 그런데 이 기관은 합리적 결정을 내리는 합법적인 권위자('시장이 결정하게 하라'), 시장의 규율을 부과하는 사람, 그리고 절제에 대해서는 상을 주고 절제의 결여에 대해서는 벌을 내리는 사람으로 의인화된다. 성공과 영화는 절제의 증표로 간주되고, 이것은 다시 도덕적인 것으로 간주된다. 도덕적 법에 복종하고 권위의 소유자가 요구하는 어떤 것에라도 복종하기 위해서는 절제가 필요하기 때문이다. 이 사고 체계의 논리에 따르면, 만일 당신이 번성과 영화를 누리지 않는다면, 당신은 절제력이 없는 것이고, 따라서 도덕적일 수 없다. 그래서 당신의 가난은 당연한 것이다. 만일 사람들에게 그들 자신이 벌지 않은 것을 준다면, 이들은 의존적이 되어 절제력을 잃으며, 이로 인해 도덕적인 법이나 합법적 권위에 복종할 능력도 잃게 된다는 귀결이 나온다.

이제 우리는 신자유주의자와 보수주의자가 어디에서 하나가 되는지 알 수 있다. 보수적 사고에 따르면, 사람은 날 때부터 악하다. 즉, 탐욕스럽고 비도덕적이다. 자신의 사익을 극대화하기 위해서 사람은 절제를 배우고, 규정에 따르고, 법을 준수하고, 부를 합리적으로 추구할 필요가 있다. 시장은 절제를 부과한다. 시장은 규정과 법에 따라 합리적으로 작동하며, 절제된 합리적 사고 활동을 필요로 한다. 시장은 그러한 절제력을 기른 사람에게는 상을 주고, 절제력이 없는 사람에게는 벌을 준다. 이 시각에서 시장은 공정하고 도덕적이다.

신자유주의 사고는 계몽주의 합리성을 시장에 적용한다. 이상적으로는 시장의 구성이 공정하고 도덕적이다. 비록 시장이 공정성과 도덕성을 보장하기 위해서는 정부의 규제를 필요로 할 수 있지만 말이다. 조정이 잘 된 시장에서 합리적으로 선택하면, 부가 최대한 합리적으로 분배될 것이다. 신자유주의 시각에서 조정이 잘 된 시장은 공정하고 도덕적이다.

무역 정책에서 신자유주의자와 보수주의자는 흔히 가장 중요한 것이 '국익'이며, (자신의 부를 극대화하기 위해 노력하는 다른 나라와의 경쟁 속에서) 국내 총생산으로 측정되는 국가의 전체적인 부와 기업의 부를 최대한 활용하는 것이라는 데 동의한다. 여기에서 보수적인 자유무역 정책과 마찬가지로, 신자유주의는 미국의 부를 극대화하는 것과 관련이 있다. 신자유주의 사고와 보수주의 사고가 일치한다.

우연히도 이것은 결코 새로 발달한 것이 아니다.[7] 아담 스미스의 자유시장 개념은 원래 가난한 사람들과 힘없는 사람들을 경제적 억압에서 해방시키려는 자유주의적 제안이었다. 그래서 프랑스 혁명에서 스미스의 개념을 채택했다. 예를 들어, 스미스는 특정한 임금 규정을 선호했다. "이 규정이 …… 노동자들을 위한 것일 때, 규정은 언제나 공정하고 공평하다. 반대로 주인에게 이로울 때에는 규정이 때때로 그러하지 못하다."[8] 스미스는 부의 불공정한 분배에 반대하는 주장을 이렇게 펼쳤다. "다수의 구성원이 가난하고 곤궁한 사회는 절대로 번영하거나 행복한 사회일 수 없다. 그뿐 아니라, 전체 국민에게 먹을 것과 입을 것, 살 곳을 제공하는 사람들이 자신의 노동으로 인한 생산의 몫을 받아서 웬만큼은 잘 먹고 잘 입고 좋은 집에서 살아야 한다. 그것이 바로 공평성이다."[9]

그러나 1800년 즈음에 버크(Edmund Burke)와 그 밖의 몇 사람이 스미스의 구상이 보수적인 세계관에 적합하도록 프레임을 재구성했다. 그들은 이른바 자유방임주의적인 자유시장의 관점에서 정부의 개입에 반대했다.[10] 현 시대 신자유주의와 극보수주의는 '자유시장'의 의미에 대한 이러한 해석을 계속 견지하고 있으며, 보수주의자들은 대중의 토론을 지배하고 있다.

그 자체로서 도덕적인 권위가 되는 보수적인 시장은 외부의 간섭에서 자유롭다. 즉, 정부의 간섭을 받지 않아야 한다. 또한 그러한 시장이 경제적 자유 — 능력껏 사업을 해 돈을 벌 자유 — 를 부여하는 것으로 간주된다. 진보주의자가 정부의 보호(도덕적임)로 간주하는 것을, 보수주의자는 이윤 창출에 제약을 가하는 정부의 개입(비도덕적임)으로 간주한다. 그들은 소비자와 노동자를 보호하는 규정이 이익을 제한하며, 소비자를 보호하는 시민정의 체제는 법정 소송으로 이익을 위협하며, 우리의 보호와 역량강화 체계를 유지하는 과세가 이익을 빼앗아 간다고 본다. 보수주의자는 정부에 의한 역량강화에 대해 거의 언급하지 않으며, 기업장려금의 경우를 제외하고는 그러한 것이 존재하지 않는 것처럼 행동한다. 따라서 보수주의자는 규제와 노동조합, 집단소송, 과세에 반대하는 경향이 있다.

보수주의자는 정부에 의한 기업의 역량강화를 언급하지 않으며, 또한 규제완화와 민영화, 기업에 대한 가장 중요한 진실을 외면한다.

부시 행정부 시절, 처방약의 검증을 위한 미국 식품의약국에 대한 자금지원이 중단되었다. 이로 인해 중요한 처방약 검증에 대한 규제가 완화되었고, 이것은 다시 검증 작업의 민영화로 이어졌다. 이 경우에 검증 작업이 제약회사에 의해 이루어졌기 때문이다. 식욕 억제와 열량 소비 촉진을 통해 살을 빼는 약인 펜펜 사건*의 와이어스제약회사(Wyeth)와 골관절염 치료제 비옥스 사건**의 머크제약회사(Merck)는 이익을 내려고 검증 결과를 다르게 표기했고, 이로 인해 수천 명이 심장마비를 일으켰고 많은 사람이 죽었다.

* 펜펜(fen-phen) 사건: 식욕억제제인 '펜펜' 출시 1년 전에 한 연구 집단이 이 약이 심장판막 이상을 일으켜 환자를 사망하게 할 수 있다는 논문을 ≪뉴잉글랜드의학저널(New England Journal of Medicine)≫에 발표했다. 하지만 이 논문은 이 약의 부작용이 별로 위험하지 않다는 두 학자의 논평과 함께 실렸다. 이들은 바로 펜펜의 생산자(와이어스제약)와 유통업자의 유급 고문이었다. 결국 펜펜이 야기한 심장판막 이상으로 인해 와이어스제약은 이상이 발생한 환자들과의 소송을 끝내기 위해 총 210억 달러 이상의 비용을 써야 했다.

** 비옥스(Vioxx) 사건: '비옥스'는 연간 20억 달러 이상의 매출을 기록한 머크제약회사의 관절 신경통 약이다. 1999년부터 약 8,400만 명이 복용했지만, 심장마비발작과 뇌졸중 초래라는 부작용으로 인해 2006년 회사가 자발적으로 시판회수를 결정했다. 조기 임상 실험에서 이러한 부작용이 생길 위험성이 높다는 결과가 나왔지만 회사는 약이 안전하다고 계속 주장하며 판매했다. 비옥스의 부작용과 관련한 5만 9,365건의 불만이 접수됐고, 이 중 심장마비로 인해 2,878명이 사망했다. 뇌졸중으로 목숨을 잃은 사람만 590명에 달한다. 결국 머크제약은 2010년 법원의 판결에 따라 피해자 가족에게 48억 5,000만 달러(약 5조 6,000억 원)를 지급해야 했다.

이 신화는 정부의 도덕적 임무에 대한 규정을 완화하거나 그러한 임무를 민영화하면 결국 정부가 없어진다는 것이다. 그러나 사실은 결코 그렇지 않다. 대기업도 역시 우리 생활을 지배하며, 우리에게 엄청난 영향을 미치는 삶과 죽음에 관련된 결정을 흔히 내린다. 정부는 사라지지 않는다. 정부가 단지 보호와 공적 책임의 윤리가 있는 공공 부문에서 이익 추구와 공적 책임 배제의 윤리가 있는 사적인 부문으로 넘어갈 뿐이다. 여기에서 핵심 원리는 '정부의 존속'이다. 규제 완화와 민영화를 한다고 해도 정부는 사라지지 않는다. 규제 완화와 민영화는 단지 정부를 무책임하게 만들고 정부의 도덕적 임무를 제거할 뿐이다.

그러나 보수주의자는 이것을 인정할 수 없다. 왜냐하면 그것이 '자유로운 기업 활동(free enterprise)' 개념에 정면으로 배치될 것이기 때문이다. '자유시장'은 우리를 정부로부터 자유롭게 해주지 않는다. 다만 어떤 도덕적 임무도 떠맡지 않는 무책임한 정부를 우리에게 가져다줄 뿐이다.

이제 부시 행정부의 '단일 행정부'* 신조를 살펴보자. 이 신조는 부시 대통령에게 유례없는 힘을 주어야 한다고 주장하며 '견제와 균형' 개념 아래에 이미 명시되어 있는 의회의 힘을 제한한다. 예를 들어, 부시 대통령은 의회가 의결한 법안을 집행하기를 거부하거나 그 법안을 자기 구미에 맞도록 해석하기 위해서 800번 이상이나 '서명 지침'***을 사용했다. 그는 기소 없이 국민을 감옥에 가둘 힘을 갖게 되었다. 이것은 자유에 대한 우리의 가장 중요한 보증서인 인신보호영장제도를 위반한 것이었다. 그는 국제법을 위반하며 고문을 허용했으며, 정당한 이유 없이 국민을 도청할 수 있는 힘을 갖게 되었다. 그는 의회

* 단일 행정부 (제도): 행정부 수반인 대통령을 정점으로 행정부가 일원적으로 조직되는 제도로서 일반적으로 대통령제 국가에서 취한다. 대부분의 입헌주의 국가는 의원내각제와 대통령제, 그리고 양자를 혼합한 정부 형태 중 어느 하나를 정부 형태로 삼고 있다.

** 서명지침(signing statement): 대통령이 의회 법률안에 서명을 하면서 특정 조항의 집행 범위를 해석해 명확히 규정한 지침을 말한다. 모두 800여 개 조항의 집행을 보류한 부시 대통령이 즐겨 사용했다. 이는 미국의 역대 대통령이 보류했던 법률 조항의 숫자를 합한 것보다 더 많다.

의 전통적인 행정부 감시 역할을 부정했으며, 증인 선서를 하도록 행정부의 인사를 소환하는 의회의 힘에 도전했다. 수백 개의 행정 명령을 통해 효과적으로 법을 만들었다. 그는 독립적인 변호인의 임명에 도전했다. 그리고 환경보호국이나 국무부 등 정부의 모든 부서의 도덕적 임무가 대통령 자신의 의지와 모순이 될 때에는 해당 부서의 도덕적 임무를 수행하지 못하도록, 단일 행정부의 '일원적' 국면을 사용했다. 예를 들어, 군사기지의 유독성 폐기물을 치우도록 국방부를 고소하는 환경보호국의 임무 수행을 방해했다. '단일 행정부'의 주장은 이것이 대통령이 자신을 고소하는 것과 마찬가지일 것이라는 점이다. 이 주장은 정부의 도덕적 임무를 거부할 수 있는 새롭고 무시무시한 '상식'을 정의하는 은유이다.

진보주의자는 부시 대통령의 이러한 권한 확대를 반민주적인 것으로, 즉 헌법에 명시된 힘의 균형을 위반하고 독재자와 비슷하게 권력을 전횡하는 것으로 보았다. 이들의 인식은 타당하다.

추정하건대 보수주의자는 자유를 제약하고 국민의 '자유'를 위협한다는 이유로 '큰 정부'에 반대해왔다. 그러나 존 딘(John Dean)이나 바르(Bob Barr)와 같은 인물을 제외하면, 그들은 단일 행정부의 신조에 반대하지 않았다. 그래서 정당한 이유 없이 도청을 하는 것이나 구속적부심을 위반하는 것, 헌법에 따라 통과된 법률의 엄선 조항을 집행하길 거부하는 것에 반대하지 않았다. 지나치게 강력한 규제적 정부에 반대하는 자유의 옹호자라고 자칭하는 보수주의자들이 미국 역사상 가장 강력하고 규제적인 정부에 대해 도대체 왜 분노하지 않는가? 정말로 도대체 왜 그들은 한 목소리로 그 정부를 지지하는가?

이에 대한 대답은 명확하다. 보수주의 도덕성은 순종의 도덕성이다. 예를 들어, 2006년 7월 법무부 법률자문국장 브래드버리(Steven Bradbury)가 상원 의원 사법위원회 청문회에서 증언했을 때, 무슨 일이 일어났는지 주목하라.

상원의원 리히(Patrick Leahy: 민주당, 버몬트 주)는 함단 사건*에서 대통령이 옳았는지 잘못이었는지, 즉 대통령이 모든 정상적인 법률적 보호를 무효화하고 관타나모에 군사재판소를 세울 권위를 지녔는지 물었다. 브래드버리의 반응은 '대통령은 언제나 옳다'였다.

이 대답이 특별한 이유는 이 말이 대통령에게 무엇이 합법적이고 무엇이 불법적인지 말해주는 것이 임무인 사람의 입에서 나왔기 때문이다. 대통령이 옳은지를 결정하는 것이 그의 임무이다.

진보적인 대통령은 '언제나 옳을' 것인가? 그럴 가능성은 거의 없다. 진보적인 대통령의 권위를 보수주의자들은 '합법적'이라고 여기지 않을 것이기 때문이다. 왜냐하면 그러한 대통령은 보수적인 도덕 체계를 따르지 않을 것이기 때문이다. 보수주의자들에게는 자신들의 도덕 체계가 가장 중요하다. 그것은 어떤 대가를 치르고서라도 옹호해야 하는 도덕 체계이다.

우리가 인지과학 ― 현대의 보수주의에서 사용하는 사고 양식을 조망하는 것 ― 으로부터 배우는 것은 부시(2세)가 자신의 행정부의 권위주의의 근원이 아니라는 점이다. 이런 생각은 바로 일반적인 보수주의 ― 사고 양식 그 자체 ― 이다.

예를 들어, 보건의료를 살펴보자. 전 대통령 후보 줄리아니는 보건의료를 (평판 텔레비전을 사는 것과 같은) 상품 프레임에 넣었다. 그는 시장이 보건의료를 관장해야 한다고 말했다. 평판 텔레비전의 경우에서 보듯이, 시장에 경쟁이 있으면 가격은 당연히 내려간다.

그러나 보건의료는 상품이 아니라, 보호의 문제이다. 그것은 고통과 괴로움, 삶과 죽음의 문제이다. 많은 사람이 적절한 의료보장을 받지 못해 죽거나 극심한 고통을 겪는다. 평면 텔레비전이 부족해 죽는 사람은 결코 없다. 정부에게는 보호가 도덕적 임무이지만, 기업에게는 그렇지 않다.

다른 형태의 보호를 살펴보자. 경찰의 보호는 상품인가? 가령 당신은 경찰의 보호를 경쟁하는 경호회사로부터 구매해야 하는가? 강도의 침입을 막으려는 보호 조치도 돈을 주고 사야 하는가? 권총을 사용하는 보호도 구매해야 하는가? 미안하지만, 당신의 보험료가 최근에 갱신되지 않았군요. 당신은 어쩔 수 없이 강도를 당하거나 살해당할 것입니다. 화재로부터의 보호는 어떤가? 그것은 상품인가? 미안하지만, 당신 집은 불에 타 무너져 내려야 할 것입니다. 당신은 보험료를 내지 않았어요. 마찬가지로 보건의료도 근본적인 보호의 문제이다. 보건의료는 보험처럼 팔아서는 안 된다. 이 쟁점은 단순히 비용의 문제가 아니다. 비록 사적인 보건의료 비용의 3분의 1이 이익과 행정에 들어가고, 노인의료보험(Medicare) 제도는 행정에 단지 3퍼센트를 소비하며 부당 이득에는 하나도 소비하지 않는데도 말이다.

행정? 그것은 단지 비서직의 도움만이 아니다. 비록 서류작업이 상당하지만 말이다. '행정 비용'을 이해하려면, 옛날의 닉슨 사건 테이프를 조금만 살펴보면 된다. 다음은 에를리히만(John Erlichman)이 닉슨에게 건넨 말이다.

**에를리히만:** 카이저(Edgar Kaiser)는 영리 추구를 위해 사업을 합니다. 그리고 그 사람이 할 수 있는 이유, 그 사람이 그렇게 할 수 있는 이유는 말이죠, 그를 들어오게 해서 나에게 그 문제에 대해 말하게 했습니다. 나는 그 문제를 상당히 깊이 있게 파헤쳤습니다. 모든 동인은 의료보장을 줄이는 쪽으로 작용합니다. 왜냐하면,

**닉슨 대통령:** [잘 들리지 않음]

**에를리히만:** 더 적게 보장할수록 더 많은 돈이 남기 때문이죠.

**닉슨 대통령:** 좋아요. [잘 들리지 않음]

**에를리히만:** [잘 들리지 않음] 그리고 이 동인들이 바르게 작용합니다.

**닉슨 대통령:** 나쁘지는 않아요.[11]


"나쁘지는 않아요"라는 말에서 닉슨은 찬사의 억양을 사용했다. 이 억양은 의료서비스를 제공하지 않고 거부함으로써 돈을 벌 수 있는 방법을 찾은 것에 대한 찬사이다. 그것이 바로 대부분의 '행정 비용'의 내용이다. 그것은 사람들에게 의료서비스를 거부할 방법을 찾는 비용이다.

이것은 마치 곡식을 재배하지 않음으로써 돈을 버는 것과 같다. 그렇지만 훨씬 더 나쁘다. 곡물을 재배하지 않고 보상금을 받는다고 해서 사람들이 죽거나 더 고통스럽게 살게 되지는 않기 때문이다.

문제는 이러하다. 도대체 왜 닉슨은 이 방안을 좋은 방안으로 간주했는가? 왜 그는 그렇게 냉담한 것에 대해 분노의 반응을 나타내지 않았는가?

시장에 대한 보수주의 견해는 대답의 일부일 뿐이다. 카이저는 보수주의자들이 사람들이 행해야 한다고 생각하는 일을 행하고 있었다. 어떤 법적인 수단을 동원해서라도 돈을 벌기 위해 당신의 기업가적 역량을 사용하라. 이 대답의 또 다른 일부는 진보적 도덕성의 결여이다. 사람들이 부상당하고 있는 것에 대한 감정이입의 결여이다. 닉슨은 보건의료 혜택을 거의 받지 못하는 사람들이 아니라 기업가에게 연대감을 느끼고 있었다. 이것은 근본적인 차이이다. 드디어 보수주의적 보건의료정책이 갖는 특징의 마지막이 있다. 바로 개인의 책임이다. 모든 사람은 자신을 보살펴야 한다. 구매자가 경각심을 갖게 하라. 아무도 그들에게 자신의 건강관리를 그렇게 하도록 강요하고 있지 않다. 예외적으로 현재 HMO*의 경우에는 거의 모든

* HMO(Health Maintenance Organization): 미리 일정액을 지불하면 건강 진단을 비롯한 포괄적인 의료 서비스를 받을 수 있도록 회원의 건강 유지를 목적으로 1945년 태동한 건강관리 조직체였지만, 1970년대쯤 의료비 억제를 위해서 이용자의 의료서비스 선택을 제한하는 방식으로 바뀌게 되었다. 이 조직의 회원은 지정한 의료기관에서만 의료 서비스를 받을 수 있고, 다른 의료기관에서 진료를 받으면 보험금을 지급받지 못한다.

보건의료 관리가 그러하다.

모두를 위한 노인의료보험제도는 무엇이 잘못인가? 보건의료에서 이익과 '행정'을 제거하고 더는 보건의료를 상품으로 간주하지 않는다면, 모든 사람에게 의료서비스를 제공할 수 있는 돈을 충분히 모을 수 있다. 그러나 보수적인 시각에서는 이것이 비도덕적일 것이다. 어떤 사람의 건강관리 비용이든지 다른 사람이 감당해서는 안 된다. 이러한 경우에 사람들은 의존적이 되고 절제력을 상실하며, 도덕적인 능력을 발휘할 수 없게 되기 때문이다.

그러나 진보적인 관점에서는 다음과 같은 도덕적인 기준선이 있다. 근본적으로 건강은 생명을 유지하는 문제이다. 건강과 생명이 위험에 처해 있을 때 치료를 거부하는 것은 근본적으로 생명을 거부하는 것이다.


## 프레임 구성이 정책에 선행한다

보건의료 사례는 프레임 구성과 정책 사이의 관계에 대해 심오하고 중요한 무언가를 보여준다. 만일 보건의료가 '건강보험' 프레임에 들어 있다면, 우리는 그것을 보험 프레임을 통해서 바라볼 것이며, 해당 정책이 보험 프레임에 따를 것이다. 그래서 보건의료는 이익금과 관리비용, 보험료, 보험계리사, 외부발주, 의료보장 기준, 이익 극대화를 위한 의료보장 거부 등이 있는 사업이 될 것이다. 그리고 보험 구매를 법으로 강제한다 하더라도 구매하지 못하는 사람이 많이 나오게 된다.

반면에 만일 보건의료를 (경찰의 보호, 화재로부터의 보호, 식품 안전 등과 같은) 보호로 인식한다면, 그것은 정부의 도덕적 임무의 일부가 된다. 이때 정부의 역할은 보호와 역량강화이다. 이것은 다시 감정이입과 책임의 도덕성에 근거한다. 이 경우에는 정책 제안이 모두를 위한 노인의료보험처럼 보일 것이다.

많은 사람들은 정책과 프레임 구성을 역으로 수용한다. 정책은 어울리는 프레임 — 도덕적 프레임 — 과 관련이 있다. 잘못은 사람들이 프레임 구성을 정책 홍보와 관련이 있다고 생각하는 데 있다. 광고회사가 어떤 정책을 정직하게 선전할 때, 그 정책의 광고에 대한 시각적·언어적 프레임 구성은 그 정책에 대한 도덕적 프레임 구성과 일치해야 한다. 그러한 광고가 기만적인 이유는 추정컨대 그 광고와 연결되는 도덕적 프레임 구성이 해당 정책이 실제로 근거하고 있는 도덕적 프레임과 불일치하기 때문이다. 어느 경우이든 도덕적 프레임 구성이 정책에 선행한다.

보수주의의 도덕적 바탕과 내용의 핵심은 권위와 순종, 절제의 정치이다. 보수주의의 내용은 심히 반민주적인 반면, 이 나라 미국은 권위주의에 정면으로 맞서며 건설되었다. 그러나 보수주의는 또한 애국심이 자신들의 전유물이라고 주장한다. 여기에 모순이 있다. 보수주의는 어떻게 이 모순을 피하는가?

이에 대한 대답은 '보수주의'라는 낱말 그 자체에서 찾을 수 있다. 자칭 보수라는 사람들은 보통 과거의 가장 좋은 전통의 보존을 지지한다고 말한다. 그러나 흔히 현대의 '보수주의자'는 아주 급진적이다. 그래서 그들은 예전에는 존재하지 않았던, 급진에 가까운 가치를 부과하려고 한다. 예를 들어, 그들은 구속적부심 제도나 자유에 대한 여타 보호 장치, 정부의 견제와 균형 제도를 제거하길 원한다. 또한 그들은 '단일 행정부'의 권력을 지지하고 공교육을 폐지하고자 한다. 과거에는 재정적 보수주의가 정부의 지출을 억제한다고 인식되었지만, 오늘날은 천문학적인 재정적자 누적을 사회보장제도와 정부 보호 프로그램을 축소하는 반면 군사중심정책을 지지하기 위한 수단으로 사용한다는 것을 의미한다. 이러한 행태는 결코 '~을 보전한다'는 전통적인 의미에서의 '보수'일 수 없다.

사실, 많은 극우파는 공교육, 권력의 3권 분립, 정교 분리, 구속적부심 제도 등 과거의 가장 좋은 것을 보존하는 실재가 아니라, '다시' 돌아가고 싶은 자신들의 급진적인 보수 가치들이 지배하는 신화적인 서사를 만들어냈다. 그러한 서사의 하나는 사법부 판결의 '원본주의(originalism)'이다. 이 경우에 '의미'는 아마도 '원본에 충실한' 의미이다. 언제나 '원본에 충실한 의미'는 어쩐지 급진적인 보수 가치와 일치한다. 홈스쿨링이 아주 성공적인 경우는 드문데도 홈스쿨링의 경이로움에 대한 서사가 있다. 비록 건국의 아버지들 중 많은 이가 이신론자(理神論者)였으며 '기독교인들의 국가'가 '기독교 국가'와 동일하지는 않지만, 미국이 원래 '기독교 국가'라는 신화적인 서사가 있다. 현실에서는 좀처럼 그렇지 않았음에도 전쟁이 숭고하다는 서사가 있다. 기업형 영농이 가족 농장으로의 귀환이라는 서사가 있다. 사실은 가족 농장을 파괴하고 있는데도 말이다. 미국 예외주의(American exceptionalism)의 서사가 있다. 이 서사에서 미국은 본래 선하며 자신의 생활 방식을 전파할 복음전도사로서의 사명을 지니고 있다. 그리고 현실에서 그러한 임무 수행이 실패하거나 사람들에게 해를 끼칠 때, 그것은 '패배주의자'나 기어이 '꽁무니를 빼고 도망친' 겁쟁이, '좌파 극단주의자' 등이 내부에서 미국을 배반했기 때문이다. 신화적인 서사는 정치의 중요한 요소이며, 현대 보수주의는 이러한 서사로 가득 차 있다.


## 이중개념주의

'보수주의자' '자유주의자' '진보주의자' 등의 용어는 미국 정치의 복합적인 현실과 인간으로서의 우리의 경험을 제대로 반영하지 못한다. 방금 논의했던 것처럼, 실제로 일반적인 진보주의와 일반적인 보수주의라는 두 개의 세계관이 사용되고 있다. 그렇지만 이들은 별개의 영역에 존재하지 않는다. 비록 자칭 '보수주의자'의 대부분이 자신들에게 중요한 영역에서는 일반적인 보수적 세계관을 사용하지만, 다른 영역에서는 일반적인 진보적 세계관을 사용할 수도 있다. 정반대의 경우도 사실이다. 자칭 '자유주의자'와 '진보주의자'가 국내 정치에서는 진보적이지만 외교 정책에서는 보수적이거나, 경제 정책에서는 보수적이지만 다른 모든 문제에서는 진보적일 수 있다.

'미스터 보수'인 베리 골드워터(Barry Goldwater)는 외교·군사·경제 정책에서는 일반적인 보수적 세계관을 지니고 있었지만, 미국 원주민의 권리나 종교, 군대 내 동성애자, 통치행위 그 자체에 대해서는 일반적인 진보적 세계관을 지니고 있었다["명사수가 되기 위해 이성애자일 필요는 없다(You don't have to be straight to shoot straight)"]. 이러한 문제에 대해 골드워터는 복종에 의한 통치와는 정반대인 정직하고 개방적인 협동적 통치가 옳다고 믿었다. 그 당시에 골드워터는 '보수주의자'라는 말의 가장 분명한 사례였다. 비록 오늘날의 순수 '보수주의자들'은 그를 거의 보수주의자 축에도 끼지 못할 것이라고 보겠지만 말이다. 왜냐하면 비록 그가 마음은 보수주의자였지만, 중요한 측면에서 부분적으로 진보주의자였기 때문이다. 이로 인해서 그는 '이중개념소유자'가 되었다.

그러나 무엇 때문에 골드워터는 이중개념을 가진 (부분적으로 보수주의자인) 진보주의자가 아니라 이중개념을 가진 (부분적으로 진보주의자인) 보수주의자가 되었는가? 이에 대한 대답은 정체성이다. 골드워터는 자신이 보수적인 견해를 지녔다고 생각했다. 그는 그러한 견해가 자신이 누구인지를 정의한다고 보았다. 정체성은 정치에서 아주 중요하다.

이중개념주의는 흔히 무의식적이다. 많은 자칭 보수주의자가 의식하지 못하지만 정말로 많은 진보적인 견해를 지니고 있다. 어떻게 이것이 가능한가? 모순적인 정치적 견해들이 드러나지 않은 채 펼쳐질 수 있는가?

이중개념주의를 더 잘 이해하기 위해, 토요일 밤 가치 체계와 일요일 아침 가치 체계의 사례를 떠올려보자. 동일한 사람이 토요일 밤에는 양심의 가책 없이 행복하게 술을 마시고 담배를 피우고 도박을 하고 술에 흠뻑 젖고 매춘을 할 수 있지만, 일요일 아침에는 정반대의 가치를 진정으로 신봉할 수 있다. 뇌 덕분에 인간은 이렇게 할 수 있다.

## 이중개념주의 뒤에는

이중개념주의 사고의 뇌 기제는 상호 억제이다. 이 경우에 두 세계관은 같은 뇌에 존재하지만 서로 겹치지 않는 삶의 영역에 연결된다. 하나의 세계관이 활성화되면, 자연스럽게 다른 한 세계관은 억제된다. 그리고 정부(情婦)가 임신한 채로 교회에 나타나 부인을 마주하지만 않는다면, 이 모순은 드러나지 않은 채 행복하게 펼쳐진다.

정치적 세계관이 이러하다. 이것이 바로 이중개념소유자가 아주 많은 이유이다. 뇌 덕택에 그러한 상호 억제적인 세계관이 삶의 서로 다른 영역에 출현할 수 있다. 이 두 세계관은 각각 일관성 있는 개념 체계 그 자체이다. 그리고 토요일 밤에는 정부를 만나고 일요일 아침에는 부인과 교회에 가는 경우처럼 계속 분리할 수 있다면 이 두 세계관은 기꺼이 공존한다.

그러나 잠깐 생각해보자! 토요일 밤 가치와 일요일 아침 가치를 갖고 있는 친구는 위선자가 아닌가? 그의 일요일 아침 가치가 토요일 밤에도 적용되어야 하지 않는가? 그리고 자신의 토요일 밤 가치의 시각에서 볼 때, 그는 일요일 아침의 자신을 독선적인 꽁생원으로 여기지 않을 것인가? 어떻게 그는 자신의 모습을 곱게 보아줄 수 있는가?

'위선자'는 이른바 가치 일관성 프레임에 상대적인 것으로 정의된다. 이 프레임에서는 가치들이 일관성이 있고 완전히 포괄적이며, 모든 경우에 동일한 가치가 사용되어야 한다. 만일 당신에게 가치 일관성이 있다면, 당신은 '고결함'을 지니고 있다. 그렇지 않으면, 당신은 '위선자'이다.

순수 진보주의자와 순수 보수주의자는 흔히 이중개념을 소유한 정치 지도자들이 서로 다른 이슈에 서로 다른 세계관을 적용할 때 그들을 위선자로 간주한다. 그러나 이중개념주의는 단지 뇌에 관한 하나의 사실이다. 우리는 인간이다. 그래서 우리는 인간이라는 것의 의미가 무엇인지 이해할 필요가 있다. 만일 뇌가 맥락에 따라 두 세계관 사이를 자동적이고 무의식적으로 오고 간다면, '위선자'는 심지어 '그 위선'을 드러내지 않을 수도 있다.

많은 진보주의자들은 북미자유무역협정(NAFTA)을 지지한다는 이유로 빌 클린턴을 위선자로 간주했다. 이 협정으로 일자리를 더 쉽게 외부하청업체에 넘기고, 미국의 옥수수를 라틴아메리카 시장에 싼 가격에 대량으로 팔 수 있었지만, 이 협정은 협상대상국 소농들의 생계를 위협했고, 환경 보호나 노동자 보호에 관한 어떤 조처도 없었다. 그러나 클린턴은 경제 정책에 대한 이중개념소유자였으며, 재무부 장관 루빈(Robert Rubin)이나 월가의 눈으로 자유무역을 바라보았다.

많은 보수주의자들은 이민자에 대한 방침 때문에 부시를 위선자로 간주한다. 부시는 정당한 절차 없이 미국에 들어온 사람들에 대한 시민권 부여와 임시노동자 프로그램을 지지했다. 그는 미국에서 삶을 가꾸려고 노력하며 열심히 일하는 라틴아메리카 사람들에 대해 감정이입을 한다고 말한다. 그러면서도 그는 노동자를 필요로 하는 기업 집단의 이익을 가장 먼저 고려한다.

진정한 이중개념소유자는 결코 자신을 위선자로 보지 않는다. 왜냐하면 세계관의 전환은 자동적이고 무의식적이며, 그가 서로 다른 세계관을 동일한 쟁점 영역에 적용하지는 않기 때문이다. 정부(情婦)와 부인은 다른 집에서 산다. 각 영역마다 가치의 일관성이 있을 수 있다. 일관성의 결여가 드러나는 것은 오직 당신이 여러 쟁점 영역 사이를 오가는 경우뿐이다.

그러나 가치 일관성 프레임에 따라 사는 것이 더 단순하지 않은가?

대부분의 경우에는 실제로 그러하다. 만일 당신이 단 하나의 포괄적인 세계관을 지니고 있다면, 언제나 동일한 기본 가치를 사용한다. 철저한 보수주의자나 철저한 진보주의가 되는 것은 더 쉬운 일이다.

그러나 인간의 뇌를 생각해볼 때, 이중개념소유자가 되는 것도 마찬가지로 쉬울 수 있다. 단, 도덕적 모순이 실제로 발생하고 이 모순을 뇌의 복내측 전전두엽 피질에서 실제로 해소하는 경우는 예외이다. 그러나 만일 (드루 웨스틴이 보여주었던 것처럼 실제로) 이 모순이 무의식적으로 해소된다면, 모순은 인지조차 되지 않는다.[12]

이중개념소유자는 일반적인 진보주의 관점에서 이해되는 영역과 일반적인 보수주의 관점에서 이해되는 영역을 완전히 명확하게는 구별하지 않을 수도 있다. 예를 들어, 어떤 사람들은 낙태를 어떻게 생각해야 하는지를 모르며, 이 쟁점의 두 측면을 다 볼 수 있다. 그러한 사람은 '해당 쟁점에 대해 오락가락한다'는 말을 듣는다.

이중개념소유자가 될 수 있는 것은 뇌 덕택이다. 첫째, 상호 억제로 인해 서로 대립하는 사고 양식을 가질 수 있지만, 한 번에 하나의 양식만 가질 수 있다. 둘째, 일반적인 사고 양식과 특별한 경우의 사고 양식 사이에는 차이가 있다. 신경 결속은 일반적인 사고 양식을 특별한 경우에 적용하기 위한 기제이다. 예를 들어, 일반적인 보수주의를 보건의료에 적용하거나 일반적인 진보주의를 지구온난화에 적용하기 위한 기제이다.

많은 경우에 신경 결속은 장기적이거나 영구적이다. 그러나 때로는 신경 결속이 단기적이어서 변화할 수 있다. 어떤 쟁점에 대해 이제 막 보수적인 사고를 하기 시작한 사람은 생각이 바뀔 수 있다. 즉, 보수적인 사고 양식에서 해당 쟁점의 세부사항에 이르는 신경 결속이 진보적인 사고로부터 동일한 쟁점에 이르는 신경 결속으로 대체될 수 있다. 낙태 문제를 일반적인 진보주의나 일반적인 보수주의에 확고하게 결속하지 않는 사람은 '의견을 전혀 가지고 있지 않다'는 말을 듣는다. 두 세계관에 약하게 결속하는 사람은 '혼란에 빠져 있다'는 말을 들을 수도 있다.

이 두 세계관은 사유의 양식이며 때로는 의식적이지만 거의 대부분 무의식적이다. 이들은 일반적이어서 여러 쟁점 영역을 포괄한다. 일반적인 보수적 사유와 일반적인 진보적 사유는 경제 정책, 외교 정책, 환경, 사회보장제도, 교육과 보건의료, 종교 등 어떤 쟁점에나 나타날 수 있다. 당신은 특정한 방침을 지지하거나 반대하는 논증을 볼 때 일반적인 보수적 사유와 일반적인 진보적 사유를 선택할 수 있다. 이 장의 앞부분에서 우리는 이렇게 했다.

권위주의적인 진보주의자가 있을 수 있는가? 한마디로 그럴 수 있다. 한 가지 이유를 대자면, 수단과 목적이 상이한 경험 영역의 역할을 할 수 있기 때문이다. 따라서 우리는 진보적인 목적을 지녔지만 권위적인 보수적 수단을 사용할 수 있다. 극단적인 경우에 우리는 심지어 권위적인 반권위주의자가 될 수 있다. 권위주의에 반대하는 목적을 지니고 있는 옹호자 집단을 권위주의적으로 운영하는 사람을 떠올려보라. 어떤 노조 지도자는 위계적이고 징벌적인 수단을 사용하지만 진보적인 목적을 추구할 수 있다. 실제로 어떤 진보적 조직의 지도자든지 이러한 식으로 활동할 수 있다. 진보적인 목적을 지니고 있지만 보수적인 권위적 수단을 사용하는 사람들을 가리키는 이름이 있다. 바로 전투적 활동가(Militants)이다!


## 어떻게 변화를 이끌어낼 수 있는가?

자칭 보수주의자이거나 독자적 무당파인 사람들이 더 진보적인 관점을 지니도록 해주는 뇌의 기제는 무엇인가?

보수주의자이지만 이미 어느 정도 진보적인 견해를 갖고 있는 이중개념소유자를 떠올려보라. 이것은 그에게 상호 억제적인 두 세계관이 다 있지만 보수적인 세계관이 일반적으로 더 강하다는 것을 의미한다. 즉, 보수적인 세계관이 특정한 쟁점 영역에 결속될 가능성을 높여주는 수용자를 시냅스에 더 많이 가지고 있다. 만일 그의 일반적인 진보적 세계관이 점점 더 활성화된다면, 이 세계관의 시냅스가 더 강해질 것이다. 그리고 진보적 세계관이 더 많은 쟁점 영역에 결속되기 시작할 가능성이 점점 더 높아질 것이다.

당신은 이중개념소유자의 진보적 세계관을 어떻게 활성화하는가? 그가 이미 진보적인 관점을 갖고 있는 쟁점 영역에 대해 생각하고 말하도록 함으로써 그렇게 하라! 즉, 이미 그가 당신에게 동의하는 영역을 찾아내 그러한 영역에 대해 얘기함으로써, 그리고 진보적인 배우를 주인공으로 올리고 보수적인 배우를 넌지시 악당으로 내세움으로써, 당신은 그에게서 진보적인 세계관을 활성화할 수 있다. 보수주의자들은 이러한 일을 수십 년 동안 해왔다.

마음을 변화시키기 위해서는 뇌를 변화시켜야 한다. 당신은 무의식의 정치를 의식적인 것으로 만들어야 한다. 우리의 뇌가 행하는 것은 대부분 무의식적이기 때문에, 뇌가 작동하는 방식을 그저 사람들에게 질문을 해서는 알아낼 수 없다. 바로 이런 연유로 신경과학과 인지과학이 필요하다.

진보주의자도 보수주의자도 자신들의 관점을 방금 내가 제시한 것처럼 기술하지는 못했다. 지금까지 나는 진보주의자와 보수주의자가 보통 무의식적으로 실제로 사유하는 방식의 기저에 있는 원리를 파악하기 위해 의식적인 사고의 이면을 살펴보았다.

이것은 논쟁의 여지가 있을 수밖에 없다. 실제로 그래야 한다. 중요한 것은 정치적 사고를 이해하는 것이다. 만일 정치적 사고가 무의식적이라면, 이것을 이해하는 것은 더욱 중요하다. 왜냐하면 무의식적 사고가 의식적 사고보다 더 강력한 효과를 지니기 때문이다. 사고가 의식적일 때, 당신은 사고에 대해 논의할 수 있고, 의문을 제기할 수 있고, 되받아칠 수 있다. 사고가 무의식적일 때에는 제약이 전혀 없어 예측하기 어렵다.

# 03

# 가정 가치와 뇌의 역할

 

 

자칭 보수주의자인 사람들은 대부분 왜 특정한 성행위 ─ 혼전 성관계나 혼외 성관계, 동성애 행위 ─ 를 전쟁이나 고문보다 더 나쁜 죄로 여기는가?

샌프란시스코나 매사추세츠의 동성애자가 결혼하는데, 왜 중서부에 사는 보수주의자는 자신이 위협을 받고 있다고 생각하는가?

보수적인 정부는 왜 참전 후 퇴역한 군인을 더 잘 보살피지 않는가? 그런데도 퇴역 군인과 그 가족들은 왜 집단으로 저항하지 않는가?

많은 진보주의자는 왜 도덕적인 이유로 사형제도에는 반대하면서, 동일한 이유로 낙태에는 반대하지 않는가?

진보주의자는 왜 과거 세대의 잘못을 바로잡아야 한다는 책임감을 느끼는가?

그리고 우리는 왜 정치 고유의 영역 밖 ─ 유치원과 유소년 리그 교습, 교회, 여름 캠프 등 ─ 에서 진보적인 사고 양식과 보수적인 사고 양식을 보게 되는가?

왜 정치적인 가치와 사고 양식이 우리 사회 곳곳에 스며들어 있는가?

어떤 사람들은 제2장의 분석 ─ 감정이입과 권위의 정치 ─ 이 이 모든 외견상의 모순이나 위선을 충분히 설명하지 못했다고 주장할 것이다. 이러한 문제와 다른 많은 문제에 대답하기 위해서, 가정의 가치에 대한 연구로 관심을 돌릴 필요가 있다. 이러한 가치의 일부는 이미 나의 책 『도덕, 정치를 말하다(Moral Politics)』에서 논의했다. 이 책을 쓰고 난 이후 오늘날 '가정의 가치'라 불리는 특정한 형식의 도덕성을 새롭게 조망한 뇌의 작용에 대한 새로운 연구를 계속 접해왔다.

아주 중요한 한 가지 수수께끼로 인해 나는 1994년에 정치에 대한 연구를 다시 하게 되었다. 진보주의자로서 나는 보수의 주요한 방침들이 어떻게 서로 어울리는가를 이해할 수 없었다. 감세 지지가 총기규제 반대와 무슨 관련이 있는가? 낙태 반대는 환경 규제 반대와 무슨 관련이 있는가? 소송 개혁 옹호가 동성 결혼 반대와 어떠한 관련이 있는가? 무엇 때문에 이 방침들이 서로 아주 잘 어울리는가? 나는 이 모든 쟁점에 대해 대립적인 견해를 가지고 있다. 어떻게 해서 나의 견해들은 서로 어울리는가?

18세기 마음 이론은 이러한 문제를 이해하는 데 아무런 도움이 되지 않는다. 그러나 마음이 실제로 작동하는 방식을 살펴본다면, 이러한 문제는 모두 분명한 답이 나온다. 내가 발견한 것은 바로 가정의 가치가 미국 정치에서 절대적으로 중요하다는 것이었다. 그러나 이 연결이 문자 그대로 직접적인 것은 아니다.

제2장에서 나는 미국 정치가 감정이입과 권위의 대립에 근거한다고 주장했다. 이것은 축자적인 기술, 즉 더 심오한 내용을 제거해버린 지나치게 단순화된 기술이었다. 그 내용은 더 심층의 수준에 있는 은유적인 것이다.

우리는 모두 대부분 무의식적인 하나의 은유, 즉 [국가는 가정] 은유의 관점에서 생각한다. 3학년 학생이라면 모두 조지 워싱턴(George Washington)이 이 나라의 아버지였다는 것을 안다. 이에 대해 아무도 의문을 제기하지 않는다. 우리는 모두 건국의 아버지에 대해 얘기한다. 우리는 우리의 아들과 딸을 전쟁에 내보낸다. 실제로는 그들이 우리의 아들과 딸이 아닌데도 말이다. 우리는 미국 혁명의 딸들이라는 말을 한다. 우리에게는 국토방위부(Homeland Security)가 있다. 그리고 보수주의자들은 진보주의자들이 **유모국가**<sup>*</sup>를 원한다고 불평한다. 그리고 다른 나라에는 **모국** 러시아(Mother Russia)와 **모국** 인디아(Mother India), **조국**(Fatherland)이라는 말이 있다.

> \* 유모국가(a nanny state): 국민을 과 보호하려 드는 국가.

개념적 은유 연구 덕택에 나는 우리가 은유적 근원을 사용해 은유적 목표에 대한 추론을 끌어낸다는 것을 알게 되었다. 나는 국가의 당위적인 형태에 두 가지 유형이 있는 것처럼, [국가는 가정] 은유가 국가에 사상(寫像)하는 두 개의 이상적인 가정 유형이 있을 수 있다는 추론을 했다. 다음과 같이 역으로 추론을 했다. 이 은유의 구조와 정치적 차이가 주어졌을 때, 이상화된 두 가지 국가 유형에 대응할, 이상화된 두 가지 가정 유형을 가설로 세웠다. 이 가설로부터 나온 것은 가정에 대한 두 유형이었다. 하나는 엄격한 아버지 가정으로서 순수한 보수 정치에 사상되었고, 다른 하나는 자애로운 부모 가정으로서 순수한 진보 정치에 사상되었다.

가정의 이 두 모형을 상세하게 살펴보기 전에, 몇 가지 오해를 정리할 필요가 있다. 이 두 모형은 이상화된 모형이다. 즉, 이상화된 가정생활에 대한 심리 모형으로서 이상화된 국가생활에 사상된다. 이 두 모형은 당신이 실제로 양육을 받았던 방식과 관련이 있을 수도 있고, 관련이 없을 수도 있다. 사실, 당신은 어떤 양육을 받았든지 그것에 저항했을 수도 있다.

이러한 문제에 대한 해답을 찾는 인지과학자로서 나는 이 두 모형을 가설로 세우게 되었다. 이용 가능한 최선의 가설을 사용하는 모형의 설정은 과학계의 표준이다. 이 두 모형은 엄청난 양의 설명을 제시한 것으로 판명이 났으며, 이들의 설명력은 어마어마하다.

이 두 모형이 규범적이 아니라 기술적이라는 데 주목해야 한다. 정말로 이 두 모형은 사람의 뇌 속에 출현한다. 이들은 내가 사람들에게 따라야 한다고 제안하는 그런 것이 아니다. 사람들은 정말로 이 두 모형을 따른다. 과학자로서 뉴턴(Isaac Newton)은 사물이 어떻게 움직이는가를 기술했다. 그는 사물을 그렇게 움직이게 할 어떤 힘도 없었다. 이것은 여기에서도 마찬가지이다. 미국의 정치는 실제로 이 두 모형을 사용한다. 내가 할 수 있는 일의 전부는 이 두 모형을 기술하는 것이다. 나는 어떤 사람에게 이 두 모형을 사용해 정치에 대해 생각하도록 할 힘이 전혀 없다. 그리고 다른 어떤 사람도 미국인들에게 이 두 모형을 사용하지 말도록 할 힘을 지니고 있지 않다. 이 두 모형은 미국 정치의 뗄 수 없는 일부이다. 당신은 다른 모형이 사용되기를 소망할 수 있으며, 이런저런 모형을 제안할 수 있다. 그러나 다른 어떤 모형을 사람들의 뇌에 부과할 수는 없다.


## 엄격한 아버지 모형

엄격한 아버지는 가정의 도덕적인 지도자이며, 그에게 복종해야 한다. 가정이 엄격한 아버지를 필요로 하는 이유는 세상에는 악이 있으며 그가 악으로부터 가족을 보호해야 하기 때문이다. 어머니는 그렇게 할 수 없다. 또한 세상에는 경쟁이 존재하기 때문에 가정은 엄격한 아버지를 필요로 한다. 그가 경쟁에서 승리해 가족을 부양해야 한다. 어머니는 그렇게 할 수 없다. 아이들이 불완전한 인격체로 태어나기 때문에, 엄격한 아버지가 필요하다. 아이들은 다만 자신이 하고 싶은 것을 행하며 옳고 그름을 분별하지 못한다는 점에서 그러하다. 아이들이 잘못을 행할 때에는 엄하고 고통스러운 벌로 다스려야 한다. 그래야 아이들은 벌을 피하기 위해서 옳은 일을 행할 동기를 갖게 될 것이다. 바로 이런 식으로 아이들은 내적 절제를 쌓아간다. 옳은 것을 행하고 악한 것을 행하지 않기 위해 아이들은 내적 절제를 쌓아야 한다. 이러한 절제를 바탕으로 아이들은 시장에 진입해 자립을 하고 성공을 거둘 수 있다. 아이들이 자립심과 자제력 있는 성숙한 어른이 될 때, 아이들은 홀로 서고 자신의 가정을 꾸리며 자신의 가정에서 엄격한 아버지가 되어 자신의 아버지나 다른 사람의 간섭을 받지 않을 수 있다.

정치에 사상될 때, 엄격한 아버지 모형은 보수주의가 왜 권위와 순종, 절제, 벌에 관심을 갖는지 그 이유를 설명해준다. 이것은 남성의 힘이 절대적으로 지배하는 가부장적 가정에서는 당연하다. 권위와 순종, 절제, 벌은 모두 그러한 가정에 있으며, 하나의 꾸러미로 조직화되어 있다.

샌프란시스코 동성애자의 결혼을 허용하면, 중서부의 어떤 사람이 왜 엄청난 위협감을 느끼는가? 이에 대한 설명은 간단하다. 엄격한 아버지 가정에는 어떤 동성애자도 있을 수 없으며, 성 차이와 남성성 역할은 아주 중요하다. 바로 이 종류의 가정 ― 그 가치와 정치 ― 이 일상생활에서 당신의 정체성을 정의한다고 가정해보라. 그러한 가치가 당신의 인격, 즉 당신의 가정뿐 아니라 친구들 사이에서, 사업장에서, 교회에서 당신이 적응하는 방식을 정의한다고 가정해보라. 고유한 유형의 남성성을 지닌 엄격한 아버지 모형의 결혼이 당신의 삶을 이끌어가는 주요한 서사라고 가정해보라. 그러면 이 결혼에 대한 위협은 바로 당신의 존재 자체에 대한 위협이 된다. 결혼은 진정한 쟁점이 아니다. 진정한 쟁점은 바로 정체성이다.

진보주의자가 아니라 보수주의자가 낙태에 반대하는 경향을 보여주는 이유는 도대체 무엇인가? 낙태를 필요로 하는 사람들을 좀 떠올려보라. 예를 들어, 모성과 직업 사이의 갈등에 직면한 여성이나 결혼하지 않고 성관계를 갖는 십대를 생각해보라. 이 두 경우 모두 여성 자신의 의사결정은 엄격한 아버지에 대한 모욕이다. 엄격한 아버지는 자신의 부인이 아이를 낳을지 말지를 자기가 결정해야 한다. 그래서 많은 주(洲)의 보수주의자는 아내가 낙태를 원할 경우 이를 남편에게 통지해야 한다고 규정한 법을 지지했다. 임신 중인 십대는 아버지에게 복종하지 않았으므로 마땅히 벌을 받아야 한다. 그래서 많은 주에는 (십대가 낙태를 원하는 경우) 반드시 부모에게 통지해야 한다는 법이 있다.

또한 두 번째 이유도 있다. 아버지가 옳고 그름을 구별하기 위해서는 절대적인 옳고 그름이 있어야 한다. 그리고 이것은 범주가 절대적이어야 한다는 것을 의미한다. 만일 범주 경계선이 애매하다면, 어떤 규칙이나 법의 위반이 있었는지 구별하기 어려울 수도 있다. 절대 범주화는 본질, 즉 절대 범주를 정의하는 속성을 필요로 한다. 절대 범주로 인해 본질 이론이 어떻게 작동하는지를 최초로 상술하기는 했지만, 아리스토텔레스는 단지 인지적 무의식의 일상적 유형을 주목하고 있었다. 본질에 대한 무의식적이지만 편재하는 속설이 있다. 이 속설에 따르면, 본질은 엄격한 범주를 정의한다. 이 속설에서 본질은 내재적이며, 시간의 흐름상에서 변화하지 않으며, 자연적인 행동의 인과적 원천이다.

본질의 논리가 보수적 사고에 온통 퍼져 있다. 성격의 개념을 예로 들어보자. 보수주의자는 왜 이 개념을 맹신하는가? 만일 당신이 ('보수적인'이라 읽히는) 올바른 도덕적 성격을 갖도록 사람을 훈련시킬 수 있다면, 그들은 심지어 그렇게 하라는 말을 듣지 않을 때에도 올바른 일을 행할 것이다. 갓난아기에 대해 말해보자. 만일 그들이 태어나면서 인간의 본질을 가지고 있다면, 그리고 만일 그 본질이 변화할 수 없다면, 출생 전에 이미 …… 완전히 거슬러 올라가면 착상 때부터 그들은 인간의 본질을 지니고 있었다. 본질에 대한 속설은 의식적인 것이 아니라, 단지 직관적인 '상식'을 정의한다.

엄격한 아버지 가정에서는 아버지가 자신의 권위를 지닐 만하다고 가정한다. 그리고 정말로 어떤 보수주의에서나 힘과 부(富)의 위계는 '합당한 자격'을 바탕으로 정당화된다. 도대체 왜 최고경영자는 다른 종업원들보다 훨씬 더 많은 돈을 버는가? 그들은 그만한 대가를 받을 만하다.

경쟁은 아주 중요하다. 경쟁은 절제를 강화한다. 경쟁이 없다면, 즉 승리에의 소망이 없다면, 어떤 사람도 절제를 배워야 할 동기가 없을 것이다. 그렇게 된다면 경쟁을 통해서 얻는 번영은 물론 도덕성마저도 위협받게 될 것이다. 모든 사람이 다 경쟁에서 승리할 수 있는 것은 아니다. 절제력이 가장 뛰어난 사람이 도덕적으로도 가장 가치가 있다. 따라서 승리하는 것은 칭찬받을 만하다는 것, 즉 착한 사람이라는 것의 기호일 뿐이다. 최고가 되는 것이 중요하다! 엄격한 아버지 가정은 흔히 경쟁적인 스포츠를 장려하고 아주 진지하게 받아들인다.

보수주의자는 왜 학교가 시험에 대비해 가르치길 원하고 시험 성적을 토대로 판단을 하는가? 그들은 공적을 결정하길 원한다. 즉, 누가 공적의 최상층으로 올라갈 자격이 있는가와 누가 공적 있는 사람을 섬겨야 하는가를 결정하길 원한다. 이 결정은 절제와 벌, 순종을 토대로 내려야 한다. 답을 기계적으로 암기하도록 하고, 그렇게 하지 못한 경우에는 벌을 주어 절제를 더 쌓도록 하는 동기로 사용해야 한다.

근본주의 기독교인은 왜 보수적인가? 신을 엄격한 아버지로 보기 때문이다. 나의 십계명에 복종하라. 그러면 너희는 천국에 간다. 그렇지 않으면 너희는 지옥에 간다. 그래, 내가 너희에게 '제2의 기회'를 주겠다. 너희는 '다시 태어날' 수 있다. 이제 나의 십계명에 (너희 목사님이 해석하는 그대로) 복종하

라. 그러면 너희는 천국에 간다. 그렇지 않으면 너희는 지옥에 간다. 권위에 순종하고, 절제력을 길러서 벌을 면하라. '개인의 책임'이 이러한 종교관의 증표라는 것에 주목하라. 당신이 천국에 들어가는지 그 여부는 당신에게, 오직 당신에게만 달려 있다.

이것은 엄격한 아버지 방식의 자녀양육을 선도적으로 주창하는 제임스 돕슨(James Dobson)이 왜 정치적으로 보수적인 근본주의 기독교인이면서 동시에 자유방임적 자유시장과 외교 정책에서의 힘의 사용을 옹호하는가를 설명한다.

만일 당신의 정체성 자체가 여성보다 남성이 우월한 권위 체계가 지배하는 엄격한 아버지 가정을 참조로 정의된다면, 동성 결혼의 합법성은 당신의 정체성을 위협할 수 있다. 마찬가지로 엄격한 아버지 가정을 훼손하는 것(예: 혼외 성관계)은 모두 당신의 정체성을 위협한다.

반면에 국가 차원의 전쟁과 고문은 엄격한 아버지의 보호 기능을 수행하는 것이다. 고문이 어떻다고? 만일 적이 악하다면, 당신은 그 적에 대항해 악마의 고유 수단을 사용할 수 있다. 아니 그렇게 해야만 할 수도 있다.

보수적인 시각에서 개인의 책임은 당신 자신이 내린 결정의 귀결을 기꺼이 수용하는 것을 의미한다. 만일 군에 자원해 입대한다면, 당신은 전투의 대가로 돈을 받으며, 자신이 살상을 당할 수 있다는 것을 알고 있다. 그것은 당신이 떠안은 위험이며, 그 결과를 기꺼이 수용할 각오를 해야 한다. 바로 이런 연유로 보수주의자는 부상당한 퇴역군인에게 그렇게 많은 관심을 갖지 않는다. 더욱이 퇴역군인은 흔히 지나치게 남성성이 강한 엄격한 아버지를 자신의 정체성으로 갖고 있으며, 엄격한 자기 의존의 규약을 따른다. 일부 퇴역군인은 외부의 도움을 절대 받지 않으려 한다. 설령 노숙자가 된다 하더라도, 그들은 그렇게 선택한다.

## 자애로운 부모 모형

보수주의자는 엄격한 아버지 모형을 가지고 있지만, 진보주의자는 자애로운 부모 모형을 가지고 있다. 이 모형에서는 아버지와 어머니가 책임을 똑같이 지거나, 아버지나 어머니 어느 한쪽이 책임을 지며 성에 따른 제약이 전혀 없다. 부모의 역할은 자녀를 자애롭게 길러 그들이 다른 사람의 자애로운 양육자가 되도록 하는 것이다. 자애로움은 감정이입과, 자신은 물론 타인에 대한 책임, 이러한 책임을 수행할 수 있는 강인함이다. 이것은 방종의 정반대이다. 자녀는 양육 기간 동안 타인을 배려하고, 자신과 타인을 보살피며, 자아성취의 삶을 살도록 배운다. 절제는 긍정적이며, 아이들이 배려 의식과 책임감을 배양하는 데에서 나온다. 자애로운 부모는 아이들에게 한계를 정해주고 이를 설명해야 한다. 자애로움은 상호 존중 — 자녀에 대한 부모의 존중 — 을 필요로 한다. 부모에 대한 존경심은 자녀가 부모의 행동 방식에서 배워야 한다. 이 가정은 벌보다 배상을 선호한다. 만일 당신이 무언가 잘못을 저지른다면, 그것을 보상할 만한 무언가 옳은 일을 행해야 한다. 부모의 임무는 자녀를 보호하고 그들의 역량을 강화하는 것과 공동체 생활에 헌신하는 것이다. 공동체 생활에서 사람은 서로를 보살피고 배려한다.

여기에서 우리는 감정이입의 정치가 이러한 가정에서 발생하고 있음을 보게 된다. 이것이 국가에 사상될 때, 보호와 역량강화, 공동체의 진보적인 정치가 나온다.

이 모형이 성(性) 중립적인 이유가 있다. 아버지는 자녀와 심층의 긍정적인 애착 관계를 형성할 수 있고 실제로 그렇게 한다. 어머니와 마찬가지로 아버지도 자애로움의 모형이 요구하는 모든 것을 행할 수 있다. 그렇지만 보수주의자는 흔히 이 모형을 엄마 모형 또는 유모 모형이라 칭하며, 민주당을 '엄마 당(黨)'이라 부르고, '유모 국가'라는 말로 조롱한다. 이것은 흔히 엄격한 아버지와 자애로운 어머니에게서 자란 사람들도 마찬가지이다. 그러나 이것은 오류이다. 자애로움은 결코 성 차별적이지 않으며 강인함을 필요로 한다.

이것은 보수주의자가 모두 말 그대로 엄격한 아버지라거나 엄격한 아버지의 양육을 받았다는 것을 의미하지는 않는다. 정말로 이것이 의미하는 바는 심층의 보수적인 가치와 사고 양식이 엄격한 아버지 가치와 사고 양식이라는 것이다. 이것은 자애로운 부모와 진보주의자에게도 마찬가지이다. 이중개념 소유자는 삶의 여러 다른 영역에서 두 가지 사고 양식을 다 가지고 있는데, 자신의 가정에서 실제로 일어나고 있는 일에서 차이가 날 수 있다. 그러나 일반적으로 한 사람의 가정에서 사용되는 모형이 그 사람의 정체성을 정의하는 데 사용되는 모형이다.

이 주장의 핵심은 간단하다. 은유적 사고는 자연적이다. 우리는 [국가는 가정] 은유를 가지고 있다. 우리는 이상화된 두 개의 아주 다른 가정 모형을 가지고 있으며, [국가는 가정] 은유가 이들을 두 개의 아주 다른 국가 모형에 사상한다. 도덕적·정치적 사고에 대한 우리의 모형은 바로 이러한 모형에서 비롯된다.

이것이 입증된 모형이 된 것은 대략 10년 전쯤이었다. 그 이후로 우리는 뇌에 대해 아주 많은 것을 알게 되었다. 기본적으로 우리의 이러한 지식은 이 두 관점을 입증한다. 하지만 이 관점들은 확장되어 훨씬 더 많은 것을 설명한다.

우리 문화와 많은 다른 문화에 [국가는 가정] 은유가 왜 당연히 존재하는 가? 미국에서는 왜 엄격한 아버지 모형과 자애로운 부모 모형이 국가뿐만 아니라 운동경기와 사업, 교실, 옹호자 집단, 무용단, 악단, 도처의 시민 사회 집단에도 적용되는가? 도덕 체계는 왜 이러한 노선을 따라 구조화되는가? 은유는 어떻게 가치 체계와 사고 양식을 구성하는가?

## 은유적 사고에서 뇌가 하는 역할

은유는 언어로부터 독립적이지만 언어를 통해 표현될 수 있는 심적 구조이다. 은유적 사고는 일상적이며, 대부분 무의식적이며 자동적이다. 정말로 은유적 사고는 무의식적이고 자동적이다. 그래서 은유적 사고가 작동하는 방식은 겨우 30년 전에야 밝혀졌다. 몇 가지 단순한 실례로 논의를 시작해보자.

가격이 오르고 있다고 말할 때, 이 말은 가격이 문자 그대로 위쪽으로 올라가고 있다는 것을 의미하지 않는다. 우리는 양을 수직성의 관점에서 이해한다. 이 경우에 양의 증가는 상향 이동의 측면에서 이해된다. 그래서 우리는 상향 이동의 낱말을 사용해 양의 증가를 나타내고, 하향 이동의 낱말을 사용해 양의 감소를 전달한다. 예를 들어, 이것은 '가격이 떨어졌다' '주가가 바닥을 쳤다' '온도가 올랐다' 등의 표현에 반영되어 있다.

따뜻한 사람이나 차가운 사람이라고 말할 때, 우리는 보통 그 사람의 체온이 아니라 그 사람이 정이 얼마나 많은지를 지칭한다. 프로젝트의 끝에 다다르고 있다거나 책을 쓰면서 지연되고 있다고 말할 때 우리가 지시하는 것은, 문자 그대로의 이동이나 이동의 지연이 아니라, 오히려 어떤 목적의 달성이나 그 과정에서 겪는 어려움이다.

우리는 수천 개의 그러한 개념적 은유를 사용해 생각하고 말한다. 그런데 대부분의 경우에 우리는 이를 자각하지 못한다. 복합 은유는 일차 은유라 불리는 수많은 단순 은유로 구성되어 있다. 보통 아동기에 발생하는 일차 은유는 우리가 어떤 경험을 하는 동안 뇌의 다른 두 부분이 함께 활성화될 때 자발적으로 발생한다. 예를 들어, 어린이였을 때 우리는 부모에게 사랑스럽게 안겨서 따뜻함을 느낀다. 우리가 물을 유리잔에 부을 때, 수면이 올라간다. 그리고 많은 물건을 탁자에 쌓을 때, 윗면의 높이가 올라간다. 우리는 살아가면서 이것을 매일 반복적으로 경험한다.

우리 뇌의 다른 두 부분이 날마다 동시에 활성화된다. 예를 들어, 수직성을 특징짓는 부분과 양을 특징짓는 부분이 동시에 활성화되거나, 온도를 특성화하는 부분과 애정을 특성화하는 부분이 함께 활성화된다. 활성화는 뇌의 그러한 두 중심으로부터 뉴런의 망을 따라 퍼져 나간다. 그리하여 결국 두 개의 활성화 경로가 만나고 뇌의 그러한 두 영역을 연결하는 하나의 회로를 형성한다. 신경과학자들이 말하는 바와 같이, "동시에 활성화되는 뉴런들은 서로 연결된다". 동일한 회로가 날마다 활성화될 때, 그 회로 내부의 뉴런들의 시냅스는 영구적인 회로가 형성될 때까지 강화된다. 이것은 신경 징발(neural recruitment)이라 부른다.

'징발' 개념은 다음과 같다. 우리의 뇌에는 수십억 개의 뉴런이 있으며, 각각의 뉴런은 수천 개에서 수만 개에 이르는 다른 뉴런으로부터 입력을 받기도 하고 그들에게 출력을 내보내기도 한다. 이것은 수조 개의 연결이다. 만일 가능한 모든 경로를 샅샅이 추적한다면, 그 수는 천문학적이다. 그러나 그러한 가능한 경로의 대부분은 유용한 일을 하나도 행하지 않고 있다. 그 때문에 뇌의 한 영역의 뉴런으로부터 특정 경로를 따라 뇌의 다른 영역의 뉴런에게로 흘러가는 매우 강력한 활성화가 있어야 한다. 그런 일이 일어나려면, 그 경로상의 모든 시냅스가 강력한 신호를 중계할 만큼 아주 강력해야 한다. 어떤 회로가 '강력하다'는 것은 그 통로의 각 시냅스에 신경전달자를 위한 수용자가 아주 많이 있어야 한다는 것을 의미한다. 그러나 대부분의 경로는 이와 같지 않다. 많은 가능한 경로는 조금이라도 활성화된다 하더라도 약하게만 활성화될 수 있다. 그러한 경로상의 모든 시냅스가 경로 전체에 걸쳐 어떤 신호를 전달할 정도로 강력하지는 않기 때문이다.

'징발'은 어떤 통로의 시냅스를 강화해 어떤 경로 — 충분히 강한 활성화가 이 경로를 따라 흘러갈 수 있는 ― 를 생성하는 과정이다. 뉴런은 사용 빈도가 많아질수록 더 '강화된다'. '강화'는 시냅스에서 신경전달자를 위한 화학적 수용자의 수가 물리적으로 증가하는 것이다. 그러한 '징발된' 회로가 물리적으로 은유를 형성한다. 따라서 은유적 사고는 물리적이다.

온도는 분명히 식별할 수 있지만 애정은 그렇지 않다. 바로 이 때문에 온도 시냅스가 더 자주 점화하며 따라서 더 강력하다. 그 결과 활성화는 온도로부터 정으로 흘러가지 반대 방향으로 흐르지 않을 것이다. 그렇기 때문에 우리는 온도를 묘사하는 낱말을 사용해 애정을 나타내지만, 정반대의 묘사 방식은 불가능하다. 예를 들어, She warmed up to me(그녀는 나를 따뜻하게 대했다)라고 말할 수는 있지만, 수프가 난로에서 데워졌다는 의미를 전달하기 위해 The soup got more affectionate(그 수프는 더 애정을 가지게 되었다)라고 말할 수는 없다. 이것은 수백 개의 일차 은유에서도 마찬가지이다.

그러한 회로는 신경 사상(neural mapping)이라 불린다. 이러한 은유적 사상에 대한 표준 표기법은 AFFECTION IS WARMTH([애정은 따스함])와 같은 형식이다. 이것은 특정한 은유적 사상에 대한 이름이지, 사상 자체가 아니다. 이 사상의 이름은 영어로 쓰여 있지만, 이것이 명명하는 사상은 성질상 신경적이다.

그런데 그러한 단순한 은유들이 신경 결속을 통해 결합되어 복합 은유를 형성할 수 있다. 예를 들어, (모든 문화는 아니지만) 미국 문화에 있는 흔한 '시간' 은유에 따르면 미래는 앞에 있으며 과거는 뒤에 있다. 주식 시장의 가격은 (과거에서 미래로) 전진하고, 상향 이동(증가)을 하거나 하향 이동(감소)을 하는 것으로 간주된다. 이것은 [많음은 위](MORE IS UP)와 [미래는 앞](FUTURE IS AHEAD)을 결합한 복합 은유이다. 따라서 "그 시장이 1,400이라는 최고치에 도달했다"(The market reached a high of 1,400)와 같은 문장은 이 두 은유를 신경적으로 결속한 사례이다.

## 뇌와 통치 기관

사람들은 대부분 자신의 가정에서 맨 처음 지배를 경험한다. 부모는 당신을 다스린다. 그들은 무엇을 해야 하는지, 무엇이 자신에게 유익하고 해로운지, 무엇이 가족에게 이로운지를 당신에게 말해준다. 그들은 용돈을 나누어줄 수 있다. 그리고 그들은 '잠자리를 정돈해라' '저녁을 먹어라' '쓰레기를 버려라' '숙제해라' 등 당신에게 기대하는 것이 많다.

'기관'은 시간상 지속되고 공인을 받은 구조화된 사회적 집단이다. '통치하는 것'은 기대치를 정하고, 명령을 내리고, 긍정적이거나 부정적인 수단을 사용해 그러한 명령을 확실하게 실행하도록 하는 것이다. 가정에서 그러한 명령을 확실하게 수행하도록 하는 긍정적인 수단은 애정의 표현과 사회적 압력, 욕구 충족, 자긍심 주입인 반면, 부정적인 수단은 애정의 철회와 사회적 고립, 욕망 충족의 거부, 죄의식이나 수치심 주입, 물리적 힘이다.

간단히 말해서 당신은 어린 시절에 지배와 가정생활을 다음과 같이 동시에 경험한다. [기관은 가정]이다. [지배하는 개인은 부모]이다. [지배당하는 사람은 가정의 다른 식구]이다.

이러한 동시발생 덕택에 아주 중요한 일차 은유인 [통치하는 기관은 가정]이 생성된다. 우리는 이 은유를 많은 특별한 사례에서 확인할 수 있다. 이 경우에 기업에서 운동부에 이르는 조직이 가정으로 지칭되며, 자신에 대해 가정의 관점에서 추론한다. 이 은유가 국가나 국가의 정부에 적용될 때 수많은 특별한 경우가 있다. 다음은 몇 가지 기본적인 사례이다.

[기관(국가)은 가정]
[통치하는 개인(정부)은 부모]

[지배받는 사람(국민)은 식구]

다음은 또 다른 중요한 사례이다.

[기관(국가)은 가정]
[통치하는 개인(대통령)은 부모]
[지배받는 사람(국민)은 식구]

그래도 여전히 또 다른 사례가 있다.

[기관(정부)은 가정]
[통치하는 개인(대통령)은 부모]
[지배받는 사람(정부 공무원)은 식구]

이러한 변이는 정치의 어디에서나 출현한다. 돌(Bob Dole)이 다시 상원 다
수파 원내총무가 되었을 때, 민주당은 그가 제안한 균형예산 수정안을 한 표
차로 부결했다. 그는 매우 화를 냈고, 텔레비전에서 "**워싱턴이 가장 잘 안다**
(Washington knows best)"라고 생각하는 사람들을 계속 성토했다. 물론 **워싱
턴**은 클린턴 정부를 나타냈다. 그리고 "**~가 가장 잘 안다**"는 "**아버지가 가장 잘
안다**(Father knows best)"에서 나온 표현이다. 돌은 당시 정부를 다 큰 자녀의
삶에 개입하는 엄격한 아버지로 인식하고 있었다. 수천만의 미국인이 텔레비
전에서 그의 연설을 들었으며, 그것을 이해했다. 그는 [기관은 가정] 은유를
아주 명확하게 사용했다.
부시가 단일 행정부 원칙을 사용한 것은 기관이 정부이고, 대통령이 엄격

한 아버지이며, 정부 관료가 식구인 사례이다. 전시(戰時) 대통령으로서 자신이 국민을 마음대로 감청할 수 있다는 부시의 주장은 국가는 가정이고, 대통령은 부모이며, 국민은 식구인 사례이다.

사회 곳곳에 다른 특별한 사례가 많이 있다. 자녀로서 우리는 다양한 통치 기관 — 지역사회, 교회, 교실, 팀, 가게, 동아리, 캠프, 보이스카우트 분대, 걸스카우트 분대 등 — 에 대한 많은 경험이 있다. 각 기관에는 고유의 기대치와 전형적인 명령이 있으며, 이들을 실행하는 긍정적인 형식과 부정적인 형식이 있다. 그러나 가정은 우리가 가장 많은 경험과 가장 강력한 경험을 하는 기관이다. 여타의 기관은 각각 하나의 가정으로 개념화될 수 있다.

더욱이 가장 현저한 지배 기관 — 팀이나 지역사회, 군 — 은 지배 기관에 대한 다른 은유를 만들어낼 수 있다. 즉, 지배 기관이 은유적으로 팀이나 지역사회, 군으로 개념화된다. 이러한 은유는 모두 기업에 적용될 수 있다. 당신의 기업은 하나의 가정 또는 팀, 공동체, 군으로 개념화되며 이에 합당한 대우를 받는가? 일반적으로 가정은 가장 강력한 영향력을 지니고 있다. 바로 이런 이유 때문에 특정한 기관의 배경에서는 가정으로 개념화되는 것을 피할 수도 있다.

일반적으로 많은 지배 기관을 가정의 관점에서 이해한다. 가톨릭교회의 성직자는 '아버지'라 부르며, 때때로 가톨릭교회의 교구민은 '형제'라 부른다. 유대교 회당의 여신도 모임은 '자매회(sisterhood)'라 하고, 군의 소함대는 '형제들의 무리'라고 한다. 그리고 자신의 군 '형제'의 한 사람이 발사한 포격으로 숨진 팻 틸만(Pat Tillman) 사건은 전문적인 용어로 '형제 살해'라고 한다.

당신의 평안한 가정이 어떤 모습이든지, 당신은 다른 기관에서 엄격한 지배나 자애로운 지배를 경험할 수 있다. 우리는 엄격한 선생님을 만나기도 하고 자애로운 선생님을 만나기도 했다. 유소년 리그 야구팀 코치, 목사, 가게

매니저, 경찰 등에게서도 엄격한 지배나 자애로운 지배를 경험한다. 이러한 일련의 경험을 했을 때, 우리의 정치적 삶에서 이중개념소유자를 보게 되는 것은 결코 놀라운 일이 아니다.

## 사상되지 않는 것은 무엇인가

은유의 신경 이론은 왜 우리가 흔히 지배 기관을 가정으로 개념화하는지 그리고 이 개념화의 변이는 무엇인지 설명해준다. 또한 이 이론은 무엇이 사상되지 않는지도 설명해준다. 신경적 사상은 가정 프레임과 지배 기관 프레임 사이에서 발생한다. 이러한 프레임은 일반적으로 가정과 기관의 인지 모형이지, 반드시 당신의 가정은 아니다.

가정 프레임에서 어린 자녀는 보통 의존적이며 성숙한 판단이 부족하다. 지배 기관 프레임의 구성원에게는 이것이 사실이 아니다. 뇌에서 모순적인 속성들은 상호 억제적이다. 한 속성이 활성화되면 다른 속성은 억제된다. 상호 억제 때문에 가정 프레임의 자녀에 대한 이 두 속성은 지배 기관 프레임의 구성원의 속성에 사상될 수 없다. 지배 기관 프레임에서는 대부분의 특별한 경우에 구성원을 성숙하고 자립적인 성인이라고 가정한다. 그러한 신경적 사상은 일관성 없는 속성들의 상호 억제를 넘어설 수 없다. 그것은 물리적으로 불가능할 것이다. 바로 이 때문에 [국가는 가정] 은유의 특별한 사례에서 국민을 성숙한 판단력이 부족한 의존적인 자녀로 간주하는 것이 아니라, 어떤 추가적인 명세도 제시하지 않고 단지 식구로만 간주하는 것이다.

내가 이것을 의제로 삼는 이유는 자유의지론자들이 보통 개념적 은유가 어떻게 작용하는가와 이 분석이 무엇에 관한 것인가를 오해하기 때문이다.

그들은 내가 정치가 그런 식으로 작동해야 한다고 제안하고 있다고 생각하는 것 같다. 사실 나는 정치가 인지적 무의식에서 실제로 작동하는 방식을 기술하고 있다. 둘째, 그들은 자유의지론 정치에서는 국민이 어린이가 아니라 성숙한 어른으로 간주된다고 항변한다. 이것은 신경적 사상의 본성 때문에 모든 [국가는 가정] 모형에서도 사실이다.

또 다른 흔한 실수는 사람들이 정치에 대한 거의 어떤 모형이든지 제안할 수 있고 또한 그것을 수용하도록 할 수 있다고 생각하는 것이다. 예를 들어, 가정 기반 모형을 좋아하지 않는 일부 사람들은 우리가 다른 은유(예: [공동체로서의 국가], [팀으로서의 국가], [공동사업체로서의 국가])를 채택해야 한다고 생각한다. 그러나 [국가는 가정] 은유는 다른 모형에 비해 훨씬 더 강력한 경험적 토대를 가지고 있으며, 우리의 뇌에서는 이 사상이 더 쉽게 그리고 더 강력하게 이루어진다. 여타의 은유는 입증하기 어렵다. [국가는 가정] 은유는 회피하거나 넘어서기 어렵다. 뇌는 어떤 종류의 그리고 어느 만큼의 유연성을 지니고 있지만, 무한히 유연하지는 않다.

이것은 인지과학자로서 내가 좋아하거나 싫어하는 은유가 아니다. 이 은유는 정말로 존재한다. 이 신경적 사상이 존재하는 것은 중력이 존재하는 것이나, 생물의 어떤 종이 존재하는 것과 마찬가지이다. 나는 이 은유를 창조하지 않았다. 나는 단지 이 은유를 기술하고 있을 뿐이다.

때로는 우리에게 정말로 은유를 실재하게 만드는 방식이 있다. 이것은 은유를 제도로 전환하거나 제도를 재구조화함으로써 가능하다. 회사가 자신의 조직화 은유를 바꾸도록 조언해주고 많은 돈을 버는 영업전문가가 있다. 방금 살펴보았던 것처럼 협동 집단에 대한 수많은 은유가 있다. 협동 집단은 가정, 군, 공장, 공동체, 팀, 놀이집단 등일 수 있다. 이 전문가는 군이나 공장으로 구조화된 회사에는 공동체 조직으로 전환하고, 공동체로 조직화된 회사에는 팀 조직으로 바꾸며, 팀 조직이 있는 회사에는 칠판이나 장난감이 있는 커다란 방 안의 놀이 집단으로 전환하도록 조언한다. 일반적으로 지배 기관은 기능과 문화, 구조를 가지고 있어야 한다. 흔히 이들은 다른 기관에서 나온 은유를 통해서 조정된다. 어떤 기업에서는 때때로 이 은유를 바꾸어서 기업 문화를 별다른 어려움 없이 바꿀 수 있다.

예를 들어, 연방정부의 공무원 관료제도는 낡은 엽관제*를 대치한 제도였다. 엽관제에서는 선출된 공무원이 자기 친구에게 일자리를 구해주었는데 그 친구는 뇌물을 받았다. 공무원 조직은 공장 은유를 바탕으로 고안되었다.

> * 엽관제(spoils system): 선거에서 승리한 정당이 적극적인 지지자와 선거 참여자에게 관직을 부여하는 민사행정 제도.

이 은유에서는 공무원이 커다란 기계의 대체 가능한 톱니와 같고, 명확히 정의된 일이 거대한 기계의 부품이며, 직업 경로가 명확히 정의되어 있다.

[공장으로서의 정부]는 엽관제를 바꾸는 데 성공했지만, 너무 많은 경우에 효율성은 물론 대중에 대한 즉각적인 반응성이 부족했다. 1990년대의 정부 혁신 운동은 대중을 더 잘 '섬기기' 위해 서비스 산업에 대한 지배 모형을 만들려는 시도였다. 제기된 은유적인 질문은 "누가 고객인가?"였다. 이 질문은 '고객'의 필요와 소망을 찾아내 대중에게 더 나은 서비스를 제공하기 위해 제기되었다. 이 개념은 제한적인 성공을 거두었다. 왜냐하면 은퇴자는 대체되지 않았고 예산은 삭감되었으며, '고객' 개념이 피고용자가 더 적은 조직에서는 어느 정도 의미가 있었기 때문이다.

그러나 많은 정부 기관은 고객을 섬기기 위해 존재하는 것이 아니라, 오히려 대중을 보호하고 그들의 역량을 강화할 도덕적 임무를 지니고 있다. 즉, 그들은 환경을 보호하고, 위험에 처한 종(種)을 구하고, 노동자의 건강과 안전을 보살피고, 음식과 약물의 안전을 보장하고, 교양 있는 대중을 길러내는 데 도움을 주고, 과학적 연구를 선도하고, 공공 기반시설을 건설해 보수하고, 예술을 장려하고, 자연 재해가 닥칠 때 사람들에게 도움을 주는 등의 일을 해야 한다.

부시 행정부에서는 정부의 도덕적 임무가 변화했다. 어느 곳에든지 엄격한 아버지 도덕성이 도입되었다. 엄격한 아버지로서 대통령은 언제나 옳은 사람으로 간주되었다. 따라서 국민은 그에게 언제나 복종해야 했으며, 순종에는 보상이 따르고 불순종에는 벌이 따랐다. 책무성의 개념이 바뀌었다. 대통령과 정부는 더는 국민을 책임지지 않았다. 그 대신 부하들이 위계상 더 높은 사람들을 책임지게 되었다. 아부 그라이브 사건[*]에서 보듯이, 상황이 악화되었을 때에는 책임이 가장 많은 사람이 아니라 책임이 가장 적은 사람이 벌을 받았다.

* 아부 그라이브 사건: 2004년 이라크의 바그다드 서쪽 아부 그라이브 (Abu Ghraib) 교도소에서 미군들이 이라크인 수감자들을 개로 위협하거나 벌거벗겨 탑을 쌓게 하고, 얼굴에 복면을 씌운 채 밧줄로 묶어놓는 등의 고문을 했던 사건.

정부는 공공 자금과 인력, 재산을 사용해 사기업과 여타 후원자의 필요를 충족해주는 도구가 되었다. 로비스트들이 정부 기관을 운영하기 위해 들어왔다. 나중에 그들은 사기업의 돈 많이 버는 자리로 떠났다. 공공의 비용으로 사적인 이득을 제공하기 위해 정부의 기능은 제거되고 민영화되었다. 심지어는 정보 수집 기능과 군사 기능조차도 민영화되었다. 공공 대지는 사적인 수익을 위한 자원으로 간주되었다. 일종의 부패가 돌아왔다. 대부분의 경우에 공무원에게서 금전적인 도움을 받은 회사가 공공연한 뇌물 대신에 자기 회사의 연봉이 높은 일자리를 그에게 제공했다. 물론 아라모프 스캔들에서 보듯이 공공연한 뇌물도 여전히 있었지만 말이다.

이러한 변화는 되돌리기 어려울 것이다. 어떤 공무원 제도를 만들기보다는 1세기에 걸쳐 만들어진 공무원 제도를 해체하는 것이 더 쉬울 것이다. 일단 정부의 보호와 역량강화에 사용되었던 공적 자금이 사기업의 손아귀로 넘어간다면, 혹시 가능하다 하더라도 그 자금은 되찾기 어렵다. 일단 정부 역량이 훼손되고 (블랙워터, 핼리버튼, CH2M Hill 등) 사기업이 정부의 기능을 수행하는 유일한 대안이 되는 한, 정부 역량을 다시 구축하기는 어렵다. 지금까지 발생했던 일은 기업이 사적인 정부가 되었다는 것이다. 사기업은 우리를 지배하지만, 아무런 책임도 지지 않는다. 그리고 우리는 미래에 행정부가 정한 가격(세금)이 아니라 시장이 책정하는 가격에 따라 더 많은 돈을 지불할 것이다.

이 나라의 사람들은 대부분 우리 사회의 도덕적 토대가 주요한 제도적인 측면이나 물질적인 측면에서 은밀하게 아주 많이 바뀌고 있고, 이미 그렇게 바뀌어왔다는 것을 자각하지 못하고 있다.

어떻게 해서 이런 일이 일어났는가? 지금까지 대중이 주로 우리의 정치를 지배하는 도덕적 모형을 의식하지 않았기 때문이다. 이 모형은 인지적 무의식의 일부이다. 마찬가지로 미디어는 이 모형을 거의 인식하지 않았다. 진보주의자도 역시 의식하지 못했다.

# 04

# 뇌의 역할과 정치적 이념

우리의 도덕적 서사에는 두 부분이 있다. 이들은 둘 다 물리적으로 우리의 뇌 속에 있다. 첫 번째 부분은 이 서사의 극적 구조이다. 여기에는 행동을 하고 결과를 경험하는 영웅, 악당, 희생자, 조력자 등의 역할이 있다. 두 번째 부분은 감정적 구조이며, 다마지오는 이것을 '체성 표지'라 부른다. 이것은 극적 구조를 긍정적·부정적 감정 회로에 연결한다. 신경 표지는 단순 서사의 감정적 질감을 제공한다. 이 표지들은 신경적으로 결속되어 있기 때문에, 이 서사의 감정 구조(화, 두려움, 안도감)는 극적 구조(악랄한 행동, 전투, 승리)와 분리될 수 없다.

그리고 단순 서사들이 신경적으로 서로 결속해 복합 서사가 될 때, 단순한 감정적 질감은 감정적으로 아주 복잡해진다. 은유의 경우에서 방금 살펴보았듯이, 우리가 설명하기 복잡한 것은 뇌의 학습 구조 — 뇌가 사용하기 쉬운 — 의 일부이다.

서사는 우리가 살아낼 수 있고 다른 사람에게서 인식할 수 있으며 상상할 수 있는 뇌 구조이다. 이것은 동일한 뇌 구조가 세 종류의 경험에 다 사용되기 때문이다. 도덕적 서사는 처음부터 끝까지 물리적이다.

## 뇌의 도덕성

도덕성은 근본적으로 평안 — 자신과 타인, 자신이 속한 집단(가정, 공동체, 기업, 국가)의 평안 — 과 관련이 있다. 평안하다거나 불편하다는 우리의 느낌은 긍정적·부정적 감정 경로의 활성화와 관련이 있다. 우리의 뇌는 배선이 깔려 있어서 평안과 불편함의 경험을 생성한다. 이 경험은 전뇌, 즉 전(前)전두엽 피질 영역에 연결되어 있으며, 이 영역이 의식적이든 무의식적이든 도덕적인 판단을 하고 도덕적인 추론을 할 수 있는 우리의 능력을 구체화한다. 도덕적 판단을 하는 뇌의 기제는 긍정적 감정(평안)의 기제와 부정적 감정(불편함)의 기제에 결속된다. 즉, 기쁨과 만족 대 분노와 두려움, 걱정, 혐오감의 기제에 연결된다.

앞에서 살펴본 것처럼, 일차 은유는 두 개의 다른 종류의 경험이 규칙적으로 동시에 출현하고 두 개의 다른 뇌 영역을 동시에 반복적으로 활성화할 때 발생한다. 밝혀진 바와 같이, 우리의 평안한 경험과 불편한 경험은 (특히 어린 시절에 겪은) 다른 많은 종류의 경험과 규칙적인 상관관계가 있다. 일반적으로 만일 평안을 정기적으로 다른 어떤 것 X와 함께 경험한다면, [도덕성은 X이다] 형태의 은유를 얻을 가능성이 높을 것이다.

예를 들어, 우리는 보통 썩은 음식을 먹을 때 역겨움을 느끼며, 신선한 음식을 먹을 때 좋은 기분을 느낀다. 이러한 경험에서 [도덕성은 순수함]과 [비도덕성은 불순함]이라는 개념적 은유가 나온다. 우리는 보통 어둠 속에서 두려움을 느끼고 다시 밝아질 때 안도감과 행복감을 느낀다. 여기에서 [도덕성은 빛]과 [비도덕성은 어둠]의 개념적 은유가 생성된다.

그 결과 우리는 그냥 일상 세계, 즉 어떤 문화에서 그리고 어떤 가정에서 보통의 삶을 살기만 해도 도덕성과 비도덕성에 대한 대부분 무의식적인 일차 은유의 방대한 체계를 알게 된다. 우리는 그냥 살아가고, 우리의 뇌가 이 일을 한다. 그 결과 우리는 어린 시절부터 무엇이 옳고 그른가에 대한 전체적인 은유 체계를 가지고 돌아다닌다. 이러한 은유적 사고는 실제로 도덕적 사고와 행위를 지배한다. 앞으로 살펴보겠지만, 이것은 특히 정치에서 그러하다.

더욱이 만일 경험들 사이의 어떤 상관관계가 세계 곳곳에서 발생한다면, 이에 대응하는 개념적 은유는 전 세계에서 두루 출현해야 한다. 지금까지의 발견으로부터 결정을 내려야 한다면, 이것은 사실로 보인다.

도덕성에 대한 가장 널리 퍼져 있는 은유 중 하나는 이른바 나의 [도덕적 회계] 은유이다. 이 은유는 평안함에 대한 단순한 사실에 근거한다. 필요로 하는 것을 가지고 있지 않을 때보다 가지고 있을 때 우리는 평안함을 더 느낀다.

이 경험에서 [평안함은 부]라는 은유가 나온다. poor Harry(불쌍한 해리)라는 말은 보통 해리가 부유하지 않다는 것이 아니라, 그가 불운하다는 것과 평안하지 않다는 것을 의미한다. **풍성한 삶**(a rich life)이라는 말을 할 때, 우리는 돈에 대해 얘기하는 것이 아니라 평안함을 가져다주는 경험으로 가득 찬 삶에 대해 말하고 있다.

당신이 나를 돕기 위해, 즉 나에게 더 많은 평안을 주기 위해 무언가를 행한다고 가정하자. [평안은 부] 은유에 따르면, 나를 평안하게 하는 것은 나에게 돈을 주는 것과 같다. 그래서 우리는 '**너에게 빚을 지고 있다**(I am in your debt)'거나 '**어떻게 네게 다시 갚지?**(How can I ever repay you?)'라는 말을 할 수 있다. 아주 기본적인 회계 원리와 빚 청산의 개념이 [평안은 부] 은유와 결합해, 도덕적 행위가 무엇인지를 이해하는 방식이 풍부하고 널리 퍼지게 된다.

당신이 나에게 해를 가하기 위해 무언가를 행한다고 가정하자. 은유적으로 나의 평안을 줄어들게 하는 것은 나에게 빚을 지는 것이다. 이를 묘사하는 많은 표현이 있다. 만일 응징하기로 결심한다면, 나는 '**네게 이 대가를 치르게 하겠다**(I'll make you pay for that)'라고 말할 수 있다. 응징을 하면서 나는 의기양양하게 '**되갚을 시간이야!**(Payback time!)'라고 말할 수 있다. 범죄로 인해 기소를 당해 감옥에 가 있다면, 당신은 '**사회에 진 당신의 빚을 청산할 수 있다**(pay your debt to society)'.

이 밖에도 나는 응징하기로 결정하고 '**넌 나에게 빚을 지고 있어**(You owe me)'라고 말할 수도 있다. 또한 나는 복수를 해, 즉 당신에게서 귀중한 무언가를 빼앗아 도덕적 회계장부의 수지균형을 맞출 수 있다. 그리고 나는 당신을 용서해줄 수도 있다. 즉, 당신의 빚을 탕감해줄 수 있다.

도덕적 회계는 또한 최대 다수의 최대 행복이라는 공리주의 철학의 토대이다. 공리주의는 문자 그대로 수용되는 은유이다. 즉, 공리주의는 선(善)의 산술을 제시한다. 이것의 유명한 사례는 다음과 같다. 당신은 역구내의 전철원이다. 제동장치가 고장이 난 기차에 다섯 사람이 치여 죽기 직전이다. 당신은 이 기차를 다른 선로로 가도록 변환스위치를 작동해 그 다섯 명을 구할 수 있다. 그런데 이 선로에 한 사람이 있다. 선로를 변경하면 그 사람이 죽게 될 것이다. 이것은 도덕적 딜레마이다. 아무것도 하지 않으면 다섯 명이 죽는다. 선로를 변경하면 이 다섯 명은 산다. 그렇지만 당신의 행동으로 인해 한 명이 죽는다. 한 명의 죽음이냐 다섯 명의 죽음이냐? 당신이 선택하라. 이것은 도덕적 산술이다.

우리가 보통 경험하는 평안과 불편에는 많은 형태가 있기 때문에, 대응하는 많은 도덕성 은유가 있다. 다음은 이러한 수많은 은유를 나열한 목록이다.

각 항목에는 [도덕성은 X]라는 형식의 개념적 은유와 '당신이 X할 때 더 평안하다'라는 형식의 진술이 있다. 필요한 경우에는 몇 가지 언어적 사례가 제시되어 있다.

[도덕성은 똑바로 서 있음] [비도덕성은 아래에 있음]
당신은 똑바로 서 있을 때에 그렇지 않을 때보다 더 평안하다.

    an *upstanding* citizen (**강직한** 시민), *high* moral standards (**높은** 도덕성 수준),

    *above* reproach (비난의 **여지가 없는**),

    a *low* thing to do (**저급한** 행동), *under*handed (**부정직한**),

    *stoop* to that (그것 때문에 **머리를 조아리다**), *a snake* (**뱀**, 믿을 수 없는 사람)

[도덕성은 빛] [비도덕성은 어둠]
당신은 어둠 속에서보다 밝은 곳에서 활동을 할 때 더 평안하다.

    *Snow White* (**백설** 공주), the Princess of *Darkness* (**어둠**의 공주),

    *white* hats (**선량한** 사람), *black* hats (**불량한** 사람),

    a *white* knight (**백**기사), *black*-hearted (마음보가 **시커먼**)

[도덕성은 순수성] [비도덕성은 부패함]
썩은 음식을 먹을 때보다 신선한 음식을 먹을 때 당신은 더 평안하다.

    *pure* as the driven snow (눈보라처럼 **순수한**), *purification* rituals (**순결**의식),

    a *rotten* thing to do (**부패한** 행동), That was *disgusting*. (그것은 **구역질이 났다**.),

    *tainted* by scandal (추문으로 **더럽혀진**), *stinks* to high heaven (**악취가 난다**)

[도덕성은 강인함] [비도덕성은 약함]

약할 때보다 힘이 있을 때 당신은 더 평안하다.

　　*stand up* to evil (악에 **맞서다**), *show your backbone* (**기백을 보여주다**),

　　*a flip-flopper — no backbone* (태도가 오락가락하는 사람, 즉 **기백이 없는 사람**)


[도덕성은 건강함] [비도덕성은 질병]

아플 때보다 건강할 때 당신은 더 평안하다.

　　Terrorism is *spreading*. (테러리즘이 **퍼지고** 있다.),

　　the *contagion* of crime (범죄의 **전염**), a *sick* mind (**병든** 마음),

　　*exposed to* pornography (포르노에 **노출된**)


[도덕성은 아름다움] [비도덕성은 추함]

물리적으로 매력적일 때가 그렇지 않을 때보다 당신은 더 행복하다.

　　a *beautiful* thing to do (**아름다운** 행동),

　　It's getting *ugly* around here. (이 주변이 **더러워지고** 있다.)


[도덕성은 공정성] [비도덕성은 불공정성]

공정한 대접을 받을 때가 그렇지 않을 때보다 당신은 더 평안하다.

　　a *unfair* labour practice (**불공정한** 노동 관행), a *fair* market (**공정한** 시장)

　　*fair* trade (**공정** 무역)


[도덕성은 정직성] [비도덕성은 기만]

진실을 모를 때보다 알고 있을 때 당신은 더 평안하다.

　　He *cheated* on his wife. (그는 부인 **몰래 바람을 피웠다.**)

　　Make an *honest* woman of her. (그녀를 **착한** 여자로 만들어라.)

[도덕성은 행복] [비도덕성은 고통]

고통을 겪을 때보다 행복할 때 당신은 더 평안하다.

> a *happy* coincidence (**행복한** 우연의 일치)
>
> a *miserable* thing to do (**고통스러운** 행동)

[도덕성은 경로를 따라가는 것] [비도덕성은 경로에서 일탈하는 것]

[도덕성은 경계 내에 머무르는 것] [비도덕성은 경계를 벗어나는 것]

당신의 공동체와 함께 있을 때가 그렇지 않을 때보다 당신은 더 행복하다.

> a sexual *deviant* (성적 **일탈**), the *path* of righteousness (의의 **길**),
>
> a *transgression* (**침범, 위반**), You *crossed the line*. (넌 **선을 넘었어**.)
>
> *Follow* the Ten Commandments. (십계명을 **따르라**.)

[도덕성은 보살피는 것] [비도덕성은 보살피지 않는 것]

보살핌을 받을 때가 그렇지 않을 때보다 당신은 더 평안하다.

> He's a *caring* person. (그는 **배려심이 많은** 사람이다.)
>
> You don't give *a damn* about anyone. (당신은 아무에게도 **관심**이 없다.)

[도덕성은 순종] [비도덕성은 불순종]

어린이로서 부모에게 불복하는 것보다 복종하는 경우에 당신은 더 평안하다.

> *Obey* the law. (법을 **준수하라**.)
>
> Don't *defy* the law. (법을 **어기지** 말라.)
>
> He's guilty of *insubordination*. (그는 명령 **불복종**의 죄가 있다.)
>
> He's *misbehaving*. (그는 **못된** 행동을 하고 있다.)
>
> She's *resisting authority*. (그녀는 **권위에 저항**하고 있다.)

[도덕성은 절제] [비도덕성은 절제의 결여]

절제력이 없을 때보다 절제력이 있을 때 당신은 더 평안하다.

He just can't *control himself.* (그는 정말로 **자신을 통제할** 수 없다.)

He shows no *self-restraint.* (그는 **자기 절제**를 전혀 보여주지 않는다.)


[도덕성은 자유] [비도덕성은 억압]

당신은 억압을 받을 때보다 억압에서 자유로울 때 더 평안하다.

*Throw off your chains!* (**당신의 굴레를 벗어버려라!**)

*Let my people go.* (**내 백성을 내보내라.**)


[도덕성은 관대함] [비도덕성은 이기심]

타인이 이기적인 경우보다 관대할 때 당신은 더 평안하다.

a *giving* person (**아낌없이 주는** 사람)

What *a miser!* (얼마나 **수전노**인가!)


[도덕적 질서] [도덕성은 힘의 위계질서를 유지하는 것]

힘이 있는 사람에게 도전할 때보다 그렇게 하지 않을 때 당신은 더 평안하다.

a society in *chaos* (**혼란** 속의 사회)

law and *order* (법과 **질서**)

*Uppity!* (**건방진 놈!**)


이 밖에도 많은 사례가 있지만, 이제는 이 개념을 이해하리라 생각한다.

이들 중 마지막 은유인 [도덕적 질서]에 특별한 관심을 가질 필요가 있다. 이 은유 뒤에 숨은 논리는 다음과 같다. 현재에서의 우리의 정체성 ― 우리의 존재 그 자체 ― 은 모두 자연의 섭리 덕택이기 때문에, 자연은 도덕적인 것으로 간주된다. 간단히 말해서, 역사의 전개 과정에서는 언제나 힘의 자연적인 위계가 발생한다. 이 위계는 자연적이며 자연은 비도덕적일 수 없기 때문에, 힘의 전통적인 위계는 도덕적이다.

이 은유의 논리에 따르면, 누가 가장 도덕적인가를 알아내려면, 역사의 전개 과정에서 누가 이 위계에서 가장 힘이 있었는가를 살펴보라. 신이 인간보다, 사람이 자연보다, 어른이 아이보다, 서구문화가 비서구문화보다, 미국이 다른 나라보다, 남성이 여성보다, 백인이 유색인보다, 이성애자가 동성애자보다, 기독교도가 비기독교도보다 (또는 다수파 종교가 소수파 종교보다) 더 힘이 있었다. 이것은 멋진 은유는 아니지만, 정말 너무나도 흔한 은유이다.

지금까지 이 은유는 차별의 토대였으며, 심지어 대량 학살의 근거가 되기도 했다. 이 경우에 이 위계에서 더 낮은 사람들은 더 하등의 존재 또는 인간이 아닌 어떤 존재로 간주된다. 오늘날 이 은유는 인종주의와 성차별주의, 동성애혐오증, 반유대주의, 대량학살, 인종청소, 종(種) 소탕의 근거이다. 옛날에 이 은유는 숭고한 존재 ― 가장 강력한 왕 ― 와 '귀족'이라 알려진 군벌 지도자의 위계 개념에 대한 토대였다. 그 이유는 소위 그들의 힘과 부가 도덕성의 징표로 간주되었기 때문이다. 따라서 그들은 순수하며, 본래부터 걸맞은 사회적 지위를 부여받은 것으로 간주되었다. 심지어는 존재의 대연쇄에도 이 은유의 한 유형이 있다. 이 유형에서는 가장 강력한 약탈자인 사자가 '야수의 왕'으로 알려져 있으며, 고귀하다고 묘사되었다.

이 은유에 대한 중요한 반발은 흔히 인식되지 않는다. 이것은 [도덕적 질서] 은유의 정반대 개념이다. 여기에서는 억압받는 사람이 압제자보다 더 도덕적이다. 예를 들어, 압제를 받는 사람의 극단적인 폭력이나 자살폭탄 공격을 옹호하는 주장에서 이를 쉽게 확인할 수 있다.

## 도덕성의 신체적 본성

은유는 언어만의 문제가 아니다. 우리의 사고 활동 또한 은유적이다. 모든 사고는 뇌의 활동이며, 은유에 대한 신경 이론은 왜 우리가 현재와 같은 일차 은유를 지니고 있는가를 설명해준다. 일차 은유는 신체화된 경험, 즉 동시에 규칙적으로 발생하는 두 개의 경험에서 나온다. 그래서 은유가 행동에 영향을 미칠 수 있다는 것은 전혀 놀라운 일이 아니다.

종첸보(Chen-Bo Zhong)와 릴렌퀴스트(Katie Liljenquist)는 뛰어난 일련의 실험에서 [도덕성은 깨끗함] 은유가 피험자의 행동에 영향을 미친다는 것을 보여주었다. 자신의 도덕적 순수성을 위협받으면, 사람은 글자 그대로 자신을 깨끗하게 할 필요가 있음을 깨닫는다. 전 세계 여러 문화의 순결 의식과 **"당신의 죄를 흐르는 물에 씻겨 보내라!(Wash your sins away in the tide)"**와 같은 가사는 이것을 암시하지만, 이러한 실험은 이를 입증해주었다.[1]

실험자는 학생들에게 과거에 행한 윤리적 행위나 비윤리적 행위를 회상하도록 요구했다. 자신의 비윤리적 행위를 기억했던 학생들은 자신이 불결한 것처럼 행동할 가능성이 더 높았다. 이어 부과된 낱말 완성 과제에서는 '비윤리적 행위를 기억한' 학생이 미완성 낱말 'W__H'를 'WISH'가 아니라 'WASH'라고 말하고, 'S__P'을 'STEP'이 아니라 'SOAP'이라고 말할 가능성이 더 높았다.

두 번째 실험에서는 학생들에게 그 연구가 필적이 인격과 연관이 있는지를 결정하는 것이라는 말을 했다. 학생들은 (동료를 돕는) 윤리적 행위의 글과 (동료를 못살게 구는) 비윤리적 행위가 적힌 글을 베껴 써냈다. 그러고 나서 이들에게 다양한 제품의 바람직한 정도를 정하도록 했다. 일부는 세정 제품(크레스트 치약, 도브 비누 등)이었으며, 다른 일부는 비세정 제품(접착식 메모지, 에너자이저 건전지 등)이었다. 비윤리적인 이야기를 베껴 썼던 학생들은 비세정제보다 세정제에 훨씬 더 높게 가치를 매겼다. 다른 한 유형의 실험에서는 학생들에게 공짜 선물로 연필 또는 소독용 물수건을 가져가도록 했다. 비윤리적 행위의 글을 베꼈던 학생들은 소독용 물수건을 가져갈 가능성이 두 배나 높았다.

개념적 은유 [비도덕성은 혐오감]도 역시 물리적 영향을 미친다. 물리적 혐오감과 도덕적 혐오감은 유사한 얼굴 표정과 생리적 활성화(낮은 심장박동률과 목의 긴장)를 이끌어내고, 내측·외측 전두안와피질 내의 중첩하는 뇌 영역을 사용한다.[2]

개념적 은유 [도덕성은 관대함]과 [비도덕성은 이기심]에 대해서도 비슷한 결과를 찾아볼 수 있다. 미국 국립보건원의 신경과학자인 몰(Jorge Moll)과 그라프만(Jordan Grafman)은 자원자들에게 다음 두 시나리오 중 하나에 대해 생각하라는 말을 들려주고 그들의 뇌를 정밀하게 촬영했다. 한 시나리오는 자선단체에 얼마간의 돈을 기부하는 것이었고, 다른 한 시나리오는 그 돈을 자신을 위해 쓰는 것이었다. 자신보다 타인을 돕는 것을 더 많이 떠올린 자원자들은 뇌 변연계와 관련이 있는 긍정적 감정의 신경 경로의 활동이 증가했다. 변연계는 보통 식사나 섹스의 즐거움과 연관이 있다. 쾌락의 느낌은 신경 경로가 활성화될 때, 신경전달물질 도파민이 생성되는 것과 상관관계가 있다. 간단히 말해서, 우리는 착한 일을 할 때 기분 좋음을 느낀다. 따라서 평안함을 느낀다.[3]

게다가 거울뉴런 관련 연구는 태어날 때부터 우리에게 감정이입 능력이 있다는 것을 말해준다. 얼굴 근육과 신체 근육의 형상은 뇌 섬엽을 지나는 양방향 경로를 통해 변연계 내의 상벌 중추에 연결되는 감정과 상관관계가 있다. 우리는 행복, 슬픔, 분노, 혐오 등의 얼굴 표정이 있다. 거울뉴런 회로를 통해 우리는 근육질 체형을 갖는다는 것이 어떤 모습인지를 느낄 수 있다. 이것은 감정을 느끼는 타인의 근육계 움직임을 당신이 감지할 수 있을 뿐 아니라, 타인이 어떤 기분인지도 느낄 수 있다는 것을 의미한다. 즉, 당신은 근육계에 동반하는 감정을 느낄 수 있다. 우리는 타인의 즐거움과 고통을 우리 자신 내부에서 느낄 수 있는 능력을 지니고 있다. 당신의 고유한 신경 체계에는 이렇게 말하는 신경 기제가 있다. "만일 다른 어떤 사람이 당신에게 바라는 그대로 당신이 그 사람에게 행동한다면, 당신은 기분이 더 좋아질 것이다."

이에 더해 (우측 하부 전뇌이랑과 양측 하부 두정엽에 있는) 거울뉴런 체계는 모방 행동 준비 기간보다 상보적인 연합 행동 준비 기간 동안 더 활동적이다. 간단히 말해서 우리에게는 감정이입뿐만 아니라 협동을 위한 배선도 이미 깔려 있다.[4]


## 감정이입의 본능적 힘

도덕성 은유는 평안함에 대한 신체적 경험에서 발생한다. 이 은유는 '단순한' 은유나 외재적인 것이 아니며, 또한 자의적이거나 폐기할 수 있는 것도 아니다. 이 은유는 우리에게 도덕성의 핵심이 무엇인지를 말해준다.

감정이입은 진보적인 도덕적 세계관의 핵심이다. 허리케인 카트리나가 뉴올리언스를 강타한 뒤 텔레비전에서 익사당하거나 고통받는 희생자들을 담은 장면을 보여주었을 때, 전국적인 규모의 감정이입이 일어났다. 미국인들은 돈을 보냈고, 도움을 주기 위해 자원했고, 수십만의 사람들이 자기 집을 피해자들의 거처로 내놓았다. 전국적인 감정이입은 정치적인 효과를 거두었다. 부시 행정부는 냉혹하고 무정한 정부로 여겨졌으며, 이것은 이 행정부의 정치적 인기가 하락하는 전환점이 되었다.

감정이입의 효과는 강력하다. 베트남 전쟁 기간 동안 텔레비전에서는 집으로 돌아오는 부상당한 병사들과 관을 날마다 보여주었다. 이것은 미국인들을 반전으로 돌아서게 하는 데 도움이 되었다. 더 최근에는 이라크 전쟁이 시작한 이후로 부시 행정부는 이러한 화면을 보여주지 말도록 금지했다. 그러나 이라크에서 폭력이 증가함에 따라 살상당한 이라크 사람들의 모습이 텔레비전 화면을 가득 채웠고, 다시 한 번 이 전쟁을 지지하는 사람의 수가 줄어들게 되었다. 치료를 제대로 받지 못하는 부상당한 퇴역 병사들의 사진이 공개된 월터 리드 미군 병원(Walter Reed Hospital)의 추문은 다시 한 번 감정이입을 자극했고, 부시 행정부에 대한 국민의 지지를 훨씬 더 끌어내렸다.

2007년 3월 월터 리드 병원의 추문이 알려졌을 때, 학술지 ≪네이처(Nature)≫에 감정이입의 힘에 대한 놀라운 연구 결과가 실렸다. 이 연구는 의식적인 이성적 의사결정이 전두엽을 중심으로 이루어진다는 것을 밝혀냈다. 이것은 최대 다수의 최대 행복이라는 공리주의에 근거해 순수하게 계산적인 본성을 지닌 도덕적 의사결정 ─ 예를 들어, 다섯 사람을 살리기 위해 한 사람을 희생시켜야 한다는 추상적인 결정 ─ 을 포함한다. 그렇지만 이 연구는 이러한 도덕적 결정이 우는 아이의 숨통을 막는 것이나 다른 사람들의 생명을 살리기 위해 기차 앞으로 누군가를 밀치는 것과 같이 한 사람 한 사람과의 직접적인 물리적 상호작용 ─ 감정이입을 초래하는 ─ 과 관련이 있을 때에는 아주 다른 결과를 보여주었다. 이 경우에 평범한 사람들은 감정이입으로 인해 어떤 추상적인 도덕적 계산에서 어려움을 겪었다. 그들은 이 계산을 거부하거나 심각한 양심의 가책을 느끼게 되었다.

이 연구에 따르면, 감정이입에 따른 의사결정의 소재는 복내측 전전두엽 피질이다. 그렇지만 뇌 장애나 뇌졸중으로 이 영역이 손상된 사람들은 그러한 양심의 가책을 전혀 느끼지 않는다. 그들은 한 사람 한 사람과의 직접적인 접촉 사례를 공리주의 도덕의 계산 사례와 완전히 동일하게 처리했다. 심지어는 아이의 숨을 막아 죽이는 것과 관련이 있는 경우에도 그렇게 했다. 감정이입은 정상이다. 그래서 감정이입의 제거는 (군의 기본 훈련과 같은) 특별한 교육이나 특별한 냉혹함, 뇌 손상을 전제한다.[5]

간단히 말해서, 감정이입은 도덕적으로 강력하며, 감정이입의 정치적 힘은 이 도덕적 힘에서 생긴다. 그런데 감정이입의 도덕적 힘은 다시 뇌 구조의 결과물이다. 즉, 이 도덕적 힘은 우리가 거울뉴런 회로를 가지고 있다는 사실의 귀결이다. 이 거울뉴런 회로는 감정이입에 핵심적인 뇌의 감정 영역과 여타 영역에 신경 경로를 통해 연결되어 있다.

여기가 바로 뇌가 정치와 관련해 흥미로워지는 곳이다. 도덕성은 올바른 행동, 즉 평안을 이끌어내는 행동이다. 도덕성 은유는 평안에 대한 아주 다양한 경험에 근거한다. 그러한 은유는 각각 올바른 행동이 무엇인지에 대한 하나의 개념을 특성화한다. 예를 들어, 관심, 순종, 절제, 공평성, 질서, 청결, 순수 등이 그러한 개념이다. 그러나 도덕성에 대한 완전히 다른 임의적인 개념 체계 대신에, 우리의 뇌는 무엇이 옳은가에 대한 이러한 견해를 두 가지 도덕적·정치적 사고 체계로 조직화한다. 무엇 때문에 이것은 가능한가?

뇌는 물리적 체계이다. 다른 모든 물리적 체계와 마찬가지로 뇌는 최소 에너지 원리로 작동한다. 어떤 주어진 상황에서 두 개의 가능성이 주어져 있다면, 뇌는 이 맥락에서 최소 에너지 경로를 따를 것이다. 그것이 바로 신경 체계의 '최적지(best fit)'라 불린다. 뇌는 언제나 국소적인 최적지를 찾는다. 이와 같이 생각해보라.

뉴런 A가 뉴런 B와 C에 연결되어 있다고 가정하자.

B와 C는 상호 억제적이다. 즉, 한 뉴런이 점화될 때 다른 한 뉴런은 이 점화의 강도에 따라 어느 정도 억제되는 경향이 있다. B는 A와의 시냅스에 많은 수용자를 가지고 있다. 반면에 C는 A와의 시냅스에 수용자가 거의 없다.

A가 점화하면서 두 시냅스가 있는 간격 속으로 동일한 양의 신경전달 물질을 내보낸다.

B의 시냅스에 있는 엄청나게 많은 수용자가 C의 시냅스에 있는 소수의 수용자보다 (신경전달 물질로부터) 더 많은 화학적 입력을 포착할 것이다.

따라서 단순한 물리적 이유 때문에 B는 C보다 점화될 가능성이 더 높다. 그래서 B가 더 많이 점화될수록, 그만큼 더 많은 수용자가 시냅스에 쌓인다. 그리고 바로 동일한 이유 때문에, B는 C보다 더 강력하게 점화되기 쉽고, 또한 C의 점화를 억제할 것이다.

이제 뉴런 C도 역시 뉴런 D로부터 입력을 취하고 C의 시냅스 — C가 D에 연결되는 — 가 많은 수용자를 가지고 있다고 가정해보자. 그래서 만일 D와 A가 동시에 점화된다면, C의 점화는 A와 D로부터의 입력에 의해 결정된다. D가 맥락을 제공한다고 생각해보면, 이 맥락에서 C가 점화될 확률과 점화 강도는 B보다 더 높을 것이다. 이 경우에 C는 점화되기 쉽고 B의 점화를 억제할 것이다. 그래서 맥락이 중요하다.

물론 이것은 지나치게 단순화되어 있다. 중요한 것은 바로 그러한 상황이 정치적 파급력을 가지고 있다는 것이다. A와 B, C, D가 단일 뉴런이 아니라, 개념 체계 내의 복합 회로라고 가정해보자. B와 C는 이중개념소유자의 뇌에서 엄격한 도덕성과 자애로운 도덕성 — 일반적인 보수주의의 도덕적 세계관과 일반적인 진보주의의 도덕적 세계관 ― 을 각각 특성화한다고 가정해보자. 이중 개념소유자는 하나가 다른 하나를 억제하도록 구조화되어 있는 이 두 모형을 다 가지고 있는 사람이다. A가 '테러와의 전쟁' 개념을 특성화하는 회로를 나타낸다고 가정해보자. 추가적인 맥락이 없으면, 이것은 보수적인 도덕 기반 세계관인 B를 활성화할 가능성이 높으며, 이로 인해 보수적인 정책과 부시 행정부를 지지할 가능성이 높은 경향이 있다.

이제 D가 허리케인 카트리나라고 가정해보자. 이것은 감정이입 C와 진보적인 감정이입 기반 세계관, 부시와 보수주의자에 대한 반감을 강력하게 활성화하는 반면, 권위에 근거한 보수적인 세계관을 억제하고 보수주의자와 부시를 지지하지 못하도록 한다.

이것은 카트리나가 엄청난 피해를 안기며 뉴올리언스를 휩쓸고 지나가던 기간 동안 많은 미국인의 뇌 속에서 일어났던 일에 대한 추측이다. 그 기간 동안 그들이 받은 자극은 피해자에 대한 감정이입이었으며, 부시와 보수주의자에 대한 지지는 가파르게 떨어졌다.

나는 테리 시아보 사건*이 진행되는 동안 비슷한 일이 일어났다고 짐작한다. 감정이입은 테리가 아니라 그녀를 책임지고 있는 식구들에게 향했다. 테리는 수년 째 뇌사 상태였으며 그녀의 식구들은 어려운 결정을 내려야 하는 부담을 떠안고 있었다. 보수주의자들은 가족의 심사숙고를 방해하려고 노력했지만, 그녀의 남편에 대한 감정이입을 자극하고, 부시 대통령과 여타 보수주의자에 대한 반감을 초래했다. 그리고 나는 똑같은 일이 월터 리드 미군병원 스캔들에서 일어났다고 짐작한다. 이 스캔들에서 처참한 처우를 받는 퇴역 군인의 모습은 그들에 대한 감

* 테리 시아보 사건: 뇌사 상태에 있던 테리 시아보(Terry Schiavo)를 두고 연명장치를 제거하기를 원하는 남편과, 재산을 노리고 사위가 딸을 죽이려 한다고 주장한 그녀의 부모 사이에 7년에 걸쳐 벌어진 재판이다. 테리는 지나친 다이어트로 인해 15년 동안 뇌사 상태에 빠져 있다가 영양공급 튜브를 떼어낸 뒤 13일 만인 2005년 3월 31일 숨졌다. 이 사건은 가정사로 그칠 사안이었지만, 미국 내 보수단체와 부시 대통령, 젭 부시 플로리다 주지사, 플로리다 주의회, 연방의회가 개입하고 교황청까지 가세하면서 세계적인 이슈로 떠올랐다.

정이입을 이끌어내고 보수적인 부시 행정부에 대한 반감을 초래했다.

이것이 진보주의자에게 주는 교훈은 다음과 같다. 진보주의자가 대중에게서 감정이입을 더 많이 활성화할수록, 그들은 더 많이 지지를 받고 보수주의자는 더 많이 손해를 볼 것이다. 이와 마찬가지로 보수주의자가 대중에게서 더 많은 공포심을 생성할수록, 그들은 더 많이 지지를 받고 진보주의자는 더 많이 억압을 받을 것이다.

만일 이것이 사실이라면, 진보주의자는 공포에 근거한 프레임 ― 보수주의자는 이 프레임 안에서 생각하고 말함 ― 을 수용하기보다는 오히려 당연히 자신의 도덕적 세계관, 즉 감정이입과 책임, 희망에 대해 더 많은 이야기를 해야 한다. 오른쪽으로 이동해 보수적인 세계관을 활성화하지 말고, 당신 고유의 도덕적 세계관을 유지하고 진보적 세계관을 활성화해야 한다.

도덕성에 대한 일차 은유는 [도덕성은 강인함] [도덕성은 공평성] [도덕성은 청결함] [도덕성은 순수함] 등을 포함한다. 이러한 은유의 학습은 자동적이다. 그리고 이들은 일반적이어서, 가정에만 국한되지 않는다.

가정에 대한 자애로운 모형과 권위주의적 모형의 핵심에는 핵심적인 두 가지 도덕성 은유, 즉 [도덕성은 보살핌]과 [도덕성은 권위에 대한 순종]이 있다. 근본적으로 이 두 은유가 바로 자애로운 부모 모형과 엄격한 아버지 모형과 관련이 되는 핵심이다.

우연히도 도덕성에 대한 여타의 은유는 이 두 가지 가정 모형 중 어느 하나와 '더 잘 어울린다'. 간단한 하나의 실례로 논의를 시작해보자. 직관적으로 [도덕성은 강인함]은 [도덕성은 권위에 대한 순종]과 잘 어울린다. 복종을 명령하려면, 권위는 강인함을 필요로 한다. 이것은 매우 단순하다. 그러나 소요되는 신경 기제는 흥미롭다.

강인함의 개념은 권위에 대한 순종의 개념으로부터 독립적이다. 그러나 복종을 강요하기 위해서는 강인함이 필요할 수도 있다. 그래서 당신은 강인함을 사용해 복종을 명령하는 프레임을 학습한다.

권위에 대한 절대적인 복종이 하나의 개념으로 활성화될 때마다, 이 프레임은 어느 정도 활성화를 받으며 강인함을 권위의 행사에 연결한다. 이 프레임이 활성화되지 않을 때에는 강인함의 개념이 독립적으로 작용한다. 강인함과 복종을 권위에 연결하는 이 프레임은 한 개념에 대한 다른 한 개념의 '합치'를 정의한다. 복종과 함께 강인함을 활성화하는 것이 복종만을 활성화하는 것보다 더 쉽다.

따라서 이 '합치'는 또한 [도덕성은 순종]과 [도덕성은 강인함] 사이에서도 나타난다. 이 두 은유가 서로 다른 경험에서 나오기 때문에 독립적으로 발생하기는 하지만, 뇌의 자기 조직화 기능이 이 둘을 동일한 은유 체계의 일부로 통합한다.


도대체 왜 남성성은 정치적 쟁점이 되는가? 하버드대학교 정부학부의 보수적인 교수이자 신보수주의자의 영웅인 맨스필드(Harvey Mansfield)는 도대체 왜 『남성다움(Manliness)』이라는 책을 쓰는가? 보수주의자는 도대체 왜 민주당의 남성 후보자와 공직자를 여성화하고 있는가?

도대체 왜 보수주의자는 비폭력적인 마약 사범에 대한 장기형 선고를 강력하게 지지하고 있는가? 그들은 왜 삼진아웃 법을 지지하는가? 그러면서도 왜 그들은 부시 대통령이 스쿠터 리비*의 징역형을 감형한 것에 지지를 보내는가?

이러한 질문과 또 다른 많은 정치적 질문에 대한

> * **스쿠터 리비(Scooter Libby):** 정치적인 목적을 위해 중앙정보국(CIA) 비밀 공작원의 신상을 언론에 공개하고서 그렇게 하지 않았다고 위증을 한 혐의로 기소되었던 체니 부통령의 비서실장 루이스 리비(Lewis Libby)를 말한다. 관련 사건에 대한 더 자세한 설명은 232쪽 참조.

대답은 [통치 기관은 가정]이라는 일차 은유가 엄격한 아버지 가정 및 자애로운 부모 가정의 구조와 결합할 때 나온다. 가정 구조는 원칙적으로 정치에서 별개일 수 있는 개념들을 조직화한다. 그러나 가정 구조가 정치에 사상될 때, 가정 구조에서 함께 나타나는 개념들은 전체적으로 정치에 투사된다.

남성성은 이에 대한 좋은 실례이다. 남성성은 엄격한 아버지 가정에서 아주 중요하다. 이 경우에는 강력한 성 분화가 있으며 가부장적인 남성 가치가 핵심적이다. 영향력을 행사하는 엄격한 아버지는 여성적이거나 나약할 수 없다. 그는 '진정한 사나이'처럼 행동해야 한다.

그리고 왜 보수주의자는 응징을 좋아하는가? 엄격한 아버지 가정에서는 아이에게 옳고 그름을 가르치는 유일한 방법이 잘못된 일을 할 때 아이에게 벌을 주는 것이라고 가정한다. 벌을 주지 않는 것은 엄격한 아버지의 도덕적 실패로 간주된다. 더욱이 벌의 핵심 ─ 즉, 물리적 '규율' ─ 은 아이들에게 심적으로 절제해 아버지가 말하는 것을 행하도록 하는 것이다. 즉, 나쁜 일이 아니라 좋은 일을 하도록 하는 것이다. 그러한 절제는 도덕적인 사람을 양성하는 유일한 방법으로 간주된다.

약물은 절제를 빼앗아가며, 따라서 도덕적인 사람이 될 역량과 자존감을 가질 역량을 빼앗아가는 것으로 간주된다. 약물 중독자도 역시 타인에게 약물을 복용하도록 유도하고, 따라서 비도덕성과 타인의 자존감 결여를 초래한다고 간주된다. 그렇기 때문에, 약물을 복용한 사람이 폭력적이지 않거나 범죄를 저지르지 않을 수도 있지만, 보수주의자는 약물 복용을 자신들의 도덕 체계에 대한 심각한 침범으로 간주한다. 범죄에 대한 처벌을 거부하는 것을 도덕적 실패로 간주하기 때문에, 보수주의자는 비폭력적인 약물 복용자에 대한 엄격한 처벌을 고집한다. 이 처벌은 범법자가 유색인이나 이민자, 가난한 사람일 때는 언제나 [도덕적 강인함] 은유에 의해 더욱 강화된다.

반면에 스쿠터 리비는 부시 대통령의 권위를 지지하고 있는 것으로 간주되었다. 그래서 그의 범죄는 심각한 범죄로 여겨지지 않았다. 정말로 그는 엄격한 아버지 도덕 체계를 옹호하고 있는 것으로 여겨졌다. 이 도덕 체계는 엄격한 아버지의 절대적인 권위에 의존하기 때문이다. 리비는 충직했다. 그리고 엄격한 아버지에 대한 충직성은 이 도덕 체계에 대한 충직성이며, 범죄가 아니라 미덕으로 간주된다.

여기에서 일어나고 있는 일은 문화적인 개체로서의 엄격한 아버지 가정이 가정 기반 도덕 체계의 요소 — 남성성, 강인함, 복종, 절제, 벌 — 를 결속한다는 것이다. 은유는 최대한 많은 추론을 보존한다. 그래서 가정 기반 도덕 체계의 이 요소들이 합치하는 방식은 [통치 기관은 가정] 은유 아래에서 보존된다.

결론은 이러하다. [통치 기관은 가정]이라는 일차 은유가 출현할 때 미국 문화에는 가정에 대한 아주 다른 두 가지 모형이 존재하기 때문에, 통치 기관을 개념화하는 아주 다른 두 가지 방식 — 상이한 도덕적 세계관과 사고 양식을 비롯한 — 이 생겨난다. 이러한 개념화 방식은 무의식적으로 발생한다.

이러한 방식은 무의식적으로 남아 있기 때문에, 정치적으로 심각한 영향을 미칠 수 있다.


## 뇌와 이중개념주의

지금까지 기술된 두 가지 사고 양식은 아주 일반적이다. 그리고 조사대상자 거의 모두에게서 두 양식의 하위유형이 발견되었다. 우리는 모두 진보적 세계관과 보수적 세계관을 둘 다 가지고 있으며, 이들은 상이한 영역에 상이한 방식으로 적용된다.

(일반적인 세계관을 특정한 쟁점 영역에 결속하는) 신경 결속 덕택에 이것이 가능하다. 이 중 일부는 제2장에서 살펴보았다. 이 영역이 종교라고 가정해 보자. 진보적인 기독교는 하느님을 자애로운 부모님으로 간주하고, 교회 제도와 선한 기독교인의 의미에 자애로운 도덕관을 부과한다. 가난하고 병들고 배고프고 집이 없는 사람들에게 감정이입을 하라. 그리고 그들을 돕기 위한 정치적인 행동을 하라.

보수적인 근본주의 기독교인은 당연히 이 모든 쟁점에 대해 정반대의 견해를 갖고 있다. 그들에게 하느님은 자신의 계명을 목사가 해석하는 대로 실행하지 않으면 영원한 지옥의 벌을 주겠다고 위협하는 엄격한 아버지이다.

그런데 여기에도 이중개념소유자가 있다. 전미복음주의평의회(National Council of Evangelicals)는 천국의 상과 지옥의 형벌을 내리는 엄격한 아버지 하느님의 존재를 믿는다. 또한 그들은 성경의 절대적 진리를 믿으며, 자신들에게 다른 사람을 개종시킬 권리가 있다고 믿는다. 그러나 최근 들어서 이 평의회는 지구를 온전하게 보호해야 할 관리 책임과 지구온난화 저지, 기근퇴치 프로그램과 의료보호, 고문 종식을 요구하는 성경의 진보적인 목소리를 진지하게 수용해왔다. 이 평의회에는 엄격한 세계관과 자애로운 세계관이 둘 다 있으며, 그들은 서로 다른 영역에 두 세계관을 적용한다.

가정 가치와 총기 규제, 기독교 근본주의에 대해서는 정말로 보수적이지만 많은 영역에서 진보적인 자칭 보수주의자가 있다. 예를 들어, 그들은 땅을 사랑하고 사냥과 낚시, 산행, 야영을 즐긴다. 그들은 석유 굴착장치를 세워 채굴권을 행사하고, 수직 갱도를 설치하고, 자신의 목장에서 노천 채굴을 하고, 이 과정에서 자신의 연못과 샘, 개울을 유독 물질로 오염시키고, 목장 운영을 방해하고, 보기 흉한 오물을 남겨놓는 대기업에 분개한다. 그들은 진보적인 공동체를 원한다. 이 공동체에서는 관리들이 사람들을 보살피고, 책임 있게 열린 마음으로 정직하게 행동하며, 사람들이 서로를 보살피고 협력을 하며 지역사회 봉사활동을 한다.

간단히 말해서, 맥락상 '최적지'와 신경 결속의 결합 덕택에 일반적인 진보적 세계관과 보수적 세계관이 구체적인 사례에 서로 다른 방식 — 그리고 때로는 정반대의 방식 — 으로 적용될 수 있다. 구체적인 쟁점 영역과의 그러한 신경 결속에서 유지되는 것은 그러한 쟁점과 관련을 맺게 된 가치와 사유 양식이다.

그런데 무당파와 부동층 유권자들이 있다. 그들은 일반적인 수준에서는 진보적인 사고 양식과 보수적인 사고 양식을 둘 다 지니고 있지만, 모든 구체적인 영역에서 확고한 신경 결속을 지니고 있는 것은 아니다. 그들은 쟁점에 따라 '오락가락할' 수 있다.

'최적지'가 언제나 완벽하게 일치함을 의미하지는 않는다는 것을 명심해야 한다. 예를 들어, 일반적인 보수적 세계관은 어떤 우선권을 선택하는가에 따라 많은 측면에서 이민이라는 쟁점 영역과 어울릴 수 있다.

1. 값싼 노동의 계속적인 공급을 필요로 하는 기업의 이익.
2. 정식 서류가 없는 이민자에 대한 합법화를 범죄자에 대한 '사면'으로 보는 법질서 유지 옹호론자.
3. 가능한 한 '청정한' 미국을 유지하길 원하는 인종차별주의자 등.

2와 3의 요인은 일관성이 있다. 이 덕택에 일부 인종차별주의자는 자신의 인종차별주의를 법질서 유지라는 깃발 아래에 숨길 수 있다. 1과 2의 요인은 미국인의 삶의 현실에서는 일관성이 없다. 이 책을 쓰고 있던 시점까지도 어떤 타협안도 떠오르지 않았다. 그 결과 심지어는 순수한 보수주의자 사이에서도 이 쟁점에 대해서는 분란이 있다.

이러한 쟁점에 대한 불일치는 보수주의가 무너지고 있음을 의미하는가? 결코 그렇지 않다. 각각의 견해는 모두 보수적이다. 단지 보수주의 내에서 해석의 여지가 다를 뿐이다. 이것은 진보주의 내에서도 마찬가지이다. 일반적인 보수적 사고를 구체적인 쟁점 영역에 적용하는 방식에 대해서는 의견 차이가 흔히 있다. 이것은 결코 보수주의가 무너지고 있다는 것을 암시하지 않는다. 사실은 아주 정반대이다.

진보주의자 사이에서 우선순위에 대한 의견 차이가 있을 때에도 이것은 역시 진보주의가 무너지고 있다는 것을 의미하지 않는다. 광부가 일자리를 잃는다 하더라도 환경 보호 차원에서 노천광산은 금지해야 하는가? 아니면 환경 보호보다 광부의 일자리 유지에 우선순위를 두어야 하는가? 사람들은 진보주의자로서 환경 보호와 일자리 보호를 둘 다 지지할 수 있다. 그런데 여전히 그들은 딜레마에 직면한다. 그것이 진보적 가치 대 보수적 가치의 대립과 관련이 있지 않기 때문이다. 반면에 사람들이 일자리가 아니라 기업의 이익을 보호하기 위해 석탄 광산을 지원할 수 있다. 그러면 이것은 정말로 진보적 관점 대 보수적 관점의 문제가 된다. 이성이 문제시된다.


## 뇌의 정치


정치는 실제 세계의 힘 그리고 우리가 도덕성을 이해하는 방식과 관련이 있다. 정치의 쓰라림은 권력을 가지고 있는 사람은 누구인가, 후원을 받는 사람은 누구인가, 정치적 힘에 동반되는 돈과 자원을 통제하는 사람은 누구인가와 부분적으로 관련이 있다. 그러나 더 폭넓고 심오한 정서 상태와 쓰라림은 도덕성과 관련이 있다. 즉, 누구의 도덕 체계가 지배할 것인가와 관련이 있다. 이것이 바로 대중의 정치 담론의 주요한 관심사이다. 그리고 대중의 담론은 선거 결과에 엄청난 영향을 미친다.

주로 도덕적 세계관은 인지적 무의식의 내부에 있다. 그러한 세계관은 대중 담론에서 공개적으로 논의되지 않는다. 그러나 인지과학과 신경과학 덕택에 우리는 그 함성의 내용이 무엇인지를 더 잘 이해할 수 있다. 이제 문제는 그 함성에 대해 무엇을 해야 하는가이다.

제2부

# 21세기 마음과 정치적 도전

## 사회적 변화에의 길

　뇌를 이해하고 보수주의자가 지난 40년에 걸쳐 어떻게 뇌를 변화시켰는지를 이해한다면, 우리는 진보주의자가 어떻게 이 지식을 사용해 미국을 근본적으로 미국적인 가치와 민주적인 제도로 되돌려놓을 수 있는지에 대한 중요한 결론에 이를 수 있다.

　대부분의 미국인은 이런저런 측면에서 이중개념소유자이다. 즉, 대부분의 미국인은 진보적인 사고 양식과 보수적인 사고 양식을 둘 다 사용한다. 이 두 사고 양식은 한 양식을 사용하면 다른 한 양식은 차단된다는 점에서 상호 배타적이다. 그리고 각 사고 양식은 삶의 상이한 영역에 신경적으로 결속된다. 즉, 삶의 다른 영역에 적용된다. 그래서 당신은 국내 정치에 대해서는 진보적으로 생각하고 외교 정책에 대해서는 보수적으로 생각할 수 있다. 아니면 당신은 삶과 정치의 모든 활동적인 영역에서는 진보적인 반면, 문화의 측면, 이를테면 영화나 텔레비전, 소설을 이해하는 데는 보수적인 사고 양식을 사용할 수 있다.

　보수주의자가 했던 일은 두 가지 사고 양식을 다 가지고 있는 개인들에게 언어와 개념, 영상, 상징을 반복적으로 사용해 그들 내부의 보수적인 사고 양식을 활성화하고 진보적인 사고를 억압하는 것이었다. 그 결과 보수적인 사고를 특징짓는 회로 안 뉴런의 시냅스는 강화되었지만, 진보적인 사고의 회로 시냅스는 약화되었다. 보수적인 사고 양식의 회로가 비교적 더 강하게 활성화되면, 신경적으로 특정 이슈를 보수적인 프레임에 넣을 가능성이 더 높아진다. 이로 인해 사람들은 점점 더 보수적이 되어간다. 물론 대부분의 경우에 전적으로 그런 것은 아니지만 말이다.

　진보주의자는 이 과정을 뒤집을 수 있다. 자신을 보수주의자나 중도파라 칭하는 많은 사람이 모든 이슈는 아니라 하더라도 많은 이슈에 대해 실제로 이미 진보적인 관점을 지니고 있다. 당신은 진보적인 언어나 개념, 영상, 상징을 계속 사용해 두 가지 세계관을 다 가지고 있는 사람들에게서 진보적인 세계관을 활성화할 수 있다. 그렇게 해서 진보적인 사고 양식을 강화하는 반면 보수적인 사고 양식은 약화시킬 수 있다. 이 발상은 이미 이중개념소유자 내부에 있는 진보적 사고 양식을 활성화함으로써 그들에게 이슈를 진보적인 프레임에 넣도록 하는 것이다. 당신은 그들이 이미 진보적 관점을 표현하고 있는 이슈 — 즉, 땅에 대한 사랑, 종교의 진보적 가치(가난한 사람들과 아픈 사람들, 억압받는 사람들에 대한 보살핌), 또는 진보적인 공동체 가치(이웃을 서로 돕고 보살피는 것) — 에 대해 말할 수 있다.

가장 강력한 것은 일단 프레임에 정직하게 넣고 나면 '명확하게' 되는 감정이입과 진리를 이끌어내는 것이다.


## 무엇을 해야 하는가

"난 무엇을 할 수 있지?"

무엇이 잘못인지를 알고 있으면서도 어떻게 대처해야 하는지 모르는 것보다 더 심한 좌절감을 초래하는 것은 없다. 물론 분명한 것들이 있다. 당신은 당신의 대표나 편집자에게, 블로그에 편지를 쓸 수 있다. 당신은 자발적으로 캠페인에 참여하고, 지지를 호소하기 위해 당신의 지역을 누비고, 집집마다 방문하고, 모금을 하고, 예상만큼의 지지를 얻고, 당신의 이웃을 설득하고, 대의명분과 시민단체를 위해 활동할 수 있다. 그리고 당신은 다른 활동을 위해 행동을 조직화할 수 있다.

이러한 활동의 대부분은 소통, 즉 의회와의 소통, 신문 구독자나 블로그 방문자와의 소통, 이웃과의 소통, 시민단체와의 소통과 관련이 있다. 일단 개입하고 나면, '난 무엇을 할 수 있지?'는 '난 무엇을 말해야 하나?'가 된다. 그리고 당신이 무엇을 말해야 하는가는 당신이 전달하려고 애쓰고 있는 아이디어에 의존한다.

제1부에서는 당신이 직면하고 있는 문제의 특성을 규명했다. 그러나 아는 것만으로는 충분하지 않다. 당신은 당신이 아는 것을 적용해야 한다. 그것은 바로 도전이다. 제2부에서는 신계몽 사상에서 이 지식을 적용하는 방법을 일련의 사례와 함께 제시한다.

- 새로운 의식: 신계몽 의식이 있는데, 이것은 서로와 세계에 대한 기본적인 자세이다.

- 트라우마적 개념에 대처하기: 어떤 아이디어는 트라우마 조건 아래에서 도입되고 아주 빈번하게 반복되어 당신의 시냅스에 영원히 자리 잡을 수 있다. 당신은 이 아이디어를 억제하는 방법과 함께 대안의 사고양식을 제공하는 방법을 모색할 필요가 있다.

- 실재를 프레임에 넣기: 때때로 개념적 프레임과 이름이 없을 때에는 당신이 만들어내야 한다. 그래야 중요한 진리를 밝혀낼 수 있다.

- 프레임 형성의 공포 극복: 만일 주의를 기울이지 않는다면, 당신은 보수적인 프레임 형성의 덫에 빠질 수 있다. 이를 벗어나는 데에는 용기가 필요하다.

- 고정관념에 정면으로 맞서기: 고정관념화는 강력한 힘이다. 당신은 이 힘을 인식하고 그것에 정면으로 맞설 필요가 있다.

- 올바른 과녁 찾기: 보수주의자와 진보주의자에게 책무성은 정반대의

의미를 지니고 있다. 모든 경우에 진보적인 책무성 — 대중에 대한 당국의 책무성 — 을 기대하고 주장해야 한다.

* 정책에 우선하는 프레임 형성: 프레임과 정책의 관계에 대한 오해는 아주 흔하다. 프레임 형성이 정책에 우선하며, 때때로 정책은 아주 일반적인 프레임을 환기할 수 있다.

* 논쟁적인 개념에 대한 인식: 우리의 가장 소중한 개념 — 자유와 평등, 공평성, 기회 — 은 쟁탈의 대상이 된다. 즉, 이러한 개념은 보수와 진보가 공유하는 아주 일반적인 해석을 지니고 있다. 이 해석은 아주 일반적이어서 많이 사용할 수 없다. 그런데 이러한 개념은 진보적인 해석과 보수적인 해석을 가지고 있는데, 사람들은 이를 의식하지 못한다. 당신은 이러한 개념의 진보적인 해석을 대중의 마음속의 가장 중요한 부분으로 만들어야 한다. 그렇지 않으면 당신은 공적인 담론에서 보수주의자에게 유리한 위치를 내어주게 될 것이다.

이러한 개념은 21세기 마음이 제시하는 도전에 속한다.

기억하라, 당신은 혼자가 아니라는 것을. 힘은 다수에게 있다. 만일 수만 명의 사람이 동일한 것 — 미국적인 가치에 근거하고 사실로서 울리어 퍼지고 있으며, 긍정적인 감정을 자극하는 개념 — 에 대해 말하고 있다면, 그러한 개념이 강력하게 된다. 민주주의는 결코 사적이지 않다.

민주주의는 인내를 필요로 한다. 변화는 하룻밤 사이에 오지 않는다. 한 번이 아니라 계속해서 말을 하라. 뇌의 변화는 개념을 반복적으로 활성화할 때 일어난다.

# 05

# 새로운 의식

신계몽은 서로와 세계에 대한 기본적인 태도인 새로운 의식과 함께 다가온다. 신계몽은 감정이입과 책임이 미국 민주주의의 토대가 되는 도덕적 전망의 핵심이라는 인식과, 실제 이성에 대한 이해, 유기적인 인과관계 — 우리가 자연계에 그리고 서로에게 연결되어 있다는 것 — 에 대한 이해를 요구한다. 신계몽은 또한 우리에게 감정이입과 책임, 자성(自省), 연대의식을 계발하도록 요구하며, 이들에 근거해 충만한 삶을 살도록 요구한다. 결과적으로 신계몽은 아주 넓은 의미에서 생태 의식이다. 그래서 감정이입과 유기적 인과관계는 우리 자신의 상호 연결과, 우리와 모든 생물과의 연결, 우리와 우리 자신이 내부에서 성취를 추구하는 공동체 또는 제도와의 연결, 우리와 우리 자신의 생명을 허락하고 유지해주는 자연계와의 연결에 초점을 맞춘다. 신계몽은 궁극적인 가치를 지닌 의식이다. 어떤 사람들은 이 의식을 '신성하거나 영적'이라 부르고 다른 어떤 사람들은 '인본주의적'이라 부른다. 명명을 제쳐두면, 이 의식은 신계몽에 요구되는 바로 그 의식이다.

감정이입의 생물학으로 우리의 논의를 시작해보자. 우리의 거울뉴런 회로와 관련 경로는 우리 자신이 행동할 때 또는 다른 어떤 사람이 자신과 동일한 행동을 하는 것을 볼 때 활성화된다. 그들은 우리가 다른 사람과 조화롭게 행동할 때, 즉 우리가 협력할 때, 훨씬 더 강력하게 점화한다. 거울뉴런 회로는 감정을 통제하는 우리 뇌의 영역에 연결되어 있다. 우리의 감정이 우리의 몸과 근육, 자세로 표현되기 때문에, 거울뉴런은 다른 사람의 감정에 대한 시각적 정보를 포착할 수 있다. 우리의 거울뉴런 회로와 관련 경로 덕분에 우리는 다른 사람과 신체적으로나 감정적으로 연결을 맺는다. 그래서 우리는 타인이 느끼는 바를 느낄 수 있다. 달리 말하면, 거울뉴런과 관련 경로는 감정이입과 협동, 공동체의 생물학적 근거를 제공한다. 우리는 태어나면서부터 감정이입과 협력을 한다.

이것은 우리가 또한 태어나면서부터 우리의 환경 — 다른 사람들을 비롯한 — 을 통제하려 시도함으로써 우리의 목적을 달성하지 않는다는 것을 의미하는 것이 아니다. 우리는 감정이입뿐 아니라 목적 있는 행동이나 통제를 위한 생물학적 기제를 가지고 있다. 우리는 또한 거울뉴런의 반응을 조절한다고 여겨지는 전뇌(前腦)의 신경 구조 — 이른바 슈퍼거울뉴런 — 를 지니고 있다. 이 신경 구조에 대한 연구는 이제 막 시작되었지만, 이 신경 구조는 우리가 다른 사람의 고통에 무감각하게 (또는 더 민감하게) 할 수 있는 뇌 구조일지 모른다.

이 생물학적 경향은 감정이입과 권위 — 각각 진보적 사고와 보수적 사고의 근원적 바탕인 — 의 정치에서 나타난다. 두 경향이 다 우리 모두의 마음속에 있다.

역사가 린 헌트는 미국의 건국 과정에서 아마도 가장 핵심적이었던 개념 — 미국 독립선언서에 제퍼슨이 써넣은 — 의 역사를 연구했다.

우리는 다음 진리가 자명하다고 생각한다. 모든 인간은 평등하게 창조되었으며, 자신의 창조주로부터 양도 불가능한 특정한 권리를 받았다. 이러한 권리에는 생명의 권리, 자유의 권리, 행복 추구의 권리 등이 있다.

헌트는 이러한 진리가 언제나 자명하지는 않다는 것을 보여준다.[1] 그녀는 이러한 개념이 '자명하게' 되는 데 계몽주의 시대 이후에 한 세기가 걸렸으며, 이 기제가 소설과 예술, 다른 문화 매체를 통해 다른 사회 집단의 사람들에 대해 감정이입을 자극하고 계발하는 것임을 보여주었다. 분명히 이러한 감정이입과 자극 과정은 우리가 현재 거울뉴런 회로와 관련 경로라고 이해하는 것을 경유한다. 그녀는 감정이입이 우리의 민주주의의 역사적 토대였다고 주장한다. 이 주장은 우리의 가장 소중한 개념의 의미를 구성하는 도덕적 세계관에 대한 나의 연구 결과와 일치한다.

미국 민주주의는 그 토대가 감정이입과 책임에 있었으며, 정부의 역할은 보호와 역량강화였다. 이러한 흐름에서 평등, 자유, 공평성, 기회, 모두의 번영, 책무성 등의 진보적 이상이 나온다.[2]

실제 이성으로 우리의 논의를 시작할 수도 있다. 실제 이성은 대부분 무의식적이며 상당히 감성적이다. 그것은 신체화되어 있다. 그리고 실제 이성이 신체화되는 방식 덕택에 프레임 기반의 은유적 사고가 출현한다.

상호 억제와 신경 결속으로 인해 이중개념주의가 출현한다. 사실, 우리는 진보적인 사고 양식과 보수적인 사고 양식을 둘 다 가질 수 있지만, 상이한 쟁점 영역에 대해 상호 배타적으로 이 두 양식을 사용한다. 그 결과 자신을 보수주의자라고 분류하지만 많은 이슈에 대해 진보적 가치를 가지고 있는 사람들이 있을 수 있다. 예를 들어, 그들은 환경의 훌륭한 파수꾼이며, 자애로운 신관(神觀)을 가지고 있으며, 모든 면에서 공익과 일치하는 사업을 하며, 서로 보살피며 감싸주는 공동체에 살고 싶어한다. 진보주의자는 그러한 보수주의자와 공통의 가치를 갖는 영역을 언급한다면 그들과 연대할 수 있다.

보수주의자가 우리에게 가르쳐준 바와 같이, 사회적 변화는 많은 변화와 관련이 있다. 예를 들어, 전쟁, 부의 분배, 환경의 상태와 같은 물질적 변화, 대법원 설치, 정부 역량 파괴, 기업 합병과 같은 제도적 변화, 라디오나 텔레비전, 신문 지국 통제에서와 같은 미디어 변화와 관련이 있다. 그러나 이 모든 변화의 초석을 놓았던 변화는 뇌의 변화였다. 즉, 각 영역으로 엄격한 아버지 도덕성이 확산되고 이에 상응해 공적 담론이 변화한 것이었다.

민주주의의 이상으로 되돌아가고 생태적 의식을 향해 나아가기 위한 변화도 또한 뇌의 변화를 필요로 할 것이다. 상호 억제와 신경 결속은 그러한 변화가 어떻게 일어날 것인지를 이해하는 데 아주 중요하다. 대부분의 미국인의 뇌에는 엄격한 세계관과 자애로운 세계관이 둘 다 들어 있으며, 각각 특정한 쟁점 영역에 신경적으로 결속되어 있다. 사회적 변화는 자애롭고 진보적인 세계관을 활성화할 필요가 있을 것이다. 그러면 더 많은 뇌의 더 많은 쟁점 영역이 이 세계관에 결속될 (따라서 이 세계관의 사례가 될) 것이다.

이것이 바로 그 기제이다. 이 기제의 수단은 진보적 세계관을 적극 활성화하면서 동시에 보수적 세계관의 효과를 억제하기 위해 부정적으로 작용하는 언어와 영상, 서사이다.

우리의 민주주의는 권위 ─ 민주주의를 창안해 대처해야 했던 바로 그 대상인 ─ 에 대한 복종의 정치로 인해 위협을 받고 있다. 권위의 정치가 성공을 거두고 있다. 그 이유는 보수주의자들이 자신들의 사고를 대중의 뇌 속에서 활성화해왔으며 진보적 사고 양식의 사용을 억제할 방법을 찾아왔기 때문이다. 진보주의자들은 동료 미국인들의 뇌 속에서 감정이입과 책임, 보호, 역량강화를 활성화하지 못해 미국 민주주의의 정신을 떠받치는 데 실패했다. 이로 인해 우리의 가장 신성한 원칙의 바탕이 진전하지 못하고 보수주의자들에게 모든 것을 내맡기게 되었다. 우리는 이것을 바꾸어야 한다. 민주주의는 너무 중요해서 미국인들의 뇌를 다듬는 일을 권위주의자들에게 맡길 수 없다.

아직도 해야 할 일이 많이 남아 있다. 예를 들어, 더 나은 정치적 지도자를 선출하는 일, 민주적 제도를 쇄신하는 일, 우리의 환경을 보존하는 일, 더 민주적인 경제를 구축하는 일, 미래의 지도자를 양성하는 일, 미디어에 정보를 제공하는 일 등을 처리해야 한다. 그러나 이 모든 것은 마음을 바꾸는 것, 따라서 뇌를 바꾸는 것을 필요로 한다. 감정이입의 역량은 바로 이곳에 존재한다. 민주주의가 부활하고 번성하길 바란다면, 이 역량을 계발해야 한다.

## 생태 의식

감정이입의 생물학 덕택에 우리는 상호 유대, 여타 생물과의 유대, 삶을 뒷받침하는 물리적 세계와의 유대를 이해할 수 있다. 21세기 마음 덕분에 우리는 신체화된 경험이 어떻게 사고를 형성하는지, 세계관은 무엇인지, 세계에 대한 우리의 이해가 어떻게 프레임과 은유에 의존하는지를 이해할 수 있다. 곧 살펴보겠지만, 21세기 마음은 또한 경제적 인간이라는 개념 그 자체가 실재와 아주 잘 합치하지는 않는 은유에 근거한다는 것을 보여준다. 정말로 지구온난화와 환경 건강, 그리고 종(種)의 소멸이라는 실재에서는 이들의 귀결이 자리 잡는 과정에서 인간이 된다는 것이 무엇을 의미하는지에 대한 새로운 관점을 필요로 한다. 이것은 생태 의식이다.

너무나도 흔히 우리는 덧없는 인생이 다 지나가야 비로소 생태 의식을 높이 평가하거나 인식하게 된다. 어떤 종이 사라질 때야 비로소 우리는 그 종의 경이로움을 알게 된다. 북극이 녹아내릴 때야 비로소 우리는 하얗게 얼어 있던 북극의 장관에 감탄한다. 물고기가 수은으로 오염되고 가축이 죽어나갈 때, 강과 호수와 개울이 너무 오염되어 생선을 먹을 수 없게 될 때야 비로소 우리는 옛날에 먹었던 것을 그리워한다. 미국 중서부의 살충제가 미시시피 강을 휩쓸고 내려가 멕시코 만으로 흘러 들어가서 거대한 지역의 바다 생명체를 죽일 때야 비로소 우리는 멕시코 만 새우의 미래에 대해 궁금해한다. 공기가 더 오염되어 천식 발생률이 올라갈 때, 나는 여섯 살에 천식에 걸린 손녀가 떠오른다. 나는 부두에 서서 만일 북극이 (단 10피트의 두께조차도) 완전히 녹아서 해수면이 20피트 올라간다면, 내 고향의 얼마나 많은 지역이 물에 잠기게 될지 궁금해한다. 나는 내 귀에 들리지 않는 개구리 소리를 애써 들어보고, 눈에 보이지 않는 나비를 애써 찾아본다. 그리고 나는 내 과일이 어느 나라에서 왔는지, 그리고 그 과일에 이름이 밝혀지지 않은 화학물질이 섞여 있는지 궁금해한다.

실제로 지구온난화는 심각해지고 있으며, 지구 곳곳에서 (심지어는 식량마저) 산업화가 진행되고 있다. 이로 인해 우리의 감정이입은 천연식물, 유기농 식품, 공장 철장에 갇혀 있거나 항생제를 맞아서는 안 되는 병아리, 알을 낳을 능력을 상실한 채 남겨진 연어 몇 마리 그리고 살아남아 있는 모든 꿀벌에 초점을 맞춘다. 지구온난화와 도처의 화학물질에 감정이입을 해보면, 심지어 생명체가 사라질 때조차도 생명체의 경이로움과 다양성에 대한 경외감이 생긴다.

경제적 인간으로 인해 지구온난화와 화학병아리가 생겨났다. 도덕적일 것이며 모든 사람에게 풍요를 가져다줄 것으로 여겨졌던 무제한적인 사익 추구로 인해 우리의 지구가 죽어가고 있다. 만일 이런 일이 계속된다면, 지구상에 있는 생물 종의 절반은 한 세기 안에 멸망할 것이다. 경제적 인간은 하나의 관념 — 인간 본성에 대한 하나의 주장 — 이었다. 앞으로 살펴보겠지만, 감정이입과 실제 이성 덕택에 이 관념의 오류가 드러날 것이다. 감정이입과 실제 이성은 또한 관념이 어떻게 파괴적이 될 수 있는지를 보여준다.

신계몽은 이익을 위해 우리의 환경을 난도질하는 방법으로부터 이 환경에서 안전하게 살아가는 방법으로 시각을 완전히 바꾸어줄 것이다. 어떤 정책 제안에 대한 질문 — 무엇이 경제적인 이득인가? 무엇이 비용인가? — 을 하지 말고, 먼저 다른 중요한 질문을 해야 한다.

## 중요한 질문

어떤 정책에 대한 감정이입의 귀결은 무엇인가? 그 정책은 우리와 유대 관계를 맺고 있는 모든 사람에게 어떠한 영향을 미치는가? 자연계에 어떠한 영향을 미치는가? 생명을 지속시켜주는가? 아니면 생명에 해를 끼치는가? 인간으로서 나는 그 정책의 귀결에 개인적으로 어떻게 연결되어 있는가? 조금이라도 그러하다면, 무엇으로 인해 그 정책은 아름답고 건강하고 즐길 만하며 성취감을 주는가? 그 정책은 어떤 인과 체계와 합치하는가? 그 정책은 미래 세대에 어떠한 영향을 미칠 것인가? 그 정책은 공정하고 우리를 자유롭게 해주는가? 그 정책은 영혼을 고양시키며 그 안에서 우리는 경외감을 찾을 것인가?

이러한 질문은 대부분 처음에는 정치적으로 들리지 않지만, 정치적인 정책과 많은 관련이 있다. 이러한 종류의 생태 의식은 빠르게 민주당의 기반인 진보적 지지자의 의식이 되고 있으며, 젊은이들 사이에서 빠르게 퍼지고 있다. 앨 고어와 유엔 정부 간 기후변화 패널에게 공동으로 수여한 노벨평화상은 영화와 보고서 때문이 아니라 우리가 세계를 바라보는 방식에 대한 앞으로의 변화를 형성하고 가속화하기 위한 것이었다.

왜 농업 법안이 식량 법안이 되어야 하는가? 이러한 질문을 할 때, 우리는 답을 얻는다.

왜 우리는 비(非)탄소 기반의 지속 가능한 에너지 체계에 대량으로 투자하는가? 이런 질문을 해보라. 그러면 당신은 답을 얻게 된다.

왜 우리는 단지 국가 중심의 외교 정책이 아니라 사람 중심의 외교 정책을 세워야 하는가? 우리의 무역 정책은 무엇이어야 하는가? 교육은 어떤 모습이어야 하는가? 우리는 어떤 종류의 건강보험 체계를 가져야 하는가? 왜 우리는 예술을 지원해야 하는가? 인터넷 중립성은 왜 중요한가? 이러한 질문을 하라. 그러면 답이 당신에게 퍼뜩 떠오를 것이다.

신계몽은 진보적 가치를 쇄신할 것이다. 그리고 그렇게 할 때 신계몽은 구계몽의 자유주의를 넘어설 것이다. 신계몽은 다른 질문을 제기할 것이다. 그리고 그것은 다른 답을 의미할 것이다.

생태학은 사람들을 배제한 자연계에 대한 과학에 지나지 않은 것이 아니라 감정이입에 근거한 도덕적 관심사이다. 이 관심사는 자연계의 과학으로 이어지며, 유기적 인과관계가 (자연계는 물론 대인 세계, 사교계, 경제계, 정치계에서도 확실히) 작동하는 방식에 관한 과학을 만들어내기 때문이다.

우리는 정치에 대한 우리의 이해에 단지 또 하나의 차원 — 뇌와 마음 — 을 보태고 있는 것이 아니다. 실제 이성은 우리에게 왜 정치에 참여해야 하는가, 왜 지구가 정치에 좌우되는가, 어떻게 더 효과적이고 긴급한 조치를 취할 수 있는가를 말해준다.

심오한 생태 의식은 또한 영적 의식이다. 왜냐하면 세상과 서로에 대한 우리의 가장 심오한 연대를 포괄하며, 근본적으로 도덕적이며, 진심으로 감사를 표하며, 날마다 경외감을 불러일으키기 때문이다. 실제 이성은 감성적이며, 생태 의식은 경외감을 중심적인 감성으로 갖는다.

이 생태 의식이 침범당할 때에는 의로운 분노가 적합한 감정이며, 책임감 있는 조직화 작업이 적절한 반응이다. 진정한 생태 의식은 살려내야 한다.

# 06

# 트라우마적 개념: 테러와의 전쟁

우리를 오도하는 파괴적인 개념은 트라우마의 조건 아래에서 도입될 수 있다. 그 다음 이 개념은 매우 빈번하게 반복되어 당신의 시냅스에 영원히 존재하게 된다. 이 개념은 절대로 멀리 가지 않을 것이다. 우리는 이 개념을 억제하고, 회피하고, 대안을 제시할 필요가 있다.

2001년 9월 11일 세계무역센터 빌딩이 무너지고 난 뒤 몇 시간 동안, 행정부 대변인은 이 사건을 '범죄'라 칭했다. 정말로 행정부 내에서 파월(Colin Powell)은 이 사건을 범죄로 처리해야 한다고 주장했다. 이렇게 되었다면, 국제적인 범죄퇴치 기법이 적용되었을 것이다. 즉, 은행계좌를 추적하고, 도청을 하고, 정보원과 정보를 모으고, 외교적으로 개입하고, 외국 정부의 정보기관과 협력하고, 필요하다면 군사력을 동원해 무제한의 '치안 활동'을 펼쳤을 것이다. 이 활동은 결국 고발과 기소, 증언, 법정에서의 유죄·무죄 결정으로 이어졌을 것이다. 그리고 테러리스트는 자신이 대변한다고 주장하는 사람들에게 영웅적인 군인이 아니라 범죄자로 보이게 되었을 것이다. 정말로 이러한 방식은 지금까지 테러리즘에 대처하는 데 국제적으로 가장 성공적인 방식이었으며, 영국이 성공적으로 채택해왔다.

그러나 범죄 프레임은 부시 행정부에서 성공을 거두지 못했다. 오히려 부시 행정부는 교묘하게 전쟁 은유를 선택했다. 그것이 바로 '테러와의 전쟁'이었다.

뇌의 시냅스는 트라우마의 조건 아래에서 아주 쉽게 그리고 아주 극적으로 변화한다. 그런데 9·11은 국가적인 1급 트라우마였다. 이로 인해 부시 행정부는 강력한 '테러와의 전쟁' 은유를 부과하고, 이 은유에 끝까지 매달릴 수 있었다.

은유적인 전쟁과 달리 축자적인 전쟁의 수행은 다른 나라 군대와의 대결이다. 문자 그대로 전쟁이 끝나는 것은 군대가 군사적으로 패배해 평화조약에 서명할 때이다. 테러는 감정 상태이다. 따라서 테러는 우리 내부에 있는 것이지, 군대가 아니다. 당신은 감정 상태를 군사적으로 패배시킬 수 없으며 그 감정 상태와 평화 조약에 서명할 수 없다.

'테러와의 전쟁'은 끝이 없는 전생을 의미한다. '테러와의 전쟁' 은유는 부시 행정부가 대통령에게 거의 무제한적인 전쟁수행력 — 그리고 추가적인 대내 영향력 — 을 가져다주기 위한 계책으로 사용했다. 어떻게? '테러'는 언급하기만 해도 공포 반응을 활성화하며, 공포는 보수적 세계관을 활성화하기 때문이다. 보수적 세계관에는 자신의 힘을 기꺼이 사용하는 강력한 지도자가 있으며, 그가 국민과 국가를 안전하게 보호한다.

이 전쟁 은유는 정치적 이유 때문에 선택되었다. 특히 국내의 정치적 이유 때문에 선택되었다. 이 은유는 전쟁을 국가를 방어할 유일한 방법으로 정의했다. 이 은유의 내부로부터, 전쟁에 반대하는 반응을 보이는 것은 비애국적인 것, 즉 국가의 방위에 반대하는 것이 되었다. 주의의 초점이 '테러'에서 '테러리스트'로 이동한다 해도 여전히 이 전쟁 은유는 유지된다.

이 전쟁 은유로 인해 진보주의자는 수세에 몰린다. 일단 이 전쟁 은유가 주도권을 잡으면, 대통령에게 전쟁을 수행할 전권을 부여하는 것에 대해 의회 내의 진보주의자들이 어떤 반대 의견을 내든지 그들은 애국적이지 않으며, 미국을 방위할 의지가 없으며, (반역적인) 패배주의자라는 비난을 면치 못할 것이다. 일단 군대가 전투에 들어가면, 이 전쟁 은유는 자체적으로 강화되는 새로운 실재를 창조한다.

이 전쟁 은유는 부시 대통령에게 전쟁수행력을 부여했다. 이로 인해 정치적인 측면에서 그는 심각한 비판을 면할 수 있었고, 극우파의 의제를 수행할 특별한 힘을 부여받았다. 예를 들어, 돈과 자원을 사회적 필요로부터 군사 관련 산업으로 돌릴 힘, 군사적 필요에 따라 환경 보호규정을 무시할 힘, 국내 감시 체계를 확립해 국민을 상대로 정보 수집을 하고 정적을 위협할 힘, 그리고 전쟁이 모든 다른 주제를 압도하기 때문에 정치적 토론을 누를 힘을 부여받았다. 간단히 말해서, 부시 대통령은 미국을 극우의 비전에 맞도록 다시 만들 힘을 부여받았다(이 힘의 사용은 언제 끝날지 모른다).

더욱이 이 전쟁 은유는 이라크 침공을 위한 정당화로 사용되었으며, 부시는 이를 집권 첫 주부터 계획했다. 우익의 언어전문가인 런츠(Frank Luntz)는 이라크 전쟁을 '테러와의 전쟁'에서 전면에 내세우는 주요 뉴스로 지정하도록 권고했다. 이 권고는 심지어 사담 후세인이 9·11 테러와 아무런 관련이 없다는 사실이 알려졌을 때에도 그대로 실행되었으며, 실제로 빈 라덴(Osama bin Laden)은 적으로 간주되었다. 폭스텔레비전 뉴스는 이라크에서 전송된 화면을 보여줄 때 '테러와의 전쟁'을 헤드라인으로 사용했다. '대량살상무기'를 기억하는가? 그러한 무기는 미국인의 마음속에 공포감을 강하게 주입하고 이라크 침략을 정당화하기 위해 부시 행정부가 날조했다. 이라크 전쟁은 9·11 테러가 일어나기 오래전부터 '새로운 미국의 세기를 위한 프로젝트'의 구성원들이 옹호했다. 그들은 일찍이 1997년에 이 전쟁을 주창했으며, 나중에 부시 행정부를 주도하게 되었다. 왜 그랬을까?

신보수주의의 전략은 미국 군대를 사용해 중동에서의 경제적 · 전략적 목표를 달성하는 것이었다. 즉, 세계 2위의 석유 매장량을 통제하는 것, 경제적 · 정치적 협박을 위해 중동 한복판에 군사 기지를 설치하는 것, 중동 시장을 열어 미국 기업에게 경제적 기회를 제공하는 것, 그리고 중동 한복판에 미국 문화를 이식하고 통제 가능한 정부를 세우는 것이었다. 이 정당화는 9 · 11이었다. 이라크 침략을 '테러와의 전쟁'의 일부로 분류하고 미국을 보호하고 민주주의를 전파하기 위해 이라크 침략이 필수적이라고 주장하는 것이었다.

국내적으로 '테러와의 전쟁' 은유는 극우파에게 대성공이었다. 2004년 부시는 재집권에 성공해 권좌를 이어갔다. 극우파는 대법원에 자기편 판사를 심었고, 전국적으로 우익 판사가 임명되었으며, 정부는 우익 지명자로 가득 찼다. 그래서 우파는 대외 전쟁으로 인해 소홀했던 국내의 정치적 목적을 달성할 수 있었다. 사회보장 프로그램은 제거되고 있으며, 납세자의 돈은 최고 부자들에게 넘어가 그들은 더욱 부유해지고 있다. 환경은 개발로 인해 계속 황폐화하고 있으며, 국내의 감청은 더 철저해지고 있다. 기업의 이익은 배가된 반면 임금 수준은 떨어졌다. 석유회사의 이익은 천문학적이다.

여전히 이 은유는 작동하고 있다. 우리는 여전히 공항에서 신발을 벗고 있으며, 이제 우리는 비행기로 물병을 가지고 들어갈 수 없다. 정말로 공항의 '보안 검색'은 우리에게 두려움을 가져야 한다고 말해준다. '테러와의 전쟁'을 계속해서 언급하기만 해도, 두려움은 (설령 의식적이 아니라 하더라도 무의식적으로) 유발된다. 2007년 공화당의 대통령 후보들은 반복해서 이 어구를 읊어댔다. 그들은 두려움을 팔고 있었다. 루디 줄리아니의 입후보 자체가 이 은유에 근거했다. 그는 자신이 다른 어떤 사람보다 더 효과적으로 '이 두려움과 싸울' 수 있다고 주장했다. 맥케인(John McCain)도 정말로 줄리아니만큼 강력하게 다가온다. 롬니(Mitt Romney)는 더 많은 고문을 가하며 테러와 싸우길 원했다. 관타나모 수용소를 두 개로 늘려서!

'테러와의 전쟁' 은유는 여전히 우파의 국내 정치의 핵심 요소이다.

## 신경과학과 '테러와의 전쟁'

'테러와의 전쟁' 은유는 어떻게 미국의 중동 개입을 특성화하는 개념으로 정립되었는가? 신경과학은 개념이 우리 뇌의 일부로서 물리적으로 예시된다는 것과 변화가 시냅스에서 발생한다는 것을 알려준다. 장기적 강화작용이라 불리는 그러한 시냅스 변화는 두 개의 조건 아래에서 발생한다. 이 두 조건은 특별히 강력한 신경 점화가 일어나는 트라우마와, 신경 점화가 계속 일어나는 반복이다. 9·11은 전국적인 트라우마였으며, '테러와의 전쟁'은 트라우마 조건 아래에서 도입되어 수년 동안 계속 반복되었다. 그 결과 이 은유적인 개념은 대부분의 미국인의 뇌에서 물리적으로 예시되었다.

신경과학은 또한 우리에게 당신이 그러한 변화를 쉽게 제거할 수 없다는 것을 알려준다. 당신은 '테러와의 전쟁' 개념을 능가할 수도 있고, 아마도 이 개념의 활성화를 억제할 수도 있는 구조를 더할 수 있다. 아니면 어떤 변형 구조 — 아마도 심지어는 이 개념을 불법화하는 어떤 구조 — 를 덧붙일 수도 있다. 그러나 당신은 이 개념을 절대로 마음대로 제거할 수 없다. 휘익! (단숨에) '테러와의 전쟁'을 없애주소서!

더욱이 '테러와의 전쟁'과 같은 표현이 당신 뇌의 고정 부분이 될 때, 당신은 이것을 **반성적**이 아니라 **반사적**으로 사용하기 쉽다. 살펴본 바와 같이, 반사적 사용은 반사체와 같다. 즉, 당신이 자전거를 탈 때 사용하는 근육의 자동적인 움직임과 같다. 자전거를 타면서 당신은 모든 근육 하나하나를 통제하지 않으며, 통제할 수도 없다. 당신은 자전거 타는 법을 배운다. 그러면 당신의 뇌와 몸이 이어 받아서 당신의 움직임을 무의식적으로 통제한다.

이것은 말할 때에도 마찬가지이다. 당신은 대부분 모든 낱말과 모든 문법 구조, 모든 추론을 의식적으로 통제하지 않고 그냥 말한다. 당신의 뇌가 바로 이어받아서 의식적인 통제 수준 아래에서 작용한다. 이것은 듣기를 할 때에도 마찬가지이다. 당신은 보통 모든 낱말에 대한 의식적인 **성찰**(반성) 없이 그냥 **반사적**으로 듣고 이해한다. 부분적으로 정치적 언어의 힘은 표현되는 개념이 **반사적**으로 처리된다는 것이다. 당신은 대부분의 시간 동안 당신이 생각하고 있는 것의 대부분에 주목할 수 없다!

**반성적 인지** ─ 당신의 생각에 대해 생각하는 것 ─ 에는 의식적인 조사가 필요하다. 의식적인 성찰은 두 층위의 이해를 필요로 한다. 즉, 당신이 무엇을 생각하고 있는지에 대한 의식적인 층위뿐만 아니라, 부의식적인 사고에 대한 이해를 또한 요구한다.

나는 '테러와의 전쟁' 은유를 하나의 은유 ─ 보수의 힘에 유리하도록 고안된 조작적 은유 ─ 로 보는 의식적인 토의를 제안하고 있다. '테러와의 전쟁' 은유를 하나의 은유로 보고 공개적으로 논의한다면, 테러리즘을 수십만도 넘는 군대를 해외로 파견해 (더 많은 테러리스트를 양산할 뿐인) 대량 폭격을 가할 계기가 아니라 하나의 범죄로 처리하는 것 ─ 범죄 조직을 소탕하는 것과 같은 ─ 이 가장 효과적이라는 주장을 펼칠 수 있다.

마지막으로 '테러와의 전쟁' 은유를 하나의 은유로 보고 공개적으로 논의할 때에는 대통령에게 전쟁수행 권한을 주는 것의 국내적 효과에 대한 의문이 제기될 것이다. 그리고 치사하게도 부시 행정부가 극우파의 정치적 목적을 달성하기 위해 9·11 테러를 이용해왔다는 사실 — 그리고 이것이 이 나라 미국에 초래했던 엄청난 재앙 — 에 대해 문제가 제기될 것이다. 또한 이러한 논의를 통해서 우리는 우익 이데올로기에 이름을 부여하고, 이것을 자세히 설명하고, 이것의 효과를 살펴보고, 이것이 어떤 무서운 짓을 자행했고 지금도 자행하고 있으며 앞으로도 계속 자행하겠다고 위협하는지를 파악할 수 있을 것이다. 이라크에서, 뉴올리언스에서, 미국 경제에서, 그리고 이 나라 전역에서 지금까지 벌어졌던 잘못에 대한 비난은 그 근원 — 참된 미국적 가치를 무시하는 자칭 '보수'의 우익 이데올로기 — 을 정확하게 겨냥해야 한다.

은유는 눈으로 볼 수도 손으로 만져볼 수도 없지만, 엄청난 효력을 발휘한다. 정치적 협박이 바로 그러한 효력 가운데 하나이다. 2001년 9월 12일이나 13일에 나는 무엇을 보고 싶어했을까? 여기에 하나의 꿈이 있다.

의회와 국민, 언론이 떨쳐 일어나서 이렇게 외친다. "잠깐만요! 그것은 어울리지 않는 은유입니다. 당신은 부적절한 은유에 근거한 전쟁에 나가선 안 됩니다." 언론사 기자들은 '테러와의 전쟁'이라는 어구의 반복이 자신과 국민의 뇌를 바꾸어 국제적으로나 국내적으로 부당한 엄청난 힘을 얻으려는 시도라는 것을 인식한다. 정직한 미디어는 '테러와의 전쟁'이라는 어구의 사용을 거부한다(물론 예외적으로 폭스텔레비전이나 클리어채널은 이러한 어구를 계속 사용한다). 수많은 시민이 자신의 지역구 의원에게 이 은유를 사용하지 말라는 편지를 보낸다. 대통령으로 당선될 가능성이 있는 후보자가 이 문제를 제기한다.

이것이 완전히 몽상은 아니다. 최근 (2007년 봄) 실제로 에드워즈(John Edwards)는 대통령 선거 토론 중 전국적인 텔레비전에서 '테러와의 전쟁'을 하나의 은유로 규정했다. 그리고 2007년 5월 3일 외교관계평의회에서 그는 이렇게 말했다.

조지 부시가 잘못 명명한 '테러와의 전쟁'은 역효과를 냈으며 그것이 바로 문제의 일부라는 것은 이제 분명하다.

테러와의 전쟁은 정치적 목적으로 고안된 슬로건일 뿐, 미국을 안전하게 만드는 전략이 아니다. 이것은 자동차 범퍼에 붙은 선전문구이지 계획이 아니다. 이로 인해 우리의 동맹국들이 손상을 입었으며 세계에서 우리의 입지가 약화되었다. 정치적인 '프레임'으로서 '테러와의 전쟁'은 이라크 전쟁에서 관타나모 수용소, 미국 시민에 대한 불법감시에 이르는 모든 것을 정당화하는 데 사용되었다. 이것은 심지어 현재의 백악관이 정적에게 타격을 가하기 위해 당파적인 무기로도 사용했다. 선거에 이르기까지 위협 수준을 조작하든지 아니면 정적을 '테러에 대해 나약하다'고 여김으로써, 그들은 각개격파를 위해 공포를 사용하는 데 조금도 주저하지 않았다.

그러나 이 슬로건에서 최악은 그것이 테러리즘을 격파하는 데 어떤 효과도 내지 못했다는 점이다. 이른바 '전쟁'은 훨씬 더 많은 테러리즘을 잉태했다. 비극적이지만 지금까지 우리는 이를 이라크에서 목격했다. 최근 국무부가 자체적으로 내어놓은 한 연구에 따르면, 전 세계의 테러리즘은 2006년 25퍼센트 증가하고 민간인 사망자는 40퍼센트나 급증했다.[1]

에드워즈가 말한 바와 같이, 9·11 테러를 '전쟁' 프레임에 넣음으로써 지금까지 우리는 테러리스트가 놓은 덫으로 바로 걸어 들어갔다. 우리는 일종의 문명 충돌과 이슬람과의 전쟁에 말려들어 있다.

이 전쟁 은유는 또한 미국의 힘 중에서 단지 하나의 도구 ─ 군사력 ─ 의 역할을 과장하기 때문에 실패했다. 이렇게 과장해왔던 부분적인 이유는 군대가 자신의 역할 수행에 아주 효과적이기 때문이다. 그렇지만 만일 당신이 가지고 있는 모든 것을 망치라고 생각한다면, 모든 문제는 못으로 보인다.

우리가 '테러와의 전쟁' 개념을 넘어서야 한다는 합의가 군대 내에서 나오고 있다. 미군 중앙사령부 지휘관은 최근 더는 '장기전'의 틀을 사용하지 않을 것이라고 말했다. 퇴역장군 앤서니 지니(Anthony Zinni)와 같은 최고위 지휘관은 이 용어의 사용을 거부했다. 이러한 지휘관은 우리가 슬로건이 아니라 실체를, 이름표가 아니라 리더십을 필요로 한다는 것을 알고 있다.

문제는 바로 이것이다. 무엇으로 '테러와의 전쟁'을 대체해야 하는가? 2007년 세계문제평의회(World Affair Council) 연례회의에서 전 국방부장관 페리(William Perry)는 이 용어의 은유적 본성을 지적하며, 이 용어를 국가 안보에 관한 진지한 담론에서 추방해야 한다고 제안했다. 마치 자신이 그렇게 할 수 있는 것처럼 말이다.

불행히도 지금까지 이러한 시도는 너무 약하기도 했고 너무 늦기도 했다. 이 은유는 미국 전역에서 사람들의 뇌의 시냅스에 자리 잡고 있다. 그리고 페리의 시도가 즉각적인 반향을 일으키지 못했기 때문에, 에드워즈조차도 이러한 언급을 대부분 빠뜨리고 이따금 '테러와의 전쟁'을 '자동차 범퍼 스티커'라고 잘못 칭해, 이 은유의 힘을 하찮게 보이게 하고 이 은유의 국내적 의도를 감추었다.

상당히 커다란 그러한 뇌 변화는 선거나 학회에서 행하는 연설 한두 번으로 나타날 수 없다. 그 이유는 특히 보수적인 메시지 전달 기계*와 공화당 대통령 후보자들이 '테러와의 전쟁' 은유를 계속 읊어댈 것이기 때문이다. 우리는 정말로 이 은유를 추방할 수 없다. 우리는 약간은 조롱하고 약간은 도덕적인 분노를 표출하면서, 그것을 공적인 이슈로 만들 수 있다. 그러나 그러한 토론과 조롱, 분노 표출은 절대로 일회성 사건이어서는 안 되며, 앞으로도 계속해야 한다. 조롱당하거나 극심한 분노를 자극할까 두려워 단 한 사람도 이 어

* 메시지 전달 기계(message machine): 고유의 기능을 수행하지 못하고 특정한 이념적 성향만을 반복해서 주창하는 언론의 행태를 비판하기 위해 저자가 사용한 용어.

구를 사용하지 않을 때까지, 온 나라에서 그러한 토론을 진행하고 조롱하며, 분노를 계속 표출해야 한다.

이것은 이 나라 전역에서 시민의 참여를 필요로 할 것이다.

그러나 이러한 일은 잘 일어나지 않는다.

구계몽 이성이 민주당 안에 (정치지도자뿐 아니라 자문단이나 사무직원, 여론조사 요원, 전략가, 광고대행기관, 기부자 단체에도) 너무 강력하게 자리 잡고 있다. 지속적으로 캠페인을 벌여서 진실을 전달하고 미국인의 사고방식을 바꾼다는 아이디어는 현 시점에서 민주당이 생각해낼 수 없다.

이라크의 군사적 점령이 최악으로 진행되어 정말로 2008년 선거에서 민주당이 크게 승리할지도 모른다.* 더 폭넓은 문제는 이것이다. 민주당이 테러리즘뿐 아니라 이 나라의 가치가 무엇인가와 이 나라를 어떻게 운영해야 하는가에 대해서도 미국인의 마음과 (따라서) 뇌를 심오하게 변화시킬 것인가?

> * 저자가 이 책을 쓰던 시기는 2008년 미국 대통령 선거 직전이었다. 이 선거에서 민주당의 버락 오바마 후보가 공화당의 존 맥케인 후보를 누르고 제44대 대통령으로 당선되었다.

# 07

# 실재를 프레임에 넣기: 사영화

어떤 중요한 진리가 드러나지 않는 이유는 그것을 프레임에 넣지 않았고 그것에 이름을 부여하지 않았기 때문이다. 이 경우에 우리는 그 중요한 진리를 드러내기 위해 개념적 프레임을 구성하고 이름을 부여할 수 있다.

우리는 개념적 프레임의 사용을 떠올린다. 낱말은 그러한 프레임의 요소에 이름을 부여한다. 프레임과 이름이 없다면, 진리에 대해 생각하거나 이야기하기 어렵다. 신계몽을 향해 한 걸음 나아가기 위해서는, 중요한 진리에 대한 프레임이 대중의 의식에서 언제 결여되어 있는지와 필요한 그 낱말이 우리에게 언제 없는지를 인식해야 한다. 그래서 우리의 임무는 그 프레임을 구성하고 이름을 부여하는 것이다. 이것은 그 현상에 대해 공공연하게 이야기할 수 있기 위함이다.

용어를 바꾸는 데 대한 논의를 시작해보자. 예전에는 이름이 없었으며, 그래서 방송에서 공개적으로 발표되지도 않았고 심지어는 단일한 관행으로 인식조차 되지 않았던, 널리 퍼져 있는 보수적인 관행 하나를 기술하고자 한다. 나는 이 관행을 사영화(privateering)라 부른다. 이것은 '사기업화''와 '영리화'

(profiteering)의 혼성으로 간주할 수 있다. 이 낱말은 예전에도 어떤 관련 의미와 함께 존재했지만, 지금까지 거의 사용되지 않았다.

* 사기업화(privatization): 정부의 특정 기능을 기업에 넘기는 것으로, 우리나라에서는 '민영화'라고 알려져 있다. 현재 이명박 정부에서는 '공기업 민영화'라는 용어 대신에 '공기업 선진화'라는 용어를 쓰기도 한다.

사영화는 사기업화의 특수한 사례이다. 이 경우에 중요한 도덕적 임무를 수행하는 정부의 역량은 정부 자체 내부로부터 체계적으로 파괴된다. 반면에 공적 자금은 그러한 중요한 정부 기능을 인수하기 위한 사기업의 자본금을 제공하는 데 사용된다. 이 과정에서 사기업은 일반 국민들에게 엄청난 비용을 물리면서도 모든 책무성을 회피한다.

이것은 국민을 보호하고 국민의 역량강화를 도모해야 할 정부의 도덕적 임무에만 타격을 가하는 것이 아니라, 민주주의 자체를 파괴할 위험성이 있다. 이것은 사영화 기업(privateering corporations)과 어떤 종류의 지배력을 갖고 있는 사영화 관료(privateering enablers) 사이의 협력을 포함한다. 이것은 어떤 수준의 정부에서나 발생할 수 있지만, 가장 치명적인 결과는 연방 수준의 정부에 있다. 그리고 이것은 공적인 레이더망 아래에서 보수 이데올로기를 성공적으로 수행한 결과이다.

사영화 프레임에는 이러한 요소가 있다.

- 사영화 관료: 보호와 역량강화라는 도덕적 임무의 일부 국면을 수행할 수 있는 정부의 능력을 파괴하기 위해 행동하는 정부 내 사람들.
- 은밀한 해체 행위: 보통은 대중이 의식하지 못하는 가운데 정부의 중요한 역량을 파괴하는 행위. 예를 들어, 예산 삭감, 행정 명령, 서명 지침, 규제담당자 재배치, 의도적인 집행 기피, 정부 기관의 책임을 기업 로비스트에게 맡기는 것, 보수적인 판사를 임명하는 것, 수의 계약을 맺는 것 등을 보라.

- 사영화 기업 자체: 몇 가지 중요한 정부 역량 내의 공백을 메우는 기업 은 흔히 공적인 돈을 사용해 이러한 기능을 인수할 자금을 마련한다. 이 돈은 보통 정부와의 수익성이 좋은 계약 또는 보조금의 형태로 들어 온다. 사영화 기업은 정부가 더는 수행하지 않는 필수적인 정부 과제를 수행해 상당한 이익 — 대중이 지불하는 — 을 내는 경향이 있다. 전형적 으로 사영화 기업 사이에는 경쟁이 거의 없다. 그래서 (시장이 책정하는) 가격이 매우 높다.
- 은밀한 사영화: 흔히 로비를 하거나 개인적인 인맥을 동원해 사영화를 도모하기 위해 사영화 관료와 조율함.
- 기능의 양도: 사영화 기업에 양도되는 정부의 아주 중요한 도덕적 기 능. 예를 들어, 군사적 기능, 정보부 기능, 식품·의약품 안전 감시 활 동, 재소자 심문, 재난 구제, 공교육 등의 기능이 양도되고 있다. 사영 화 기업은 대중에게 이러한 기능을 잘 수행해야 할 책임을 지지 않는 다. 이러한 기능 이전으로 인한 부정적인 효과에는 이라크에서의 민간 인 살해, 정보부 기능의 약화, 식품·의약품·소비재에 의한 일반 대중 의 중독, 고문 자행, 사람을 익사하도록 방치한 것, 학교를 차별적으로 다시 분리한 것 등이 있다.

기업의 일차적 사명은 국민을 보호하고 국민의 역량을 강화하는 도덕적 임무를 수행하는 것이 아니라, 주주와 경영진을 위해 이익을 극대화하는 것 이다. 기업은 일반 대중이 아니라 주주에 대해 책무성을 지니고 있다. 공익과 기업의 이익이 충돌할 때 기업은 필연적으로 공익을 외면할 수밖에 없다.

사영화가 되면, 일반 대중은 전속시장이 된다. 중요한 서비스에 대해 기업 은 시장이 책정하는 어떤 비용이든지 청구할 수 있다. 긴급 상황에는 정부 자신 — 즉, 납세자들 — 이 그러한 서비스에 대해 엄청난 가격을 지불해야 할지 모르며, 많은 사람은 그 비용을 감당할 수 없을지 모른다.

사영화는 평범한 납세자에게서 부유한 투자가에게로 부를 이전하는 수단이다. 이로 인해 부자는 훨씬 더 부유하게 되는 반면, 보통 사람은 정부로부터 당연히 보장받아야 하는 안전과 기회를 빼앗기게 된다.

민주주의가 사영화의 첫 희생자이다. 우리의 생명이 사기업의 지배를 점점 더 많이 받고 있다. 우리는 사기업을 선출하지도 않았고, 이들을 현재 지위에서 내쫓을 수도 없고, 이들에게 우리에 대한 책무성을 다하게 할 수도 없다. 사영화가 실행될 때마다, 우리는 민주주의를 조금씩 빼앗긴다.

이로 인한 궁극적인 결과는 악몽과 같은 비민주적인 통치 체계이다. 이 경우에 정당한 정부는 파괴되고, 도덕적 임무는 기대할 수 없게 되며, 공공의 책무성은 전혀 없고, 물가는 엄청나게 비싸며, 대중은 신뢰할 수 없는 서비스에 대해 아주 높은 가격을 지불하거나 아예 서비스 없이 살아가야 한다.

2007년 가을 ≪뉴욕타임스≫의 1면에 사영화에 대한 기사가 세 편 실렸다. 블랙워터가 이라크에서 자행한 민간인 살상, 식품의약국의 식품의약품 안전 검사관 부족, 국가아동건강보험프로그램 자금 지원 법안에 대한 기사였다. 이들은 전혀 서로 관련이 없는 것처럼 실려 있었다. 이 세 기사가 어떻게 서로 연결되는지 살펴보기로 하자.


## 블랙워터

군은 연방 정부의 한 기관으로서, 침략이나 임박한 위협의 경우에 이 나라를 보호하기 위해 존재한다. 군대는 전투 이외에도 부대원의 훈련, 무기 수송과 부대원 호송, 군사 시설 보호와 외교관 경호, 기술적 설비의 운영, 기지 설치, 장비 수송, 부대원의 식량 공급 등 많은 기능을 수행한다. 군은 민(民)의 통제 아래에 있으며 자기 국민을 보호함으로써 국가에 봉사하겠다고 자원한 미국 시민으로 이루어진 서비스 기관이다. 군에는 군인이 무엇을 할 수 있고 무엇을 할 수 없는지에 대한 엄격한 행동 규정과 국제적인 규칙이 있다.

블랙워터는 유급 병사 — 용병 — 로 이루어진 사적인 군대이며 '계약자'나 '보안 요원'이라 불린다. 블랙워터는 시설이 어마어마하며 매년 4만 명의 군인을 훈련시킨다. 블랙워터가 없었다면 이라크 전쟁은 가능하지 않았을 것이다. 블랙워터의 사병은 바그다드 한복판에 있는 도시 속의 거대한 도시인 안전구역(Green Zone)을 비롯한 시설을 경호하고, 부대원을 수송하고 외교관을 호송하며, 훈련에 참여하는 등의 일을 한다. 블랙워터는 자신의 지상 병력에서 별다른 예고도 없이 2만 명을 기꺼이 임무를 수행하도록 동원할 수 있다고 말한다.

블랙워터는 거대한 군용헬리콥터 편대를 보유하고 있으며, 부시 행정부가 집권한 이후 이라크에서 계약을 통해 10억 달러 이상을 받았다. 블랙워터는 매년 경호원 한 명당 미국 정부에 44만 5,000달러를 청구한다. 블랙워터 사장 프린스(Erik Prince)는 억만장자이며, 공화당의 주요한 재정 후원자이다. 블랙워터 수입의 90퍼센트는 정부와의 계약에서 나왔으며, 이 계약의 3분의 2는 수의 계약이다. 이것은 미국의 납세자가 블랙워터 자본 — 군사기지와 헬리콥터, 무기, 여타 장비 — 에 대한 대부분의 비용을 감당했다는 것을 의미한다. 그리고 블랙워터 요원은 대개 전직 미군 부대원이기 때문에, 미국의 납세자가 이들의 훈련비를 지불했다. 그러나 미국 의회는 블랙워터를 전혀 통제하지 못하고 있다. 이 글을 쓰고 있는 이 순간에도 다른 나라에 있는 블랙워터 요원은 미국의 사법적 관할권 밖에 있으며, 그 나라의 사법적 통제도 받지 않고 있다. 이들에게는 자신의 마음이 곧 법이다. 또한 이들은 방아쇠를 당기면서 행복감을 느끼는 사람이라는 평판을 받고 있다. 그리고 블랙워터를 국민적 관심사로 만들었던 사건에서 이들은 어머니와 갓난애를 비롯해 이라크 민간인 17명을 살해했다.

블랙워터는 국토안보부에 고용되어 허리케인 카트리나와 관련해서도 등장했다. 블랙워터는 또한 연방재난관리청에도 고용되었다. 연방재난관리청은 예산을 삭감당해 더는 허리케인 구제 활동을 자체적으로 펼칠 수 있는 능력이 없기 때문이었다. 연방재난관리청은 블랙워터를 고용해야만 했다. 현재 블랙워터는 자신의 활동 영역을 국내로 확장하길 기대하고 있다. 이들은 국경을 수비하는 사업권을 따내려는 희망에서 캘리포니아 남부, 멕시코와의 국경 지대 근처에 거대한 기지를 건설하려 하고 있다. 또한 이들은 지진과 화재, 홍수의 경우에 경호와 수송을 위해 활동하고 있다. 블랙워터는 연방재난관리청에 없는 설비를 보유하고 있기 때문이다.

자금이 풍부하고 충분한 장비를 갖춘 거대한 사적 군대를 우익 이론가와 보수정치 후원자가 운영한다는 것은 생각만 해도 아주 무시무시하다. 이 나라의 많은 지역이 블랙워터에 의존하고 이들의 서비스에 대해 엄청난 비용을 지불하면서도 이들에게 지배받아야 할지도 모른다고 생각하면, 이것은 훨씬 더 끔찍하다.

블랙워터가 상징하는 민주주의 위협은 공화당 소속의 캘리포니아 출신 연방하원의원 이사(Darrell Issa)와의 인터뷰에서 분명해졌다. 그는 하원의원 왁스먼(Henry Waxman)의 블랙워터 청문회 소집에 대한 질문을 받았다. 이사는 이렇게 대답했다. "만일 왁스먼이 오늘 이라크에 가서 조사하려고 한다면, 블랙워터가 그의 지원팀이 될 것이다. 즉, 그의 경호팀이 될 것이다. 당신은 왁스먼이 실제로 직접 조사하길 바란다고 생각하는가?"[1] 그리고 뉴욕의 ≪데일리 뉴스≫는 이렇게 보도했다.

> ≪데일리 뉴스≫가 파악한 바에 따르면, 연방수사국(FBI)의 한 팀의 요원이 블
> 랙워터 보안회사의 살인을 조사하기 위해 금주 바그다드에 도착할 때, 이들은
> 바로 그 회사 경호원의 보호를 받을 것이다.
> 워싱턴에 근거를 둔 연방수사국 범죄수사요원 여섯 명이 적어도 열한 명의 이
> 라크 민간인을 죽음에 이르게 한 9월 16일의 무차별 난사에 대해 증거를 수집하
> 고 증인들과 인터뷰를 하기 위해 이라크로 갈 예정이다.
> 연방수사국의 이 임무에 대해 보고를 받았던 한 소식통에 따르면, 이 요원들은
> 비교적 안전한 요새화된 보호구역 안에서 증인을 접견할 계획이지만, 무장한
> 블랙워터 호송원들이 이들을 해당 구역 밖으로 호송할 것이다.
> "그 연방수사국 팀이 범죄현장에 가보기로 결정할 때 무슨 일이 일어날까? 블
> 랙워터는 그들을 그곳으로 데려가야만 할 것이다"라고 이 소식통(미국 연방수
> 사국의 고위 관리)은 ≪데일리 뉴스≫에 말했다.[2]

블랙워터는 모든 측면에서 사영화 기업이다. 정부는 보호 기능을 완벽하
게 수행할 능력을 거세당했으며, 이 나라 미국은 블랙워터와 같은 회사에 의
존하게 되었다. 이러한 회사는 그 규모가 어마어마하며, 공적인 비용으로 많
은 이익을 챙겨왔다. 이들이 청구하는 금액은 과도하며, 그 이익은 엄청나다.
어느 곳에서 자신의 임무를 수행하든지 이들은 통치를 한다. 즉, 이들은 정부
의 힘과 의무를 떠맡는다. 그렇지만 이들은 이익에 따라 움직이며 자신들이
통치하는 사람들에 대해 어떤 책무성도 감당하지 않는다. 아무도 블랙워터를
선출하지 않았으며 어느 누구도 투표를 통해 이들을 지금의 지위에서 끌어낼
수 없다. 그러나 이들은 엄청난 재정적 자원과 법적 자원, 홍보 자원, 로비 자

원을 가지고 있어서 자신들에게 유리한 조치를 취하도록 미국 정부에 영향력을 행사할 수 있다.

## 식품의약국

2007년 9월 28일 《뉴욕타임스》는 식품의약국이 미국의 의약품 임상시험 중 1퍼센트 이하를 검열한다고 보도했다. 식품의약국에 있는 조사관은 200명뿐이고, 일부는 시간제 근무자이며, 그들이 35만 개 시험장을 검열한다. 그리고 심각한 문제가 발견될 때, 식품의약국 관리자들은 그 발견의 의미를 68퍼센트까지 깎아내렸다.

식품의약국이 규제담당 부서의 운영 자금을 삭감당하고 친기업적 관리가 임명되었을 때, 의약품 시험의 책임은 회사에 돌아갔다. 그런데 그러한 회사는 약품에 수십억 달러를 투자했다. 비공개의 시험 결과가 프로풀시드(존슨앤드존슨제약), 벡스트라와 셀레브렉스(화이저제약), 바이옥스(머크제약)에 유리하도록 조작되었고,* 그 결과 많은 사람이 죽었다는 것을 우리는 이제 알고 있다.

\* 프로풀시드(Propulsid)는 위장관 상부의 운동을 촉진하는 위장약이며, 벡스트라(Bextra)와 셀레브렉스(Celebrex)는 관절염 치료제이고, 바이옥스(Vioxx)는 진통소염제이다. 이 약은 모두 심장 부정맥이나 심장 발작을 유발하는 부작용 논란에 휩싸였다.

식품 안전 영역에서 식품의약국은 수년 동안 충분한 운영 자금을 지원받지 못했으며, 예산 부족으로 인해 조사관과 숙달된 직원이 부족하다. 2006년 왁스먼 위원회는 그해의 예산 부족분을 1억 3,500만 달러로 추정했다. 그 결과 식품 안전 규정은 사기업의 몫으로 돌아간다. 식품의약국은 콘아그라사(ConAgra)의 조지아 땅콩 사업체에서 살모넬라 검출을 이미 포착했으며, 그 문제에 대해 발표하는 것은 회사에 달려 있다는 것을 콘아그라에 말했다. 콘아그라는 그렇게 하지 않았다.[3] 식품의약국은 세 명의 희생자가 발생하기 전에 이미 대장균(E. Coli) 검출과 관련해 살리나스 밸리의 시금치 생산업자에 대한 불만 신고를 접수했다. 식품의약국이 이 생산업자에게 경계를 촉구했지만, 그는 이 문제를 처리하지 않았다. 그리고 중국이나 그 밖의 국가로부터 식품 수입이 늘어났을 때, 식품 안전을 위한 검열관을 하나도 고용하지 않았다. 더욱이 부시 행정부와 의회 내 공화당 의원들은 심지어 미국에서 팔리는 식품에 대해 원산국을 표기하자는 요청조차도 거부했다.

식품의약 안전 문제는 사영화의 아주 좋은 사례이다. 정부 내 보수주의자들은 식품의약국 조사관을 위한 재정을 삭감한다. 이로 인해 식품의약국은 이 나라에 공급되는 식품과 의약품을 보호해야 하는 도덕적 임무를 완수할 수 없게 된다. 그러면 이 책임은 사기업에 넘어가게 되는데, 사기업의 주요 임무는 이익을 내는 것이지 대중을 보호하는 것이 아니다. 필연적으로 이익이 (공적인 보호에 대해) 승리한다. 제약회사는 의약품 시험 데이터를 조작해, 일반 대중에게 해로울 것이라고 알고 있는 그 약품을 팔아 수십억 달러를 번다. 식품 생산업자는 이익을 위해 경고를 무시한다. 식품 수입업자는 수입 식품을 감시하는 데 필요한 돈을 쓰지 않는다. 사람들 — 또는 애완동물들! — 이 죽고 나서야 비로소 이 문제는 드러난다.

식품의약국은 단지 사영화의 그러한 하나의 사례일 뿐이다. 마찬가지로 소비자제품안전국(Consumer Product Safety Division)도 수년 동안 보수적인 정책으로 인해 충분한 예산을 배정받지 못했다. 그 결과는 추문이었다. 조사관이 부족해 납 페인트를 함유한 수백 만 개의 위험한 장난감이 수년 동안 중국에서 미국으로 들어오고 있었다. 그렇게 해서 수백만 명의 아동이 납 페인트에 직접 노출되었다. 이것은 엄청나게 해로운 영향을 끼쳤을 것으로 추정된다. 보수적인 사영화 정책 때문에 안전 조사관이 줄어들었을 때 중국의 제조업자와 미국 수입업자가 제품 안전에 대한 책임을 지게 되었다. 이익 때문에, 그러한 사기업은 납을 함유한 장난감을 가지고 노는 수백만 명의 아이를 보호하기 위한 어떤 조치도 취하지 않았다.

사영화는 미국을 위한 보수적 계획에서 가장 중요하다. 그런데도 보수주의자들은 계속해서 '더 작은 정부'와 '(공적) 지출 삭감'을 외쳐댄다. 그렇지만 군(軍)과 에너지국, 기업장려금, 그리고 보수적 세계관에 합치하는 정부의 모든 부서에 대한 지출은 예외이다. 보수주의자들이 말하는 '강한 국방'은 군과 관련이 있는 더 커다란 정부를 의미한다. 이 경우에 군에 대한 지출은 더 늘어나며, 그 지출 금액의 상당한 부분이 거대 군납업자로서 군과의 계약을 통해 높인 수익을 올리는 사기업에 돌아간다. 사기업 규제자에 대한 지출을 삭감하라는 목소리와 군납업자에 대한 지출을 늘리라는 목소리로 보수주의자들은 사영화에 개입하고 있다.


## 건강관리

사영화는 건강관리 쟁점의 한가운데에 있다.

먼저 건강관리(health care)와 민간의료보험(health insurance)을 구별해보자. 의료보험회사는 건강관리 제공을 거부함으로써 돈을 번다. 즉, 의료보험회사는 전제 조건을 달아 사람들의 의료보험 가입을 거부하거나, 권고되는 치료 절차를 거절한다. 또는 어떤 조건을 달아 지불해야 할 금액의 상한선을 제한한다. 예를 들어, 암 치료 비용으로 최대 2만 달러까지만 지급한다. 계속 치료를 받으려면, 당신은 집을 팔아야 한다.

이것은 대부분의 시장이 작동하는 방식과는 정반대이다. 전형적인 시장에서는 자기 제품을 더 많이 공급하는 회사가 더 많은 돈을 벌기 쉽다. 민간의 료보험에서는 제품이 보건의료이다. 그러나 보험회사가 건강관리를 더 많이 제공할수록 회사의 이익은 점점 줄어든다. 정상적인 시장에서는 더 많은 경쟁이 소비자에게 도움이 된다. 그러나 민간의료보험의 경우에는 경쟁이 건강관리를 제공하기 위한 것이 아니라 이익을 내기 위한 경쟁이다. 따라서 이익을 내기 위한 경쟁이 심해지는 것은 건강관리를 더 적게 제공하기 위한 경쟁을 의미한다. 이것은 소비자에게 해를 끼친다. 따라서 의료보험은 반(反)시장적 현상이다.

둘째, 민간의료보험은 건강관리 비용을 엄청나게 증가시킨다. 노인의료보험에는 3퍼센트의 행정비용이 들어가지만, HMO는 대략 25퍼센트의 행정비용이 필요하다. 이 돈은 대부분 보건의료를 거부하는 방법을 결정하는 데 쓰인다. 더욱이 HMO는 상당한 이익을 낸다. HMO의 행정 비용과 이익의 합계는 모두를 위한 메디케어(Medicare-for-all)나 단일지불자 의료보험 플랜* 아래에서 모든 사람이 보험에 가입하는 데 드는 비용보다 더 많을 정도이다.

셋째, 건강관리는 질병이나 부상으로 인한 몸의 피폐로부터 또는 노령화에 따른 몸의 자연스러운 쇠락으로부터 국민을 보호해야 할 정부의 도덕적 임무에 들어간다. 조만간 이 나라의 모든 국민이 건강관리를 필요로 할 것이다.

다른 형태의 대중 보호는 보험을 요구하지 않는다. 경찰은 당신에게 보험을 가지고 있는지 또는 강도가 당신의 집을 침입할 때 혜택을 받는 특별 회원인지 묻지 않는다. 소방서도 당신의 집에 언제 불이 나는지에 대해 묻지 않는다. 기본적인 보호는 정부의 기능이다. 아니, 그래야 한다. 이 기능에 건강안

* **단일지불자 의료보험 플랜(single-payer plan):** 단일한 정부 기관이 모든 의료보험료를 모아 모든 의료 서비스에 대한 비용을 지불하는 의료보험 제도. 공적으로 관리되는 건강보험 제도로서 오스트레일리아의 의료보장제도(Medicare), 영국의 국민건강관리공단(National Health Service), 대만의 국민건강보험(National Health Insurance), 한국의 국민건강보험공단 등이 전 국민을 위한 단일지불자 의료보험 제도의 대표적인 사례이다. 미국의 메디케어(Medicare)는 특별히 한정된 집단의 사람(65세 이상)에게만 적용되는 단일지불자 의료보험 제도이다.

전이 들어간다.

그러나 보수주의자는 사영화를 선호한다. 즉, 그들은 메디케어를 통해 의료보호를 제공하는 정부의 역량을 완전히 제거하고, 건강관리를 보험회사의 통제 아래에 두고자 한다. 그런데 보험회사는 주요 임무가 돈을 버는 것이며, 건강관리를 거부함으로써 돈을 번다. 보수주의자는 모든 사람이 보건의료 혜택을 받아야 한다고 믿지 않는다. 그들에게는 건강관리가 상품이다. 만일 그 상품 값을 치를 돈이 없다면, 당신은 그 상품을 가질 자격이 없다.

모두를 위한 메디케어나 단일지불자 플랜이 최선의 방안이라고 생각할지도 모르는 신자유주의 성향의 민주주의자들은 보수주의자의 반대를 의식하고 자신들의 도덕적 임무를 미리 포기한다. 신자유주의자는 여전히 시장을 진보적인 도덕적 목표를 달성하는 수단으로 보는 반면, 보수주의자는 시장을 그 자체로서 도덕적인 것으로 본다. 신자유주의자는 타인 — 다른 인구 통계 집단(보험에 들지 못한 가난한 사람, 퇴역 군인, 노인) — 의 이익을 위해 일함으로써 감정이입의 효과를 낼 수 있다고 믿는다. 그들은 시장이 적정한 규정과 법으로 대부분의 물질적 필요나 경제적 필요를 채워줄 수 있다고 믿는다. 바로 이런 연유로 '실용적인' 민주당은 가난한 사람들의 보험료를 연방 재정으로 지원하는, 민간보험에 근거한 의료 계획안을 지지하고 있다. 이러한 플랜의 결과는 회피할 수 있는 한 건강관리 제공을 계속 거부하려고 시도할 것이라는 점이다. 단지 건강관리 제공을 거부할 대상이 5,000만 명이나 더 늘어날 뿐이다.

보수적인 정책은 사영화 정책이다. 정부로 하여금 엄청나게 할인된 가격으로 의약품을 살 수 없게 하고, 그 절약 금액을 이월하지 못하게 하라. 그렇게 해서 제약회사로 하여금 엄청난 이익을 낼 수 있게 하라. 정부가 모든 가난한 사람의 보험료를 지원하는 것을 차단하라. 그래야 그들이 자라서 남은 생애 동안 정부로부터 의료보험을 지원받으려 하지 않을 것이다.

건강관리는 처음 두 경우(블랙워터와 식품의약국)와 다르다. 이 경우에는 정부의 기능을 파괴하는 것이 아니라, 아예 정부에게 이러한 기능을 갖지 못하도록 차단한다. 그러나 이 현상은 동일하다. 정부는 제 임무를 수행하지 못하도록 내부의 사영화 관료에게서 계속 견제를 받는다. 그 결과로 사기업은 흔히 정부와의 계약을 통해 많은 이익을 얻는다.

사기업화는 언제나 나쁜 것인가? 그렇지는 않다. 그러나 사영화가 타당한지를 알아보기 위해, 나는 몇 가지 간단한 질문을 제기한다. 정부의 도덕적 임무인 국민의 보호와 역량강화 ― 다른 이름으로 공익이라고도 불리는 ― 가 존중받을 것인가 아니면 훼손될 것인가? 민주주의는 존중받을 것인가 아니면 훼손될 것인가?

인지과학은 사영화 쟁점과 어떤 관계가 있는가? 아주 많은 관계가 있다. 구계몽 이성에 집착하는 신자유주의자는 이 문제를 쟁점으로 제기하지도 않았다. 그들의 논증 양식이 이것을 허용하지 않았기 때문이다. 보편 이성은 당신이 정확하고 자세한 정보를 제시하기만 하면 모든 사람이 이 정보를 사용해 정확하게 추론하고 납득할 것이라고 말한다. 그러나 우리는 단지 사영화의 특별한 경우 ― 블랙워터 사례나 식품의약국 사례, 건강관리 사례 ― 에 대해서만 정확하고 자세한 정보를 제시할 수 있다. 사영화에 맞서 싸우려면 당신은 일반적인 경우를 보아야 한다. 인지과학 덕택에 당신은 구계몽의 사유를 넘어설 수 있으며, 사영화의 경우에서 공통의 구조를 포착하도록 자극을 받는다. 사영화 개념을 포착할 때야 비로소 당신은 사영화에 대한 정확하고 자세한 정보를 축적할 생각이나마 할 수 있다.

그리고 인지과학은 당신에게 그 밖의 중요한 것도 알려준다. 대중이 사영화를 의식하게 될 수 있는 유일한 길은 그것을 정확하고 강력한 프레임에 넣는 경우이다. 누가 어떤 것을 알든지 그것은 모두 뇌 변화의 문제이다. 당신은 당신의 시냅스가 변화하지 않고서는 어떤 것도 배울 수 없다. 그리고 대중의 뇌는 어떤 주어진 프레임이 계속 활성화될 때에만 변화한다. 바로 이런 연유로 진보주의자들은 사영화의 사례를 지적하고 날마다 공적으로 논의해야 한다. ≪뉴욕타임스≫나 ≪워싱턴포스트≫ 같은 영향력 있는 신문 또는 전국적인 텔레비전 뉴스 프로그램은 이 아이디어를 우리 문화 속으로 도입할 수 있다. 단, 그들이 모든 기사에서 사영화의 편재하는 인과적 영향력에 주목하고, 사영화를 보수적인 정책으로 분류한다는 조건에서만 가능하다.

보수 이론가들은 사영화를 잘 인식하고 있으며, 유명한 역사를 동원해 사영화에 대해 화려한 글을 써오고 있다. 최초의 사영화 기업은 다른 나라의 상선을 약탈했던 국가 공인 해적이었다. 이 약탈은 전쟁에서 특히 심했지만 평화 시기에도 있었다. 그들은 해적처럼 사악했지만, 운반 중이던 귀중품만을 빼앗았던 것이 아니라 피해 선박도 항구로 끌고 와서 그것을 팔아 이익을 챙겼다. 그들이 그렇게 할 수 있었던 이유는 국가로부터 공인을 받았기 때문이다. 그리고 그들은 투자자에게서 자금을 조달했으며, 투자자는 흔히 자신의 투자에 대해 엄청난 이익을 챙겼다.

독립연구원*의 세크레스트(Larry J. Sechrest)와 타바록(Alexander Tabarrok)은 사영화 기업의 낭만적 역사를 세세히 기록하는 글을 써왔다. 자유시장에 대한 보수적인 가정으로 논의를 시작해, 그들은 사적 계약자들을 경호원뿐 아니라 전투원으로도 사용해야 한다고 제안했다. 또한 용병에게 이익을 위한 전쟁에서 싸우도록 하는 것은 좋은 일이라고 넌지시 말했다.[4]

> * **독립연구원(The Independence Institute)**: 중요한 사회적·경제적 이슈에 대한 깊이 있는 탐구를 지원하는 비영리적·비당파적 연구·교육 기관. 주요한 임무는 인간의 가치와 존엄에 대한 헌신에 토대를 두고 평화롭게 번성하는 자유로운 사회의 발전을 강력하게 추진하는 것이다.

옛날의 사영화 기업은 국가 면허를 받아서 자신을 위해 무력으로 다른 나라 사람의 부를 빼앗았다. 전시 동안에 그들의 행위는 적의 경제를 약화하고 우리 편을 강화하는 것으로 정당화되었다. 이제 '자유무역' 협약이 그러한 사영화 활동의 새로운 형식을 허용하는지에 대해 문제가 제기되고 있다. 식민지 이후 시대에 미국 정부는 민주주의를 장려하기 때문에, 절대로 다른 나라를 접수하거나 그 나라 국민을 노예로 삼을 수 없고, 그 나라의 자원을 가져갈 수 없다. 우리는 구식의 '사영화'에 대한 현재의 상응물을 만들어내왔는가?

우리의 은행은 돈을 사용해 다른 나라 국민의 자원 ― 부(富) ― 에 대한 접근권을 사는 기업에 투자한다. 그러한 자원은 석유나 천연가스, 광물질, 농업용지, 물의 권리, 값싼 노동력이다. 우리의 '필수적인 이익'이라 불리는 그러한 투자를 보호하기 위해, 우리는 부대원을 보내고 또한 블랙워터 출신의 사람들과 같은 사적인 이익 추구 '경호원'도 보낸다. 이것은 현대의 국제적 사영화인가? 나는 이것에 대해 공개적으로 논의할 가치가 있다고 생각한다.

신계몽에서는 이 문제를 진지하게 제기하고 검토해야 한다.

# 08

# 프레임 형성의 공포

진보주의자들은 너무나도 빈번히 보수적인 프레임 형성의 덫에 빠진다. 이러한 덫을 피하려면 새로운 의식을 취해야 한다. 그 출구는 통찰과 용기를 필요로 한다. 구계몽 이성이 보편적·축자적·비감성적이라고들 생각했다. 그리고 구계몽 이성은 대안적인 세계관이 정상이라는 것, 우리가 우리 자신의 세계관에 어울리는 프레임과 은유의 측면에서 생각한다는 것, 그리고 프레임과 은유, 세계관을 활성화하기 위해 언어를 선택할 수 있다는 것을 인정하지 않았다.

구계몽 이성에 아주 익숙한 탓에, 많은 민주당 의원들은 자신의 세계관의 영향력을 강화하기 위해 프레임 형성을 효과적으로 사용하는 방법을 알지 못한다. 공화당은 이러한 방법을 사용하는 데 전문가였지만, 민주당은 흔히 무엇이 자신에게 타격을 가하고 있는지는 물론 대응하는 방법조차 모른다. 민주당이 대응하려고 기다리는 시간이 길어질수록 타격의 정도는 심해진다. 그리고 민주당은 그 이유를 이해하지 못한다. 민주당은 덫에 빠지지만 빠져나오는 방법을 모른다. 민주당은 공화당이 야비하게 프레임의 덫을 놓을까 두려워한다. 그 결과 민주당은 아무 생각 없이 스스로 프레임의 덫에 빠진다. 민주당에게 신계몽이 필요하다.

다음은 전형적인 사례이다. 2007년 10월 9일 ≪뉴욕타임스≫ 1면의 한 머리기사에 "기꺼이 도청 권한을 확대할 것으로 보이는 민주당 의원들 …… 테러에 유약하게 보이는 것에 대한 공포"라고 쓰여 있었다. 그 기사는 "민주당 의원들이 정보 수집에 엄격한 제약을 가해야 한다고 계속 주장할 경우 테러리즘 대처에 유약하다는 말을 들을까봐 신경이 예민하다"고 전했다.

신계몽 프레임에서는 민주당 의원들이 자유와 '유약함' 사이의 연결을 차단할 것이다. 이들은 "대통령에 맞서고" "자유를 토대로 강함을 유지하고" "도청 확대를 단호히 거부할" 것이다. 프레임 형성은 단지 슬로건의 문제가 아니라, 사고 양식과 행동양식, 인격의 징표이다. 비록 실제로 낱말을 반복해서 말해야 하지만, 프레임 형성은 정말로 낱말이 아니다. 중요한 것은 단지 민주당 의원들이 무엇을 말하는가가 아니라, 이들이 (시간의 흐름상에서) 어떻게 행동하는가의 문제이다.

구계몽 이성은 언어 표현이 중립적이라고 말한다. 만일 그렇게 믿는다면, 당신은 상대편의 프레임 ― 우리는 잠재적 테러리스트를 체포하기 위해 국민을 도청해야 하며, 해외정보감시법(FISA)의 준수를 회피해야 한다 ― 을 수용하게 될 것이다. 이 프레임 형성을 수용하는 순간, 당신은 덫에 걸린다. 당신은 행동을 해도 유약하고 하지 않아도 유약하게 된다. 만일 대통령을 지지하지 않는다면, 당신은 테러에 대해 유약하다. 만일 대통령을 지지한다면, 당신은 대통령에게 맞서지 못한다는 점에서 유약하다.

만일 민주당 의원들이 지지율이 30퍼센트인 대통령에게 맞서지 못한다면, 그들은 어떻게 이 나라의 적들에게 맞설 수 있겠는가? 유일한 출구는 자신들이 실제로 옳다고 믿고 있지만 너무 두려워 말하지 못하는 것으로 프레임을 옮기는 것이다. 그리고 나서 그 말을 하라. 다시 또 말하라. 계속 그 말을 하라. 힘차게 말하라. 생기 있게 말하라. 한 목소리로 말하라. 어디에서나 말하라. 많은 진보주의자가 라디오와 텔레비전에 출연을 예약해 그 말을 계속하라.

2007년 1월 민주당은 의회의 상원과 하원을 다 장악했다. 2006년 선거에서 유권자들이 그들에게 위임한 과업은 이라크에 대한 미국의 군사적 점령을 종식하는 것이었다.

미국 헌법 1조 8항은 '전쟁을 선포할' 권한과 '군대를 육성하고 지원할' 권한을 의회에, 그리고 오직 의회에만 부여한다. "그러나 어떤 책정 예산도 2년의 기간을 초과해 그러한 용도에 투입할 수 없다." 저명한 헌법학자 두 사람이 2007년 1월 30일 의회의 증언에서 그러한 권한을 명확히 밝혔다. 하버드 대학교 법대 교수인 배런(David J. Barron)은 "의회는 진행 중인 군사 작전을 규제하고 더 나아가 그 작전을 중단시킬 실질적인 헌법상의 권위를 보유한다"라고 말했다. 그리고 의회도서관의 헌법 전문가 피셔(Louis Fisher)는 이렇게 썼다.

> 이 나라를 전쟁에 동원할 입법부의 판단은 갈등이 존재하는 경우에는 언제라도 군사력의 동원이 국익에 도움이 된다는 결정을 내릴 의무를 수반한다. …… 의회는 자신이 발의했던 것을 감시할 책임이 있다. 전쟁 도중에라도 대통령의 권위가 선출된 의원들의 집합적 판단보다 우월하다고 믿어야 할 근거가 전혀 없다. 의회는 헌법상의 권위가 있음은 물론, 필요할 때에는 언제라도 국가 정책을 계속 통제하고 재조정할 책임이 있다.[1]

간단히 말해서, 헌법 프레임의 설계자들은 의회가 병력 수준, 일반적 배치

등을 비롯한 모든 전반적인 군사 전략적 임무에 관한 '결정권자'라는 프레임을 만들었다. 대통령은 이 전반적인 전략적 임무를 수행할 의무를 지닌 집행자이다.

이 전문가들은 부시 대통령이 총사령관으로서 그러한 권한을 지닌다고 주장해왔기 때문에 의회에서의 증언을 요청받고 나왔다. 부시 대통령은 의회가 자신의 군사적 조치를 위한 회계 담당관일 뿐이라는 프레임을 사용했다. 그는 헌법에 대한 프레임을 다시 만들고 있었다. 그리고 유권자들이 민주당을 의회의 다수파로 만들며 위임한 명령과는 반대로, 부시 대통령은 이라크의 군사적 점령을 종식하는 것이 아니라 장기화하길 원했다. 그는 자신이 '급파(surge)'라 부르는 조치로 이라크 내 전투 병력의 수를 배가하고자 했다. 현재 '급파'는 단기간의 임무를 수행하기 위해 보통 몇 개월 동안 병력을 배치하는 것이다. 그러나 부시 대통령이 말하는 배치는 이보다 훨씬 더 긴 기간일 것이다. 아마도 '급파'보다는 '장기주둔(escalation)'이 더 정확할 것이다.

민주당 의원들은 의회에서 처음에 대통령에게 철군 일정표와 연계된 군대 재정지원 법안을 내어 이라크에서의 철군을 밀어붙이려고 했다. 부시 대통령은 다음과 같이 전개되는 프레임 만들기 캠페인을 동원해 여론 법정에서 반격을 했다.

미국은 이 나라의 안보를 위협하는 적과 전쟁 중입니다. 대통령은 "유일한 통합집행자", 즉 군대를 전체적으로 지휘할 책임이 있는 총사령관입니다. 우리는 500명의 사령관을 가질 수 없습니다. 의회는 회계담당관일 뿐인데 "전쟁을 미시적으로 관리하고" 또한 "야전사령관들에게 무엇을 해야 하는가를 말하려" 하고 있습니다. 철군은 "항복"일 것입니다. 그리고 철군일정표는 "적에게 언제 우리가 항복하려 하고 있는가를 말해주었습니다." 병력 증강이 없다면, 피의 대학살이 일어날 것입니다. 이 전쟁을 위한 재정 지원이 중단된다면, "우리의 부대원들은 해를 입을 위험에 처할 것"이며, "정당한 보호를 받지 못하게 될 것"입니다. 그것은 "우리 부대원들의 안전을 가지고 담력겨루기를 하는 것"입니다. 대통령이 아니라 의회가 부대원들의 모든 죽음이나 부상에 대해 책임을 져야 할 것입니다.

정치적 전투는 프레임 형성의 전투였다. 헌법의 프레임을 만든 사람들은 부시 대통령이 만드는 프레임의 공격을 받고 있었으며, 민주당은 이 공격을 저지하지 못한 채 무기력감을 느끼고 있었다.

부시의 프레임이 무대에서 상연되었던 방식은 다음과 같다. 이라크 전쟁에 나가기 위해 맨 처음 사용했던 정당화는 사담 후세인이 미국을 상대로 대량살상무기를 사용하지 못하도록 한다는 것이었다. 부시 행정부는 대량살상무기가 존재한다는 증거로 의회를 속였다. 대량살상무기가 전혀 발견되지 않았을 때, 이 정당화 논리는 구원 서사로 바뀌었다. 미국이 이라크 국민을 사담 후세인에게서 구원하고 그들에게 민주주의를 가져다주려 하고 있으며, 그들은 민주주의를 즉각 수용할 것이라는 서사였다. 민주당 의원들은 더 잘 알았어야 했는데, 대량살상무기에 대해 속아 넘어갔다. 설상가상으로, 그들은 정치적인 이유로 동의해 이라크 전쟁을 벌일 권한을 부시 대통령에게 주었다. 2003년 5월 부시 대통령은 이라크에서 승리를 선포했다. 문자 그대로 그 전쟁은 끝났다. 미군이 사담 후세인의 군대를 패퇴시켰고 점령이 시작되었기 때문이다.

구원 서사는 더는 적용되지 않았다. 내전이 점점 확대됨에 따라 미군은 내전의 한가운데 붙잡히게 되었으며 양측의 반군에게서 공격을 받았다. 구원하기로 되어 있던 희생자가 격퇴하고 죽여야 할 악당과 구분할 수 없게 되었다. 우리의 '적'이 우리가 그곳에서 구원하고 보호해야 할 사람들과 구별할 수 없게 되었다. 이 전쟁은 수니파 대 시아파의 내전이었다. '반란군'도 이라크 사람들이었다. 즉, 그들은 서로 싸우고 있으면서도 우리가 그곳에 주둔하기를 원하지 않았던 수니파와 시아파 이라크 사람들이었다. 심지어 일부 알카에다 요원은 우리가 그곳에 도착한 이후에 징발되었다. 옛 이라크군은 해체되었다. 새로 모집된 이라크군은 대부분 무능하거나 부패했으며, 신뢰를 받을 수 없었다. 이라크 국민 70퍼센트가 우리가 떠나기를 원했다. 60퍼센트는 미국인을 죽이는 것이 도덕적이라고 말했다. 우리는 해방군으로 와서 점령군으로 머물러 있었다. 미국은 더는 명확한 적과 싸우지 않고 있었다. 즉, 미국은 군사적 노력이 결실을 맺어 분명한 희생자를 구원할 수 있는 상황에 있지 않았다. 그러나 부시 행정부는 이 전쟁 프레임을 계속 유지해야 했다. 그래야 부시가 점령군 대통령이 아니라 전시 대통령으로서 전쟁수행 권한을 계속 보유할 수 있었기 때문이다. 이라크 주둔 병력이 미국을 방위하고 있다는 인상을 주기 위해, 부시는 '알카에다' — 비록 그 영향력이 미미했지만 — 를 계속 환기해야 했다. 그는 결코 '점령'의 실상을 언급한 적이 없으며, 점령에 대한 저항을 마치 통합 군대의 행동인 것처럼 '반군'이라 칭했다. 사실은 결코 그들은 통합 군대가 아니었다. 부시는 전쟁 프레임의 생명력을 유지하기 위해 그들을 '적'이라 지칭했다.

2006년 7월 2일, 나는 부시 대통령에게 대중의 마음속에 전쟁 프레임을 계속 심을 수 있도록 방치한 것의 귀결을 지적한 글을 하나 발표했다. 이 글에서 나는 '그것은 전쟁이 아니라 점령이다'라는 진실을 말해야 한다고 제안했다.[2] 의회의 메시지 전달을 책임진 사람들은 다음의 위험을 직접 확인했다. 만일 당신이 이 전쟁에서 자녀를 잃었거나 이라크에서 싸우고 있는 자녀를 둔 부모라면, 당신의 아들이나 딸이 죽었다거나, 부상으로 불구가 되었다거나, 점령으로 인해 목숨이나 사지를 잃을 가능성이 있다는 말을 듣고 싶을 것인가? 전쟁은 용맹, 즉 가치 있는 희생을 암시했다. 점령은 그렇지 않았다. 부시 행정부의 지도부는 이러한 모험을 원하지 않았다.

한 민주당 의원이 그렇게 했다. 버지니아의 웹(Jim Webb)은 선거운동 기간에 점령에 반대하는 캠페인을 펼쳤다. 그는 이 낱말을 사용했으며, 이 선거에서 이겼다. 2007년 부시 대통령의 연두 국정 연설 뒤 대통령에게 정면으로 맞섰을 때, 웹은 당에서 받은 원고를 내던지고 멋진 토론을 해냈다. 웹은 수석 대변인이 될 기회가 있었다. 그 기회는 결코 실현되지 않았다. 민주당 의원들은 전쟁 프레임을 수용하기로 후퇴해 부시에게 계속 '전시 대통령'으로 남을 수 있게 했다. 민주당은 그 결정에 만족했다. 이라크 전쟁이 악화될수록 부시의 지지율이 떨어졌기 때문이었다. 그들은 그의 낮은 지지율이 다음 선거에서 공화당 의원들에게 악영향을 주길 바라면서 부시를 무능 프레임에 넣는데 만족했다.

2007년 1월 청문회가 전문가의 증언으로 의회의 헌법상 권리를 뒷받침했다는 것은 앞에서 언급했다. 이 청문회는 의회가 대중에게 의회의 헌법상 임무 ― 즉, 결정자는 대통령이 아니라 의회라는 것 ― 에 대한 교육을 시작하는 시기가 될 수도 있었다. 더욱이 의회는 단지 아무 일도 하지 않음으로써, 즉 자금 지원을 거부함으로써, 이라크 점령을 종식시킬 수 있었다. 그러나 의회는 그렇게 하지 않았다.

공화당 의원들은 계속 전국적인 프레임 형성 캠페인을 펼쳐나갔다. 공화당 대변인들이 미국 전역을 돌아다니면서 공화당이 만든 프레임을 펼쳐 보였다. 만일 상대방이 만든 프레임을 수용하면, 당신은 패배한다. 이것이 바로 민주당 의원들이 했던 일이며, 지금도 계속 그렇게 하고 있다. 그들은 자신들의 유일한 권위가 전략적 임무를 설정하는 것이 아니라 재정을 지출하는 것이라는 부시의 프레임을 수용했다. 민주당 의원들은 의회가 전략적 임무를 설정해야 하며 대통령의 의무는 그 임무를 수행하는 것인데, 부시 대통령이 그 임무를 수행하지 않고 있다는 말을 하지 않았다(계속 반복해서 말하지 않았다). 그들은 재정 권한에 대해 이야기했다. 이것은 의회를 단순히 회계담당관으로 인식하는 부시의 프레임을 강화하기만 했다. 그들의 계속적인 논쟁은 부시대통령의 프레임 안에서 이루어지고 있었다.

부시 대통령은 부대원의 안전에 대한 책임이 그 자신이 아니라 의회에 있다는 프레임을 만들었다. 그런데 의회는 그 프레임을 무심코 따라갔다. 부분적으로 그들은 대중이 앞으로 발생하는 사상자에 대한 책임을 자신들에게 돌릴까 우려했다. 게다가 자신들의 도덕적 임무가 감정이입과 책임감으로 시작된다고 보는 진보주의자들은, 과거의 대통령(빌 클린턴)이 자신이 실제로 부대의 복지를 보살피지 못했다는 의견을 피력했기 때문에 자신들이 그 대통령의 책임을 져야 한다고 느꼈다. 의회가 (병력을 보호하기 위한 엄청난 자금 지원과 함께) 부시 대통령에게 일정표를 부과하려고 시도할수록, 그는 더욱 당당하게 행동하면서 자신이 의회에게 무엇을 기대하는지를 말했다.

현충일 바로 전날인 2007년 5월 25일 부시 대통령의 프레임 덫에 걸려 있던 대다수의 민주당 의원들은 더욱 깊숙이 빠져들었다. 그들은 철군 일정표를 자신들의 입법안으로부터 제외했으며, 대통령에게 (적어도 3개월 동안은) 그가 원하는 대로 해주었다. 전쟁 프레임을 수용했고, 자신들이 만든 프레임을 바탕으로 대통령에게 진지하게 도전하지 않았으며, 부대의 안전에 대한 책임이 자신들에게 있다는 대통령이 만든 프레임을 수용했기 때문에, 그들은 졌다. 다음은 민주당 의원 루이 슬로터(Louise Slaughter)가 자신의 투표를 옹호하면서 한 말이다.

이처럼 우리는 하나의 선택을 했다. 우리는 미스터 부시에게 동일한 법안을 보낼 수도 있고, 거부당하지 않을 무언가 중요한 법안을 통과시킬 수도 있다. 그래서 우리는 무언가 중요한 법안을 통과시키는 선택을 했다. 즉, 우리는 공화당이 자기 자신의 전쟁에 자금을 조달하기로 선택한다면 그렇게 하도록 내버려 두었다.

이라크 철군 당원회의(Out of Iraq Caucus)의 90퍼센트가 이 결정에서 우리와 뜻을 같이했다는 것을 고려해보면, 여기에는 적어도 무언가 이유가 있었음에 틀림없다. 사실 내가 보기에 이유는 두 가지다. 이 백악관과 함께 그리고 이 공화당 소수파와 함께, 부시 행정부를 지원하지 않는다면, 그것은 우리의 부대가 이제는 다만 훨씬 더 적은 규모의 자금 지원을 받으며 위험한 곳에 그대로 방치될 것이라는 사실을 의미한다고 말할 수 있다. 나는 그렇게 하는 것 — 그들이 훨씬 더 적은 재원으로 훨씬 더 많은 일을 하도록 하는 것 — 이 옳았을 것이라고 생각하지 않는다. 부시 대통령은 우리의 부대가 얼마나 많은 고통을 겪는지에 대해 관심이 없는 것으로 보인다. 모든 증거에 따르면, 그는 그 부대들이 더 많은 자원을 필요로 했든 그렇지 않았든 그들이 싸우게 할 것이다.

그리고 교착상태로 인해 부시 대통령은 우리 병사들을 계속 볼모로 사용하면서 민주당을 그들을 포기한다고 비난할 수 있을 것이다. 사실 자신을 스스로 방어하도록 그들을 팽개쳐둔 것은 바로 부시의 전쟁이지만 말이다.[3]

펠로시(Nancy Pelosi), 클린턴(Hillary Clinton), 오바마 등 많은 저명한 민주당 의원이 이 법안에 반대표를 던졌다. 상원의원 에드워드 케네디는 정말로 이 법안을 '책임의 포기'라 지칭했다. 그러나 잇따른 프레임 형성 실패를 전혀 인식하지 못함으로써, 이라크 철군 당원회의의 90퍼센트는 자신들 고유의 방침에 반대하는 투표를 했다.

리드(Harry Reid)나 이매뉴얼(Rahm Emmanuel)과 같은 민주당의 일부 지도자는 이 투표를 부시 대통령의 이라크 정책을 궁극적으로 거부하기 위한 일보 전진이라는 프레임에 넣으면서 이 결과에 대해 행복한 표정을 지으려고 애썼다. 그러나 더 커다란 쟁점 — 의회의 역할에 대한 자신들이 만든 프레임을 되찾아 오는 방법 — 은 논의하지 않았다. 앞으로 그러한 프레임 형성의 덫을 어떻게 피해야 하는가의 문제도 논의하지 않았다.

왜 이런 일이 일어났을까? 이유는 많다. 한 가지 주요한 이유는 진보주의 자들이 18세기 마음 이론을 계속 수용했으며, 이로 인해 프레임 형성이 심층에 있고, 개념적이고, 대부분 무의식적이며 뇌의 기제에 의해 작동한다는 것을 이해하지 못했기 때문이다. 오히려 선거 바로 다음날 그들이 행해야 했던 일은 바로 이것이다. 그들은 의회가 결정자라는 사실을 계속 주장해야 했고, 또한 자신은 헌법의 수호자이지만 부시는 헌법을 전복하려는 반역자이자 불가능한 상황에서 우리의 부대를 위험한 곳에 그대로 두려는 냉혈한이라는 프레임을 만들어야 했다.

그러나 진보주의자들은 만일 자신들이 책임을 떠맡는다면 부시 행정부가 너무 일찍 철군했기 때문에 이라크에서 실패했다고 말하면서 그 책임을 민주당에게 뒤집어씌우려 할 것을 두려워했다. 그러한 공격은 충분히 차단할 수 있었다. 그들은 우리가 승리할 가능성이 전혀 없는 점령을 계속하고 있으며, 이라크 사람들이 우리에 대한 반감을 가지고 있으며, 우리는 그들의 내전의 한가운데 휘말리게 되었다는 사실을 반복해서 말해야 했다. 그러한 상황에 대한 책임은 부시 대통령에게 돌아가야 했다.

다시 한 번 우리는 프레임 형성에 대한 두려움 — 상대편이 당신의 투표를 어떻게 프레임에 넣을 것인지에 대한 두려움과 당신 나름대로 진실을 프레임에 넣는 것에 대한 두려움 — 을 목격한다. 도청은 자유의 쟁점이다. 부시 대통령은 우리의 자유를 빼앗기를 원했다. 만일 당신이 아주 큰 목소리로, 아주 분명하게, 아주 빈번하게 그 말을 한다면, 미국 어디에서나 진상을 밝힐 수 있다. 의회는 우리의 자유를 보호하기 위해 그 자리에 존재한다(이것은 더 말할 필요가 없다). 부시 대통령이 이 나라를 배신하고 있다. 즉, 의회의 권한과 책임을 넘보고 있으며, 사적으로 자유롭게 말할 당신의 권리를 빼앗아 가고 있다. 자유를 지켜야 한다.

진실을 이해할 수 있도록 프레임에 넣는 것은 정직하고 효과적인 정치에서만 중요한 것이 아니라, 인간의 삶의 모든 측면에 다 중요하다. 그것은 지식과 정직, 기교와 용기를 필요로 하며, 온전한 인간이 되는 것의 일부이다. 그것은 정치 지도자의 영역만이 아니라 시민의 의무이기도 하다.

프레임 형성에 대한 두려움은 당신뿐만 아니라 당신에게 의존하는 모든 사람의 심신을 쇠약하게 한다.


## 프레임에서 빠져나오기

2007년 7월 2일 민주당 대통령 후보 토론을 CNN에서 중계했다. 진행자는 울프 블리처(Wolf Blitzer)였다. 그는 양의 탈을 쓴 늑대(wolf) ― 중립적인 기자인 체하는 보수주의자 ― 였다. 토론이 진행되는 동안 내내 그는 보수적인 프레임을 사용해 질문을 했다. 일부 후보자는 그 프레임을 자신의 견해에 맞도록 수정했지만, 너무나도 흔히 후보자들은 보수적인 프레임으로 답하려 애쓰며 그 덫에 갇히게 되었다. 이것은 최근 정치 관련 텔레비전의 가장 위대한 순간 중 하나로 이어졌다.

**블리처:** 영어가 미국의 공식 언어여야 한다고 믿는다면, 손을 들어주시오.

오바마는 그 프레임을 받아들이기를 철저히 거부했다. 그는 일어나 앞으로 걸어 나가서 이렇게 말했다.

> **오바마:** 이것은 정확히 우리를 분열시킬 의도로 제기하는 질문이다. 이미 아시다시피, 당신이 옳다. 만일 이 나라에서 산다면 모든 사람이 영어를 배우려 할 것이다. 쟁점은 미래의 이민자 세대가 영어를 배우려 하는지 여부가 아니라, 우리가 어떻게 합법적이고 양식 있는 이민 정책을 내어놓을 수 있는가 하는 문제이다. 그리고 그러한 종류의 질문으로 우리가 혼란을 겪게 될 때, 나는 우리가 미국 사람들에게 해악을 끼친다고 생각한다.

나는 벌떡 일어나며 환호했다. 내 거실에서 말이다.

프레임 만들기를 정치에서 사용하는 것에 대한 가장 중요한 교훈은 상대편이 만든 프레임을 수용하지 않는 것이다. 이 기교의 일부는 오바마가 "이미 아시다시피, 당신이 옳다 ……" 라고 말했던 것처럼, 상대편의 프레임을 품위 있게 바꾸는 것이다. 그러나 진행자가 프레임 형성을 통해 보수적인 편견을 가지고 진행하도록 허용해서는 안 되는, 대통령후보 토론회와 같은 상황이 있다. 오바마는 바로 그렇게 했다. 그는 진행자의 질문 그 자체에 도전했다. 그의 반응은 하나의 주문(呪文) ― 즉, "이것은 정확히 우리를 분열시킬 의도로 제기하는 질문이다"― 으로 간주할 수도 있다.

## 석유: 금지된 낱말

프레임 형성의 공포로 인해 당신은 가장 중요한 질문을 제기하지 못할 수 있다. 그러나 이따금 금지된 낱말은 새어 나온다.

연방준비이사회 의장이었던 그린스펀은 자신의 비망록『격동의 시대: 신세계에서의 모험(The Age of Turbulence: Adventures in a New World)』에서 이렇게 써놓았다. "모든 사람이 아는 것을 인정하는 것이 정치적으로 불편해서 나는 슬프다. 이라크 전쟁은 주로 석유와 관련이 있다." 그린스펀은 심지어 부시에게 석유 공급을 보호하기 위해 "반드시 사담 후세인을 축출해야 한다"는 조언을 하기도 했다.

그렇다. 우리는 그럴지도 모른다는 의혹을 가지고 있었다. 그러나 그린스펀은 모든 사실의 근원을 바로 우리 눈앞에 제시했다. "미국은 석유 때문에 이라크를 침략했다." 이것은 명백하게 보일 수 있지만, 심지어 그린스펀이 그 사실을 밝힌 이후에도 이 생각 자체는 다루기에 너무 뜨거운 쟁점이다. 민주당 의원들 — 심지어 반전 성향이 가장 강한 의원조차도 — 은 이것을 진지하게 추적하지 않았다. 그러나 이 문제는 반드시 제기해야 한다. 이라크는 이 (석유) 프레임을 통해서 살펴보아야 한다. 프레임이 의미를 바꾼다.

미국의 이라크 침략의 주요한 목적이 석유였다는 생각을 진지하게 음미하는 것이 우리의 부대원과 이라크 국민에게 무엇을 의미할 것인지에 대해 생각해보라. 미국의 정책에 어울리고 석유를 보장하는 민주주의가 최선이었을 것이다. 그러나 주요한 목적이 석유였다. 그리고 우리는 석유 때문에 부대를 그곳에 계속 주둔시키려 하고 있다.

우리의 군인들은 미국을 방위하기 위해, 가족과 친구, 이웃, 우리의 민주주의를 보호하기 위해 이라크에 와 있다는 말을 들었으며, 또한 대통령을 신뢰했기 때문에 이 말을 믿었다. 그들은 대량살상무기를 찾기 위해 그곳에 갔다. 그곳에 살상 무기가 하나도 없다는 사실이 밝혀졌을 때, 전국적인 격렬한 항의는 전혀 없었다. 우리의 병력은 자신들이 알카에다와 싸우기 위해 그곳에 가는 것이라고 생각했다. 그러나 우리가 들어갔을 때, 이라크에는 알카에다가 전혀 없었다. 이것은 이미 파악된 것이었다.

우리의 군인들은 배신을 당했는가? 이들은 석유회사의 이익을 위해 싸우다가 죽고, 불구가 되고, 결혼 파탄에 이르렀는가? 우리의 군인들은 "좋아, 우리는 헌트 오일과 엑손 모빌의 시추공에 목숨을 바치고 있어"라고 기꺼이 말할 것인가? 아니면 이들은 날이 가고 달이 가고 해가 가도 (그리고 상당히 오랫동안 아니 영원히!) 그것을 제복을 입은 우리의 남녀전투원과 그 가족에 대한 철저한 배신, 자신들의 희생에 대한 배신으로 여길 것인가? 아버지나 어머니 없이 자라나는 아이들에 대한 배신으로? 팔다리 없이 얼굴 없이 살아가는 사람들에 대한 배신으로? 그것도 석유회사의 이익 때문에.

그리고 이라크 사람 수십만 명이 죽임을 당했고, 이보다 많은 이라크 사람들이 불구가 되었으며, 수백만 이라크 사람이 난민이 되었다. 그들은 바로 석유업자의 이익을 위해 그렇게 되었다.

석유업자의 이익은 실로 거대하다. 이라크 석유 계약업자에 대한, 유엔안전보장이사회의 자문역인 세계정책포럼(Global Policy Forum)의 연구를 살펴보라.[4] 또는 파키스탄의 《데일리 타임스(Daily Times)》의 사설을 읽어보라.[5]

부시 행정부가 이라크 정부에 수용하도록 예비해 두었던 계약은 수니파와 시아파, 쿠르드인 사이의 석유 분배와만 관련이 있는 것이 아니다. 이 계약에는 영국과 미국의 석유회사를 위한 30년 동안의 배타적 권리를 요구하는 내용이 담겨 있다. 이것은 미래의 이라크 정부가 해지할 수 없는 권리이다. '생산물 분배 협정(Production Sharing Agreements)'이라 불리는 이 계약은 엄격한 법리적 코드어이다. 이라크 정부가 석유를 법적으로는 소유할 것이지만, 통제권을 행사할 수 없을 것이다. 단지 영국과 미국의 석유회사들만이 그렇게 할 수 있다. 엑손 모빌과 여타 석유회사는 석유 기반시설을 개발하는 데 투자할 것이고 '투자비용이 들어간 석유(cost oil)' 이익의 75퍼센트를 가져갈 것이다. 자기들의 투자비용을 회수할 때까지 그렇게 할 것이다. 그 후에도 이 석유회사들은 (석유 이익금으로 지불한) 기반시설을 소유할 것이고, 그렇게 해서 (통상적인 비율의 2배인) 석유 이익금의 20퍼센트를 가져갈 것이다. 그 이익금은 수천억 달러에 이를 것으로 추정된다. 그래서 이라크 국민은 고유의 주요 자원에 대해 민주적인 통제권을 전혀 행사하지 못할 것이다. 다른 어떤 중동 국가도 그러한 협정을 맺지 않았다.

그런데 여론조사에 따르면 이라크 국민은 대다수가 '사기업화'에 반대한다. 그러나 고안된 '산물 분배 협정'은 법적으로는 '사기업화'가 아니었다. 정부가 여전히 석유를 '소유할' 것이기 때문이다. 그럼에도 이라크 국민들은 절대로 석유를 통제하지 못할 것이다. 그 계략이 나온 이유는 정부가 사기업화할 계획이 전혀 없다고 주장할 수 있기 위함이다.

그러나 이 계략의 어느 것도 석유회사와 그 직원에 대한 군사적 — 또는 준(準)군사적 — 인 보호 조치 없이는 결코 가능하지 않을 것이다. 이것이 바로 병력이나 블랙워터를 그곳에 무한정 주둔시킬 수 있는 구실이다. 이것의 이름은 우리의 '아주 중요한 이익'이다.

나는 우익 — 특히 우파의 선전부대인 자유의 파수꾼(Freedom's Watch) — 이 '승리'라는 낱말을 사용하는 것에 충격을 받았다. 보통 '승리'는 영토로 인한 국가와 국가 사이의 전쟁과 관련해 사용된다. 이 경우에는 명확히 규정할 수 있는 적이 있다. 이라크의 경우는 이에 해당하지 않는다. 우리는 이라크에서 4년 동안 '전쟁'이 아니라 '점령'을 하고 있었다. 그리고 이라크에는 명확한 적이 없었다. 즉, 평화 협정에 서명할 당사자가 전혀 없었다. 주로 우리는 구원해야 할 대상으로 생각했던 이라크 국민과 싸우고 있었다. 그러한 점령의 경우에는 '승리'가 아무런 의미가 없다. 그래서 페트래우스(Petraeus) 장군마저도 군사적 해결이 아니라 정치적 해결만이 가능하다고 말했다. 그는 필연적으로 9년이나 10년, 아니면 그 이상의 세월 동안 이라크에 군대를 주둔시켜야 할지도 모른다고 암시했다. 그러한 장기 주둔이 어떤 의미에서 '승리'가 될 수 있는가?

가장 두려운 것은 보수주의자들이 진지한 의미로 말하는지 모른다는 사실, 즉 이 나라의 나머지 국민이 아닌 자신들에게만 의미가 통하는 '승리'의 개념을 가질 수 있다는 사실이다. 만일 이라크의 침략과 점령의 목적이 다음 30년 동안 이라크 석유에 대한 접근 권리를 확보하는 것이었다면, 미국 석유 회사를 위해 석유와 석유 이익을 보장해주는 어떤 결과이든지 '승리'로 간주될 것이다.

현재의 살상과 혼란이 계속되고 우리의 군대가 이라크에 무한정 주둔해 미국 석유회사가 우리의 보호 아래에서 번성할 수 있다고 가정해보자. 그것을 '승리'라 부를 수 있을까? 만에 하나 이라크 군대와 경찰력이 몇 년 내에 재건되어 그곳의 질서를 유지하고 미국의 투자 회사와 그 직원을 보호한다면, 그것은 아마도 '승리'일 것이다. 만일 그 나라가 별 개의 세 나라나 자립 정부로 쪼개진다면, 그것 또한 '승리'일 수 있다. 단, 석유 이익이 보장되고 석유 업계의 미국인 관련자들이 보호받는다는 조건에서 말이다. 그렇다면, 병력을 그곳에 주둔시키는 대통령이 공화당 소속인가 민주당 소속인가는 하나도 중요하지 않을 것이다. 그것은 여전히 석유회사의 '승리'이다.

정말로 2007년 이라크 고원지대 쿠르드족이 헌트 오일과 맺은 '산물 분배 협정'은 후자 형태의 '승리'를 암시한다. 2007년 9월 14일자 ≪뉴욕타임스≫에서 크루그먼(Paul Krugman)은 이렇게 말했다. "헌트 오일의 사장 겸 대표는 부시 씨의 절친한 정치적 동반자이다. 사실은 그 이상이다. 헌트 씨는 부시 대통령의 해외정보자문단 — 핵심적인 감시 조직 — 의 일원이다." 헌트 오일이 '승리'의 감격을 가장 먼저 맛보았던 것으로 보인다.

만일 그것이 '승리'라면, 무엇이 '패배'이며, 누가 '패배하고' 있는가? 석유 투자를 보호하기 위해 주둔해야 할 군인들은 한 사람 한 사람이 다 패배의 고통을 겪을 것이다. 그것은 영혼의 패배일 것이며, 또한 너무도 많은 군인들이 몸이 망가져 고통을 겪을 것이다. 그래서 아메리카의 대부분이 패배의 고통을 겪을 것이다. 특히 수조 달러를 지불했던 우리 납세자들이 그러할 것이다. 그 돈이면 충분히 모두를 위한 건강관리, 우수한 학교와 대학교육, 루이지애나와 미시시피 재건, 우리의 기반시설과 다리 보강, 우리의 환경 보호에 투입할 수도 있었다. 그것은 석유회사에게는 승리이지만 아메리카의 대부분에게는 패배였다.

그린스펀의 생각은 옳았는가? 이것은 혹시라도 '승리'의 의미가 될 수도 있는 것이었는가? 나는 그럴 수도 있다는 대답은 생각조차 하기 싫다. 그 생각 자체가 마음을 괴롭게 한다. 심지어는 민주당 의원들에게도 어떤 숨은 프레임 — 너무 폭발력이 강해서 언급할 수 없는 — 이 있는가? 수만의 부대원과 용병이 우리의 '아주 중요한 이익'을 보호하기 위해서 필요할 텐데, 병력을 송환하자는 민주당의 모든 제안이 무의미했는가?

아니면 우리의 '아주 중요한 이익'은 사실은 그렇게 중요하지 않은가?

지구온난화 속도를 늦추기 위해 석유 사용량을 줄이려고 하면서도 더 많은 석유를 확보하려고 해외 전투에 부대를 파견하고 있는가?

프레임 형성의 공포 때문에 지금까지 우리는 '너무나 현실적인' 논의를 하지 못했다.

신계몽에서는 그러한 프레임 형성 논의가 (특히 미디어에서) 정상적일 것이다.

# 09

# 고정관념에 맞서라: 복지여왕의 아들

로널드 레이건(Ronald Reagan)은 고정관념을 하나 만들었다. 그는 거짓말을 하고 있었다. 그렇지만 그것은 중요하지 않았다. 1976년 대통령 후보 선거운동을 펼치면서, 레이건은 정부로부터 15만 달러를 허위로 타내서 '복지 캐딜락(Welfare Cadillac)'을 몰고 다니는 시카고의 '복지여왕'을 들먹였다.

> * 복지여왕(Welfare Queen): 로널드 레이건 전 미국 대통령이 1976년 공화당의 대통령후보 경선에서 민주당의 복지 확대를 비난하기 위해 만들어낸 개념. 이 여인은 복지누수의 대명사이지만, 사실은 실존 인물이 아니라 레이건이 만들어낸 허구의 인물이었다.

"그녀는 여덟 개의 이름과 서른 개의 주소, 열두 개의 사회보장카드를 가지고 있었으며, 존재하지도 않는 네 명의 사망한 남편에 대한 퇴역군인 보조금을 받고 있었다. 그리고 그녀는 자기 카드로 사회보장 연금을 받고 있었다. 그녀는 저소득층의료보장제도의 수혜를 받고 있었고, 식료품 구매권을 받고 있었으며, 자신의 이름 각각으로 복지 혜택을 받고 있었다."[1]

언론은 이 복지여왕을 찾아야 한다는 의무감에 차 있었다. 하지만 그러한 사람은 전혀 존재하지 않았다. 그녀가 존재했는가 그렇지 않았는가는 중요한 문제가 아니었다. 레이건은 그녀를 복지와 관련해 옳지 않다고 생각되는 모든 것에 대한 상징으로 만들었다. 어떻게? 이것을 가능하게 하는 것은 도대체 인간의 마음과 뇌의 무엇인가?

이 질문에 대한 대답은 원형 이론에서 나온다. 이 이론은 범주의 내부 구조에 대한 설명이자 실재하는 범주이든 가상적인 범주이든 범주 구성원이 어떻게 범주 그 자체를 상징할 수 있는가에 대한 설명이다.[2] 가공의 복지여왕이 복지 수혜자 범주 전체를 나타내게 되었다.

인간의 마음은 많은 유형의 원형을 생성한다. 어떤 중요한 범주이든지 적어도 세 유형의 원형 ― 전형적인 사례와 이상적인 사례, 아주 끔찍한 사례 ― 을 지니고 있다. 전형적인 사례는 통상적인 범주 구성원에 대한 결론을 도출하는 데 사용된다. 이상적인 사례는 특질의 표준으로 사용되며, 이 표준에 비추어서 다른 사례를 측정한다. 아주 끔찍한 사례는 당신이 피하고자 하는 사례이거나, 어떤 정책의 위험성을 최대로 과장하는 사례이다.

그런데 현저한 사례가 있다. 이것은 아마도 일반 대중에게 널리 알려져 있기 때문에 두드러진 유명한 사례이다. 어떤 현저한 사례가 존재하면 개연성 판단이 변화한다. 즉, 사람들이 전형적인 사례를 현저한 사례와 비슷할 가능성이 더 높다고 판단한다.

레이건은 날조한 그 복지여왕을 하나의 현저한 사례로 만들었으며, 마치 전형적인 사례인 것처럼 담화에서 사용했다. 그 복지여왕은 게으르고 건방지며 성적으로 부도덕한 흑인 여성이었다. 그녀는 납세자의 돈을 뜯어 먹고 살고, 납세자의 돈으로 캐딜락을 몰고 다니고, 그저 보조금을 타낼 목적으로만 아이를 갖는 사기꾼이었다. 하나의 현저한 사례로 인해 복지수혜자가 그러한 여자와 비슷할 것이라고 판단할 개연성이 높아졌다. 대다수의 복지수혜자가 백인이며 자동차를 가진 복지수혜자가 거의 없는데도 그렇게 되었다. 이 사례를 그 맥락에서 전형적인 사례로 사용하면서, 레이건은 대부분의 복지수혜자가 그렇다고 특징지었다. 정말로 단 두 걸음 만에 그는 하나의 날조한 사례에서 범주 전체로 나아갔다.

물론 이것이 가능했던 이유는 엄격한 아버지 프레임 덕택이었다. 첫째, 도덕성은 절제를 필요로 하고, 시장에서의 절제는 성공으로 이어지고, 정직한 성공의 결여는 게으름과 절제의 부족, 이에 따른 부도덕성을 의미한다는 보수적인 논리가 있다. 복지여왕 신화는 이 프레임에 딱 들어맞는다(만일 그렇지 않았다면, 이 신화는 제대로 작동하지 않았을 것이다). 캐딜락은 상류층의 귀중한 무언가 — 일해서 번 것이 아니라 꼴불견인 — 를 상징했다.

그 다음으로 보수적인 도덕 질서가 존재한다. 이것은 백인이 유색인보다 우월하고 남성이 여성보다 우월하다는 인종차별적이고 성차별적인 질서이다. 이 질서에 따르면 백인 남성은 흑인 여성보다 위계가 두 배나 더 높다. 레이건은 성차별적인 성향을 지닌 백인의 표를 얻으려고 남부 지역에서 선거운동을 하는 동안 이 복지여왕 신화를 이용했다. 이 신화가 했던 일은 복지가 인종의 문제가 되는 새로운 프레임을 만들어낸 것이었다. 복지에 반대하는 것은 선한 백인 납세자가 게으르고 몰염치한 흑인을 지원하는 것에 반대하는 것이 되었다.

이것에 대한 뇌의 기제는 환유였다.[3] 다음은 환유가 작동하는 방식이다. 단일한 프레임 안에는 특정한 고정된 연결이 여럿 있다. 식당의 프레임에서는 손님이 식탁에 앉아 음식을 주문한다. 이것은 손님과 식탁 사이 그리고 손님과 음식 사이를 연결한다. 신경적으로 음식이나 식탁이 활성화되면, 이 연결을 통해 손님에 대한 개념이 활성화될 수 있다. 이로 인해 한 웨이터가 다른 한 웨이터에게 "6번 식탁이 계산서 가져다 달래!"라거나 "저 프라이 햄버거가 돈을 안 내고 도망갔어!"라고 말할 수 있다.

레이건은 복지수혜자가 게으르고 몰염치하며 부도덕한 흑인이고 이것이

흑인에 대한 사회적 통념과 잘 들어맞는 프레임을 만들어냈다. 이 프레임에서는 복지를 제거하는 것이 곧 그러한 무가치한 흑인들에게 딱 어울리는 것을 주는 것이다. 즉, 그들에게는 아무것도 주지 않아야 마땅하다!

구계몽 이성의 관점에서 복지수혜자 자신의 사익에서 논의를 시작하면, 이것은 완전히 엉터리이다. 남부에는 가난하고 존중받을 만한 백인 복지수혜자가 많이 있었다. 복지를 없애면, 그것은 분명히 그들의 이익과 충돌할 것이다. 그럼에도 그들은 레이건에게 투표를 했고, 복지에 반대하는 그의 방침을 지지했다. 그 이유는? 그들이 엄격한 아버지 도덕성 모형과 그 추론을 수용했기 때문이다. "만일 당신이 부유하지 않다면, 당신의 절제력이 충분하지 못한 것이다. 따라서 당신의 도덕성이 충분하지 않은 것이며, 당신은 가난해도 당연하다." 그들은 도덕적 질서 은유와, (이 은유에 동반하는) 성차별주의를 수용했다. 그리고 레이건의 복지여왕 환유는 그들과 어울리지 않았다. 복지수혜를 받았을지 모르지만, 그들은 복지여왕이 아니었다.

2007년 여름, 뉴저지 주 뉴어크(Newark)에서 십대들의 무시무시한 연쇄 살인이 있었다. 살인자 중 두 사람이 '불법이민자'로 밝혀졌다. 이민법에 반대하는 보수적인 십자군 전사인 콜로라도 출신의 탠크레도(Tom Tancredo) 의원이 뉴어크로 날아갔다. 그의 과업은 이 두 '불법이민자'를 복지여왕의 아들로 만드는 것이었다. 이 기제는 현저한 하나의 사례 — 정말로 위험한 범죄자인 '불법이민자' — 를 이민 노동자에 대한 전형적 사례의 원형으로 간주하는 것이었다. 탠크레도가 이 일을 처리했던 방식은 살해된 십대의 부모들에게 뉴어크 시당국을 '불법'이민자를 '모두 검거하고 체포해 되돌려 보내지 않았다는 이유로 고소하도록 강요한 것이었다. 탠크레도의 마음속에서, 위험한 이민 범법자의 현저한 사례는 이민노동자의 전형적인 사례가 되었으며, 경찰은 그들을 모두 엄격하게 단속했어야 했다.

텐크레도는 뉴어크를 '(불법이민자) 온상 도시'라 불렀다. 이는 보수적인 프레임을 환기하는 보수적인 어구이다. 이 프레임에서는 도덕적인 도시의 공무원은 법을 어겨 벌을 받아 마땅한 '불법이민자'를 색출해 체포하는 반면, 비도덕적인 도시의 공무원은 위법자 체포를 거부하고 그들에게 부도덕하게 '은신처'를 제공한다.

바로 그 주(週)에 롬니는 뉴욕을 '(불법이민자) 온상 도시'라 불렀다. 이때 롬니는 자신의 최대 라이벌인 전 뉴욕 시장 루디 줄리아니를 뉴욕의 '불법이민자'를 엄벌에 처하지 않았다는 이유로 부도덕하다고 공격하기 위해 환유를 사용하고 있었다. 줄리아니는 개인적인 서사에서 자신이 위법자에게 아주 엄격하다고 묘사하고 있었다. 그리고 롬니는 줄리아니의 이미지를 깎아내리면서 동시에 이민에 반대하는 보수적인 유권자의 환심을 사기 위해 그 환유를 사용하고 있었다.

여기에서 우리는 감정이입의 정치와 권위의 정치 사이의 차이를 분명하게 목격한다. 감정이입의 정치에서는 이민자에게 안전한 거처를 제공해 지원하고, 그들을 시당국의 서비스를 받을 자격이 있으며 지역 공무원에게서 위협을 받아서는 안 되는 정직하고 근면한 가난한 사람으로 본다. 반면 권위의 정치에서는 주로 그들을 검거해 처벌해야 할 범법자로 간주한다.

복지여왕은 이 시대에도 여전히 살아 있다.

# 10

# 썩은사과론 너머를 겨냥하라!

진보주의자는 권위 있는 사람이 대중에게 책무를 다해야 한다고 보는 반면, 보수주의자는 아랫사람이 권위 있는 사람에게 책무를 다해야 한다고 생각한다. 상황이 잘못되면, 보수주의자는 썩은 사과 하나를 찾아낸다. 그러나 우리는 그러한 썩은 사과보다 더 높은 곳을 겨냥해야 한다.

속담은 흔히 우리에게 문화에 대한 심오한 무언가를 알려준다. '썩은 사과 한 개가 광주리 전체를 망친다'는 속담은 가족 농장과 잡화점 시대로 거슬러 올라가는 서민적인 장면을 환기한다. 그 당시에는 사과를 광주리에 보관했다. 광주리의 사과 한 개가 썩을 수 있다. 그리고 점점 더 많은 사과가 썩게 될 수 있다. 만일 아무 조치도 취하지 않는다면, 그 썩은 사과 하나 때문에 광주리 전체의 사과가 다 썩을 수 있다. 이것은 커다란 손실일 것이다(먹거나 팔아야 할 많은 사과를 망치기 때문이다). 사과에 대한 교훈은 간단하다. '썩은 사과를 버려라. 그러면 광주리는 안전할 것이다.' 광주리의 나머지 사과나 사과를 광주리에 보관한다는 생각에는 잘못이 전혀 없었다. 비난을 받아 마땅한 것은 바로 그 썩은 사과 하나였다.

이 추론의 은유는 지금까지 우리가 논의해왔던 은유 — [도덕성은 순수함]과 [비도덕성은 불순함] — 이다. 비도덕성은 순식간에 퍼져나가 모든 사람에게 감염될 수 있는 전염병이다.

우리는 이 속담을 이러한 은유의 관점에서 이해한다. 이 속담은 사과가 아니라 사람에 관한 것이다. 광주리는 하나의 그릇 — 은유적으로 사람을 담고 있는 어떤 조직 — 이다. 광주리의 좋은 사과처럼 조직의 사람들은 좋은 사람, 즉 완전히 도덕적인 사람이다. 훌륭하고 고결한 어떤 조직에 비도덕적인 사람 한둘이 들어가면, 나머지 사람들도 나쁘게 되거나 나쁘게 보일 수 있다. 그러면 그 전체 조직이 오명을 얻게 된다. 당신이 해야만 하는 일은 오직 그 조직 내의 썩은 사과를 찾아내어 제거하는 것이다. 그러면 그 조직은 회복된다. 그 조직 자체에는 아무런 잘못이 없었다. 문제는 썩은 사과였다.

우리는 이것을 썩은사과 프레임이라고 부른다. 이 프레임은 정치에서 늘 사용한다. 사용 방식은 이러하다. 조직에는 불법적이거나 비도덕적이거나 적어도 지저분한 체계적 관행이 있다. 만일 이 관행이 대중에게 널리 알려진다면, 그것은 조직의 명성에 커다란 타격을 가할 것이고 조직 내 고위 간부의 이력에 위협을 줄 것이다. 썩은사과 프레임은 두 가지 목적으로 사용되는데, 이 두 사용은 서로 관련이 있다.

1. 썩은사과 프레임은 조직과 조직의 활동 양식을 보호하기 위해 사용된다. 썩은 사과가 제거된다. 조직은 회복되어 예전처럼 활동을 계속한다.
2. 썩은사과 프레임은 조직 내의 다른 모든 사람이 비난받는 것을 피하기 위해 비난을 뒤집어쓸 사람을 조직 내에서 찾기 위해 사용된다.

보수적인 공화당 의원들은 줄곧 썩은사과 프레임을 사용한다. 아부 그라이브 수용소 고문 사건을 예로 들어보자. 고문은 부시 행정부의 정책이었다. 법무부는 고문에 대해 알고 있었고 고문을 지원하는 문서를 만들었으며, 국방부는 명령을 내렸다. 고문을 기술하는 언어 표현 — '특별송환조치'* — 을 고안했다. 고문을 위한 체계적인 훈련이 있었다. 알다시피 고문의 일부는 외주 형태로 사기업이나 다른 정부에게 떠넘겨졌다. 그리고 총사령관이 책임을 지고 있었다. 고문은 아프가니스탄과 이라크에서 군사 작전을 운용하는 체계의 일부였다.

그러나 아부 그라이브 고문 사건이 드러났을 때, 부시 행정부는 썩은사과론을 사용했으며, 위계 조직상에서 가장 낮은 사람을 찾아서 책임을 물어 기소했다.

아니면 팻 틸만의 죽음을 예로 들어보자. 그는 자신의 부대원에게서 머리 앞부분에 총을 세 발 맞았다. 그는 9·11 이후 아프가니스탄에서 전투를 하는 특수 부대에 합류하기 위해 어마어마한 금액의 계약을 포기했던 유명한 미식축구 선수였다. 복무 기간 동안, 그는 이라크로 파견 근무를 가서 이라크 전쟁과 부시 행정부의 전쟁 정책에 환멸을 느끼게 되었다. 그래서 그는 자신의 의견을 알리기 시작했다. 그는 아프가니스탄으로 귀환당했다. 처음에는 그가 적의 손에 죽었다고 보도되었다. 그래서 그는 죽은 후에 영웅으로 불렸으며, 은폐의 일환으로 군의 훈장을 추서받았다. 5주 뒤에 군은 이 거짓말을 바꾸어, '우연히도' 아군의 총격 사고로 그가 죽게 되었다고 말했다. 이상한 조치로, 그의 옷과 그 사건의 증거가 될 만한 것은 모두 폐기되었다. 나중에야 비로소 그가 근거리에서 머리 앞쪽에 세 발의 총격을 받았다고 진술하는 부검

보고서가 나타났다. 그는 암살당했다는 의혹이 있다. 분명히 그는 반전 운동권의 사람들을 접촉한 적이 있었으며, 귀국했더라면 반전 운동가가 되었을 것이라는 주장이 나왔다.

국방부는 자체 조사를 실시해 그의 죽음이 아군의 포격에 의한 사고사였고, 절대로 은폐해선 안 되는 일이었다고 발표했다. 이 조사에서 드러난 썩은 사과는 은퇴한 중장 켄싱어 2세(Philip R. Kensinger Jr.)였다. 그런데 그는 무슨 일이 일어났었는지 기억할 수 없다고 공판에서 70번이나 말했다. 그가 받은 처벌은 별 하나를 잃은 것 ― 3성 장군에서 2성 장군으로 강등된 것과 연간 8,000달러의 연금 손실 ― 이었다. 이것으로 조사는 끝이 났다.

다른 사건으로는 스쿠터 리비 사건*이 있다. 리비는 이라크 침공을 정당화할 때 부시 행정부가 행한 조직적인 거짓말과 증거 왜곡에 대한 썩은 사과로 지명되었다. 검사가 그에게 물을 수 있었던 책임의 전부는 발레리 플레임의 신원노출에 대해 선서를 하고도 거짓말한다는 것이었다. 부시 대통령이 그의 형량을 감형해서 그는 감옥에서 시간을 보낼 필요가 없었다. 그가 부시 행정부를 보호했다.

엔론사 사건**의 사례도 있다. 엔론사는 특별한 이름을 붙인 계략으로 캘리포니아 주에서 수십억 달러를 사취했다. '데스 스타(Death Star)' 계략에서 엔론은 자기 회사의 예상 송전을 초과하는 계획을 세워 캘리포니아 주의 배전망이 과부하가 걸릴 것이라는 환상을 만들어내어 전력 과잉을 '완화하는' 데 대한 대가를 주(州)로부터 받으려 했었다. 이 회사의 메모에는 이 속임수의 아름다움은 "엔론사가 실제로는 전혀 에너지를 옮기지

* **스쿠터 리비 사건**: 조지프 윌슨(Joseph Wilson) 전 이라크 대사가 이라크 전쟁이 정당하다는 주장의 허구성을 폭로하자, 그의 부인 발레리 플레임(Valerie Plame)이 중앙정보국 비밀 요원임을 언론에 누설해 윌슨 대사를 곤경에 빠뜨려 보복하고자 했던 부시 정부의 움직임을 지칭하는 사건이다. 이 사건의 핵심에 있던 체니 전 부통령의 비서실장이었던 루이스 리비는 결국 그러한 적이 없다는 거짓말로 인해 기소되었다.

** **엔론사(Enron)**: 겨우 15년 사이에 1,700퍼센트 초고속 성장으로 미국의 7대 기업에 속하게 된 에너지 회사였지만, 분식 회계로 인해 수백억 달러의 빚을 안고 2002년 파산했다. 특히 엔론사의 레이(Ken Lay) 회장이 당시 체니 부통령과 막역한 사이여서 엔론사가 에너지 정책 수립 과정에 영향을 미쳤는지 관심을 모았다.

도 전력 과잉을 완화하지도 않고서 전력 과잉을 완화하기 위해 에너지를 옮기는 데 대한 대가를 지불받는다는 것이다"라고 적혀 있었다. 그것은 토니 소프라노*가 자랑스러워할 그런 부류의 보호 계약이다.

[주식회사화(Inc-ing)라고도 알려진] '팻 보이' 신용 사기도 과대 송전 계획 — 예를 들어, 사실은 전기를 전혀 필요로 하지 않았던 자회사에 송전하는 것 — 과 관련이 있었다. 그 다음 엔론사는 '초과' 전력을 아주 비싼 가격에 캘리포니아 주에 팔려 했다.

(돈세탁과의 유추에 근거한) '메가와트 세탁(megawatt laundering)'이라고도 불리는 '리코셋(Ricochet)'은 기획부동산 토지 사기**에 대응하는 힘이었다. 캘리포니아 주 안에서 생산되는 전력을 헐값으로 사서, 캘리포니아 주 밖의 중개인에게 넘긴다. 그 다음 그것을 엄청나게 부풀린 '수입' 가격으로 캘리포니아 주에 되파는 것이다.

명백히 이와 비슷한 계략이 엔론사와 에너지 이전 산업 전반에서 사용되었다. 이 관행은 연방에너지규제위원회(FERC)가 무시했다. 이 위원회가 전에너지 회사 직원들을 '규제 행위'를 담당해야 할 위원으로 임명했기 때문이었다. 부시 행정부와 공화당 의회는 조사를 거부했다. 딕 체니는 '너무 많은 에너지를 쓴다'고 희생자인 캘리포니아 주를 비난했다. 캘리포니아 주의 손실은 공화당이 민주당 주지사 데이비스(Gray Davis)를 소환하고 슈워제네거(Arnold Schwarzeneger)를 주지사로 당선시키기 위한 선거운동에 이용했다.

이러한 관행은 엔론사가 수많은 불법 활동으로 인해 재정적으로 붕괴했을 때 드러났다. 썩은 사과는 제프리 스킬링(Jeffrey Skilling)과 켄 레이였다. 엔론사가 무너지면서 2만 명이 직장을 잃었고, 많은 사람이 평생 모은 저축을 날렸다.

대중의 동정심은 자기 회사에 투자했던 돈을 날려버린 엔론사의 직원들에게 향했다. 엔론사의 더러운 사업 — 자신의 퇴직 자금을 날린 많은 사람이 수행했던 — 은 잊었다. 그 에너지 이전 산업은 그대로 온전하다. 단지 썩은 사과들만 사라지고 없을 뿐이다.

왜 썩은사과 프레임이 작동하는가? 영웅/악당 서사에서는 악당이 체제나 제도, 이데올로기가 아니라 사람이기 때문이다. 어떤 사람을 어떤 범죄로 기소할 수는 있지만, 이데올로기나 체제를 간첩죄로 기소할 수는 없다. 체제보다는 사람을 떠올리는 것이 더 쉽다. 우리의 뇌가 작동하는 방식은 썩은사과 프레임의 사용을 선호한다.

이것은 변화시킬 수 있는가? 유기적이거나 이데올로기적이거나, 제도적인 악당에 대해 사람들이 이해하는 방식으로 공공연히 논의할 수 있는가?

첫 단계는 우리 눈에 썩은사과 프레임이 보일 때 그것의 사용을 인정하는 것이다. 그 다음 단계는 진실을 보여주는 프레임을 사용하는 것이다. 부시가 지명한 에너지규제위원회 위원 — 정반대 방향으로 돌아선 — 의 도움으로 엔론사가 캘리포니아 주에 사기 행각을 벌인 것은 사영화의 사례였다.

신계몽의 일부는 그러한 프레임 형성이 작동하는 방식에 대한 대중의 인식일 것이다. 썩은사과 프레임을 사용하면, 그것은 뉴스감이 될 뿐 아니라 어떤 사람들이나 어떤 체계를 실제로 비난해야 하는가의 문제가 발생할 것이다.

# 11

# 인지 정책

이제 지난 30년 동안 보수주의자는 관여했지만 진보주의자는 관여하지 못했던 한 관행에 이름을 붙여줄 때이다. 이 관행은 바로 '인지 정책'이다. 인지 정책은 어떤 발상을 정상적인 공적 담론 속으로 끌어들이는 것이다. 이렇게 하려면 먼저 수백만 명의 뇌가 변해야 한다.

보수주의자들은 어마어마한 금액을 투입해 인지 정책을 실행했다. 즉, 그들은 (노인의료보험과 사회보장제도를 대체하기 위해) 개인의 의료 계정이나 은퇴 계정, (공립학교를 대체하기 위해) 학교선택권 제도,* (누진 소득세를 대체하기 위해) 일률 과세, (사회보호프로그램을 공격하기 위해) 거대 정부, (정부의 보호와 역량 강화 책임을 대체하기 위해) 개인 계약자, (교회와 국가의 분리를 없애기 위해) 신념 기반 해결책 등을 표준 개념으로 도입했다. 보수주의자들은 그러한 인지 정책을 해마다 하루도 쉬지 않고 만들어낸다. 이 정책은 명시적이며 잘 조직화되었으며, 충분한 자금을

> \* 학교선택권 제도(school voucher): 공립과 사립을 불문하고 학생이 지원하는 학교에 재정이 투입되는 미국의 교육제도. 만약 학생이 사립학교에 지원하는 경우 공립학교에 다녔으면 지원받았을 만큼의 돈을 학생이 다니는 사립학교에 지원하는 제도이다. 형식적인 측면에서 보면 학생은 정부로부터 바우처를 받아서 사립학교에 등록금 대신 납부하고, 사립학교는 정부에 바우처를 제출하고 재정을 지원받는다. 노벨 경제학상 수상자 밀턴 프리드먼(Milton Friedman)이 1950년대에 제기했다 (수용자의 선택권을 강조함).

지원받고 있다. 이 정책의 목적은 보수적인 방향으로 사람들의 뇌를 바꾸는 것이다. 그리고 이 정책은 지금까지 잘 작동하고 있다. 진보주의자들은 인지 정책을 거의 만들지 않는다.

진보주의자들에게 정책은 보통 어떤 인구통계 집단에 대한 시장의 실패를 보상해주는 물질적이며 구체적인 제안이다. 최근에 나타난 이것의 주요한 예외는 고어의 책과 영화 ≪불편한 진실≫이었다. 이 작품은 지구온난화의 실재에 대한 발상을 공적 담론 ─ 그리고 대중의 뇌 ─ 에 주입하는 일을 시작했다. 그러나 이것은 법률 제정을 통해서나 통상적인 정책 두뇌 집단을 통해서 제기된 공공 정책이 아니었다. 오히려 그것은 할리우드에서 나왔다. 진보적인 정책 두뇌 집단은 좀처럼 명확한 인지 정책을 만들어 실행하지 못한다. 이것의 중요한 예외는 로크리지연구소이다. 이 연구소의 임무는 그러한 작업을 분명하게 실행하는 것이다.

인지 정책은 구체적인 물질 정책에 우선하는 프레임 만들기 캠페인이다. 인지 정책은 가장 먼저 다가오는 심층의 프레임, 즉 도덕적 프레임을 도입한다. 프레임 형성이 기존 정책의 구매력을 높이기 위해서만 존재한다고 생각하는 것은 중대한 실수이다. 명시적이든 암묵적이든 모든 물질 정책은 앞선 도덕 기반 프레임에 근거한다.

어떤 정책 ─ 흔히 무의식적이고 암묵적인 ─ 에 대한 최초의 정당화는 엄격한 도덕성의 시각에서 보든 자애로운 도덕성의 시각에서 보든 도덕적으로 옳아야 한다는 것이다. 이 정당화는 누가 그 정책을 제안하고 있는가에 의존한다. 이것은 순환적으로 작동한다. 즉, 프레임 형성이 정책보다 우선한다. 그렇기 때문에 물질 정책이 인지 정책 ─ 심층의 진리를 드러내고 그 진리를 인식하도록 뇌를 변화시키기 위해 실재를 프레임에 넣는 방법 ─ 을 만들어낼 수 있다.

탄소 배출량을 줄이기 위한 구체적인 정책 제안의 복합적인 실례를 검토함으로써 이것을 예시해보자. 이 제안은 '스카이 트러스트(Sky Trust)'라 불렸다. 이것은 다양한 온실가스배출권 거래 제안 및 탄소세 제안과 경쟁하는 제안이다. 이 글을 쓰고 있는 이 순간 이 제안은 별로 잘 알려져 있지 않다. 맨 처음 이 제안을 내어놓은 사람은 워킹 에세츠(Working Assets)의 설립자이자 『자본주의 3.0』의 저자인 피터 반스(Peter Barnes)이다.

스카이 트러스트는 이 문제의 전제된 도덕적 토대와, 이 토대를 진지하게 수용하는 것의 귀결과 함께 시작된다. 미국은 2050년까지, 즉 다음 40년 동안 탄소배출량을 80퍼센트 줄여야 할 도덕적 의무를 지니고 있다.

이 도덕적 의무가 주어졌을 때, 그러한 어떤 계획이든지 다음과 같은 바람직스러운 특성을 지닌다.

◆ 어떤 해결책이든지 작동할 수 있으려면 실제로 탄소배출량을 줄여야 한다. 즉, 그 해결책은 작동해야 한다. 적어도 미국에서는 80퍼센트 더 깨끗한 공기를 만들어내야 한다.
◆ 만일 어떤 해결책이든 작동하길 바란다면, 행정적으로 단순해야 한다. 어떤 거대한 관료조직도 없어야 한다. 서류 작업 뭉치도 없어야 한다. 전국적으로 기업에 행정 절차를 부과해서는 안 된다. 검열단도 전혀 없어야 한다.
◆ 어떤 해결책이든 작동하길 바란다면, 투명하고 입증하기 쉬워야 한다. 즉, 속임수나 감독 부재의 가능성이 거의 없거나 전혀 없어야 한다.
◆ 어떤 해결책이든 점진적이면서 꾸준해야 한다. 즉, 그 해결책은 기업이 극적으로 변화하도록 최소한의 것을 부과해야 하지만 그 변화가 너무 작아서는 안 된다.
◆ 어떤 해결책이든 예측 가능해야 한다. 기업은 장기 계획을 세울 수 있

도록 앞으로 40년 동안 무엇을 기대하는지 알아야 한다.

* 도덕적인 이유 때문에, 어떤 해결책이든 경제적으로 진보적이어야 한다. 비용의 대부분은 가장 쉽게 감당할 수 있는 사람들에게 돌아가야 한다.

* 어떤 해결책이든 정치적으로 인기 있어야 한다. 대부분의 사람들이 원하는 무언가 — 아니면 적어도 대안보다는 더 선호하는 것 — 이어야 한다. 그 해결책은 통합적이어야 한다. 즉, 온 나라가 지원할 수 있는 어떤 것이어야 한다.

* 어떤 해결책이든 시장 원리의 활용을 극대화해야 한다. 그 해결책은 중앙 집중적인 계획 경제를 피해야 한다.

* 어떤 해결책이든 도전적인 기업가 정신을 장려해야 한다. 그 해결책은 주로 사적인 투자를 통해 가능한 한 경제적인 재생 가능한 에너지의 개발을 이끌어야 한다. 그 해결책은 창의성과 미국적인 비결의 사용을 장려해야 한다.

* 어떤 해결책이든 정치를 최소화하거나 제거해야 한다. 이상적으로는 어떤 돈도 연방정부를 통해 유통되지 않아야 한다. 이것은 모든 종류의 이해관계자 집단의 로비 효과를 최소화하거나 제거하기 위함이다.

* 어떤 해결책이든 미국에서 가능한 한 많은 일자리를 창출해야 한다.


소망하는 이러한 특성의 도덕적 근거는 분명하다. 보통 사람과 기업 모두를 위해 보호를 최소화하라. 해악을 최소화하라. 권위에 복종할 필요를 최소화하라. 창의성을 자극하고, 기회를 이끌어내라. 일상의 삶과 기업의 붕괴를 최소화하라.

이러한 것은 정책에 선행하는 도덕적으로 소망하는 것이다. 더욱이 궁극적으로 널리 수용되었던 하나의 진리가 있다. 탄소 기반 에너지는 지구온난화를 초래하기 때문에, 세계를 해롭게 하고, 우리의 공기를 더럽히며, 사람들과 야생생물에게 해악을 끼친다.

이곳에서 바로 스카이 트러스트가 시작한다. 스카이 트러스트는 두 개의 배경 프레임으로 시작한다. 첫 번째 프레임은 탄소 기반 연료(석유와 석탄, 가스)를 판매하고 배포하는 회사와 관련이 있다. 탄소 기반 에너지 회사(석유회사와 석탄회사, 가스회사)는 로비를 통해서 깨끗한 재생 가능한 에너지원을 개발하지 못하도록 차단해왔다. 그러한 회사는 마약밀매업자처럼 행동하며, 자신들의 연료를 사용해 우리의 공기를 더럽히는 공장에 투자하도록 미국 전역의 회사를 설득해왔다. 그러한 회사는 우리 경제에 해로운 오염물질을 들여오는 유입지점이다. 그러한 해로운 연료의 주요한 배포지점은 (대략 1,000개쯤으로) 비교적 소수이다. 그러한 회사는 찾아내어 통제하기 쉽다.

두 번째 프레임은 대기를 재산으로 보는 것과 관련이 있다. 대기는 귀중하다. 미국 사람들은 미국 상공의 하늘을 소유한다. 정부가 아니라 사람들이 그것을 소유한다. 지금까지 어마어마하게 많은 회사가 오염물질을 우리의 하늘에 쏟아부었다. 그런데도 그들은 그 하늘의 소유권자인 사람들에게 폐기 비용을 한 푼도 지불하지 않았다. 그러한 회사는 무임승객이었다. 지금까지 그들은 영업 활동비 전액을 지불하지 않았다. 그들은 자신들의 오염물질을 깨끗이 제거하는 것이 아니라, 더러운 공기와 천식, 여타 호흡기 질환, 지구온난화의 형태로 다른 사람들에게 떠넘겨왔다. 공기의 소유자들은 특정한 재산권을 소유하고 있다. 즉, 자신들의 공기를 최대한 깨끗한 상태에서 마실 권리와, 대기에 오염물질을 쏟아부은 것에 대해 폐기 비용을 받을 권리를 가지고 있다.

이 두 프레임은 스카이 트러스트에서 명시된 인지 정책을 형성한다. 근본적으로 스카이 트러스트는 이러한 발상을 대중의 의식과 공적 담론 속으로 끌어들이는 것과 관련이 있다. 스카이 트러스트 내의 물질 정책은 두 가지 임무를 수행하기 위해 존재한다. 즉, 대중의 지지를 얻는 방식으로 이산화탄소 배출을 효과적으로 줄이는 것과 대중의 마음속에 공기의 소유자는 우리 모두이며 공기는 귀중하다 — 오염상태보다 청정상태에서 훨씬 더 귀중하다 — 는 개념을 집어넣기 위한 것이다.

스카이 트러스트의 물질적 측면은 두 부분 — 배출총량규제와 환급제 — 으로 구성된다.

첫째, 배출총량규제는 배포 지점의 탄소기반 연료 배포업자에게 부과된다. 이곳에서 연료가 경제로 유입되기 때문이다. 다음은 배출총량규제가 작동하는 방식이다.

- 매년 연료유통 회사는 오염 허가증 — 일정량의 오염 연료를 파는 허가증 — 을 사기 위해 경매에 참여한다.
- 총량배출규제는 첫 해에 팔린 연료의 양에 대한 허가증으로 시작된다. 이 나라 미국에서 이용할 수 있는 허가증의 수는 40년 동안 매년 2퍼센트씩 줄어든다.
- 연료유통 회사는 각각 허가증을 확보한 양의 연료만 팔 수 있다. 판매되는 양은 쉽게 통제할 수 있다.
- 허가증의 수가 감소하기 때문에, 허가증은 더 귀중하게 되고 구입하는 데 더 많은 비용이 들게 된다.
- 회사가 더 많은 연료를 팔려고 할수록, 더 많은 허가증을 구매해야 할 것이다.
- 따라서 연료회사는 재생 가능하고 청정한 에너지원에 투자할 동인을

가질 것이다.

- ◆ 탄소 기반 연료의 가격이 올라서 다른 회사들이 재생 가능하고 청정한 에너지원에 투자할 동인을 제공받을 것이다.
- ◆ 행정 비용, 즉 대략 1,000개 사이트에 대한 통제 비용과 계산 비용, 전송 비용이 낮다.

총량규제 제안은 환급제 제안으로부터 독립적이며, 환급제 제안의 이행 여부와 관계없이 수행할 수 있다. 스카이 트러스트는 미국 시민이 각각 양도할 수 없는 동등한 몫을 타고난 권리로 갖는다는 데에서 시작한다. 다음은 스카이 트러스트가 작동하는 방식이다.

- ◆ 탄소 허가증을 판매해 얻은 돈은 스카이 트러스트 — 다른 신탁회사와 같은 하나의 신탁회사 — 로 들어갈 것이다.
- ◆ 그 돈은 컴퓨터를 통해 통제되는 은행 전송의 형태로 모아질 것이다.
- ◆ 미국 시민은 각각 이 돈의 동일한 몫 — 자신의 공기 지분을 사용하는 것에 대한 배당금 — 을 받을 것이다. 이 돈은 상당할 수도 있다. 아마도 처음에는 연간 1인당 1,000달러 이상이고 그 다음에는 더 올라갈 수 있다.
- ◆ 이 돈은 매달 각 시민의 은행 계좌나 신용카드로 전송될 것이다. 그래서 이 돈은 각 시민이 자신에게 청구되는 비용을 갚는 데 도움이 된다.
- ◆ 이 돈은 어떤 것을 위해서라도 사용할 수 있다. 특히 에너지 비용의 인상분을 상쇄하는 데 도움이 될 것이다.
- ◆ 이 돈은 경제 전체에 걸쳐 소비될 것이며 경기 부양을 가져오고 일자리를 창출할 것이다.
- ◆ 정부는 결코 이 돈을 직접 만지지 않을 것이다. 그리고 정치적으로 이

용당하지 않을 것이며, 특수 이익 집단에 의한 로비 효과에도 좌우되지 않을 것이다.

이것이 바로 그 제안이다. 이것은 앞선 프레임에 근거한 인지 정책을 포함하며, 여기에서 당신은 그러한 프레임이 무엇인지 분명히 알 수 있다. 그러나 그것이 전부는 아니다. 이 정책이 수행된다면, 많은 미국인의 마음에 새로운 프레임 — '공동의 부' 프레임 — 이 생겨날 것이다. 이 프레임은 공기로부터 여타의 공동 재산 원천 — 모든 미국인이 소유하는 — 으로 일반화된다. 그리고 이 프레임에서는 각 시민이 자신의 몫을 받을 자격이 있다. 이것은 또한 널리 확산될 수 있다. 예를 들어, 공중파를 들어보자. 공중파는 가치가 매우 높다. 그리고 현재 공중파 사용 권리는 실제로 미디어 회사에 넘어갔으며, 그들은 이를 근거로 엄청난 이익을 낸다. 공중파는 우리의 재산인데, 미디어 회사의 사적 투자자에게 넘어가 버렸다. 공중파 신탁회사와 공중파 사용권 경매가 있어야 하는가? 그리고 강과 바다는 어떠한가? 만일 우리가 공기와 강, 바다를 소유하고 이것들의 사용 가치로 인한 몫을 가지고 있다면, 우리는 우리 후대를 위해 이것들을 보존하고 계속 깨끗하게 유지해야 하지 않는가?

이것은 스카이 트러스트 정책에 대한 지지가 아니다. 나는 다만 정치적 마음에 대한 하나의 주장을 펼치고 싶다. "정책은 앞선 프레임의 발현이며, 이러한 프레임 중 많은 것이 도덕 원리를 구현하며, 어떤 정책이 안정되면 결국 세계를 바라보는 새로운 방식이 생겨날 수 있다." 무엇보다도 나는 인지 정책의 중요성을 전면에 내세우고 싶다.

'공유지(commons)'에 대해 질문을 받았을 때, 롬니는 그 말이 자신에게는 마치 공산주의(communism)처럼 들렸다고 말했다. 그러나 스카이 트러스트는 대기를 하나의 공유지로 만들기 때문에 자본주의의 한 형태이다. 정말로 아주 극단적인 자본주의의 한 형태여서 모든 사람 ― 심지어는 새로 태어난 아이조차도 ― 을 자본주의자로 만든다.

공유지 개념에 관한 가장 유명한 논문은 하딘(Garrett Hardin)의 「공유지의 비극」이다.[1] 하딘은 가축을 방목하는 데 사용되었던 영국의 공유지가 결국 사유화되고 개발되었던 것처럼, 어떤 공유지 ― 모든 사람의 소유이며 모든 사람이 사용할 수 있는 ― 이든지 결국 지나친 사용으로 파괴될 것이라고 주장한다.

반스의 스카이 트러스트 제안은 하딘이 잘못임을 입증하는 반례이다. 그 '사용'은 오염을 폐기하는 것이다. 이 제안의 가치는 우선 공기의 청정이고, 그 다음에야 오염 허가증 경매로부터 얻는 금전적 보상이다. 스카이 트러스트 제안에서 그 사용은 최대한도가 정해진다. 그리고 40년 동안 매년 배출 최대 용량이 줄어든다. 이 두 가치는 모두 매년 늘어난다.

여기에는 교훈이 두 개 있다. 첫째, 당신은 정책을 기저의 개념을 형성하는 프레임에서 분리할 수 없다. 정책은 프레임을 전제하기 때문에, 정책에 대해 진지하게 논의하면 대중의 뇌에서 그러한 프레임이 활성화될 수 있다. 둘째, 물질 정책과 마찬가지로 인지 정책도 정말로 중요하다.

마지막 요점은 다음과 같다. 스카이 트러스트에는 이해 가능한 변이가 몇 가지 있다. 예를 들어, 소득의 상당 부분은 어떤 투자신탁에, 즉 지속 가능한 에너지에 투자하도록 사용할 수 있다. 또 하나의 변이에서는 대중이 지속 가능한 에너지 신탁에 이익을 위해 투자할 수 있고, 오염 허가증 수익은 보조금의 역할을 할 수 있다. 또는 이 투자신탁은 스카이 트러스트에 모든 수익을 되돌려주어 공기의 소유자 ― 모든 사람 ― 에게 분배하도록 할 수 있다.

그러나 스카이 트러스트의 본질은 뇌를 변화시키는 것과 관련이 있다. 즉, 대중에게 자신들의 공동 재산 ― 공기와 공중파, 강, 천연 보호물 ― 을 실제 재산으로 (즉, 개선하고 보호할 가치가 있는 아주 귀중한 무언가로) 개념화하도록 허락하는 것이다. 스카이 트러스트는 문자 그대로 그렇게 함으로써 이것을 행하려 한다. 스카이 트러스트는 광범위한 인지 정책을 또한 수행하려 하는 물질 정책이다.

# 12

# 논쟁적인 개념은 도처에 있다!

우리는 미국을 양분하는 아주 다른 두 가지 도덕적·정치적 사고에 대해 논의해왔다. 엄격한 사고 양식과 자애로운 사고 양식은 도처에 존재하며 거의 언제나 무의식적이다. 그 결과 실제 문제에 대한 소통이 부재하며, 미국인의 정치적 삶의 실제 분열에 대한 논의가 거의 없다.

그 분열이 일어나지만 감추어져 있는 가장 심각한 곳 중 하나는 우리의 가장 중요한 개념 — 자유, 공평성, 평등, 기회, 안전, 책무성 등 — 이다. 그러한 개념은 진보주의자와 보수주의자에게 아주 다른 것을, 때로는 정반대의 것을 의미하는 것으로 드러난다. 그러나 공적인 담론에서는 흔히 그 차이를 인식하기 어렵거나 불가능하다.

왜 그러한 의미의 차이가 나는가? 그러한 의미 차이는 왜 인식하기 어려운

가? 그리고 도대체 왜 이러한 일이 일어나는가?

이것을 이해하기 위해서는 반세기 이상의 과거로 되돌아가 인지과학의 모든 역사를 약간 우회해야 할 것이다.

1956년 3월 12일 런던에서 아리스토텔레스 학회의 모임이 있었다. 철학적 논쟁이 영국에서 진행 중이었다. 철학에 대한 러셀(Bertrand Russel)의 형식논리 접근을 추종하던 학자들은 개념이 논리에서처럼 필요충분조건 목록에 의해 정의되며, 의미는 세계 내의 진리에 의존한다고 가정했다.

비트겐슈타인(Ludwig Wittgenstein)은 러셀의 견해에 도전했다. 그는 의미는 사용의 문제이고, 개념은 '가족유사성'에 의존하며 고정된 것이 아니라 확장될 수 있으며, 이것은 수의 개념이 1,000년에 걸쳐 정수로부터 분수로, 실수로, 복소수로, 초한수로 확장되었던 것과 마찬가지라고 주장했다.

오스틴(J. L. Austin)은 소통이 의미에서 중요하다고 주장했으며, 질문이나 명령 등 화행의 역할을 연구했다. 그런데 질문이나 명령은 참이나 거짓이 될 수 없다. 그는 의미가 진리를 넘어서, 또한 러셀의 논리를 넘어서 확대되어야 한다고 주장했다.

당시 캠브리지대학교의 젊은 정치학자였던 갤리(Walter Bryce Gallie)가 이 싸움에 합류해 「본질적으로 논쟁적인 개념」이라는 제목의 아주 중요한 논문을 발표했다.[1] 그는 '민주주의'나 '미술'과 같은 개념이 의미를 지니지만 결코 고정된 의미를 가지지 않을 것이라는 사실을 보여주었다. 그러한 개념은 모두가 동의하는 핵심적 사례를 지니고 있다. 그러나 그 핵심적 사례가 복합 구조를 지니고 있으며, 가치와 관련이 있기 때문에, 그리고 다른 사람은 다른 가치를 지니고 있기 때문에, 그러한 가치는 필연적으로 상이한 방향으로 개념을 확대될 것이다. 그 결과 언제나 '민주주의'나 '미술'의 가치들이 다를 것이기 때문에, 이러한 개념의 의미를 두고 사람들은 경쟁을 벌일 것이다. 결론적으로 "그러한 개념의 의미는 절대적으로 고정될 수 없다".

물론 '본질적으로 논쟁적인 개념' 그 자체가 논쟁의 대상이 될 것은 필연적이었다. 하트(H. L. A. Hart)나 롤스(John Rawls), 루크스(Stephen Lukes), 드워킨(Ronald Dworkin) 같은 학자는 갤리의 설명에 이의를 제기했다. 그들은 모두 철학과 법의 의제가 개념의 고정성을 요구한다고 보았다.[2] 그들은 모든 사람이 동의하는 핵심적인 경우를 실제 개념으로 간주했으며, '경쟁적 해석들'을 해당 개념 ― 그것이 무엇을 의미할 수 있든지 ― 의 단순한 '예시'나 '개념화'라고 주장했다.

신경적 관점에서 보면, 이것은 전혀 의미가 없다. 개념은 어떤 추상적인 철학 세계 ― 개념이 어떻게 해서든 '착상'이나 '예시'와 구별될 수 있는 ― 에 존재하지 않는다. 각 개인은 자신에게 의미가 통하는 개념을 가지고 있다. 이 개념은 뇌의 시냅스에 예시된다. 뇌가 없으면 개념도 없다.

각 개인에게는 자신의 자유 개념이 **바로 그** 자유 개념이다. 각 개인은 이 개념을 사고의 도구로 사용한다. 강경 보수파가 낱말 '자유(liberty)'를 사용하고 이 낱말을 '경제적 자유'와 '종교적 자유'에 적용할 때에는 이 낱말의 의미에 대한 보수적 해석을 떠올린다. 반면에 진보주의자가 바로 이 낱말을 사용할 때, 즉 결혼할 자유(freedom)가 동성애자의 '자유(liberty)'의 문제라고 말할 때에는, 이 개념의 의미에 대한 진보적 해석을 떠올린다.

그렇지만 인지과학의 시각에서 제기해야 할 흥미로운 질문이 있다. "논쟁적인 개념을 예시하는 뇌 속의 사례는 모두가 동의하는 핵심을 전체적인 논쟁적 해석과 구별하도록 구조화되어 있는가?" 우리는 이것을 하나의 실제적 가능성이라고 인식할 것이다. 그러나 이것은 논쟁의 여지가 없이 명확한 핵심이 바로 그 개념이라는 것을 의미하지는 않는다. 이것은 어느 정도의 세부 사항 없이 추상적으로는 논의할 수 없다.

현재 일리노이대학교(시카고서클)의 의학적 의사결정 담당 교수인 슈워츠 (Alan Schwartz)는 1992년 캘리포니아대학교(버클리) 최초의 인지과학 전공자로서 복수전공으로 여성학을 공부했다. 자신의 학위논문에서 그는 여성주의 개념을 인지과학의 시각에서 살펴보았다. 여성주의는 여성주의 공동체 내부에서조차 뜨거운 논쟁의 대상이 되는 개념이다. 이 개념에는 자유주의적 여성주의, 인종차별적 여성주의, 마르크스주의적 여성주의, 생명문화적 여성주의, 생태여성주의, 유색 여인 여성주의, 레즈비언 여성주의 등의 해석이 있다.[3]

갤리를 따라서 슈워츠는 여성주의 개념에 공통의 핵심이 있다는 것을 발견했다. 즉, 이 핵심은 여성보다 남성에게 사회의 혜택을 더 많이 부여하는 성역할의 집합, 그러한 성역할이 불공정하다는 견해, 그리고 그러한 역할을 변화시키기 위한 헌신을 포함한다. 그러나 이 공통의 핵심은 구체적으로 명시되지 않아서 그 자체로는 우리에게 많은 것을 알려주지 않았다. 성역할이 무엇으로 바뀌어야 하는가에 대한 여러 다른 해석과, 성역할을 바꾸어야 할 여러 다른 이유, 이 과정에서 사용되는 여러 다른 방법이 있다. 각각의 경우에 여성주의에 대한 여러 다른 해석은 중심적인 핵심과 여타의 가치 체계 ─ 갤리가 암시했던 바와 같이 자유주의와 마르크스주의 등 ─ 로부터 예측할 수도 있다. 그렇지만 여성운동가 각자에게는 '여성주의'라는 낱말이 구체적으로 명시되지 않은 핵심이 아니라 자신이 신뢰했던 풍부한 해석이었다.

슈워츠는 갤리의 분석을 입증했으며, 이 과정에서 여성주의에 대한 심층적인 이해에 기여했다.

2005년 1월 나는 부시 대통령의 두 번째 취임 연설을 시청했다. 이 연설에서 부시는 '자유' '자유로운' '해방'을 20분 동안 49번 사용했다. 이 사용의 절반은 공통적인 핵심의 사용이었고, 나머지 절반은 진보주의자에게는 전혀 의미가 통하지 않았던 극보수적인 사용이었다. 자유는 본질적으로 논쟁적인 개념의 명백한 후보이다. 그래서 나는 자유를 인지과학의 틀에서 분석하는 도전을 감행했다.

다음은 내가 발견했던 것이다. 자유의 개념에는 논쟁의 여지가 없이 명확한 핵심이 있다. 이 핵심은 모든 사람이 수용하는 것으로 보인다. 보수주의자는 엄격한 도덕 가치를 갖는 경향이 있는 반면, 진보주의자는 자애로운 도덕 가치를 갖는 경향이 있다. 만일 이 두 개의 논쟁적인 도덕 가치를 수용해 각각을 논쟁의 여지가 없이 명확한 핵심에 결속한다면, 당신은 자유에 대한 정확히 두 개의 해석을 얻게 된다. 하나는 진보적인 해석이며, 나머지 하나는 보수적인 해석이다.

그러나 그것은 쉬운 분석이 아니었다. 설명해야 할 자료는 정말로 방대했으며, 따라서 그 자료를 다 검토하고 분석하니 한 권의 책 『자유는 누구의 것인가?(Whose Freedom?)』가 되었다. 이 책의 분위기를 맛보기로 간략히 살펴보자. 이 분석은 인지과학과 뇌과학이 신계몽에 기여할 수 있는 중요한 핵심이기 때문이다.

## 자유

자유의 가장 기본적인 개념은 이동의 자유이다. 몸을 움직이지 못하게 하는 것보다 아이에게 괴로운 것은 없다. 근본적으로 이동에는 세 가지 유형이 있다. 즉, 한 장소에서 다른 한 장소로의 이동인 장소이동과, 물건을 잡기 위한 팔의 이동, 행위를 수행하기 위한 몸의 이동이 있다. 모든 경우에 소망하는 이동을 방해받으면 부정적인 감성이 생성된다. 이것은 유아기부터 계속된 일이다.

일차 은유의 체계는 이동에 적용된다. 어떤 목적을 달성하는 것을 은유적으로 개념화하는 방식은 두 가지이다. 하나는 원하는 목적지에 도달하는 것(예를 들어, I reached my goal '나는 목적지에 도달했다')이며, 다른 하나는 원하는 물건을 구하는 것(예를 들어, The job just fell into my lap '그 일자리가 그냥 내게 굴러들어 왔다')이다. 둘 다 일차 은유이며 분명히 보편적이며 초기에 습득된다. 이러한 은유를 통해서, 목적을 달성하기 위한 행동의 자유는 목적지에 도달하기 위한 이동의 자유가 된다. 따라서 우리는 행동의 자유에 대한 제약을 기술하는 은유적 표현에서 이를 확인할 수 있다. 예를 들어, '노예 상태에 있는(enslaved)' '사슬에 묶인(in chains)' '얽매여 있는(tied up)' '수갑이 채워진(handcuffed)' '속박을 당한(tied down)' '족쇄에 묶인(tied to a ball and chain)' '제지당하는(held back)' '억압당하는(kept down)' '짐을 진(burdened)' 등을 보라.

이동의 자유를 막거나 행동의 자유를 억압하면 부정적인 감정이 활성화된다. 따라서 누군가의 자유를 빼앗는 것은 부도덕한 것으로 간주된다. 당신은 자유로이 길을 따라 걸어갈 수 있지만, 자유로이 다른 어떤 사람을 때려눕히거나 묶어둘 수 없다.

마찬가지로 행동의 자유에 대한 보조물은 은유적으로 이동의 자유에 대한 보조물의 관점에서 이해된다. 이것은 긍정적인 자유, 즉 '~을 향한 자유'이다. 따라서 당신은 도움의 손길을 지원받을 수도 있고, 우선권을 부여받을 수도 있고, 역량 강화를 받을 수도 있다. 은유적으로, 실패하는 것(fail)은 떨어지는 것(fall)이다. 따라서 이동의 자유에 대한 보조물 중에는 당신이 떨어지는 경우에 당신에게 도움이 될 물건 — 예를 들어, 안전망, 쿠션 등 — 이 있다. 간단히 말해서, 우리는 이동의 자유에 대한 논리와 언어로 행동의 자유에 대해 추론한다. 따라서 행동의 자유에 대한 일반적인 착상은 일차 은유 — 즉, 일상 경험의 상관관계에 근거해 자체적으로 조직화되는 회로인 신경 은유 — 를 통해서 이

동의 자유에 대한 물리적 경험에 그 토대가 있다.

정치적 자유는 이러한 행동의 자유 개념을 바탕으로 신장된다. 정치적 자유는 긍정적 자유(~을 향한 자유)와 부정적 자유(~로부터의 자유)를 보장하는 과정에서 정부가 하는 역할과 관련이 있다.

부정적인 자유(~로부터의 자유)의 측면에서는 정부가 보호 — 시민적 질서와 시민적 자유 — 를 제공하는 데 핵심적 역할을 맡는다. 그래서 당신은 두려움 없이 사업을 계속할 수 있으며, 군사적 침략, 유행성 전염병, 자연 재해의 해로운 결과, 경제적 재앙, 파렴치하고 무책임한 기업에 의한 해악 등으로부터 보호를 받을 수 있다.

긍정적 자유(~을 향한 자유)의 측면에서는 정부가 역량강화를 제공한다. 즉, 정부는 자신의 목표를 달성하도록 사람들의 역량을 강화하는 기본적인 기반시설 — 선거, 교육, 도로, 통신, 에너지 공급, 물 공급, 공공건물, 도서관, 은행 제도, 시장, 주식시장, 법원 제도 등 — 을 제공한다. 이러한 것이 없다면, 미국 기업이나 현대적인 미국 생활의 대부분은 불가능할 것이다.

이러한 것은 바로 정치적 자유의 기본 토대이다. 더 나아가 기본적인 정치적 자유는 진보적 확장과 보수적 확장이 있다. 이 두 확장은 서로 다른 방향을 향하며, 따라서 양립 불가능하다. 그러나 자유에 대한 우리의 이해의 핵심은 이동의 자유이며, 정치적 자유의 핵심은 정부가 이동과 행동의 자유 — ~로부터의 자유와 ~을 향한 자유 둘 다 — 를 극대화하는 것이다. 이 극대화의 의미는 무엇인가? 그리고 이 극대화를 어떻게 수행해야 하는가? 이곳이 바로 자유의 개념 전쟁이 시작되는 지점이다.

이제 우리는 엄격한 세계관과 자애로운 세계관이 자연스럽게 자유 개념을 어떻게 서로 다른 방향으로 확장하는가를 살펴볼 수 있다. '자유' 시장을 살펴보자. 모든 쟁점 영역에서 전반적인 보수적 세계관을 갖고 활동하는 극보수파에게는 시장이 엄격한 아버지 도덕성 원리에 따라 작동한다. 시장은 절제와 시장 규칙에 따르는 운영을 보상한다. 즉, 당신의 이익을 극대화한다. 반면에 시장은 절제 결여 또는 시장 규칙에 따르지 않는 운영, 이익의 극대화를 추구하지 않거나 그렇게 할 수 없는 것을 처벌한다. 정부는 자유시장, 즉 '경제적 자유'에 다음과 같이 개입한다. 규제는 이익을 침해하고 재산의 '자유로운' 사용을 방해한다. 과세는 이익의 상당 부분을 빼앗아 가고, 따라서 동기를 빼앗고 절제를 약화한다. 노동조합과 복지수당, 노동자 안전수칙이 이익을 빼앗는다. 그리고 대중에게 끼치는 해악에 대한 소송이 이익과 영리추구 관행을 위협한다. 이 세계관은 정부의 역량강화 측면에 초점을 두지 않는다.

진보주의자는 규제가 해악으로부터의 자유를 위해 작동한다고 본다. 즉, 규제가 무책임하거나 부도덕한 기업으로부터 해악을 입지 않도록 대중을 보호한다. 그들은 공정 과세를 정부에 의한 일종의 역량강화(~을 향한 자유)로 본다. 이 경우에는 정부의 역량강화를 더 많이 사용하는 사람들이 모두를 위한 역량강화에 드는 비용을 더 많이 감당해야 한다. 노동자 안전수칙은 일하는 사람들을 해로운 노동 관행으로부터 보호하고(~으로부터의 자유), 노동조합 덕택에 더 공정한 노동시장이 만들어진다(~을 향한 자유).

공정성이 유지되기 위해서는 생계를 위해 일을 하는 사람들이 생계비를 벌어야 하고, 생산을 더 많이 하는 노동자는 생산성의 증가로 인한 이익의 공정한 몫을 받아야 한다(~을 향한 자유). 소송은 몰염치하거나 무책임한 기업에 대항하는 대중의 마지막 방어수단으로 간주된다(~으로부터의 자유).

진보주의자는 자신들의 견해가 대중 전체에 대한 감정이입에서 직접 나온다고 본다. 반면 보수주의자는 자신들의 견해가 시장에 적용되는 엄격한 아버지 도덕성에서 직접 나온다고 생각한다. 때때로 진보주의자에 비해 보수주의자가 자유에 더 많은 관심을 갖는다고 말하기도 한다. 이것은 사실이 아니다. 보수주의자는 정말 목소리가 더 크고 명확하다. 루스벨트(Franklin Delano Roosevelt)가 말했던 것처럼, '궁핍으로부터의 자유'와 '공포로부터의 자유'는 둘 다 자유의 쟁점이다. 모든 국민을 위해 자유를 극대화하는 데 도움을 주는 것은 정부의 임무이다. 그러나 보수주의자는 정부가 보수적인 자유를 극대화하길 바라고, 진보주의자는 정부가 진보적 자유를 극대화하길 원한다.


## 이견은 어디에나

당신은 논쟁적인 개념에서 벗어날 수 없다. 우리의 가장 중요한 도덕적· 정치적 개념의 의미에 대해 이견은 항상 있을 것이다.

책임을 예로 들어보자. 보수적 사고는 개인적 책임 — 그것이 무엇이든지 — 을 강조한다. 진보적 사고는 개인적 책임과 더불어 상호의존성과 사회적 책임을 강조한다.

평등을 예로 들어보자. 보수적인 사고는 보상을 위한 경쟁과 '공적'의 위계를 필요로 한다. 경쟁이 의미 있으려면, 계속 보상을 해주어야 한다. 그렇지 않으면, 사람은 경쟁을 위한 동력을 잃어버리고 또한 절제를 배워야 할 동기를 빼앗기게 될 것이다. 공적은 내재적인 어떤 것(당신이 태어나면서부터 가지고 있던 어떤 것)에 근거할 수도 있고, 절제를 통해서 습득할 수도 있다. 아니면 둘 다일 수도 있다. 만일 당신이 가족의 부나 사회적 인맥을 통해서 성공한다면, 그것은 당연하다. 왜냐하면 당신은 태어나면서부터 그것을 가지고 있었기 때문이다. 당신이 가지고 있는 것을 당신은 당연히 지킬 수 있어야 한다. 그리고 상류층에서 부와 사회적 연결망을 가지고 태어난 것과 같은 것은 '기회의 평등'에서 계산하지 않아야 한다. 만일 당신이 상속 재산이나 사회 자본에 근거해 성공한다 하더라도, 당신의 성공은 여전히 존중받는다. 그렇지만 고정관념 사례는 절제를 통해서 성공하는 것과 성공을 추구하는 것이다. 비록 이 고정관념이 완전히 그렇게 폭넓게 적용되지는 않을 수도 있지만 말이다. 일반적인 보수주의에서의 평등은 결과가 아니라 '기회'의 평등만을 의미한다.

엄청난 부의 집중 ─ 또한 엄청난 정치적 권력의 집중이 되는 ─ 은 어떤가? 부가 '합당한' 것인 한, 즉 훔친 것이거나 횡령한 것, 불법임을 입증할 수 있는 방식으로 획득한 것이 아닌 한, 부의 집중이나 이에 동반하는 권력의 집중이 아무리 크다 하더라도 그것은 상관없다.

진보주의자는 타인에 대한 감정이입에서 시작한다. 이것은 '동일 노동에는 동일 임금을'과 같은 원리를 의미한다. 만일 당신이 생계를 위해 일을 한다면, 당연히 생계비를 벌어야 한다. 상속 재산과 사회적 이점은 '기회의 평등' 개념에서 정말로 고려해야 하고, '공적'의 일부로 간주하지 않는다. 정치적 평등은 평등하게 분배되는 권력을 의미한다. 정치적인 '복종'을 강요할 능력은 결코 없다. 부의 엄청난 집중은 절대로 문제가 없는 것이 아니다. 왜냐하면 거대한 부가 (살기 좋은 곳이나 명문 사립대학 등) 제한된 자원에 대한 접근을 통제하며 정치 지도자에게 접근할 수 있으면 평등하지 않은 정치적 권력이 생겨나고, 이것은 정치적 평등에 위배되기 때문이다.

공정성을 예로 들어보자. 공정성은 근본적으로 분배의 평등과 관련이 있다. 이것은 심지어 흰목꼬리감기원숭이에게서도 그러하다! 다음은 애틀랜타에 있는 여키스국립연구소(Yerkes National Laboratory)에서 행한 실험이다.[4] 흰목꼬리감기원숭이 쌍들은 나란히 동일한 과제를 수행하고 동일한 상(오이 한 조각)을 받도록 훈련을 받았다. 그런데 둘 중 한 마리는 더 나은 보상(포도 한 알)을 받았다. 오이만 받았던 원숭이들이 저항을 했다. 흔히 그들은 실험에 더는 참여하기를 거부했고, 오이를 먹지 않으려 했다. 어떤 경우에는 사람들, 즉 연구자들에게 오이를 세차게 되던졌다.

이미 우리는 예측되는 차이를 평등 개념에서 목격했다. 그러한 차이는 분배의 평등에도 그대로 적용될 것이다. 분배가 언제나 먹을 것의 질이나 양과 관련이 있는 것은 아니다. 그것은 복합적이다. 명문 공립대학에 학생들이 들어갈 자리의 분배를 예로 들어보자. 이 자리는 어떤 근거로 분배해야 하는가?

캘리포니아 주민발의안 209호에서 보수주의자는 자신들의 주장을 경쟁에서의 공정성이라는 프레임에 넣었다. 이 프레임에서 입학은 고득점과 시험 점수 경쟁의 보상이었다. 그들은 공정성이 '공적' 지수에만 근거해야 한다고 주장했다.

보수적 논증에 따라 불공정하다고 간주해서는 안 되는 것은 무엇인가? 보수주의자는 사회적 · 문화적 · 재정적 자본과, 사전에 명문학교에 갈 수 있는 능력을 갖추는 것, 시험 치르는 방법을 아는 것, 당신의 교육에 헌신하는 부모가 있는 것, 교육을 중시하는 문화에서 자란 것, 필요로 하는 숙련된 전문가를 모두 갖추고 있는 공동체에서 자란 것 등을 불공정하다고 보지 않는다.

진보주의자는 공정성에 대한 정반대 견해를 가지고 있다. 위에서 제시된 격차는 모두 사회적 불공정을 초래했다. 학점과 시험 점수는 그 자체로 한 사람의 재능에 대한 공정한 척도가 아니다. 더욱이 진보주의자는 대학의 임무에 대한 다른 이해 방식을 가지고 있었다. 그들의 이해 방식에는 도덕적 임무가 포함된다. 즉, 대학은 캘리포니아의 모든 지역공동체 — 이들 중 다수는 인종적 · 민족적 공동체인 — 에 숙련 전문가를 제공해야 한다.

진보주의자는 공정성을 개인적 측면뿐만 아니라 사회적 측면에서도 살펴보았다. 인종과 민족성은 사회적 · 문화적 · 재정적 자본의 통계적 지표 — 인종과 민족성에 근거해 개별적이 아니라 통계적으로 불공정한 불리함을 초래하는 요인 — 로 간주되었다. 더욱이 인종과 민족성을 고려하는 것은 소외 공동체에 숙련 전문가를 제공해야 하는 대학의 도덕적 임무에서 아주 중요한 것으로 간주되었다. 숙련 전문가의 부족은 그러한 공동체에 불공정한 것으로 간주되었다.

진보주의자는 공정성에 대한 자신의 해석을 프레임에 넣는 일에 정말로 서툴렀다. 반면 보수주의자는 공정성에 대한 자신의 해석을 위한 프레임을 만드는 일에 탁월했다. 보수주의자들이 승리했다.


## 책무성

가장 흥미로운 사례 중 하나는 책무성 개념이다. 진보주의자에게 책무성은 책임 있는 사람이 대중을 위해 떠맡아야 할 책무성을 의미한다. 반면 보수주의자에게는 책무성이 완전히 다르다. 책임 있는 사람들은 도덕적인 권위자이다. 그들은 부하들이 자기를 섬겨야 할 책무성이 있다고 주장한다! 아부 그라이브 수용소 추문에서는 위계상 최하위 연루자가 처벌을 받았다. 보수주의자는 고문 명령을 내린 사람(예: 국방부장관)이 그 고문에 대해 책임을 져야 한다고 보지 않았다. 그 대신에 책임을 졌던 사람은 최하급자였다. 당연히 진보주의자는 정반대의 관점을 취했다.

낙오학생방지법(No Child Left Behind)에서 부시 대통령은 학교를 개선하기 위해 지원하겠다고 약속했던 자금을 삭감했다. 진보주의자는 부시가 자금을 삭감했기 때문에 그가 학교의 실패에 대해 책임을 져야 한다고 생각했다. 그러나 보수주의자로서 부시 대통령은 시험 점수에 대해 자기 밑의 최하위 사람들 — 학교와 교사, 학생 — 에게 책임이 있다고 주장했다. 사회적·문화적·

계층적 요인은 고려되지 않았다. 2학년, 너희가 책임과 의무를 다하라!

권위는 또 하나의 흥미로운 실례이다. 보수적인 사고에서는 권위가 당연한 것이며, 권위에 복종해야 한다. 진보적인 사고는 아주 다른 관점을 취한다. 권위와 존경심은 얻어야 한다. 자애로운 부모는 하나의 권위로서 존경과 신뢰, 인정을 받기 위해서 정말로 감정이입을 잘하고 책임감을 지니고 있어야 한다. 진보적 사고에서는 어떤 권위든지 자신이 책임을 지고 있는 사람을 존중해야 하고, 또한 그 사람에 대한 책임을 다해야 한다. 권위의 소유자는 타인에게 영향을 미치는 결정에 대해 타당한 이유를 제시할 수 있어야 한다. 그리고 권위의 소유자가 이러한 결정을 아주 신중하게 검토할 것이라고 기대한다. 이것은 진보적인 권위자가 실제적인 결정을 내리지 않는다는 것을 의미하지 않는다. 단지 권위 ― 그리고 권위의 위계 ― 에 대해 생각하는 전체적인 방식이 다르기 때문이다.

지금쯤 당신에게 전체적인 구도가 그려져 있어야 한다. 구계몽의 집합 전체를 구성하는 개념들은 각각 본질적으로 논쟁적이다. 그러한 개념은 각각 너무 추상적이어서 이용할 수 없는 공통의 핵심을 가지고 있다. 각각의 경우에, 이 공통의 핵심은 보수적 세계관의 적용이나 진보적 세계관의 적용을 통해 (무의식적으로) 확대된다. 그러나 보수적인 사회운동가나 진보적인 사회운동가에게는, 이러한 '확장'이 개념 ― 의미가 통하는 유일한 개념 ― 이다.

신경생물학적인 이유가 하나 있다. 각각의 '확장'은 공통의 핵심으로부터 신경 결속에 의해 개별 뇌에서 이루어진다. 이 신경 결속은 장기적일 수도 있고 단기적일 수도 있다. 엄격한 도덕성 세계관이나 자애로운 도덕성 세계관에 동질감을 느끼는 사람들은 이 공통의 핵심에 장기적으로 결속될 것이다. 그리고 뇌에서는 핵심이 되는 부분과 세계관이 되는 부분이 분리할 수 없는 어떤 전체를 형성한다. 이것은 모양과 색깔이 뇌의 서로 다른 부분에서 계산

되는데도 나의 오래된 빨간 폭스바겐이 나에게 단일한 어떤 영상을 형성해주는 것과 마찬가지이다. 뇌의 시각에서 진보적 자유는 보수적 자유와 다른 개념이다.

다음 사례를 살펴보자. 스타(Paul Starr)는 자신의 책 『자유의 힘(Freedom's Power)』에서 자유주의를 옹호하면서, 이렇게 써놓았다. "자유주의적인 계획의 핵심에 지금까지 변함없이 유지된 자유주의의 진정한 모습이 있다. 그것은 자유롭고 공정한 번영 사회를 만드는 것이다."[5] 살펴본 바와 같이, '자유로움'과 '공정함'은 앞에서 논의한 대로 논쟁적인 개념이다. 보수주의자의 '번영하는'은 국가 전체를 지칭하지만 완전히 불평등한 부의 분배를 고려하지 않는다. 주식시장 가격이나 국내총생산이 흔히 전체적인 부의 지수로 간주되며, 이것은 대부분 맨 상위층에 집중되어 있다. 이제 뇌의 시각에서 이것을 더 상세하게 살펴보자. 첫째, 뇌는 많은 프레임과 은유가 일반적인 내용을 갖도록 구조화되어 있다. 그러한 프레임과 은유는 상세하게는 명시되어 있지 않으며, 많은 종류의 특수한 사례에 적용될 수 있다. 우리는 이것을 앞에서 제시한 [통치 기관은 가정] 은유에 대한 논의에서 살펴보았다. 이 은유는 엄격한 가정과 자애로운 가정에 대한 가정 수준의 세부사항을 제거하고, 보수적 세계관과 진보적 세계관을 남겨놓는다.

둘째, 신경 결속 덕분에 그러한 일반 수준의 세계관이 자유나 공정성, 번영의 비논쟁적인 핵심에 결속될 수 있다. 그래서 이러한 토대 개념 각각에 대해 논쟁적인 정반대의 두 가지 해석이 나올 수 있다. 이 신경 결속의 결과는 자체적으로 완벽하고 전체로서 기능을 발휘하는 하나의 신경 회로이다. 부시 ― 또는 다른 어떤 극보수주의자 ― 가 자유에 대해 말할 때, 그는 무언가 보수적인 것에 준하는 어떤 의미를 전달한다. 마치 그것이 자유에 대한 유일하게 타당한 해석인 것처럼 말이다. 그것은 진보주의자가 말하고 있는 '번영'이 아니다.

그것은 단지 낱말의 문제가 아니다. 중요한 것은 낱말 뒤에 숨은 개념과 가치 — 보수적인 가치 체계와 진보적인 가치 체계 — 이며, 또한 관련되는 모든 다른 프레임이다. 그러한 것은 보수적인 사고 양식과 진보적인 사고 양식에서 다르다.

## 인과관계

엄격한 사고 양식과 자애로운 사고 양식의 가장 심오한 차이 중 하나는 인과관계의 영역에 있다. 엄격한 아버지 모형에서는 개인의 책임과 직접적인 행동이 작동하고 있다. 아버지는 명령을 내리고 아이는 그 명령을 수행하도록 되어 있다. 그리고 만일 그렇게 하지 않는다면, 아버지는 벌을 내린다. 인과관계가 직접적이고 개인적이다.

자애로운 부모 모형에서는 인과관계가 때로는 직접적이고 개인적이지만, 그에 못지않게 흔히 유기적이다. 자애로움은 애착의 계발, 타인에 대한 감정이입, 그리고 타인과의 유대관계 형성을 포함한다. 이 도덕적 절대 명령은 '도우라' '해를 끼치지 말라' '다른 사람에게도 자신에게와 같이 행하라' 등이다. 이러한 것은 구체적인 직접 명령이 아니라, 사회적인 대인관계 맥락 전체를 이해하는 것과 관련이 있으며 많은 감정이입을 포함한다. 당신은 사회적인 대인관계 체계의 일부로서 기능을 발휘해야 한다. 이 체계에서는 구체적인 규칙의 지배를 덜 받으며, 당신이 어떻게 타인과 관계를 맺고 타인의 필요와 요구조건을 감지하는가의 관점에서 더 많은 것을 '알아낸다'. 당신은 직접적인 인과관계뿐 아니라 유기적인 인과관계도 학습한다.

이 둘 중 어느 한 사고 양식이 추론에서 사용되고 있을 때, 흔히 유기적 인과관계 대 직접적 인과관계의 차이가 나타난다. 이것은 절대적 차이로서 등장하는 것이 아니라 하나의 경향으로 출현한다. 예를 들어, 범죄의 원인은 무엇인가? 가장 전형적으로 제시되는 보수적인 대답은 이렇다. '바로 악한 사람들이다. 그들에게 자물쇠를 채우고 열쇠를 멀리 내던져버려라.' 이것은 직접적 인과관계이다. 이 질문에 대한 진보적인 대답은 이와 같다. '빈곤과 차별, 교육 부재 때문이다.' 이것은 유기적 인과관계이다.

이 차이는 많은 곳에서 드러난다. 예를 들어, 지구온난화를 살펴보자. 이것은 유기적 인과관계의 빛나는 사례이다. 많은 보수주의자는 이 증거를 과거에도 믿지 않았으며 지금도 여전히 믿지 않는다. 앨 고어의 영화 ≪불편한 진실≫이 보여주는 천재성은 지구 온도의 상승을 대기권 내 이산화탄소의 증가에 직접 연결하는 그래프였다. 자, 우리가 문자 그대로 온도계를 지구에 내려놓고 그 온도를 측정하는 것은 불가능하다. 지구의 온도는 통계적 방법을 통해 도달되는 은유적 개체이다. 이산화탄소 농도의 경우에도 마찬가지이다. 통계는 각각의 농도에 대한 과학적으로 유의미한 측정의 구성을 허용한다. 이 측정치가 그래프에 반영되어 있다. 이 그래프 덕택에 유기적 인과관계가 직접적 인과관계로 바뀌며, 보수적으로 사고하는 사람도 이 논쟁에 접근할 수 있게 된다.

우연히도 직접적인 인과관계 사고가 유기적인 인과관계 사고보다 훨씬 더 널리 퍼져 있다. 직접적 인과관계는 세계의 여러 언어에 정상적으로 출현한다. 인과관계는 [원인은 힘]이라는 일차 은유에 근거한다. 힘의 직접적인 사용은 쉽게 이해된다. 간접적이고 발산적인 힘은 이해하기 더 어렵다. 이것 때문에 진보주의자가 불리함을 겪는다.

신계몽은 단순히 모든 사람에게 한 종류의 인과관계가 있다고 가정할 수 없다. 신계몽은 유기적 인과관계와 직접적 인과관계를 구별해야 할 것이다.

이 구별을 피할 수는 없다.

뇌는 심오한 가치 차이가 문제가 될 때 어떤 중요한 개념을 논쟁적인 해석으로 변환할 수 있는 역량을 가지고 있다. 신계몽은 뇌와 마음에 대한 그러한 현실을 인식하고 대처해야 할 것이다. 심오한 합리성은 상위 담론 — 마음이 실제로 작동하는 방식에 대해 사고하고 말하는 양식 — 을 필요로 할 것이다. 정치이론과 지성사의 오랜 전통은 장엄한 낱말 — 자유, 평등, 공정성, 민주주의, 기회 등 — 을 순진하게 사용하는 것을 넘어서도록 보완할 필요가 있을 것이다. 왜냐하면 마치 그러한 낱말이 단 하나의 해석만을 지닌 것처럼, 그리고 논쟁의 여지가 없이 명확한 하나의 의미를 지니고 있는 것처럼 사용되었기 때문이다. 신계몽은 보통의 의식적인 이해에 근거한 토의보다 더 깊숙이 들어가야 한다. 보통 무의식적인 것은 의식적으로 만들어야 한다. 그리고 정치적 논쟁은 뇌와 마음의 과학이 발전함에 따라 이들로부터 정보를 얻을 필요가 있다.

제3부

# 전문적인 것은 정치적인 것

## 학문적 사고의 정치

구계몽의 이성관은 여전히 살아 있으며 아주 많은 전문 분야에서, 특히 사회과학에서 건재하다. 그 결과 사회과학자는 (프레임과 개념적 은유, 원형을 비롯한) 무의식적인 실제 이성을 사용하지만, 무의식적인 그 이성을 의식하지 못하고서 자신이 축자적이고 논리적인 사유를 하고 있다고 생각한다. 혹은 그들은 구계몽 이성이 바로 사람들이 실제로 사유하는 방식이라고 생각할지 모른다. 그래서 그들은 실수를 한다.

만일 이것이 단지 우연한 문제라면, 나는 이렇게 다급하게 이 글을 쓰지 않았을 것이다. 그러나 이것은 우리의 정치적 삶의 모든 국면 — 외교 정책에서 경제 정책, 교육 정책에 이르는 — 에 영향을 미친다. 아마도 다른 어떤 사람보다도 전문가가 이렇게 가정한다. 자신과 자신의 정책은 합리적이다. 자신은 논리적이고 비감성적으로 행동하고 있다. 자신의 이론은 실재에 딱 들어맞는다. 자신의 개념을 보편적으로 적용할 수 있는 이유는 그러한 개념이 실재에 딱 들어맞기 때문이다. 그리고 만일 수학적 모형을 사용한다면, 전문가는 실재가 정말로 자신의 수학에 의해 구조화된다고 가정하는 경향이 있다.

제3부에서 우리는 인지과학과 뇌과학의 몇몇 추가적인 영역에서 시작해, 이러한 분야에서 정치적으로 중요한 연구의 의미와 이 연구가 어떻게 갑자기 전국적인 관심사로 떠오르게 될 것인지에 대해 논의한다. 그 다음 우리는 합리적 행위자 모형의 은유 구조로 넘어간다. 이것은 합리적 행위 그 자체를 특징짓는 것으로 추정되는 수학적 구조이다. 합리적 행위자 모형은 경제학과 국제 관계에서 널리 사용되며, 생물학으로도 확대되고 있다. 합리적 행위자 모형에 대한 비평의 일부로서 우리는 전망 이론(prospect theory)과, 이 이론이 경제학과 외교 정책에 적용되는 방식, 그리고 이 이론이 인간의 실제 이성이

어떻게 '합리적 행위'와 어울리지 않는가를 밝혀주는 방식을 다룬다. 그 다음에 우리는 진화에서 경쟁 은유가 부적합하다는 것과 이 은유를 진화심리학에 적용하는 것에 대해 논의한다. 다윈(Charles Darwin) 자신이 무시했던 이 진화 은유는 이익에 근거한 합리성이 자연스러운 인간의 상태라는 생각을 뒷받침하는 데 사용되어왔다.

마지막으로 우리는 언어학으로 넘어간다. 언어학에서는 구계몽에 근거한 이론이 프레임과 원형, 은유, 논쟁적 개념의 실재를 시야로부터 감추었다. 이 이론을 이 책의 곳곳에서 살펴보았던 현상을 설명하는 뇌에 근거한 언어 신경 이론이 대체하고 있다. 촘스키(Noam Chomsky) 전통의 신계몽 언어학은 언어가 현대 정치에서 수행하는 아주 중요한 역할을 은폐했다.

각각의 경우에 인지과학과 뇌과학은 사회과학 분야의 중요한 약점을 밝혀준다. 이것은 주요한 정치적 결정의 근거가 될 수 있는 약점이다. 21세기 마음은 상당히 많은 사회과학 연구에 대해 다시 생각하도록 요구한다. 이것은 결코 단순한 학문적 활동이 아니다. 영향력이 가장 큰 진보적인 정책결정자들은 명문 대학에서 사회과학적 훈련을 받았다. 인지과학과 뇌과학의 발견으로 인해 사회과학은 완전히 쇄신을 필요로 한다. 이에 따라 영향력이 가장 큰 진보적인 사회적·정치적 사상가도 쇄신할 필요가 있다. 제3부의 내용은 모두 이 과정을 시작하기 위한 것이다.

# 13

# 정치적 뇌를 탐사하라!

21세기는 이제 시작 단계일 뿐이다. 현재로서도 뇌와 마음, 그리고 정치에 대해 뇌와 마음이 함축하는 것들에 대해 할 말은 아주 많다. 현재 진행 중인 다른 중요한 연구는 특히 다음 두 영역과 관련이 있다. 하나는 기능성 자기공명영상(fMRI) 연구를 통해 정치적 선호를 확인할 수 있는지에 대한 뇌 연구이고, 다른 하나는 어떻게 보수주의자와 진보주의자가 상이한 심리적 모습을 보여줄 수도 있는가에 대한 정치심리학의 연구이다. 다양한 분야에서 우리 학자들이 우리의 뇌 ― 뇌 연구 ― 를 통합해야 할 시점이다.

각 분야에는 그 나름대로의 통찰과 한계가 있다. 기능성 자기공명영상 실험을 생각해보라. 이 실험은 통속문학에 묘사되어 있는 것을 뇌의 그림으로 제시한다. 이 실험은 뇌의 그림이 아니라, 다른 무언가에 대한 그림이다. 이 다른 무언가는 정보를 풍부하게 주는 중요한 것이지만, 뇌 자체는 아니다.

사고 활동은 뉴런의 점화를 요구하고, 뉴런의 점화는 에너지를 취한다. 뇌 세포는 점화를 위해 산소를 필요로 한다. 피는 산화헤모글로빈 단백질을 그러한 뉴런에 운반해준다. 이 뉴런은 화학 반응을 통해 그러한 단백질로부터 산소를 섭취해 디옥시헤모글로빈(산소가 제거된 헤모글로빈)을 만든다. 수많은 신경 활동을 하는 뇌 영역은 산화헤모글로빈 대 디옥시헤모글로빈의 비율이 정상보다 더 높을 것이다. 기능성 자기공명영상 철영기의 자기장은 이 비율을 측정할 수 있다. 당신은 이 비율의 '그림'을 보고 있는 것이다.

이 기계의 공간해상도는 수 밀리미터이다. 이 하나의 점에는 수십만, 아마 수백만 개의 뉴런이 있으며, 각각의 뉴런은 다른 일을 하고 있고, 수억 개에서 수십억 개의 회로가 있다. 시간해상도는 대략 1초이다. 이것은 그러한 뉴런이 각각 100번 점화할 수 있을 정도의 시간이다. 뉴런을 연결하는 회로가 무엇을 행하고 있는지에 대한 정교한 세부사항을 전혀 알 수 없다. 이 회로는 각 입력으로 들어가고 나오는 수천 개에서 수만 개의 입력과 출력을 포함한다. 그들 중 어느 것도 '그림'으로부터 식별할 수 없다.

간단히 말해서, 이 기계는 복합 회로에서 초당 100번 점화하는 수십억 개의 연결을 지닌 아마도 수백만 개의 뉴런에 의해 어떤 활동이 일어나고 있다는 것만을 구별할 수 있을 뿐이다. 이것은 위성에서 거대한 사무실 건물을 바라보는 것과 같다. 수많은 등이 켜져 있는 것을 볼 수 있겠지만, 그곳에서 무슨 말이 오가고 무슨 생각을 하는지는 알 수 없다. 프레임은 실제로 신경 회로지만, 아주 세밀하기 때문에 아무도 뇌 속의 프레임을 '볼' 수 없을 것이다.

내 분야인 인지언어학이 신경계산 모형과 결합할 때, 우리는 (아주 다른 방법을 사용해) 정치에 대한 무의식적 사유에서 실제로 사용되는 추론을 설명할 수 있는 정밀한 개념적 프레임과 개념적 은유, 문화적 서사를 연구할 수 있다.

지금까지 살펴본 바와 같이, 우리는 썩은사과 프레임의 세부사항과 전쟁 프레임, 도덕 은유의 유형, 원형과 환유의 세부사항을 탐구할 수 있다. 그리고 우리는 최적 조건과 복합 프레임, 복합 은유, 프레임의 체계, (이중개념주의를 초래하는) 프레임의 체계들 사이의 상호 억제 등을 탐구할 수 있다.

정말로 프레임의 실제 내용과 언어 표현을 탐구하는 분야는 바로 인지언어학이다. 기능성 자기공명영상이 아무리 생생하다 하더라도 이 영상을 사용하는 감성 연구는 당신에게 개념적 내용 ─ 당신이 무엇에 대해 감정적이 되는지 ─ 을 말해줄 수 없다. 감성 연구만으로는 진보적 아이디어를 보수적 아이디어와 구별할 수 없음은 물론이고, 하나의 아이디어를 다른 어떤 아이디어와 구별할 수 없다. 그러나 감성 연구는 당신에게 중요한 것을 알려줄 수 있다.

웨스틴의 뛰어난 책인 『정치적 뇌』는 아마도 지금까지 기능성 자기공명영상에 근거한 가장 잘 알려진 연구이다.[1] 웨스틴은 감정을 연구한다. 그 결과 일부 독자는 두 종류의 심리 활동 ─ 감정적 활동과 이성적 활동 ─ 이 있다는 그릇된 인상을 받을 수 있다. 웨스틴이 잘 인식하고 있는 바와 같이, 이것은 그릇된 구분이다. 다마지오는 합리성이 감정을 필요로 한다는 것을 보여주었다. 사실, 배외측 전전두엽 피질이 어떤 종류의 사유(예를 들어, 수학적 계산이나 논리)에서는 더 활성화되지만, 심지어 그곳에서조차도 감정 활동이 이루어지고 있다.

웨스틴은 정확하게 (또한 뛰어난 실험적 증명을 통해서 멋지게) 감성이 무의식적일 수 있다는 것을 보여준다. 흔히들 감정을 당신이 의식적으로 느낄 수 있는 것이라고 가정한다는 점에서 이것은 아주 중요하다. 나는 무의식적인 감정이 거의 모든 사람의 삶에서 엄청난 역할을 수행해야 한다는 것을 확신한다. 그리고 또한 그것이 정치에서 아주 중요하다고 확신한다.

웨스틴은 선거 정치에서는 후보자가 표현하고 유권자의 내면에서 활성화되는 감정, 특히 무의식적인 감정에 관심을 갖는 것이 중요하다는 점에 대해 존재했을지 모르는 모든 의심을 다 제거했다. 그는 '감성적 선거구' ─ 어떤 주어진 쟁점이나 후보자에 대해 동일한 감정적 반응을 갖는 유권자들의 무리 ─ 라는 말을 한다.

사람들은 웨스틴의 연구로부터 인지적 무의식이 모두 감정적이라는 결론을 내릴 수도 있다. 사실 무의식적인 프레임과 서사, 원형, 은유, 광범위한 신경 결속은 모두 무의식적인 사유에서 사용된다. 또한 사람들은 웨스틴을 통해서 대부분의 사유가 의식적이라는 인상을 받을 수도 있다. 사실은 정반대이다. 보통은 대략 98퍼센트의 사유가 무의식적이며 반사적이라고 추정한다.

신경과학자인 웨스틴이 '망'의 내용에 대해 이야기할 때, 그는 신경과학자로서 말하고 있는 것이 아니다. 왜냐하면 기능성 자기공명영상 방식은 그러한 어떤 망도 '볼' 수 없고 또한 그러한 망이 무엇을 의미하는지를 말해줄 수 없기 때문이다. 스스로 지적한 바와 같이, 그는 주로 프레임을 특징짓는 망에 대해 이야기하고 있다.[2] 인지과학자로서 그가 프레임을 지칭할 때 '망(network)'이라는 뇌 기반 용어를 사용하는 것은 타당하다.

여기에서 나오는 교훈은 인지과학과 뇌과학이 다양한 방식을 가지고 있으며, 각 방식이 기여하는 바가 다르다는 것이다. 예를 들어, 인지의미론은 프레임, 은유, 환유, 원형, 추론, 언어 등에 대한 상세한 연구에 가장 많은 기여를 한다. 신경과학은 뇌의 비교적 거대한 다발로 감정을 연구하는 일에 더 능숙하다. 이러한 결과가 결합되고 통합될 때에야 비로소 우리는 여기에서 제시하는 정교한 그런 구도에 도달할 수 있다.

여전히 인지과학의 또 다른 하위분야 ― 정치심리학 ― 를 살펴볼 필요가 있다. 이 분야의 연구자들은 내가 지금까지 제기한 것과는 다른 질문을 제기해왔으며, 다른 방법론을 사용했다. 이 분야에서 어떤 일을 하는지 대강 맛보기 위해서, 최근에 진행된 가장 뛰어난 연구 가운데 하나로서 조스트(John T. Jost)와 그의 동료들이 수행한 '동기화된 사회적 인지로서의 정치적 보수주의'를 살펴보자.[3]

이 연구자들은 심리학의 중요한 세 영역을 연구했다. 이 영역은 정치적으로 보수적인 주제에 적용되었을 때의 성격, 인식적·존재적 필요, 그리고 이념적 정당화이다. 그들은 보수적 성격의 표시는 권위주의와 독단주의의 필요성(이나 중의성에 대한 불관용)이었고, 어떤 보수적인 사람의 인식적·존재적 필요는 (불확실성을 피하기 위한) 폐쇄의 필요성과 (절제를 계발하기 이한) 규제적 초점, 테러 관리를 포함했으며, 전형적인 이념적 합리화는 사회적 지배나 체제 정당화의 합리화라는 것을 발견했다. 간단히 말해서, 그들의 연구는 보수주의자들이 질서와 구조, 폐쇄를 개인적으로 더 많이 필요로 한다는 것을 보여준다.

후속 연구에서는 갈등 감시(conflict monitoring), 즉 사람이 자신이 익숙하게 반응하는 방식과 실제 상황 사이의 불일치를 얼마나 잘 탐지할 수 있는지를 살펴보았다. 이 능력은 전두대상피질 내의 활동과 상관관계를 갖는 것으로 드러났다. 복합 상황이나 잠재적인 갈등 상황에 반응하는 능력은 전두대상피질 반응으로 측정되었다. 이 능력은 보수주의자들이 더 낮은 것으로 밝혀졌다.[4]

이 연구 영역은 1930년대와 1940년대 양육과 권위주의에 대한 미드/베이트슨(Margaret Mead/Gregory Bateson)의 연구에서 시작되었다. 그리고 나중에 권위주의 성격에 대한 아도르노(Theodor Adorno)와 그의 동료들이 수행한 고전적인 연구 — 비록 많은 중상모략을 받았지만 — 가 이어받았다. 이 연구는 파시즘의 뿌리를 찾았으며,[5] 최근에 알테마이어(Bob Altemeyer)가 새로운 내용으로 수정했다.[6]

정치심리학에서 사용되는 방법론은 대부분 사회과학 연구에서 광범위하게 사용된 것이며, 늘 그렇듯이 지금까지 제기된 문제는 특정 연구자가 사용하는 방법에 대한 것이었다. 아도르노와 그의 동료들은 엄청난 비판을 불러왔다. 조스트와 그의 동료들이 수행한 연구와 같은 최근의 세심한 연구가 많은 유사한 결론에 도달했는데도 말이다.

더 근본적인 문제는 성격과 심리적 필요라는 개념 그 자체와 관련이 있다. 신경과학의 시각에서는 성격과 심리적 필요가 무엇인지 분명하지 않다. 당신이 자신의 삶에서 펼치는 서사들의 집합에 의해 정의되는가? 아니면 당신이 어떻게 자신의 경험을 해석하는가를 결정하는, 프레임과 은유로 명시된 세계관에 의해 정의되는가? 아니면 '속성'이 신경적으로 무엇이든지 속성의 집합에 의해 정의되는가? 신경계산의 시각에서 볼 때, 성격 개념은 그 자체로 명료화할 필요가 있다. 신경 회로가 일을 수행한다. 성격에 대한 신경 회로는 정확히 무엇을 행하는가? 이 회로는 서사를 실연하는가? 그것은 세계관과 프레임을 경험에 부과하고 기대와 추론을 생성하는가? 당신은 '성격'을 '세계관'과 구별할 수 있는가?

그러나 이러한 질문에도 불구하고, 중요한 결과가 그러한 연구로부터 출현한다. 윌러(Robb Willer)와 동료들은 전쟁(특히, 이라크 전쟁)을 지지하는 상관물과 이란 공격을 지지하는 상관물을 살펴보았다.[7] 정치적 보수주의와 일반적 불신, 테러의 공포, 인종 편견, 사회적 지배는 주요한 예측 요인이었다.

내 생각에 현재 우리가 가장 많이 필요로 하는 것은 인지과학의 다양한 하위분야가 정치와 관련이 있기 때문에 이들을 한데 묶는 것이다.

# 14

# 사익의 문제

내가 학생이었을 때 항상 열정적인 어조의 "(사는 게 전쟁이지) 요즘 어때?(How's the battle?)"라는 말로 인사를 건네던 이웃이 있었다. 이 인사말은 삶이 쉽지 않다는 것을 인식하는 동시에 나를 격려하는 그의 방식이었다.

이제 은유 분석가로서 나는 그의 인사말이 [어려운 상황에서 행동하는 것은 경쟁자에 대항해 싸우는 것]이라는 은유적 추론과 함께 일차 은유 [어려움은 경쟁자]를 사용했다는 것을 인식한다. 이것이 바로 당신이 어려움을 이길 수 있는 이유, 또는 당신이 마감시한을 버틸 수 있는 이유, 성공적인 완수를 승리로 간주할 수 있는 이유이다!

당신은 결코 일차 은유가 어디에 등장할 것인지를 알지 못한다. 동일한 은유는 찰스 다윈이 『종의 기원』(1859)에서 사용했다.

나는 [생존을 위한 투쟁]이라는 이 용어를 거창한 은유적 의미로 사용한다. 이 의미는 한 존재가 다른 한 존재에게 의존하는 것을 포함하며, 또한 (더욱 중요한 것은) 개인의 삶뿐 아니라 후손을 성공적으로 남기는 것을 포함한다. 갯과의 동물 두 마리가 결핍의 시대에 서로 투쟁한다고 말하는 것은 참일 수 있다. 이로 인해 그들은 음식을 얻어서 생존할 것이다. 그러나 사막 가장자리의 어떤 식물이 가뭄을 견뎌내며 살기 위해 투쟁한다고들 말한다. 더 정확히 말하자면, 비록 그 식물은 습기에 의존한다고 말해야 하지만 말이다.

젊은 생물학자 라슨(Brendan Larson)은 진화에 대한 은유적 이해를 연구해오고 있다.[1] 다윈이 직접 지적했던 것처럼, 라슨은 투쟁이나 경쟁과 같은 개념이 은유라고 지적한다. 다윈은 스코틀랜드에서 성장했으며, 경제학의 경쟁력 개념과 스코틀랜드 교회의 엄격한 아버지 신(神)에 몰입했다. 그 환경의 어디에나 투쟁과 경쟁력 개념이 존재했으며, 다윈은 가정에서 훈육과 일상생활의 일부로서 그러한 은유를 습득했다. 그러나 그는 이 두 개념이 은유라는 것을 알고 있었다. '투쟁'은 동물들이 말 그대로 살아남기 위해 실제로 싸우는 소수의 실제 사례를 포괄했지만, 다윈은 '투쟁'을 사용해 정반대의 경우, 즉 '공생'이나 '구조적 의존'이나 심지어 협동, 그리고 '상호성'이라 알려지게 된 것을 또한 지칭했다.

남태평양의 한 섬에 있는 어떤 산을 생각해보라. 그 섬은 비가 한 지역에만 와서 나머지 지역은 건조하다. 그 섬에 녹색 나방과 갈색 나방이 있다고 가정해보라. 우림에서는 배경의 초목 때문에 녹색 나방보다 갈색 나방이 눈에 띌 가능성이 높아진다. 그래서 새들은 갈색 나방을 더 쉽게 쪼아 먹을 것이다. 건조한 지역에서는 갈색 나방은 새의 눈에 보이지 않겠지만, 녹색 나방은 눈에 두드러져서 잡아먹히기 쉬울 것이다.

이것은 녹색 나방과 갈색 나방이 (생사가 달린 투쟁에서) 서로 '경쟁하고' 있는데 우림에서는 녹색 나방이 처절한 투쟁에서 갈색 나방에게 승리하는 반면 산악의 건조 지역에서는 갈색 나방이 녹색 나방을 제압한다는 것을 의미하는가? 자, 그건 아니다! 그것은 터무니없는 방식이다. 어떤 종이 어떤 생태적 환경과 조화를 이룰 때 그 종은 번성하고, 다른 종은 그 생태적 환경에서 생존율이 더 낮거나 소멸하고 있다고 생각하는 것은 엉터리이다. 다윈이 말했던 것처럼, '투쟁'은 오해의 소지가 있는 은유이다.

은유는 과학에서 흔하다.[2] 그리고 투쟁 은유와 경쟁 은유가 진화에 대한 사고방식으로 자리 잡아왔다. 어윈(Douglas Erwin)은 "자원 경쟁으로 인해 촉발된 자연선택 덕택에 적응력이 가장 뛰어난 개체가 생존 가능성이 가장 높은 후손을 낳을 수 있다"고 쓰고 있다.[3] 이것은 보통의 은유적인 이야기이다. 그리고 이것은 (자원을 위한 어떤 경쟁도 하지 않는) 녹색 나방과 갈색 나방에게는 문자 그대로 적용되지는 않을 것이다. 실제로 이 이야기는 대부분의 경우에 문자 그대로 적용되지는 않을 것이다.

그러나 진화심리학에서는 이 은유가 문자 그대로 수용된다. 핑커(Steven Pinker)는 "진화 과학의 경쟁이 단지 폐기된 은유일 뿐이고, 자연선택 — 유리한 변이종이 불리한 종의 희생을 대가로 보존되는 — 이라는 개념 자체에 내재한다"는 것을 부인한다.[4] 이 은유를 인간에게 적용할 때, 진화심리학자는 자연적인 행동에 대해 암묵적인 가정을 한다. 즉, 사익에 근거한 경쟁이 자연적이라고 가정한다. 경쟁이 바로 인간의 생존을 가능하게 하는 것이며, 이제 경쟁은 자연스러우며 동시에 선하다.

이것은 또한 대중 정치 문화 속으로 들어왔다. '경쟁력' 강화의 필요성에 대해 말하는 정당후보자의 이야기를 얼마나 자주 들었는지를 생각해보라. 다른 나라에 대한 우리나라의 경쟁력을, 다른 나라 노동자에 대한 우리나라 노동자의 경쟁력을, 그리고 상류계층 학생에 대해 하위계층 학생의 경쟁력을 강화할 필요가 있다는 말을 얼마나 자주 들었는지를 생각해보라.

뇌와 마음에 대한 21세기 견해는 어떻게 이 모든 것을 변화시키는가?

지금까지 살펴본 바와 같이, 거울뉴런 회로와 관련 경로의 발견은 감정이입과 협동이 자연적이라는 것을 보여준다. 당신이 어떤 행동을 수행할 때에는 점화하지만 동일한 행동을 타인에게서 관찰할 때에는 차단되는 '슈퍼거울뉴런'도 있다.[5] 슈퍼거울뉴런은 (가설에 따라 갈등을 탐지하는 것으로 여겨지는) 전두대상에, (상이나 벌과 관련이 있는 기획 활동에서 활성화되는) 안와전두피질에, 그리고 (단순 행동을 더 복합적인 행동으로 조직화할 때 활성화되는) 전(前)보완운동영역에 출현한다. 간단히 말해서, 슈퍼거울뉴런은 거울뉴런의 반사기능을 조정하거나 통제하며, 아마도 감정적 갈등의 상황에서 그리고 사회적 귀결을 갖는 행동을 설계할 때 감정이입을 통제하기 위해 출현한다. 이것은 감정이입이 자연스러운 상태이지만, 감시와 조정, 강화를 받고 때로는 차단되어야 한다는 것을 암시한다.

이러한 발견은 사익에 바탕을 둔 고전적인 사회·경제·정치 이론에 도전한다. 만일 감정이입이 자연스럽다면, 사익이 이야기의 전부는 결코 아니다. 많은 경우에 사익 그 자체는 어떤 설명을 제공할 때 정당성을 부여받아야 할지 모른다. 사익에 의한 설명은 더는 무비판적으로 제시할 수 없다.

'자신의 생태적 환경에서 최선의 양육을 받는 종이 생존한다'는 은유를 사용해 진화가 기술되었다면 어떠할지 상상해보라. 인간에게 적용될 때, 이 은유는 사회가 시민을 양육하기 위해, 즉 최대로 시민을 돕고 시민의 역량을 강화하기 위해 구조화되어야 한다고 말할 것이다. 이 진화적 은유의 메시지는 완전히 다를 것이다. 그 메시지는 협동을 의미할 것이고, 또한 사회가 전반적으로 어떻게 구조화되는지 그리고 시민을 위해 어떻게 더 잘 구조화될 수 있는지를 생각하는 것을 의미한다. 이 메시지는 경쟁성이 아니라 상호의존과 협동성을 강조할 것이다. 그래서 은유가 중요하다.

이타주의 그 자체가 논쟁적인 개념이라는 점에 유의해야 한다. 이 용어는 콩트(Auguste Comte)가 만들었다. 콩트는 이타주의를 사람들이 타인을 위해 행동해야 한다는 도덕적 명령으로 간주했다. 그러나 사익의 개념이 지배하는 문화에서는 이타주의를 사익 프레임 안에서 자기 자신의 이익의 의도적인 희생 또는 자기가 아닌 무언가를 위한 평안으로 정의하게 되었다. 만일 사익이 자연스러운 것이라면, 이타주의는 희생이거나 간접적인 형태의 사익 그 자체여야 한다.

비록 생물학적 이타주의를 입증하는 상당히 많은 문헌이 있지만,6 이타주의가 사익의 한 형태라는 가장 인기 있는 진화론적 설명은 호혜적 이타주의 ― 호의의 거래 ― 이다. 그러한 거래가 표준이 되는 사회에서는 타인의 이익을 섬기는 것이 자신의 이익이 된다. 핑커가 말한 것처럼, 호혜적 이타주의는 "은둔자나 염세가보다 협력자가 더 잘 적응하기 때문에" 진화했다. 핑커는 이 형태의 사익이 바로 우리가 사회적이고 도덕주의적인 감정을 계발해왔던 이유를 설명해준다고 주장한다. "동정심과 신뢰 때문에 사람들은 최초의 호의를 확대하게 된다. 감사와 충직성 덕택에 사람들은 그 호의를 되갚게 된다. 죄와 수치로 인해 사람들은 타인을 해하지 못하며, 타인에게 반드시 빚을 갚게 된다. 분노와 경멸로 인해 사람들은 사기꾼을 피하거나 처벌하게 된다."7 그리고 이러한 감정은 언어를 통해 전달될 수 있기 때문에, 평판이 중요하다. 동기를 부여하는 요인은 언제나 사익이다.

거울뉴런 회로와 감정이입이 이 구조를 어떻게 바꾸는지에 주목해보라. 첫째, 자기관리(self-maintenance)와 사익(self-interest)의 구별로 논의를 시작해보자. 모든 유기체는 자기관리를 하는 경향이 있다. 계속 살아가기 위해서, 유기체는 숨쉬고, 움직이고, 먹어야 하며, 상해를 입거나 살해를 당하지도 않아야 한다. 이것은 동기부여와 관련이 있다. 당신의 동기는 주변의 최대한 많은 착한 사람이 다른 사람이 아니라 당신을 지지하도록 하는 데에서 나오는가? 사익이 자연적이라고 말하는 것은 이 동기부여가 자연적이며 동시에 모든 사회적·도덕적 삶의 동기를 부여한다 — 그래서 살아남기 위해 이러한 동기부여에 적응해야 한다 — 고 말하는 것이다!

우리가 거울뉴런 회로와 감정이입을 자연스러운 것으로 도입하자마자, 이것들은 사회적·도덕적 감정의 진화를 위한 대안적 설명이 된다. 만일 당신이 타인이 느끼는 것을 느낀다면, 그들을 위해 일을 하는 것은 당연하다. 자기와 타인 사이의 구별이 희미해질 때 신뢰는 자연스럽다. 당신은 자신을 신뢰할 수 있다. 당신은 다른 어떤 사람의 감정을 읽을 수 있다. 그래서 당신은 그의 감정을 읽고 느낄 수 있는 다른 어떤 사람을 신뢰할 수 있다. 충성심은 당신과 구별되지 않는 어떤 사람에게 자연스럽다. 당신이 어떤 사람에게 기대를 하고 있고, 그 사람이 한 일이 당신의 기대를 뛰어넘는다고 가정해보라. 만일 당신이 그들이 느끼는 방식에 동질감을 갖는다면, 감사는 당연하다. 만일 당신이 다른 사람에 대해 갖고 있는 감정이입을 그 사람이 당신에 대해서도 보여주기를 기대하는데 그 사람이 당신의 기대를 저버린다면, 분노와 경멸이 적절한 반응이다. 감정이입은 또한 애착이 부모에게 무엇을 주는지, 부모의 사랑이 왜 생겨나는지, 가족 유대가 왜 통상적인 사회적 유대보다 더 친밀하기 쉬운지는 물론 애착이 왜 아동 발달에서 아주 중요한지를 설명해준다.

사익에 의존하는 설명은 경쟁 상대가 있는데, 이것이 더 이해하기 쉬운 설명이다. 감정이입을 자연스러운 것으로 받아들이면 설명은 완전히 달라진다. 그래서 사회생활이 무엇이어야 하고 무엇일 수 있는가에 대한 우리의 이해가 달라진다.

마지막으로 집단 선택에 대한 최근 연구에서 리브(H. Kern Reeve)와 홀도블러(Bert Holldobler)는 집단이 '초유기체(super organisms)'처럼 기능을 발휘할 수 있고, 해당 집단의 구성원들이 서로 경쟁하지 않을 때 부족한 자원의 환경 아래에서 다른 집단에 의존해 생존할 수 있다고 주장한다. 그들은 진화가 (개미이든, 생물학적 피막이든, 인간이든) 경쟁이 아니라 내집단 협동에 근거해 집단을 선택한다고 주장한다.[8]

사익 개념은 또한 경제적·정치적 이론 작업에서도 지배적이었다. 18세기 마음 이론에 의해 정의되는 합리성은 이성이 주로 개인의 목적을 달성하는 역할을 한다고 보았다. 따라서 사익에 반하는 것은 비이성적인 것으로 간주되었다. 경제학의 합리적 행위자 모형은 '효용(utility)'이라 불리는 사익을 극대화하는 도구이다. 효용 개념은 두 가지 측면에서 이상하다. 첫째, 합리적 행위자 모형은 효용이 언제나 선형적이라고 가정한다. 즉, 당신이 언제나 선형적인 선호도 위계를 만들 수 있다고 가정한다. 그러나 이것은 결코 참이 아니다. 둘째, 합리적 행위자 모형은 효용이 만일 경제적 수익(당연한 경우)이 아니라면, 어떤 다른 방식으로 당신에게 이익을 주는, 유의미하게 수익과 비교될 수 있으며 아마도 동일한 척도에 위치할 수 있는 어떤 대단한 것이라고 가정한다.

아담 스미스의 '보이지 않는 손' 은유 덕택에 이익 추구는 도덕적 행위가 되었다. 추정하건대 그 손이 모두의 이익을 극대화했기 때문이었다. 효용은 경제적 수익을 평안으로 대체한다. 그래서 합리적 행위자 모형이 당신에게 전체적인 평안 — 즉, 효용 — 을 극대화해주는 것으로 간주된다. 달리 말하면, 효용은 그 사익이 무엇이든지 사익이다. 오래된 이성관의 실패는 사익에 대한 오래된 견해에 문제를 제기한다. 그것은 사익이 완전히 사라지기 때문이 아니다. 사익은 여전히 존재한다. 그러나 이것은 절대로 자연적 행동을 정의하지 않는다. 이것은 결코 이야기의 전부가 아니다.

사익 개념은 정치에서 가장 중요하다. 단, 유권자가 합리적으로, 즉 자신의 이익에 근거해 투표한다는 조건에서 그러하다. 우리는 그것이 결코 참이 아니라는 것을 알고 있다. 외교 정책에서는 사익이 '국익' — (국내총생산으로 측정되는) 군사력과 전체적인 경제적 건강, 정치적 영향력 — 이 된다.

지금까지 살펴본 바와 같이, 호혜적 이타주의 개념은 외교 정책의 형태로 나타나고 있다. 즉, 자기 나라의 이익을 섬기도록 다른 나라를 도와주는 것이 우리나라의 이익이라는 것이다. 그러면 그들은 우리가 그들을 필요로 할 때 그곳에 있을 것이다. 이 개념은 라이트(Robert Wright)의 책 『넌제로(Nonzero)』의 주제 중 하나이다. 이 책은 비제로섬 게임이 있는 게임 이론 모형을 외교 정책에서 장려한다.9 이 책은 여전히 구식의 합리성과 사익에 근거하고 있으며, 여전히 사익이 자연스러운 것이라고 가정하고, 여전히 구식의 국익을 가정하고, 단지 호혜적 이타주의가 국익을 극대화한다고 말한다. 클린턴 대통령은 이 책을 소중히 여겼다. 결국 호혜적 이타주의는 클린턴과 올브라이트(Madeleine Albright)가 장려했던 정책이었고, 그 개념은 그의 공정 무역 정책의 바탕이었다. 그것은 실천 중인 신자유주의적 사고였다.

실제로 감정이입으로부터 동기를 부여받지만 결국 이익에 따라 사유하고 논증할 때, 즉 중산층이나 '무보험자', 차별의 희생자, 이민자의 '이익'을 섬기기 위해 프로그램이나 세금 정책을 장려할 때, 민주당은 스스로 위태로운 (내 생각엔 본질적으로 무기력한) 처지가 된다. 민주당은 보통의 미국인들에게 불공정하다는 비판과 '특별 이익단체'를 지원한다는 공격을 받도록 자초했다. 민주당은 투표 세력권에게 잘 보이기 위해서 스스로 특별한 이익단체가 되기로 작정했다. 설상가상으로 민주당은 결코 정책에 대한 진정한 동기부여의 원천인 감정이입에 근거한 논증을 하지 않는다. 민주당의 실패는 두 가지 측면이다. 민주당은 유권자의 뇌에서 감정이입 — 자신들 고유의 도덕적 기반인 — 을 활성화하지 못하고 오히려 보수파의 전매특허인 사익을 성공적으로 활성화한다.

# 15

# 합리적 행위를 정의하는 은유

내가 은유적 사고를 처음 정치에 적용한 것은 1980년대 말이었다. 나는 국제관계 강좌에서 무엇을 가르치는지를 알아보기로 결심하고 캘리포니아대학교(버클리)의 관련 강좌 하나를 청강했다. 이 대학에는 미국에서 가장 우수한 정치학과 중 하나가 있었다. 아마도 가장 핵심적인 아이디어는 합리적 행위자 모형이었다. 이 모형은 세계의 문제를 수학적 모형으로 환원함으로써 이 문제를 더 잘 이해하고 해결하기 위한 하나의 시도였다.[1]

외교 정책에 대한 '합리적인' 접근은 단순한 상식으로 간주되는 일련의 개념적 은유의 지배를 받았다. 이것은 은유가 흔히 단순한 상식으로 간주되는 것과 마찬가지이다. [기관은 사람] 은유의 특별한 사례로, [국가는 사람] 은유가 있다. 이 은유를 진지하게 수용한 귀결 중 하나는 한 국가의 내적인 것이 이 은유를 사용하는 어떤 책략에서도 문제시될 수 없다는 점이다.

게다가 합리성에 대한 흔한 은유, 즉 [합리성은 사익(이나 '효용')의 극대화]가 사용된다. 이 은유는 자신의 사익에 반하는 행동을 하는 것이 '비합리적'이라는 의미를 담고 있다. 그런데 이 두 은유는 결합해 [국가는 합리적 행위자]

은유를 생성한다.

어떤 국가의 '사익'으로 간주되는 것을 특징짓기 위해서는 추가적인 한 은유가 필요하다. 이 은유도 역시 흔하다. 힘이 넘치고 건강하고 사회적인 영향력을 지니고 있다는 것이 개인의 사익에 해당하는 것처럼, 우리에게는 [국익은 군사력]과 [국익은 (국내총생산과 주식시장으로 정의되는) 경제적 건강], [국익은 정치적 영향력]이라는 흔한 은유가 있다. 이 은유들을 모두 결합할 때, 우리는 국제 관계에서 합리적 행위자 모형의 핵심적 논제를 하나의 함의로 갖게 된다. 이 함의는 **모든 국가가 자신의 군사력과 경제적 건강, 정치적 영향력을 극대화하기 위해 합리적으로 행동한다**는 것이다. 합리적 행위자 모형의 이러한 사용에서는 문화, 종교, 국가 정체성, 사회적·정치적 구조, 발달의 본성과 수준 등의 문제가 배제된다는 점에 주목하라. 이 착상에서는 합리성이 보편적인 것이며 국가 수준에서 발생하는 것으로 간주된다.

외교 정책 담론은 흔히 또 하나의 복합 은유와 함께 진행된다. 바로 [국가는 사람] 은유가 확장된 [국가는 세계 공동체 내의 사람] 은유이다. 이 확장 은유에는 이웃 국가, 우방국가, 적대국가, 불량국가, 기능장애국가 등이 있다. 이 은유의 주목할 만한 부분은 이 은유가 성인 국가와 아동 국가를 포함한다는 점이다. 이 경우에 [성숙은 산업화]이다. 따라서 비산업화 국가는 '개발도상' 국가 또는 '저개발' 국가로 간주된다. 비산업화 국가에 대한 태도는 흔히 개발하는 방법(신자유주의 경제학과 '자유시장'을 수용하는 방법)에 대해 성인/산업화 국가의 조언을 받아들이거나, 아니면 국제통화기금이나 세계은행의 '재정적 규제'에 직면해야 한다는 것이다.

사람으로 개념화되는 국가는 각각 자신의 사익을 극대화하려고 노력하고 있기 때문에, 그리고 세계의 자원은 한정되어 있기 때문에, 국가들 사이에는 자연스러운 경쟁이 있다. 추가적으로 [국가는 사람] 은유는 흔히 경쟁 은유

[경쟁은 게임]을 동반한다. [경쟁은 게임] 은유 덕택에 게임 이론의 수학을 외교 정책에 적용하는 것이 간단한 상식처럼 보이게 된다.

시간을 거슬러 올라가 1950년대에는 이것이 바로 랜드연구소*에서 했던 일이다. 그 당시에는 수학적 게임 이론이 거의 대부분 제로섬 게임에 국한되었다. 제로섬 게임에서는 모든 참여자가 다 승자가 될 수는 없었다. 이 형태의 게임 이론은 상호확실파괴** 외교 정책으로 이어졌다. 이 외교 정책에서는 미국과 소련이 핵전쟁으로 서로를 위협하는 거대한 핵무기고를 짓기 위해 경쟁했다. 만일 이 두 국가 중 어느 한쪽이 핵무기로 공격을 한다면, 상대 국가는 핵무기로 반격할 것이다. 그러면 둘 다 패자가 될 것이다. 즉, 세계의 많은 부분이 파괴될 것이다. 핵무기 경쟁이 일어났던 이유는 한 국가가 아무리 많은 무기를 가진다 하더라도 상대국이 더 많은 무기를 만들어서 우위를 점하려고 시도했기 때문이다. '이 게임에서 앞서 있다'는 것은 더 많은 무기를 가지고 있다는 것이다.

그 당시 (나중에 매사추세츠공과대학교 신입생 시절 나의 수학 교수가 되었던) 내시(John Nash)라는 이름의 젊은 게임 이론가는 세계가 외교 정책을 위해 그러한 게임을 마음대로 하는 것은 너무나 위험하다고 결론지었다. 선수가 몇 명이든지 모든 게임 ─ 모든 선수가 한정된 수의 전략에서만 선택할 수 있는 ─ 에는 전략을 더 바꾼다고 해도 어떤 선수에게도 어떤 이익도 가져다줄 수 없는 (전형적으로 제로섬이 아닌) 해결책이 있다는 것을 예증했다. 비록 아무도 자신이 원하는 모든 것을 얻을 수 없을지도 모르지만, 아무도 더 잘할 수 없는 게임의 상태 ─ '내시 평형상태(Nash equilibrium)' ─ 가 있다. 더 앞서 나가려는

---

* 랜드연구소(RAND Corporation): 주로 미국의 국방에 관한 계획과 예산을 조사하는 민간연구소. 1948년 설립되었으며 캘리포니아 주 산타 모니카 교외에 자리 잡고 있다.

** 상호확실파괴(Mutually Assured Destruction): 1945년 당시의 미국에 의한 핵독점이 4~5년 만에 깨지고 1950년대 중반 소련이 엄청난 핵능력을 보유하게 됨에 따라, 미국과 소련 양국 국민의 생명과 사회를 서로 담보함으로써만 핵전쟁이 억제될 수 있다는 것을 나타내는 용어. 그러나 이 개념은 쌍방의 전체 비전투원, 즉 일반 국민을 볼모로 잡고 있는 까닭에 진정한 평화와는 거리가 멀어 군사적으로도 도덕적으로도 정당화될 수 없었다.

경쟁은 모든 사람을 위해 중단된다.

이것은 게임 이론에 대한 새로운 형식의 '합리적 행위'를 정의했다. 이 경우에는 내시 평형상태를 찾는 것이 합리적이다. 수년 뒤 내시는 이 발견으로 노벨경제학상을 받았다.

어떤 분야에서 어떤 유형의 합리적 행위자 모형을 적용하는 것은 언제나 은유적인 작용이다. 이 경우에는 이 전문적인 의미에서 본래 합리적 행위자가 아닌 어떤 것이 합리적 행위자로 간주되기 때문이다. 경제학에서는 회사와 소비자가 흔히 합리적인 행위자인 것으로 간주된다. 외교 정책에서는 국가가 합리적 행위자로 간주된다. 더욱이 합리적 행위자 모형의 수학을 적용하기 위해서는 이 모형이 실재와 합치할 수 있도록 실재의 적절한 부분에 대한 하나의 수학적 모형을 만들어야 한다. 이것은 이른바 '양식화된 사실' ─ '부적절하다'고 간주되는 것을 배제하는 (해당 상황에 대한) 분명하고 명백한 가정 ─ 의 창조를 요구한다. '적합성'으로 간주되는 것은 수학에 있는 것이 아니라 판단의 문제인 것이다.


## 왜 은유인가?

수학적 모형은 사회과학 전 분야에서 사용된다. 하지만 좀처럼 인정을 받지 못하는 것은 은유가 모형화 과정에서 다음과 같이 사용된다는 점이다. 첫째, 은유는 모형이 적용되는 상황에 대해 사용된다. 둘째, 은유는 모형 자체의 구축 내에서 사용된다. 그리고 셋째, 은유는 '양식화된 사실' ─ 수학이 적용될 수 있도록 (구체적인 상황을) '과도하게 단순화한' 상황 ─ 내에서 사용된다.

이것을 아는 것이 왜 중요한가? 은유는 함의를 가지며, 원천 영역 사유를 목표 영역에 사상하기 때문이다. 만일 사람들이 주의하지 않는다면, 은유적 함의는 숨겨져 눈에 띄지 않게 될지도 모른다. 그러나 만일 그 모형이 실제로 정책의 토대로 사용된다면, 은유적 함의는 효과를 미칠 것이다. 수학적 모형을 사용하는 것의 가장 중요한 점은 모형 사용의 효과를 숨기지 **않았다**는 것이다.

구계몽 이성에 따라, 합리성이 논리적이고 축자적이라고들 가정한다. 합리성은 어떤 은유도 가지고 있지 않다고 생각한다. 은유가 사용될 때, 이것을 구계몽의 합리성 견해가 숨길지도 모른다. 이것이 신계몽이 자신의 기술적인 장치에서 사용되는 은유에 초점을 맞추어야 하는 이유이다. 수학적 모형을 사용할 때에는 은유가 숨겨질 가능성이 가장 높다. 따라서 은유의 무의식적인 추론도 숨겨질 가능성이 가장 높다.

합리적 행위자 모형은 실제 합리성을 정의하지 않는다. 이 모형은 비록 때때로 사람들이 어떻게 사고**해야 하**는지에 대한 하나의 이상으로 사용되지만, 사람들이 실제로 사고하는 방식을 특정짓지 않는다. 이것은 아주 구체적인 특성 — 널리 알려져 있지도 인정을 받지도 않는 특성 — 을 갖는 수학적 모형이다. 이 모형은 어떤 매우 우회적인 상황에서만 타당성 있게 상당히 직접적으로 적용할 수 있다. 이 모형은 또한 우리에게 어떤 종류의 복합 문제를 통해서 사고하도록 도와줄 수 있다. 그리고 이론가는 타당한 적용의 범위를 확대하기 위해 활동하고 있다. 이 모든 것은 선(善)을 지향하고 있다. 그러나 이런 식으로 정의되는 '합리성'은 심각한 한계를 지니고 있다.


## 합리적 행위는 무엇에 대한 것인가?

경쟁을 하나 상상해보라. 그것은 전쟁이나, 국가 사이의 국력 경쟁, 회사

사이의 시장 경쟁일 수 있다. 또는 그것은 단지 서로 앞서려고 노력하는 사람들 사이의 경쟁일 수 있다. 그 경쟁이 다음에 무엇을 해야 하는가에 대한 긴 일련의 결정과 관련이 있다고 가정해보라. ('행위자'라 불리는) 각 경쟁자가 최대한 잘 수행하기 위해 합리적 전략을 원한다고 가정해보라. 어떻게 우리는 게임 이론을 사용해 그러한 상황의 모형을 만들 수 있는가?

이 모형에서 각 행위자는 처음 '위치'에서 출발하는 것으로 여겨진다. 어떤 특정한 결정을 내리는 것은 은유적으로 새로운 위치를 향해 어떤 방향으로 이동하는 것이라고 생각된다. 가능한 결정지점은 나무의 가지를 정의하는 일로 간주될 수 있다. 일련의 결정은 나무를 따라가는 경로로 여겨진다. 각 경로의 끝에는 '(결정의) 결과' ― 이득 또는 손실 ― 가 있으며, 이 게임에서 그 일련의 행동으로 그 결과를 얻을 가능성도 함께 있다.

각 모형은 이러한 '의사결정 나무'이며, 여기에서 결과는 행위자가 자신의 의사결정을 내릴 때 사용하는 전략에 의해 결정된다. 이것의 발상은 이것이 경쟁 상황에서 내리는 의사결정 행위에 대한 합리적 접근이라는 것이다.


## 전문적이 되는 것


합리적 행위자 모형에서 사용되는 순수 수학은 무엇인가? 당신은 이 모형에 대한 정리를 증명하기 위해 어떤 종류의 공리를 필요로 하는가? 이 모형을 특징짓기 위해 필요로 하는 공리는 형식언어 이론과 확률론에서 나온다. 일단 형식적 공리를 얻게 되면, 당신은 그것이 단지 형식적인 수학이며 그 자체로는 합리적 행위에 대해 아무것도 말하지 않는다는 점에 주목한다. 모든 공리처럼 이 공리도 **해석을 받아야** 한다. 이 공리를 구성하는 상징에서 다른 무언가로 사상할 필요가 있다.

이 다른 무언가는 나무 구조 — 의사결정 나무 — 이다. 전문적으로 이 나무 구조는 선으로 연결된 마디의 모음이며, 맨 위에 단 하나의 뿌리가 있고 맨 아래의 마디를 제외하고 각 마디에는 여러 가지가 있다. 맨 아래 마디가 아닌 각각의 마디는 어떤 상징과 연결된다. 각각의 맨 아래 마디는 두 개의 수(하나는 양수 또는 음수이고, 나머지 하나는 0과 1 사이에 있음)와 연결된다. 그리고 맨 위로부터 맨 아래로 이어지는 각각의 경로는 또 다른 상징과 연결되어 있다. 이것은 **이름표가 붙은 뿌리 방향그래프**라 불린다. 지금까지는 이것이 여전히 추상적인 수학일 뿐이다.

이제 일련의 흔한 은유를 사용해 이 그래프를 위치와 경로의 망으로 해석하고 이 나무의 뿌리를 출발 위치로 해석한다. 이러한 은유는 마디를 위치, 즉 공간 내의 경계가 있는 지역에 사상한다. 그리고 선은 위에서 아래로 향하는 이동의 경로에 사상되며, 맨 아래 마디는 목적지에 사상된다. 위치와 경로의 이름표는 그러한 위치와 경로의 이름에 사상된다. 또한 맨 아래 마디의 양수나 음수는 그러한 최종 목적지 도달에 할당된 가치에 해당한다. 반면 0과 1 사이의 수는 그러한 가치를 실현할 확률에 사상된다. '위에서 아래로의' 경로에 연결된 상징은 위에서 아래로 이동한다고 이해되는 여행자에 사상된다. 전문적인 견지에서 이것은 뿌리 방향그래프이며, 방향그래프는 은유적으로 흔히 한 위치에서 다른 한 위치로의 이동의 관점에서 이해된다. 이 은유의 결과로 나오는 그림은 여행자가 처음 위치에서 출발해 다른 여러 위치로 이동하고 결국 최종 위치에 도달하는 그림이다. 그런데 이 그림은 각 여행자에 대한 어떤 긍정적 가치나 부정적 가치를 지니며 그가 최종 위치에 도달했을 개연성이 있다.

그러면 일련의 보편적인 개념적 은유가 경로와 위치로 구성된 이 망을 해석한다. 다음은 그러한 보편적인 은유이다.


- ◆ [상태는 위치(공간 내의 한정된 지역)]. 예를 들어, 당신은 우울한 상태에 **빠져** 있다. 즉, 당신은 어떤 경계가 있는 어떤 지역 **안쪽에** 있다. 또한 당신은 우울함을 **향해** 가거나, 우울함의 **끝자락에 있거나**, **깊은** 우울감 **에 잠겨** 있거나, 우울감**에서 빠져나올** 수 있다.
- ◆ [행위는 어떤 주어진 방향을 따르는 자체추진 이동].
- ◆ [여행자는 행위자].
- ◆ [방향의 선택은 어떤 행위를 할 것인지에 대한 결정].
- ◆ [목적을 달성하는 것은 ('목표'라 불리는) 목적지에 도달하는 것]. 어떤 행위가 어떤 목표의 달성을 겨냥한다면, 그것은 목적이 있는 행위이다.
- ◆ [어떤 목적을 달성한 것의 가치는 (긍정적이라면) 수익이고 (부정적이라면) 비용이다]. 양수와 음수를 값으로 가짐으로써 부과되는 선형적 순서가 일련의 선형적인 순서의 **선호도**를 부과한다는 점에 유의하라.
- ◆ [확률(0과 1 사이의 수)은 위험의 정도에 사상된다]. 높은 확률은 위험성이 낮은 것에, 낮은 확률은 위험성이 높은 것에 해당된다.
- ◆ 이 확률의 산출 및 각 목적의 달성과 연관된 값은 끝점에 이르는 경로 (행위)를 택하는 결정의 **효용**이라 불린다. 최선의 결정은 가장 낮은 위험성을 가장 높은 값과 결합한 결정이다.


여기에서는 합리성을 결과의 값과 내포된 위험성에 근거해 선호 결과를 계산할 수 있는 능력이라 정의한다. 둘 이상의 행위자와 한정된 자원, 이익을 위한 경쟁, 타인의 행위와 전략을 고려한 행동 전략이 있을 때, 우리는 게임 이론의 영역 내에 있다.

게임 이론은 추가적인 은유적 해석을 이 구조에 부과한다. 게임 이론에서 각각의 행위자는 '선수'이다. 각각의 행위는 '수(手)'이다. 선수에 대한 각각의 값은 '결과'이다. 제로섬 게임에서 한 행위자('승자')는 끝날 때 값 1을 얻고, 나머지 행위자('패자')는 값 0을 얻는다. 비제로섬 게임에서는 어떤 선수도 잃지 않고(값 0을 얻지 않고), 어떤 선수도 모든 것을 얻지 않지만(값 1을 얻지 않지만), 모든 선수가 다 무언가를 얻는다(0보다 크고 1보다 작은 값을 얻는다).

게임 이론은 선수가 해당 게임에 대해 알고 있을 때의 전략에 대한 것이다. 이 수학적 모형에서 선수를 위한 정보 집합은 상태들(나무의 마디)의 집합이다. 그러한 상태에서는 어떤 주어진 행위자가 다음에 할 수 있는 자신의 행위에 대해 동일한 정보를 가지고 있다. 전략은 이용 가능한 각각의 정보 집합을 명시하는 알고리즘이다. 내시 평형은 모든 행위자를 위한 전략 집합이다. 그래서 어떤 행위자도 전략 변경을 통해 더 나은 결과에 이를 수 없다.

게임 이론은 엄청나게 풍부한 수학적 모형화 분야이다. 게임 이론을 이해하는 것은 묵시적으로 주어진 모든 은유와 관련이 있다. 정리를 증명하기 위해 사람은 공리를 사용한다. 공리는 상징을 지닌 논리적 표현이다. 나무는 주어진 어떤 영상 구조를 지닌 그래프이다. 문자 그대로는 공리가 나무 구조가 아니다. 특정 논리 구조를 지닌 공리가 특정 영상 구조를 지닌 나무에 사상될 것이라는 점을 이해하기 위해서는 은유적 사고가 필요하다. 그래프는 한 위치에서 다른 위치로 가는 문자 그대로의 이동 경로가 아니다. 그래프를 특정한 종류의 이동 경로에 사상하기 위해서는 은유적 사고가 필요하다. 행위도 문자 그대로의 이동이 아니고, 상태도 문자 그대로의 위치가 아니며, 목적도 문자 그대로의 목적지가 아니고, 양수와 음수도 문자 그대로의 값이 아니며, 0과 1 사이의 수도 문자 그대로의 확률이 아니다. 그러한 이해를 창조하기 위해서는 은유적 사고가 필요하다. 그리고 이러한 모든 은유를 결합하는 복합적인 은유적 구조 역시 문자 그대로의 게임이 아니다. 이러한 은유적 구조의 관점에서 게임과 전략을 개념화하기 위해서는 추가적인 은유적 사고가 필요하다. 이러한 은유적 복합성은 모두 형식 수학의 공리와 정리를 전략 '게임'의 '합리적 행위'에 연결하는 데 반드시 필요하다.

그러면 선수의 게임 이론 전략을 회사의 가격 전략, 국가의 외교 정책 전략, 또는 심지어는 종의 '생존 전략'에 연결하기 위해서도 추가적인 은유적 사고가 필요하다. 일부 합리적 행위 이론가는 심지어 이러한 은유를 확장해 도덕성과 사회의 본질에 대한 주장을 펼친다. 합리적 행위자 모형은 바로 그 적용 과정에서 주의를 기울이지 않는다면 위험하게 될 수 있다.

다음은 합리적 행위자 모형의 속성과, 그러한 속성이 언제나 실재를 반영하지는 않는 방식이 서술되어 있다.

- **질의 차이는 양의 차이로 환원 가능하다.** 중요한 문제에서 질은 흔히 양으로 환원될 수 없다. 행위 경로의 결과에 대해 언제나 선형적으로, 즉 '줄 세우기식으로' 서열을 정할 수는 없다. 요컨대 그 결과들은 분명한 선호도 없이 많은 점에서 다를 수 있다. 확대 모형은 선호도의 다차원성을 고려한다. 즉, 두 속성이 서열을 매길 수 없는 경우에는 한 속성은 선호할 수 있으나 다른 한 속성은 선호할 수 없다. 그러나 그때조차도 서열을 매길 수 있는 속성이 전혀 없을 수 있다. 다시 한 번 말하지만, 질이 양으로 환원될 수 없기 때문이다.
- **행위자는 단일하고 분명하며 언제나 자신의 선택을 통제한다.** 어떤 기관 — 국가든 회사든, 사회든 종(種)이든 — 이 '행위자'로 간주될 때, 그의 '행위'는 다중적이고 불분명할 수 있다. 반면 어떤 행위자가 속해 있는 체제는 행위자와 마찬가지로 어떤 행위를 하는지 결정할 수 있다.

- 역사는 특정 행위자에 의한 이산적인 일련의 행위로 세분화될 수 있다. 보통 역사는 이보다 훨씬 더 복합적이다.
- 행위 경로는 처음과 끝을 가지고 있어야 한다. 이 모형은 어떤 행위 경로의 수익과 비용을 측정하기 위해서, 처음 상태와 최종 상태를 요구한다. 처음 상태 이전의 어떠한 과거 역사도 중요하지 않다. 최종 상태 이후의 어떠한 미래도 고려되지 않는다.

그러나 가장 중요한 행위 경로에서는 과거 역사가 정말로 중요하며, 미래 효과가 고려되어야 한다. 이라크 전쟁이 이것의 가장 분명한 사례이다. 2003년 5월 초, 비행복을 입고 항공모함 위의 '임무 완수' 현수막 아래에 서 있는 부시 대통령의 모습을 떠올려보라. 전쟁 프레임에서는 적군(이 경우 사담 후세인의 군대)을 완전히 정복할 때 전쟁 승리의 임무를 **완수한다.** '합리적인' 행위 경로는 이 전쟁의 개시와 함께 시작되었다. 그러나 이라크의 역사는 그때 시작되지 않았다. 이라크는 수천 년의 역사를 지니고 있으며, 수니파와 시아파의 반목은 수백 년이나 거슬러 올라가고, 여전히 반목의 연기가 피어오르고 있다. 이 전쟁의 인과적 효과는 2003년 5월에 끝나지 않았다. 정말로 가장 거대하고 가장 무시무시한 효과는 그 이후에 나타났다. 양식화된 사실에는 전투의 대상인 '적'과, 우리가 구원해 보호하고 있는 천진한 '희생자'가 있다. 그러나 그것은 그들 중 다수가 동일한 사람일 수 있다는 현실을 숨길 수 있다. 합리적 행위자 모형을 사용할 때, 당신은 과거 역사가 중요시되지 않는다는 것과 미래 사건이 실제로 고려되지 않는다는 것을 확인해야 한다.

이 모형은 축자적이다. 모형화되고 있는 사실에 대한 다른 해석이 전혀 없다 — 대안적인 프레임 형성이 전혀 없다. 그러나 이것은 중요한 사례에서 좀처럼 일어나지 않는다. 그러한 사건에 참여하는 사람들이 사건의 프레임을 만들면, 그들의 행동이 영향을 받는다. 프레임 형성은 무슨 일이 일어났는지, 어떤 목적을 달성해야 하는지, 그리고 목적 달성이 어떤 가치를 지녔는지를 포함해야 한다.

**'외부 원인으로 돌려진' 비용은 이 모형 밖에 있다.** 프레임은 필요에 의해 실재를 지나치게 단순화한다. 영업에 대한 주요 기업의 합리적 접근은 어떤 유형의 합리적 행위자 모형을 사용할 수 있다. 하지만 그 모형은 어떤 프레임을 바탕으로 그 회사를 위해 행동해야 한다.

그 프레임은 회사 그 자체는 물론 이 회사의 종업원과 자산, 부채, 산물, 비용, 소비자, 이익을 포함할 수 있다. 이러한 프레임은 보통 사실로 간주되는 것을 구조화할 것이다. 이러한 프레임은 그 사실을 '양식화'한다. 많은 것이 이 프레임을 벗어날 수 있으며, 따라서 이들은 합리적 행위의 적용으로 주목을 받을 수 없다.

예를 들어, 오염을 살펴보자. 미국에서는 전통적으로 오염 제거를 생산 비용으로 처리하지 않았다. 왜냐하면 오염은 좀처럼 완전히 정화되지 않았기 때문이다. 그 결과 비용이 타인에게 돌아갔다. 즉, 사람들은 물을 정수하거나 생수를 사기 위해 비용을 지불해야 하고, 오염 때문에 천식에 걸려 고통을 받고 때로는 죽기도 하고, 의료보험기관은 오염으로 인해 수많은 질병에 걸린 사람(예를 들어, 백혈병과 여타의 암 환자)을 위해 상당한 비용을 지불해야 한다. 이것은 오염 상한제와 오염 배출권*의 사용으로 어느 정도 제한적으로 치유할 수 있다. 전자는 한 회사가 배출할 수 있는 오염의 최대한도를 가리키고, 후자는 어느 정도까지 오염시킬 권리를 인정하고 또 이 권리를 사고팔 수 있는 허가증을 의미한다. 이것은 오염 배출권의 시장을 창조한다. 배출권은 점점

* 오염 배출권(pollution credit): 흔히 배출권 거래제(emission trading)라고도 불린다. 미국에서는 1990년대 초반에 도입해 시카고와 LA지역에서 시범적으로 실시되고 있다. 1997년 교토의정서에 따라 온실가스 감축을 이행해야 하는 국가들의 신축성을 허용하기 위해 탄소 배출권 거래제가 도입되기도 했다.

더 귀중하게 되고, 따라서 최대한도가 더 작아질수록 더 비싸게 된다. 이 제도는 오염을 기업 활동 프레임에 넣는 효과를 갖는다. 그러나 생태계 파괴는 여전히 이러한 양식화된 사실을 정의하는 프레임 밖에 있으며, 따라서 회사의 합리적 계산에서 빠져 있다.

또 하나의 실례는 가솔린 '비용'이다. '상거래' 프레임에서는 구매자가 판매자에게 직접 지불하는 금액이 구매자의 비용을 정의한다. 일반적으로 이 비용은 (정부에 지불하는 가솔린 세금을 포함해) 당신이 주유소에서 지불하는 금액으로 이해된다. 그러나 가솔린은 상거래 프레임 밖에 있는 '숨겨진 비용'을 포함한다. 예를 들어, 정부 ─ 즉, 납세자 ─ 가 석유회사에 개발 장려금으로 수백억 달러를 지불한다. 또한 정부는 유조선을 보호하도록 해군과 연안경비대에 연간 대략 500억 달러를 지불하고, 해외의 미국 석유회사의 영업을 보호하기 위해 수천억 달러를 지출한다. 보통 이러한 외부 원인으로 돌려진 비용은 정상적인 합리적 계산에서 빠져 있다.

**기반시설 비용은 이 모형 밖에 있는 반면, 세금은 이 모형 안에 있다.** 납세자들은 공동의 부를 모아서 모든 사람이 특히 사업을 할 때 이용하도록 기반시설을 건설한다. 예를 들어, 고속도로망, 통신위성시스템, 인터넷, 노동자 훈련을 위한 교육제도, 저비용 대출을 이용할 수 있게 해주는 금융제도, 계약분쟁 조정을 위한 사법제도, 주식시장의 운용을 위한 증권거래위원회 등이 바로 그러한 기반시설이다. 형식은 '비용'의 명목으로 세금을 포함한다. 하지만 이 기반시설의 사용은 이 프레임에서 '수익'으로 간주되지 않으며, 따라서 양식화된 사실에서도 그러하다. 합리적 행위자 모형은 단지 자신의 작동 근거가 되는 양식화된 사실을 정의하는 프레임만큼만 정확할 수 있다.

**이 모형은 이 모형 자체를 이용하는 것에 대한 어떤 비용도 포함하지 않는다.** 합리적 행위자 모형의 이용 그 자체가 세계를 근본적으로 변화시킬 수 있다.

1950년대의 상호확실파괴 모형은 군비확장 경쟁을 초래했다. 즉, 천문학적인 액수의 돈을 낭비했고, 세계를 위험에 빠뜨렸으며, 현재와 같은 핵분열성 물질의 엄청난 확산을 가져왔다. 어떤 모형의 사용이 위험한 경우는 바로 그 모형의 사용으로 인해 어떤 비용이 그 모형에서 제외되는 경우이다.

**이 모형은 실재를 정의하는 것으로 간주된다.** 합리적 행위자 모형은 고도의 제약을 받으며 아주 특별하고, 아주 이상한 함의 — 방금 제시된 것과 같은 함의 — 를 지닌다. **이러한 모형 사용의 엄청난 위험성은 그것을 실재로 간주할 있다는 점이다.** 이러한 모형을 적용하고 있는 어떤 경우에라도 당신은 이들을 정의하는 모든 은유뿐만 아니라, 또한 이들을 양식화된 사실 — 역시 축자적이 아닌 실재에 대한 모형 — 에 맞도록 해주는 은유를 사용하고 있다.

불행히도 합리적 행위를 수행하는 모든 사람이 다 그렇게 세심한 것은 아니다. 양식화된 사실이 세계가 된다고 보는 사람들이 일부 있다. 이들은 이 모형이 양식화된 사실을 이해하기 위한 은유들의 모음이 아니라, 세계 자체에 내재하는 진리를 서술한다고 본다.

**이 모형이 인간이 합리적이라는 것이 무엇을 의미하는지를 정의한다고 간주된다.** (다른 어떤 동물은 전혀 합리성을 지니고 있지 않다는 그릇된 가정을 하면서) 인간을 합리적 동물이라고 이해할 때, 합리적 행위자 모형은 너무나도 흔히 인간 본성의 일부 — 합리적이라는 것의 의미를 정의하는 것 — 로 간주된다. 그 결과, 흔히 사람이 자신의 사익(이나 수익)을 극대화하기 위해 행동하는 것은 자연스러운 반면 그렇게 하지 않는 것은 부자연스러운 것으로 간주된다. 따라서 최대의 이익을 내는 사람들은 천성에 맞는 일을 하고 있는 것으로 간주되지만, 이익을 훨씬 더 적게 내는 사람들은 아무리 일을 열심히 한다 하더라도 많은 것을 받을 만한 자격이 없는 비합리적이며 부자연스러운 하등한 존재로 간주된다. 오바마 대통령은 이러한 태도를 일종의 사회적 다원주의

(social Darwinism)라 부르며 보수파를 비난했다.


## 합리적 행위자 모형은 어떻게 실제 이성과 충돌하는가

이 책의 관심사는 실제 이성이다. 즉, 인지과학이 우리가 실제로 어떻게 생각하는가에 대해 밝혀낸 내용이다. 지금까지 우리는 우리 자신이 프레임과 서사, 은유, 환유, 원형의 관점에서 생각한다는 것을 살펴보았다. 합리적 행위자 모형은 그 자체가 은유에 의해 정의되며, 이 모형의 양식화된 사실은 프레임에 의해 정의된다. 그러나 프레임에 근거한 사고와 은유적 사고는 대부분 무의식적이며 **반사적**인 반면, 합리적 행위자 모형의 계산적 사고는 의식적이며 **반성적**이다. 만일 '이성'의 의미를 의식적인 반성적 사고에 국한한다면, 당연히 당신은 합리적 행위자 모형이나 유사한 어떤 모형이 합리성을 정의할 수 있다고 믿게 될 것이다. 즉, 당신은 그러한 모형이 인간의 합리성은 물론 실재의 합리적 구조를 정의한다 — 인간에게 자신의 이성을 세계의 합리성에 맞추어 살아남아 번성하게 해준다 — 고 볼 수도 있다.

그렇지만 여러 유형의 합리적 행위자 모형은 (게임 이론과 상호확실파괴 모형을 통해) 군비확장 경쟁과 (오염 비용을 외부로 돌림으로써) 지구온난화를 초래했다. 지금까지 우리의 생존과 번성 능력을 가장 위협했던 것은 바로 그러한 형식의 '합리성'이다.

동시에 이 합리성은 경제학에 적용되어 온갖 종류의 유익한 효과를 내왔다. 그리고 '내시 평형' 개념은 자신의 사익을 극대화하려 하지 않고 오히려 타인의 이익을 고려한다면 사람들이 더 부유해질 수 있는 사례가 있다는 생각을 도입함으로써 제로섬 게임 사유를 넘어서는 데 유익한 효과를 미쳐왔다.

이러한 개념은 클린턴 행정부에서 올브라이트 국무장관이 외교 정책에 적용했다. 그래서 클린턴 대통령은 2000년 잡지 ≪와이어드(Wired)≫와의 인터뷰에서 이렇게 말했다.

사회가 더 복잡해지고, 공동체와 국경 내부는 물론 그 너머에서 상호의존 망이 더 복잡해질수록, 사람들은 자신의 이익에서 비제로섬 해결책을 모색하라는 요구를 더 많이 받게 된다. 즉, 승자와 패자를 가르는 해결책이 아니라 모두 승자가 되는 해결책 ……. 우리의 상호의존성이 증가함에 따라 우리는 대체로 타인이 더 잘할 때 우리도 더 잘한다는 것을 알게 된다. 이 때문에 우리는 모두 승리할 수 있는 방식을 찾아야 한다. 즉, 서로를 배려해야 한다.[2]

합리적 행위자 모형은 실제 이성의 산물이다. 그러나 이 모형 그 자체는 이성이 은유나 프레임과 관련이 없다는 내재적인 주장을 한다. 따라서 이 모형은 인간의 실제 이성에 대한 모형일 수 없다. 더욱이 은유와 프레임, 그리고 이들로부터 나오는 귀결을 자세히 살펴보면, 우리는 그러한 수학적 모형을 적용하는 것의 이점은 물론 한계와 가능한 위험성도 확인할 수 있다.

# 16

# 왜 매파가 승리하는가?

경제학자가 아니라 인지과학자인 카너먼(Daniel Kahneman)이 2002년 노벨경제학상을 받았다.[1] 타계한 동료 트버스키(Amos Tversky)와 함께 카너먼이 한 일은 인지과학의 발견이 어떻게 합리적 행위자 모형의 부적합성을 보여주는가, 그리고 경제학이 어떻게 사람들이 실제로 사유하는 방식에 대한 연구로부터 도움을 받을 수 있는가를 보여주는 것이었다. 이 연구로 인해 행동경제학 분야가 태동되었다.

카너먼은 **반사적** 사고를 **반성적** 사고와 구별해, 전자를 시스템 1이라 부르고 후자를 시스템 2라 부른다. 반성적 사고는 내가 구계몽 이성이라 부르는 것이다. 카너먼의 주장처럼, 구계몽 이성은 속도가 느리고, 계열적이며, 통제를 받고, 노력을 요하며, 대개 규칙의 지배를 받는다. 실제 행위는 반사적 사고에 있다. 이 반사적 사고는 내가 인지적 무의식이라 부르는 것으로서, 무의식적이고, 속도가 빠르며, 병렬적이고, 자동적이며, 노력을 요하지 않고, 연상적이다. 카너먼은 반사적 사고를 어떤 사람의 얼굴을 보며 그가 화나 있다거나 두려워한다거나 행복에 젖어 있음을 즉각적으로 감지할 때 사용되는 그런 사고라고 기술한다.

　카너먼은 실험을 통해 반사적 사고가 프레임을 사용한다는 것을 보여주었다. 다음은 그러한 실험 중 하나이다. 당신이 중병에 걸렸다는 말을 듣고 특정한 수술을 받아야 할지를 결정해야 한다고 가정해보라. 이것은 생사에 관계되는 결정이다. A의 경우에서는 당신이 이 수술을 받다가 죽을 확률이 10퍼센트라는 말을 듣는다. B의 경우에서는 당신이 생존할 가능성이 90퍼센트라는 말을 듣는다. A의 경우는 죽음의 관점에서 이 결정을 프레임으로 구성한다. B의 경우는 생존의 관점에서 이 결정을 프레임에 넣는다. 글자 그대로는 이 두 경우가 동일하다. 현실 세계에서 확률의 차이가 전혀 없기 때문이다. 그러나 실험은 죽음 프레임보다 생존 프레임의 측면에서 선택을 제시받는 경우에 훨씬 더 많은 사람들이 수술을 받기로 결정한다는 것을 보여준다. 고전경제학의 합리성 시각에서 보면 이것은 '합리적'이 아니다. 그러나 이것은 실제로 일어나는 선택이다. 세계에 대한 사실이 일정하게 유지될 때에는 긍정적인 프레임을 만드는 것이 부정적인 프레임을 만드는 것과는 다른 효과를 낸다.

　이것은 이른바 카너먼과 트버스키의 '전망 이론'의 사례이다. 전망 이론은 사람들이 고전경제학의 '합리성'과는 다른 방식으로 의사결정을 한다는 것을 보여주었다. 카너먼과 트버스키에 따르면, 사람들은 구계몽의 **반성적** 사고 활동보다 신계몽의 **반사적** 사고 활동의 특성을 보여주는 방식으로 의사결정을 한다.

　고전경제학은 사람들이 '한계 효용(marginal utility)' — 사람의 전체적인 경제적 처지에서의 이익 대 손실 차이 — 에 근거해 의사결정을 한다고 주장한다. 고전경제학은 화폐의 대체가능성을 가정한다. 그래서 손실을 예방하는 것은 이익을 보장하는 것과 동일하다. 고전경제학은 순서와는 무관하다. 즉, 당신이 승리와 패배로 인해 얻고 잃은 금액이 동일하다면, 먼저 승리하고 다음에 패배하는 것이 먼저 패배하고 다음에 승리하는 것과 동일해야 한다. 경제적 인간은 합리적이고, 논리적으로 사고하며, 확률의 법칙을 따르고, 세계에 대한 객관적 이해에 따라 사유한다.

카너먼과 트버스키는 일상의 경제적 의사결정과 문제 해결에서 이 모든 것이 흔히 위배된다는 것을 발견했다. 그들이 발견한 것은 이와 같다.

+ 사람들은 참조점에 상대적인 이익과 손실의 측면에서 사고한다.
+ 사람들은 손실보다 이익에 초점을 둔 프레임을 선택하는 경향이 있다.
+ 사람들은 이익을 선호하기보다 손실을 피하는 경향이 있다.
+ 사람들은 불확실성보다 확실성을 선호하는 경향이 있다.
+ 사람들은 원형적인 프레임의 측면에서 사고하는 경향이 있다.
+ 사람들은 새로운 상태에 적응하고 그 상태를 새로운 참조점으로 삼는 경향이 있다.
+ 사람들은 정확하지만 접근성이 낮은 프레임 대신에 접근성이 더 높은 프레임을 사용하는 경향이 있다.

이러한 원리는 고전경제학이 '비합리적'이라 칭하는, 실제 인간의 심리 행동을 설명한다. 예를 들어, 손실을 피하는 경향은 돈을 잃고 있는 도박사가 왜 자신의 손실을 줄이는 것이 아니라 이미 잃었던 돈을 다시 딸 수 있을 것이라는 희망에서 계속 도박을 하는지를 설명해준다. 그리고 이러한 원리는 왜 가치가 상당히 떨어진 어떤 주식을 사는 사람이 그 주식이 가치를 회복할 것이라는 희망에 계속 매달리는지를 설명해준다. 또한 이러한 원리는 분명히 전쟁에서 지고 있는 대통령이 왜 자신의 손실을 줄이고 전사자의 수를 줄이고 수천억 달러를 절약하는 것이 아니라, 결국은 승리할 것이라는 희망으로 점점 더 많은 병력을 속절없이 계속 전투에 내보내려 하는지를 설명해준다. 카너먼의 많은 사례가 이러하다. 즉, 실제 인간의 추론이 경제적 합리성을 위반하며 재앙을 초래하는 사례이다.

프레임 형성은 전망 이론의 핵심이다. 프레임 형성은 사고와 관련이 있다. 즉, 그것은 당신이 어떤 상황을 어떻게 개념화하는지에 대한 것이다. 위에서 제시된 첫 번째 사례에서 프레임 형성은 (10퍼센트의) 죽음 또는 (90퍼센트의) 생존의 측면에서 이루어지지만, 동시에 두 측면을 다 사용하지는 않는다. 주어진 어떤 프레임이 활성화되면, 대안 프레임은 억제되는 경향이 있다.

전망 이론은 의사결정 그 자체가 프레임을 동반한다는 것을 보여준다. '결정' 프레임은 참조점, 결과, 가치를 지닌 결과 유형, 이익 또는 손실, 결과의 확률, 이익 선호도 함수, 손실 회피 함수 등의 구조를 지니고 있다. 회피 함수 값은 선호도 함수 값의 대략 두 배이다. 손실의 나쁜 정도가 이익의 좋은 정도보다 더 크다.

어떤 구체적인 상황에서나 결정 프레임은 그 상황에 대한 프레임을 만드는 것, 가령 수술에 대한 10퍼센트 죽음 대 90퍼센트 생존 프레임과 결합한다. 이 경우에 죽음은 손실이고 생존은 이익이다. 행동경제학 문헌은 그러한 실례로 가득하다. 이 현상은 실재한다.

- 사람들은 15달러짜리 계산기에서 5달러를 절약하기 위해 차를 몰고 도시를 횡단할 수 있지만, 125달러짜리 코트에서 5달러를 절약하기 위해 그렇게 하지는 않을 것이다.
- 당신이 1,000달러를 확실히 받을 가능성과 2,500달러를 받을 가능성 50퍼센트 사이에서 선택을 해야 한다고 가정하자. 50퍼센트 가능성의

수학적 기대가 1,250달러이지만, 사람들은 확실한 1,000달러를 선택하는 경향이 있다. 긍정적인 프레임 만들기에서는 확실성이 불확실성을 이긴다. 모험보다는 모험 배제를 선호한다. 그러나 똑같은 사람들이 확실히 1,000달러를 잃을 가능성과 전혀 잃지 않거나 2,500달러를 잃을 가능성 50퍼센트 사이에서 선택하라는 과제를 받을 때, 그들은 흔히 불확실한 대안을 선택한다. 즉, 그들은 확실한 1,000달러 손실보다 1,250달러 손실이라는 수학적인 기대를 선택한다. 부정적인 프레임 형성에서는 손실의 불확실성이 손실의 확실성을 이긴다. 두 경우 모두 실제 선택이 '합리적인' 수학적 기대를 압도한다.

◆ 번스타인(Peter Bernstein)은 탈러(Richard Thaler)의 실험을 인용한다. 이 실험에서는 학생들에게 방금 30달러를 받았다고 가정하고 9달러를 잃거나 딸 수 있는 동전뒤집기를 하자고 제안했다. 70퍼센트의 학생이 동전뒤집기를 하기로 결정했다. 다른 학생들에게 확실히 30달러를 받을 가능성과 동전뒤집기를 해서 21달러나 39달러 중 하나를 받을 가능성을 제안했을 때, 훨씬 더 작은 규모인 43퍼센트의 학생이 동전뒤집기를 하기로 선택했다.[2] 객관적으로 선택 내용은 동일했다. 동전뒤집기라는 프레임 만들기가 문제였다. 9달러 잃을 가능성으로 프레임을 만들었을 때, 30달러 참조점에서 손실의 위험성은 수용 가능한 것으로 보였다. 30달러 참조점과 18달러 차이를 지닌 프레임을 만들었을 때, 손실의 위험성은 많은 피실험자에게 너무 높아 보였다.

방금 내가 제시했던 것은 지나친 단순화이다. 이것은 마치 뇌가 연관이 없는 두 개의 시스템을 지니고 있는 것처럼 들린다. 절대로 그렇지 않다. **반성적** 사고(카너먼의 '시스템 2')는 무의식적인 **반사적** 사고의 기제 — 프레임과 은유

등 — 를 사용한다. 즉, 의식적 사고는 인지적 무의식을 사용하며 또한 그 토대 위에서 구성된다. 예를 들어, 고전경제학 이론이 은유적으로 노동을 (석탄이나 철과 같은) 자원으로 개념화하는 경우나, 은유적으로 회사를 (합리적 행위자 모형을 사용해) '합리적으로' 행동하는 인간으로 개념화하는 경우를 보라.

더욱이 지금까지 살펴본 것처럼, 합리적 행위자 모형은 그 자체가 철저히 은유적이다. 즉, 의식 수준 아래에서 은유가 작용하는 모형이다. 신계몽적 사고 활동에서와 마찬가지로 프레임과 원형, 은유는 구계몽적 사고 활동의 일부이다. 프레임과 원형, 은유의 사용은 드러나지 않고 감추어져 있을 뿐이다.

카너먼과 트버스키의 전망 이론은 중요한 문제를 제기했다. 도대체 마음은 왜 이런 방식으로 작동하는가? 이 질문에 대한 대답은 뇌 연구로부터 나오고 있다. 캘리포니아(로스앤젤레스)대학교(UCLA)의 폭스(Craig Fox)와 폴드랙(Russell Poldrack), 그리고 그들의 동료 학자들의 연구에 따르면, 마음이 왜 카너먼과 트버스키가 기술했던 것처럼 작동하는지를 뇌의 감정 체계가 설명해 준다. 사람들이 잠재적 이익을 경험할 때에는 중뇌 도파민 활성 체계(긍정적 감정)의 활동이 증가한다. 반면 잠재적 손실은 동일한 영역의 활동 감소를 보여준다. 손실 혐오의 정도는 배측 줄무늬체와 전전두엽 피질 내의 활성화 수준에 대응한다.[3]

왜 이 모든 것이 정치에서 중요한가?

최근 카너먼과 렌숀(Jonathan Renshon)은 온건파보다 매파가 평화와 전쟁 문제에서 왜 그렇게 우위를 차지하는지 — 정책입안자가 왜 매파에 동조하는 경향이 있는지 — 를 설명했다. 그들은 인지과학에서 나온 인간의 마음에 대한 잘 입증된 결과 여섯 개를 인용한다. 이 결과는 모두 매파에 유리하다.

◆ 낙천주의 성향: 워비곤 호수에서는 모든 아동이 평균 이상이듯이, 운전

자 중 80퍼센트가 자신의 운전 기능을 평균 이
상이라고 평가한다.* 미국인 중 대략 35퍼센트
가 결국 자신이 최고 1퍼센트의 부유층에 들
어갈 것이라고 믿는다. 그리고 싸우고 있는 양
측의 장군은 둘 다 자신이 이길 것이라고, 특
히 미국에서는 자신이 쉽게 이길 것이라고 정

* 워비곤 호수는 주민의 외모나 힘 등
이 평균 이상인 마을로, 미국의 풍자
작가이자 방송인인 개리슨 케일러
(Garrison Keillor)가 자신의 어린 시절
고향이라며 지어낸 가상의 공간이
다. 자신의 능력이나 성과를 과대평
가하는 일반적인 오류를 가리키는
워비곤 호수 효과(Lake Woebegon
Effect)라는 말이 여기에서 유래했다.

말로 확신하는 경향이 있다. 미국에서는 낙천주의가 지배하며 자기가
이길 것이라고 생각하지 않는 장군은 영원히 장군이 되지 못할 수 있
다. 정책입안자도 낙천주의 성향을 지닌다. 누가 염세주의자에게 투표
하길 원하겠는가?

◆ 근본적 귀인 오류: 사람들은 타인의 행동에 대해 상황에 근거한 설명보
다 인성에 근거한 설명을 지나치게 강조하는 경향이 있다. 그렇지만 자
신의 행동에 대해서는 그렇게 하지 않는다. 인지의미론에서는 이것이
본질에 대한 은유에서 나온다고 본다. 이 은유에 따르면, 모든 사람은
자신의 자연스러운 행동을 지배하는 본질(또는 인성)을 가지고 있다. 이
은유를 '영웅(당신)은 선하고 악당(당신의 적)은 악하다'는 영웅 서사와
결합하라. 그 결과, 전쟁으로 이어지는 과정에서 양측이 각각 상대편의
동기를 잘못 판단하는 경향이 있다. **그는** 적대적이며 공격적이다. **나는**
코너에 몰려 있으며 공격적인 반응을 할 수밖에 없다.

◆ 통제의 환상: 사람들은 중요한 결과에 대해 자신이 통제하는 정도를 과
장한다. 반면에 사실은 외적인 무작위의 요인이 실제로 작용한다. 예
를 들어, 이라크 전쟁은 '누워서 떡먹기 놀이'일 것으로 예상했다. 그때
정반대의 증거가 오랫동안 알려져 있었지만 무시되었다.

◆ 평가절하 반응: 어떤 제안이 무가치한 이유는 상대편이 그 제안을 했기

때문이다. 실험에서 이스라엘 유대인들은 어떤 평화안이 이스라엘 정부에서 나왔을 때보다 팔레스타인 사람들에게서 나왔을 때 그 평화안을 더 비우호적으로 평가했다. 친이스라엘 미국인들은 어떤 특정한 평화안이 팔레스타인 안이라는 말을 들었을 때 그 평화안을 팔레스타인 편향적인 안으로 간주했다. 반면에 그들은 동일한 안이 이스라엘 안이라는 말을 들었을 때에는 '공평한' 안으로 보았다.

◆ 모험 혐오: 사람들은 순전히 잠재적인 손실 ― 그러나 아마도 더 커다란 ― 을 선호해 절대적으로 확실한 손실을 피하는 경향이 있다. 여기에 두 가지 선택이 있다: (1) 확실히 890달러를 잃을 가능성, 그리고 (2) 1,000달러를 잃을 가능성 90퍼센트와 전혀 잃지 않을 가능성 10퍼센트. 비록 (1)안이 통계적으로 더 좋지만, 사람들은 (2)안을 선택하는 경향이 있다. 이 경향은 이라크 정책에서 나타난다. 이 경우에 부시와 공화당 의원들은 손실을 줄이고 이제 철군해야 한다는 것을 수용하지 않는다. 오히려 그들은 더 오래 주둔한다면 상황이 나아질 것이라는 가망 없는 기대에 매달린다. 더 오래 남아 있는 것이 더 커다란 손실을 의미할 것이지만 말이다. 이 경우에 그들이 만드는 프레임은 '**우리는 질 수 없으며, 따라서 황급히 달아나서는 안 된다**'이다. 그렇게 해서 그들은 우리의 손실을 줄이려는 합리적인 선택을 하기보다 오히려 자유주의자들을 겁쟁이로 만든다.

◆ 현저한 사례 효과: 희귀한 현상의 유명한 사례를 인용하면, 사람들은 그 현상이 발생할 확률이 높다고 생각하는 경향이 있다. 히틀러와 싸우기보다 오히려 그와 협상할 수 있다고 보았던 챔벌린(Arthur N. Chamberlain)의 그릇된 판단을 인용하면, 전쟁보다 협상을 선호하는 어떤 판단이든 마찬가지로 잘못된 판단일 확률이 높다는 생각이 들게 된다. 9·11 공

격으로 인해 아이오와와 오하이오의 사람들은 자신들이 테러리스트의 공격을 받을 가능성이 높다고 생각하게 되었다.

이 장의 질문에 대답해보자. 매파가 승리하는 이유는 그들에게 유리한 인지적 편향이 있기 때문이다. 사람들은 이러한 편향을 사용해 생각하기 쉽다.

* 낙천주의 성향: 그 사람들은 꽃을 던지고 있을 것이다. 우리는 승리할 수 있다. 만일 우리가 그곳에서 그들과 싸운다면, 그들은 이곳으로 오지 못할 것이다.
* 근본적 귀인 오류: 우리와 대적하는 사람들은 이슬람 파시스트이다. 그들은 우리의 자유를 혐오한다.
* 통제의 환상: 이라크 전쟁은 누워서 떡먹기일 것이다. 우리의 전진은 대학살을 끝장낼 것이다.
* 평가절하 반응: 알자지라가 이것을 점령이라 부르기 때문에 이것은 점령이 아니다. '반란군'이 그렇게 말한다면, 이것은 점령군에 대한 반란이 아니다.
* 모험 혐오: 우리는 이라크에서 패배하는 모험을 감당할 수 없다. 우리는 승리할 때까지 주둔해야 한다.
* 현저한 사례 효과: 우리는 아흐마디네자드(Mahmoud Ahmadinejad)의 욕심을 채워줄 수 없다. 핵기술을 갖기 전에 이란을 폭격해야 한다.

카너먼과 렌숀은 이러한 기존의 인지적 편향이 각각 전쟁과 평화에 대한 토론에서 온건파보다 매파에게 유리하다는 점을 정확히 지적한다. 그들은 매파가 언제나 잘못이라는 결론을 내리지는 않으며, 단지 그러한 편향을 인식

하고 매파의 주장을 평가할 때 이것을 고려해야 한다고 결론짓는다.[4]

우리는 모두 이러한 인지적 편향을 인식하는 방법을 배워야 한다. 언론은 이러한 편향을 배울 필요가 있다. 우리는 이러한 편향이 나타나는 곳에서는 어디에서라도 이들에 대해 공적인 토론을 할 필요가 있다.

구계몽의 편향은 이러하다. **우리는** 이성적이다. 그러한 인지적 편향은 (우리가 누구일지라도) **우리** 안에 존재하지 않는다. 의식적인 이성적 존재로서 **우리는** 우리의 사고 과정에 직접 접근해 우리 자신의 마음을 안다.

신계몽이 구계몽적 편향을 넘어서야 한다.

# 17

# 뇌의 언어

뇌에 대해 습득 중인 지식 덕분에, 우리는 언어를 새롭게 이해하고 평가하며, 또한 정치에서 언어를 어떻게 이용하는가와 언어의 정치적 이용에는 어떤 한계가 있는가에 대해서도 새롭게 이해하고 평가하게 된다.

언어는 표현과 의사소통의 수단 그 이상의 것이다. 언어는 마음의 문이다. 언어는 사고 활동에 사용되는 개념 체계를 조직화하며, 우리는 언어를 통해 개념 체계에 접근할 수 있다.

언어는 마음을 변화시키기 위해 사용될 수 있다. 이것은 언어가 좋든 나쁘든 뇌를 (영원히) 변화시킬 수 있다는 것을 의미한다. 언어는 그저 감정을 표현하기만 하는 것이 아니라 감정을 변화시킬 수도 있다. 그리고 언어는 그저 감정을 자극하거나 누그러뜨릴 수 있을 뿐 아니라 한 사람의 삶에서나 한 나라의 생존에서 감정이 수행하는 역할을 바꿀 수도 있다.

언어는 단지 정체성을 표현하는 것을 넘어서서 정체성을 변화시킬 수도 있다. 서사와 멜로드라마는 단순한 낱말이나 영상이 아니라 우리의 뇌에 들어와서 우리의 삶을 이끌어가며 동시에 우리가 누구인지를 정의하는 모형을 제공한다.

언어는 창의성과 힘의 도구, 즉 사람들과 유대를 맺거나 사람들을 소외시키는 수단이다. 또한 언어는 사회적 결속이나 분열을 위한 힘이다.

언어는 감각적이고 심미적이다. 그리고 구애하거나 배척할 수 있고, 아름답거나 추할 수 있으며, 의미 있거나 진부할 수 있는 힘을 지니고 있기 때문이다.

언어는 도덕적 힘을 지닌다. 그래서 언어는 사람을 가장 선하게 이끌 수도 있고 가장 악하게 이끌 수도 있다. 기억은 결코 단순히 '저장되기만' 하지 않으며, 언제나 새롭게 창조된다. 언어는 단지 기억을 환기하기만 하지 않는다. 언어는 기억을 변화시키고 형성할 수 있으며, 따라서 역사 — 과거의 이야기 — 를 변화시킨다.

이 모든 이유 때문에 언어는 정치적 힘을 지니고 있다.

언어를 이해하는 것은 멋진 일일 뿐 아니라 필수적인 일이다. 그리고 언어를 이해하기 위해서는 뇌를 이해해야 한다. 뇌의 속성이 바로 언어에 고유한 힘을 부여하는 것이다.


언어는 신경 연결의 문제이다. 즉, 말소리, 글자, 수화 신호 등의 언어기호와 프레임, 은유, 서사, 영상 도식, 원형, 환유 등 유의미한 뇌 구조 사이의 연결이다.

의미는 신체화되어 있다. 모든 의미가 다 그렇다.[1] 허공에 떠도는 추상적인 의미는 전혀 없다. 단순히 조작되는 빈 기호에는 의미가 전혀 없으며, 기호와 세계 내의 사물 사이의 탈신체화된 어떤 대응에도 의미가 전혀 없다.

뇌는 신경 체계를 통해 온몸으로 확대된다. 의미 있는 모든 지각과 행위는 물리적이든 사회적이든 감성적이든 대인적이든 우리의 뇌가 중재한다. 그러나 신체와 물리적·사회적 상호작용이 없이 뇌 혼자서는 아무것도 하지 못한다. 의미를 부여하고 실제 이성의 토대를 제공하는 것은 바로 물리적·사회적 세계 내에서 작용하는 몸에 연결된 뇌이다.

언어가 힘 있게 되는 이유는 바로 우리 이해의 모든 국면을 활성화하고 전달하고 조정하고 심지어 변화시킬 수 있는 역량을 지니고 있기 때문이다! 언어는 대부분 인지적 무의식을 통해서 작동하며, 따라서 우리는 보통 언어가 미치는 영향을 의식하지 못한다.

언어는 뇌 속의 중개 체계이다. 언어는 의미 있는 신체화된 개념을 물리적인 언어 형태 — 입말, 글말, 몸짓, 수화 신호 — 에 연결하는 회로로 구성된다.

우리가 생각하는 방식이 언어를 만드는가? 그렇다. 언어는 우리가 사고하는 방식을 형성하는가? 그렇다.


## 언어와 정치

틀의미론(frame semantics)을 가르칠 때, 나는 학생들에게 과제를 하나 낸다. "코끼리를 생각하지 말라!"고. 이 과제의 핵심은 그것이 불가능하다는 것이다. 왜냐하면 낱말은 프레임의 관점에서 정의되며, 낱말의 사용은 그러한 프레임을 부정하든 그렇지 않든 그것을 활성화하기 때문이다. 이것은 정치에서 사람들이 알아야 할 중요한 사항이다. 만일 당신이 상대방의 프레임을 사용한다면, 심지어는 그 프레임을 부정하거나 반증한다 하더라도, 당신은 상대방을 돕고 있는 것이다. 왜냐하면 당신은 대중의 마음속에서 상대방의 프레임을 활성화하고 있으며, 그들의 프레임은 다시 그들의 세계관을 활성화하기 때문이다.

보수주의 토크쇼의 함정은 보수적인 주최자가 질문을 하고 보수적인 방식으로 프레임을 설정한다는 것이다. 당신은 세금 구제(tax relief)를 지지하는가? 우리는 테러와의 전쟁에서 승리해야 하는가? 아니면 황급히 도망쳐야 하는가? 당신은 자유 무역을 선호하는가? 아니면 보호주의를 선호하는가? 우리의 학교와 교사에게 학생을 가르쳐야 할 책무성을 부과해야 하는가? 만일 당신이 이 질문을 수용한다면, 당신은 그들의 프레임에 들어가 있으며 당신의 것이 아닐 수도 있는 세계관 내에서 활동하고 있는 것이다. 만일 그렇지 않다면, 당신은 무엇보다도 먼저 그 프레임을 그들의 세계관이 아니라 당신의 세계관과 일치하는 프레임으로 바꾸어야 한다. 그러나 그렇게 하기 위해서는 당신이 먼저 그들의 세계관은 무엇인지, 당신의 세계관은 무엇인지, 그리고 반응을 어떻게 프레임에 넣어야 하는지 이해해야 한다. 또한 단순히 정확하고 자세한 내용으로 대답하는 방법이 아니라, 그 정확하고 자세한 내용을 프레임 만들기와 서사를 통해서 유의미하게 만드는 방법을 알아야 한다.

문제는 이렇다. 언어는 왜 이런 식으로 작동하는가? '코끼리'라는 낱말은 코끼리 한 마리의 영상과 다수의 코끼리에 대한 지식을 활성화한다. 이 문화에서는 우리에게 코끼리와 물리적으로 상호 작용하는 관습적인 방법이 전혀 없기 때문에, 이 낱말은 어떤 운동 프로그램도 활성화하지 않는다. 이 낱말을 '고양이'라는 낱말과 비교해보라. 우리에게는 정말로 고양이를 쓰다듬기 위한 운동 프로그램이 있으며, 이것은 낱말 '고양이'의 의미의 일부이다.

다마지오와 동료 연구자들이 관찰했던 바와 같이, (운동 영역 근처의) 하부 측두엽 피질에 병소를 지닌 사람들은 고양이를 인식하는 능력은 잃을지도 모르지만 코끼리를 식별하는 능력은 잃지 않을 수도 있다.[2] 그리고 두정엽 피질의 시각 영역 내에 병소를 지닌 사람들은 코끼리를 식별하는 능력을 잃을 수 있다. 왜냐하면 시각 영상은 그 의미의 일부이기 때문이다. 이 모든 일은 자동적으로 일어나며 의식적으로 통제할 수 없다. 만일 내가 당신에게 코끼리를 떠올리지 말라고 말한다 하더라도, 당신은 그렇게 할 수 없다. 왜냐하면 당신 자신의 신경 체계를 의식적으로 통제할 수 없기 때문이다.

이것은 단지 '코끼리'라는 낱말만의 문제가 아니라, 모든 낱말이 다 그러하다. 그리고 낱말에 의해 무의식적으로 자동적으로 활성화되는 것은 단지 하나의 프레임만이 아니라, 프레임과 은유의 전체 체계이다. 이 체계가 더 많이 활성화될수록, 이·체계의 시냅스는 더 강력해지며, 이 체계는 당신의 뇌 속에서 더욱 고착화된다. 이것은 완전히 당신의 의식적인 자각 없이 일어난다. 이것이 바로 보수적인 메시지 전달 기계가 35년에 걸쳐 그렇게 효과적으로 작동했던 이유이다.

언어는 유기적인 영향을 미친다. 이것을 이해하기 위해, 과거에 내가 피상적으로만 논의했던 사례를 이제 더 자세히 살펴보자. 이 사례는 '세금 구제'이다. '구제'라는 낱말은 어떤 복합 프레임을 참조해 정의된다. 이 복합 프레임은 두 개의 부분과 하나의 신경 결속 — 이 두 부분을 연결해 하나의 전체로 만드는 — 으로 이루어진다. 우리는 여러 다른 서사에서 이 낱말이 수행하는 기능에 따라 그 의미를 해부할 수 있다.

## 구조 서사

### 의미역

희생자(무기력함, 천진함), 악당(사악함), 사악한 행위(해로움), 영웅(선함)

### 시나리오

(시작 단계 a) 악당이 희생자에게 해를 가한다.

(중간 단계 a) 영웅이 악당에 저항해 싸운다.

(종결 단계 a) 영웅이 악당을 패배시킨다.

(최종 상태 a) 희생자는 구조를 받는다. 영웅은 상을 받는다. 악당은 벌을 받는다.

## 괴로움 서사

### 의미역

괴로움(부정적 상태), 괴롭힘을 당하는 당사자, 괴로움의 원인, 구제자, 구제(긍정적 상태)

### 시나리오

(시작 단계 b) 괴로움의 원인이 괴롭힘을 당하는 당사자에게 괴로움을 야기한다.

(중간 단계 b) 구제자가 괴로움의 원인에 대항하는 활동을 한다.

(종결 단계 b) 구제자가 괴롭힘을 당하는 당사자의 괴로움을 해소한다.

(최종 상태 b) 괴롭힘을 당하는 당사자가 구제를 받는다. 구제자는 칭송을 받는다. 괴롭힘의 원인은 차단당한다.


## 괴로움으로부터의 구조를 위한 결속

희생자 = 괴롭힘을 당하는 당사자, 악당 = 괴로움의 원인

극악한 행위 = 괴로움을 초래함, 영웅 = 구제자, 구조 = 구제

상 = 괴로움의 해소에 대한 칭송, 벌 = 괴로움의 원인이 차단을 당함

시작 단계 a = 시작 단계 b,

중간 단계 a = 중간 단계 b,

종결 단계 a = 종결 단계 b,

최종 상태 a = 최종 상태 b.

이 서사에서 낱말 '구제'는 **구제** 개념을 활성화한다. 이 결속에는 '구제'라는 형태를 **구제**(救濟)라는 의미와 연결하는 형태 - 의미 회로가 있다. '구제'라는 낱말을 단순히 듣기만 해도 위의 모든 프레임이 무의식적으로 그리고 자동적으로 활성화된다.

단순한 낱말 하나, 즉 일련의 소리가 이것을 수행할 수 있는가? 어떤 기호는 어떤 프레임 요소를 활성화하고, 이것은 흔히 복합적인 어떤 전체 프레임을 활성화한다. 또 이것은 다시 이 프레임을 담고 있는 체계를 활성화한다.

뇌의 관점에서 이 표기법은 구체적인 비상징적 의미를 지니고 있다. **'구조'**와 **'괴로움'**은 그러한 프레임의 활성화를 통제하는 회로의 이름이다. 그러한 회로가 활성화될 때 이것은 다시 그러한 프레임 내부의 의미역 ― 희생자와 고통받는 당사자와 같은 의미역 ― 을 활성화한다. 이러한 역할은 여러 경험 ― 말하자면, 괴로움을 잉태하는 불안이나 고통의 부정적인 경험, 그리고 괴로움이나 불안의 억제와 결합되는 '보상 회로 활성화'의 긍정적인 경험 ― 을 하는 동안 활성화되는 뇌의 다른 부분에 연결된다.

'서사'는 어떤 구조를 정의하고 또한 시간의 흐름상에서 작동할 수 있는 어떤 사건 구조 도식(X-도식)을 활성화하는 회로의 이름이다. '시작 단계'는 이 실행 도식의 시작 행위이다. '중간 단계'는 중간 행위이다. 이 밖에도 이러한 회로의 이름은 많다. 이들은 각각 ('초래하다'나 '구제하다'와 같은) 어떤 행위나 ('구제'와 같은) 어떤 상태에 신경적으로 결속되어 있다.

'괴로움으로부터의 구조를 위한 결속'은 이 두 프레임을 연결하는 신경 결속을 통제하는 신경 회로의 이름이다. 그래서 한 프레임에서는 구조를 받는 것이 다른 한 프레임에서는 괴로움이 된다. "="은 두 개체를 동일한 개체로 경험하도록 두 개체의 회로를 결속하는 신경 회로에 부여된 이름이다. 당신이 **구제** 개념을 학습한 뒤에는, 위에서 그려진 전체적인 망구조가 당신의 뇌 속에 존재하며 활성화를 받고자 기다리고 있다.

언어는 신경 회로를 통해 낱말과 구를 이와 같은 구조에 연결한다. 이러한 회로는 활성화될 때, 경험되는 시뮬레이션 — 의식의 수준 아래에서 발생할 가능성이 가장 높은 — 을 생성한다. '의미'를 구성하는 것은 바로 내적으로 경험하는 이 상상적인 시뮬레이션이다. 그리고 그것은 단지 한 낱말일 뿐이다!

이제 '세금'이 '구제'에 더해질 때 무슨 일이 일어나는가? 개념 체계가 합당한 내용을 지니고 있다면, 많은 일이 일어난다. 수년에 걸쳐 보수파는 정치적 담론의 지속적인 흐름을 통해 그 내용을 조작했다.

'세금 구제'가 의미를 지니기 위해서는 세금이 재정적인 손실이 되는 프레임 안에서 세금을 정의해야 한다. 이 프레임에서 세금은 납세자가 벌었고 따라서 마땅히 자신의 소유이지만 정부가 그에게서 빼앗아가는 돈이다. 더욱이 [재정적 손실이 고통]인 은유가 확실히 존재해야 하며, 고통은 [괴롭힘이 고통을 초래하는] 프레임 안에 있어야 한다. 그러면 (오직 그때에만) '구제'에 '세금'을 더하면, [과세는 괴롭힘] 은유가 생겨난다. 이 은유의 사상은 다음과 같다.

| 괴롭힘 | | 과세 |
|---|---|---|
| 괴롭힘의 원인 | ⇒ | 과세 주창자 |
| 구원자 | ⇒ | 과세 반대자 |
| 구원 | ⇒ | 과세 약화 |
| 상 | ⇒ | 과세 약화에 대한 칭송 |
| 벌 | ⇒ | 과세 주창자가 방해를 받음 |

이 은유의 추론에 따르면, 세금을 징수당하는 사람들 — 대중 — 은 희생자

이고, 과세 옹호자는 악당이며 따라서 악하고, 과세 반대자는 영웅이며 따라서 선하다는 것이다. 그러나 '세금 구제'의 사용이 단순히 이 맥락을 모두 환기하지는 않는다. 계속해서 반복될 때, 이 어구는 이 맥락을 계속 환기하며, 그때마다 그런 경로에 있는 모든 뉴런의 모든 시냅스가 강화된다. 만일 당신이 미리 세금을 이렇게 이해하고 있지 않다 하더라도, 이 어구는 얼마 뒤에 당신의 뇌 속으로 들어올 것이다. 그리고 (뇌 손상을 겪지 않은) 뇌 속에서는 어떤 것도 말소되지 않는다는 것을 기억하라. 특정 의미를 변화시키기 위해서는 당신이 그것을 우회하는 신경 구조를 가지고 있어야 한다. 이 모든 것은 두 낱말 — '세금 구제' — 로부터 나온다. 다시 한 번 말하지만, 당신은 하나도 노력을 하지 않으며, 어떤 의식적인 자각을 하지 않지만, 이 어구를 들을 때는 언제나 거의 즉각적으로 반응한다.

'세금 구제'가 의미가 통하지 않는 맥락이 있다는 점에 유의하라. 당신이 진보적인 세계관을 가지고 사고하고 있다고 가정해보라. 이 세계관에서 정부의 역할은 시민을 보호하고 시민의 역량을 강화하는 것이다. 이 역할을 다하기 위해서 정부는 고속도로, 통신 체계, 공립학교, 금융제도, 주식시장, 법원 등을 건설해야 한다. 이에 더해 정부는 힘의 사용을 통해서뿐만 아니라, 건강, 재앙, 깨끗한 공기와 물, 시민적 권리, 소비자 보호 등의 영역에서도 우리를 보호해야 한다. 이 시각에서 보면, 세금은 우리의 자유를 가능케 한다. 이 자유는 보호의 경우에는 '~으로부터의 자유'이며, 역량강화의 경우에는 '~을 향한 자유'이다. 모든 사람이 이것을 철저히 알고 있고, 이것이 텔레비전과 라디오에서 날마다 계속 반복되며, 일상의 일을 보러 돌아다닐 때 우리의 삶에서 매일매일 이것을 자각한다고 가정하자.

만일 이 모든 것이 당연시된다면, 그리고 만일 이것이 '세금'의 의미가 전달되는 개념 체계를 정의한다면, '세금 구제'는 '자유 구제'나 '민주주의 구제'

— 또는 신체 건강의 시각에서 생각해보면 '운동 구제(exercise relief)' — 와 마찬가지로 전혀 의미가 통하지 않을 수도 있다. 만일 세금이 미국적인 삶의 경이로움 — 특히 우리의 자유와 일반적인 평안 — 을 가능케 한다는 것을 매일매일 인정한다면, 비록 우리가 이 세금을 납부하길 원하지 않을 수도 있지만, 세금은 결코 우리가 그것으로부터의 구원을 필요로 하는 고통이 결코 아닐 것이다.

이것을 뒷받침하는 증거는 심리학자 한 명과 경제학자 두 명이 오리건대학교(University of Oregon)에서 수행한 신경과학 실험에서 나왔다.[3] 그들은 자선을 베푸는 통상적인 동기의 일부 — 예를 들어, 구두쇠처럼 보이는 것에 대한 공포나 자선행사 저녁식사 파티의 프로그램에서 호명되는 체면 유지 — 를 없애기 위해 실험을 했다. 각 학생은 100달러를 받고, 그중 얼마를 계속 보유하거나 내어놓기로 선택하는지에 대해 아무도 모를 것이라는 말을 들었다. 심지어 그들을 실험에 참여시키고 그들의 뇌를 주사(走査)하는 조사자들조차도 그것을 모른다는 말을 들었다. 결과는 학생들이 실험실 조교에게 가져갔던 휴대용 기억 장치에 기록되어 있었다. 그러면 조교는 그 학생들에게 현금을 지불하고 누가 얼마를 내었는지 알지 못한 채 자선단체에 기부금을 우송했다.

일련의 활동이 일어났을 때 뇌 반응을 기능성 자기공명영상 촬영기로 측정했다. 때때로 그 학생은 자신의 현금의 일부를 지역의 한 푸드 뱅크에 기부할 것인지 선택해야 했다. 때때로 그녀의 동의 없이 세금을 징수해 그 푸드 뱅크로 그녀의 돈을 보내기도 했다. 때때로 그녀는 추가로 돈을 받기도 했고, 그녀가 돈을 하나도 내지 않아도 그 푸드 뱅크는 돈을 받았다. 그 전형적인 학생이 그 푸드 뱅크에 기부하기로 결정했을 때, 그녀는 아주 따뜻한 만족감으로 보상을 받았다. 이 만족감은 뇌의 동일한 오래된 영역 — 미상핵과 측중격핵, 섬엽 — 의 활동 증가에서 나온다. 당신이 달콤한 후식이나 돈을 받을 때에도 뇌의 바로 이 영역에서 활동이 증가하는 반응이 나타난다. 그러나 동일한 정도는 아니라 하더라도, 뇌의 이러한 쾌감신경 중추는 그녀가 푸드 뱅크에 세금을 내야만 했을 때에도 또한 활성화되었다.

간단히 말해서, 세금 때문에 미국에서 좋은 일이 일어난다고 이해할 수 있고, 또한 이 나라의 이익에 기여함으로써 문자 그대로 좋은 기분을 느낄 수 있다.

그러나 보수주의자는 확실히 그러한 일이 일어나지 않도록 하기 위해 열심히 활동해오고 있다. 거의 40년 동안 보수주의자들은 '세금을 엄청나게 걷어 낭비하는 진보주의자(tax-and-spend liberal)'라는 용어를 사용해 사회보장제도를 선호하는 사람들에게 고정관념을 씌우고 있다. 그리고 레이건은 '(특정계층을 위한) 재정지원 특혜'라는 용어를 보수 담론에 도입해 그러한 '세금 낭비 프로그램'을 지칭했다. 보수주의자들에게 '재정지원 특혜'는 일을 해 벌지 않아서 그것을 받을 자격이 없는 사람들에게 주는(즉, 허비하는) 돈으로 간주되었다. 달리 말하면, '재정지원 특혜'는 단순히 낭비되는 돈이 아니라 악하게 허비되는 돈이었다.

그러나 그러한 개념은 오직 개인적 책임과 개인적 절제, 그리고 다음 두 가지 개념에 초점을 맞추는 보수적인 사유 방식이 주어질 때에만 의미가 있다. 첫째, 당신이 시장에서 지불받는 것은 당신이 정부의 역량강화에 의한 어떤 도움도 받지 않고 혼자 힘으로 번 것이며, 그래서 그 돈의 권리는 당연히 오직 당신에게만 있다. 둘째, 벌지 않은 것을 받게 되면, 당신은 의존적이 되고, 절제 동기를 빼앗기며, 돈을 벌어 생계를 이어가며 도덕적인 사람으로 살아가기 더욱 힘들게 된다.

30년 이상 동안 '세금을 엄청나게 걷어 낭비하다' '재정지원 특혜' '세금낭비 프로그램' 등의 말을 들은 적이 있는 대중에게 '세금 구제'가 의미가 통하려면 이러한 널리 퍼져 있는 심층의 개념이 활성화되어야 한다. '세금 구제'는 진보적 개념보다 이러한 보수적 개념에 더 잘 어울리는 개념이다.

과세가 괴롭힘이라는 발상은 정부의 역량강화라는 진보적인 착상과는 일치하지 않는다. 이 불일치는 뇌에서 상호억제로서 실현된다. '세금 구제'가 보수적인 발상과 일치하며 그러한 발상에 의존해 의미를 구성하기 때문에, 자동적으로 그러한 심층의 보수적인 발상을 활성화할 것이다.

현재 보수주의자는 세금에 대한 자신들의 발상 — 그리고 그러한 발상을 뒷받침하는 더 심층의 프레임 — 을 대중에게 내어놓았다. 진보주의자는 그렇게 하지 못했다.

이것의 교훈은 다음과 같다. 보수주의자가 더 손쉽게 효과적인 슬로건과 메시지를 구성하는 이유가 있다. 더 좋은 메시지 전달 기계와 더 많은 라디오와 텔레비전 방송국을 가지고 있다는 것에 더해, 그들은 35년여에 걸쳐 대중에게 먼저 다가가 자신들의 세계관과 심층의 프레임을 주입했다. 그래서 그들은 많은 뇌 변화를 이끌어냈고, 그것을 반복함으로써 그러한 변화를 영구적으로 만들었다.

그것을 이런 식으로 생각해보라. 보수주의자가 수년에 걸쳐 해오고 있는 일은 자신들의 고차원적 일반 원리를 지닌, 우리 뇌의 '모판(seedbed)'을 준비하고 있다. 그들의 목적은 '세금 구제'가 심어졌을 때 자신들의 프레임이 뿌리를 내리고 싹을 틔울 수 있도록 하기 위함이다. 그 결과 진보적인 메시지는 뿌리를 내리지 못한다. 토양이 진보적인 메시지가 아니라 보수적인 메시지를 위해 준비되었기 때문이다.

진보주의자는 많은 경작 활동을 해야 한다. 그리고 보수적인 토양에서 아마도 상당히 튼튼한 경운기로 땅갈이를 해야 할 것이다. 이것은 시간과 결연한 노력이 드는 일일 테다. 다음은 이 활동을 시작하는 방법이다.

그 주제가 무엇이든지, 진보적인 도덕적 전망을 제시하고, 정부의 역할이 무엇인지를 말하라. 미국의 토대는 감정이입과 책임이다. 즉, 미국 사람들은 자신을 돌보며 서로를 배려하고, 보살핌의 의미를 바탕으로 책임감 있게 행동한다. 정부의 역할은 두 가지, 즉 모든 국민을 보호하고 그들의 역량을 강화하는 것이다. 자기 혼자의 힘만으로 성공하는 사람은 아무도 없다. …… 그래서 이슈가 무엇이든지 그것을 이런 식으로 프레임에 넣어라. 세금은 지속적인 보호와 역량강화를 위해, 그리고 ~로부터의 자유와 ~을 향한 자유를 위해 필요하다.

만일 진보주의자가 이러한 근본원리에 충실하고, 동포 국민들에게서 감정이입을 활성화하고, 정부가 그들의 일상생활에 제공하는 모든 보호와 역량강화에 주목하도록 이슈를 프레임에 넣는다면, 우리는 우리 미국인들의 뇌와 마음이 다시 한 번 미국 민주주의의 근본적인 가치와 목표에 맞도록 할 싸움의 기회를 잡게 될 것이다. 우리는 진정한 애국심이란 바로 이런 것이라고 계속 말해야 한다.

더욱이 우리는 왜 보수주의가 민주주의를 파괴하는지 그 이유를 서술하는 프레임을 환기하는 언어를 필요로 한다. 다음을 참조하라.

* 미국은 말한다. '우리는 모두 한 배에 탔다'라고. 보수주의는 말한다. '이 친구야, 넌 혼자 가는 거야'라고.
* 미국은 우리 중 최소한의 사람만을 안전하게 해준다. 보수주의는 우리에게 네 목숨이나 무사히 지키라고, 그리고 이웃을 보살피지 말라고 말한다.
* 미국은 말한다. '당신은 정부의 억압으로부터 안전하다'라고. 보수주의는 말한다. '국가가 (적어도 보수파가 운영할 때에는) 당신의 전화 통화를 도청할 수 있고 당신의 집 문을 부술 수 있고, 구속영장 없이 또는 변호

사의 도움 없이 또는 심지어는 당신의 가족에게 알리지도 않고 당신을 구금하고 고문할 수 있다'라고.

◆ 미국은 말한다. '당신의 사생활은 당신 고유의 것이다'라고. 보수주의는 말한다. '국가가 의학적 결정을 당신이나 당신 가족에게 강요할 수 있으며, 당신이 누구와는 결혼할 수 있고 누구와는 결혼할 수 없는지, 그리고 당신이 라디오로 어떤 말은 들을 수 있고 어떤 말은 들을 수 없는지에 대해 당신에게 알려줄 수 있다'라고.

◆ 미국은 자유를 상징한다. 보수주의는 당신의 사생활에 대한 국가의 통제를 상징한다.

미국적 가치는 진보적 가치이다. 이렇게 말하는 것이 아주 중요하다.

그것이 중요한 이유는 언어가 심적 시뮬레이션에 의해 작동하기 때문이다.4 말은 프레임 전체 ─ 심리 구조 전체 ─ 를 환기한다. 그러한 심리 구조는 신체화된 심적 시뮬레이션을 활성화하며, 말에 의미를 부여한다. 신경과학은 우리에게 보는 데 사용되는 뇌의 영역이 본 것을 상상하거나 기억하고, 본 것에 대해 꿈을 꾸는 데에도 사용된다는 것과, 움직이기 위해 사용되는 당신의 뇌의 바로 그 부분이 움직임을 상상하거나 기억하거나 움직임에 대해 꿈을 꾸는 데에도 사용된다는 것을 알려준다. 이것은 흔히 무의식적이다. 언어의 의미는 또한 신체화된 심적 시뮬레이션, 즉 당신의 뇌가 당신의 몸에 행하라고 말하는 것이나 당신의 몸이 행하고 있다고 경험하는 것에 근거한 심적 시뮬레이션이다.

어떤 낱말이 지닌 힘의 일부는, 그 낱말이 분산 활성화로 인해 뇌의 방대한 영역을 활성화할 수 있다는 것이다. 즉, 프레임들은 다른 프레임들을 활성화하고, 이들은 또 다른 프레임들을 활성화한다. 활성화는 이러한 방식으로 계속된다. 그러나 뇌 구조는 낱말에 훨씬 더 커다란 힘을 부여한다. 은유 회로를 생각해보자.

[도덕은 위] [비도덕은 아래] [도덕은 순수] [비도덕은 역겨움] 등의 일차 은유를 구성하는 회로는 당신의 뇌 속에 자리 잡고서 활성화되기를 기다리고 있다. 이 회로는 수직 방위(예: 낮음)와 관련이 있는 낱말의 의미가 도덕성의 문제에로 확장되는 것을 허용했다. 예를 들어, '그것은 행하기에는 저급한 일이었다(That was a low thing to do)'를 보라. 9·11 테러 이후, 부시 행정부 인사들은 아프가니스탄의 동굴에 있는 알카에다 조직원을 '해충'이나 '쥐구멍의 들쥐'라 부르기 시작했다. 이것은 [비도덕은 아래]와 [비도덕은 역겨움] 은유를 활성화한다. 미국의 어느 누구도 그러한 낱말이 무엇을 의미하는지에 대해 설명을 필요로 하지 않았다. 그리고 공화당원이 '민주들쥐(democRATS)'가 화면에 화려하게 번쩍이는 텔레비전 광고를 내기 시작했을 때, 이 광고가 활성화하고 있었던 것은 바로 우리 뇌 속에 자리 잡고 있는 그러한 무의식적인 일차 은유였다.

말의 정치적 힘은 주로 그 형식 ─ 즉, 입말 ─ 이나 그것이 연결되어 있는 의미에 있는 것이 아니라, 활성화가 퍼져 나갈 수 있는 뇌 회로 전체, 즉 프레임과 은유, 원형, 환유, 전체적인 개념 체계에 있다. 말은 중요하다. 그것은 우리의 정치를 형성한다. 또한 우리의 삶을 구성한다.

# 18
# 신계몽의 언어

    많은 학문 분야, 특히 사회과학 분야는 구계몽의 이성관을 사용하며 발달했다. 그러한 분야에 대해서는 신계몽적 해석으로의 변화가 빠르고 쉽게 이루어지지 않을 것이다. 경제학에 신계몽을 도입한 카너먼의 업적이 좋은 사례이다. 카너먼과 동료학자들은 합리적 행위자 모형이 실제 이성으로부터 일탈하는 많은 방식과, 이것에 대해 무엇을 해야 하는지를 경험적으로 상세하게 보여주었다. 앞에서 살펴본 것처럼, 생존을 위한 경쟁과 투쟁 은유로부터 진화적 사고를 자유롭게 하는 것에 대한 연구는 계속 진행되고 있다. 그러나 학계의 움직임은 느리다. 어느 정도 시간이 걸리겠지만, 이 변화는 결국 다가올 것이다.

    내 자신의 연구 분야인 언어학은 비록 일찍이 1970년대 중반부터 구계몽의 패러다임에서 벗어나기 위해 아주 멀리 나아왔지만, 부분적으로 여전히 이 패러다임에서 헤매고 있다. 우리는 이제 쿤(Thomas Kuhn)이 기술했던, 새로운 패러다임과 옛날의 패러다임이 거의 상호 작용하지 않은 채 공존하는 단계에 와 있다.

나는 이미 프레임이나 개념적 은유와 같은 신계몽적 아이디어의 정치적 귀결을 논의했다. 인지과학과 뇌과학이 발전함에 따라 다른 분야도 결국 그러한 과정을 거쳐야만 할 것이기 때문에, 나는 정치를 논의하는 장은 따로 마련하고 이 장에서는 이러한 사고가 어떻게 발달했는지, 그리고 역사적으로 무엇에 반발했는지를 논의하는 것이 좋겠다고 생각한다.

## 1950년대의 구계몽 패러다임

1950년대 말 내가 매사추세츠공과대학교 학부생이었을 때, 계몽주의 이성 패러다임의 유형은 어디에나 있었다. 커다란 반향은 튜링 기계, 형식논리, 재귀함수, 에밀 포스트(Emil Post)의 형식 언어 사이의 등가에 대한 처치 - 튜링(Church-Turing) 논제에서 나왔다. 다음 질문이 당연히 제기되었다. 사고는 기호 조작 체계로 특징지을 수 있는가?

인공지능 개념은 이 질문에 답하려는 시도에서 발달되었다. 인공지능 이론의 창시자인 민스키(Marvin Minsky)와 매카시(John McCarthy)가 매사추세츠공과대학교에 있었다. 나는 그곳에서 그들의 학생이었던 친구들을 통해서 이 두 사람을 만났다. (마음이 추상적인 기호를 조작함으로써 컴퓨터 프로그램을 실행한다고 보는) [마음은 디지털컴퓨터 프로그램] 은유가 1960년대의 인공지능은 물론 인지심리학의 정보처리 접근법에서 지배적 위치를 차지하고 있었다. 마음은 컴퓨터 소프트웨어로 그리고 뇌는 하드웨어로 간주되었다. 중요한 것은 소프트웨어였다. 어떤 하드웨어 ― 혹은 인간 뇌를 일컬었던 '웨트웨어'(wetware) ― 이든 상관이 없었을 것이다. 이에 대응하는 심리철학은 '기능주의'라 불리었다. 뇌와 무관하게 마음을 기능적인 측면에서, 추상적인 기호의 조작에 의해 실행되는 것으로서 연구할 수 있다고 가정했기 때문이다. 이 관점에서는 뇌를 무시해도 괜찮았다.

미국 철학은 대부분 논리철학자(philosophical logicians)가 주도했다. 그들 중 많은 사람이 형식논리가 이성적 사고를 정의하며, 자신들의 철학의 핵심은 이성적 사고라고 믿었다. 예를 들면, 콰인(Willard Van Orman Quine), 크립키(Saul Kripke), 몬테규(Richard Montague), 데이빗슨(Donald Davidson), 루이스(David Lewis) 등이 그러했다. 나는 이들 모두와 알고 지내는 특권을 누렸으며, 형식논리를 언어학에 도입한 언어학자 중 한사람이었던 시기에 그들과 교류했다. 그렇지만 비트겐슈타인과 오스틴의 전통에 들어가는 일상 언어 철학이 대륙철학과 마찬가지로 태동하고 있었다.

수학은 프랑스 수학자 집단인 부르바키(Bourbaki)의 형식적 엄격성에 사로잡혀 있었다. 부르바키는 모든 수학이 형식논리(순수한 기호 조작)와 집합론의 틀 안에 위치해야 하며, 수학은 바로 그 결과로 나오는 것이라고 믿었다. 마음의 핵심은 (인공지능과 새로운 후기행동주의 인지심리학, 심리철학, 논리철학, 수학에서) 무의미한 기호의 조작이라고 간주되었다.

이 역사적인 순간에 촘스키는 기호 조작 패러다임에 어울리도록 언어학을 재창조했다. 그는 자신의 멘토였던 해리스(Zellig Harris)의 아이디어를 사용했다. 해리스는 언어적 변형을 생각해내어 그것을 수학자 에밀 포스트에게서 나온 ('형식 언어'라 불리는) 수학적인 형식 이론과 결합시켰다.

촘스키는 언어 역시 의미 없는 기호의 조작 — 형식통사론 — 의 문제라고 주장했다. 그의 핵심적인 은유는 간단하다. 문장은 기호의 연쇄이다. 언어는 그러한 연쇄의 집합이다. 문법은 영어 또는 다른 어떤 자연언어의 모든 문장 그리고 오직 그러한 문장만을 생성하기(즉, 찍어내기) 위한 수학적으로 기술 가능한 장치이다.[1]

수학은 이렇게 존재했다. 에밀 포스트의 형식 언어 이론이 재귀함수 이론, 기호논리학, 튜링 기계와 수학적으로 등가라고 처치(Alonzo Church)는 주장했다. 이것이 현대 '프로그래밍 언어'의 토대였다.

촘스키의 설명에 따르면, 언어는 의미나 의사소통과 관련이 없었다. 그리고 분명히 언어는 몸의 어떤 것과도 관련이 없었다. 언어는 단지 형태 — 형태 규칙에 의해 조작되는 순수한 형태, 즉 기호 — 의 연구였다. 촘스키는 기능주의자였다. 뇌를 무관한 것으로 보았기 때문이다. 인공지능과 정보처리 심리학, 기능주의 마음 이론, 러셀에서 콰인으로 이어지는 전통을 이어받은 철학, 부르바키 수학은 그 시대의 전문적인 지적 문화에서 생성언어학과 아주 잘 어울렸다.

촘스키는 구계몽의 최고 인물이자 데카르트 추종자로서 17세기 합리주의, 즉 계몽주의 마음 이론을 되살리려 하고 있었으며, '데카르트 언어학'을 자신의 연구의 조상으로 간주했다.[2]

촘스키 언어학에서는 구(句) 구조 나무[*] — 위계적인 기호 구조 — 가 가장 중요하다. 그의 핵심적인 논변 가운데 하나는 고리를 지닌 기호 계산의 과정인 '순환(recursion)'과 관련이 있었다. 이 계산에서는 어떤 과정의 출력이 다시 그 과정의 입력이 된다. 따라서 관계절은 자신의 내부에 다른 관계절을 지니고 있으며, 이 관계절은 내부에 또 다른 관계절을 지닐 수 있다. 이러한 내포는 무한히 계속될 수 있다. 마더구스[**]에 나오는 다음의 문장은 관계절 반복 내포의 한 유형을 잘 보여준다.

[*] 구(句) 구조 나무: phrase structure trees에 대한 번역어로 흔히 수형도 (樹型圖, tree diagram)라 불린다.

[**] 마더구스(Mother Goose): 영국과 미국에서 전승되어온 동요의 총칭으로 영국에서는 'nursery rhyme'이라고도 불린다.

This is the farmer sowing his corn,

That kept the cock that crowed in the morn,

That waked the priest all shaven and shorn,

That married the man all tattered and torn,

That kissed the maiden all forlorn,

That milked the cow with the crumpled horn,

That tossed the dog,

That worried the cat,

That killed the rat,

That ate the malt

That lay in the house that Jack built.


이 사람은

잭이 지은 집에 있는

엿기름을 먹는

쥐를 잡는

고양이를 괴롭히는

개를 살짝 들이받는

뒤틀린 뿔이 달린 암소의 젖을 짜는

아주 쓸쓸해 보이는 처녀에게 입맞춤을 하는

완전히 해지고 닳아진 옷을 입은 사람의 결혼 주례를 서는

말끔히 면도하고 머리를 자른 성직자를 깨우는

아침에 우는 수탉을 기르는

옥수수 씨를 뿌리는 농부이다.


이 구 구조 나무에는 맨 꼭대기에 (문장, 즉 주절에 해당하는) S가 있고 이 S

내부에 (관계절을 나타내는) 또 다른 S가 있으며, 또 이 S 안에 또 다른 S가 있을 것이다. 각 행마다 이런 식의 구조를 지니고 있을 것이다.

촘스키의 주장은 순환이 순수한 형식의 문제 — S와 같은 추상적인 기호의 조작 — 이며, 언어가 이런 식으로 작동한다는 것이다. 언어가 유한한 수단으로부터 무한의 다양성을 허용한다는 그의 관찰은 옳다. 촘스키의 이론에서는 이것이 그러한 구 구조 나무를 '생성하는' 형식적인 (기호를 조작하는) '규칙'에 의해 이루어진다고 가정했다. 여기에서 뇌의 무관성에 대한 기능주의적 가정은 아주 중요하다. 왜냐하면 뇌는 그러한 기호나 나무를 지니고 있지 않기 때문이다.

촘스키는 데카르트의 주장을 더 심화했다. 데카르트는 인간이 된다는 것의 본질 — 우리를 다른 동물과 구별해주는 것 — 은 바로 탈신체화된 이성이며, 이성은 수학의 증명과 마찬가지로 일반적으로 추상적인 기호를 조작하는 것과 관련이 있다고 주장했다. 촘스키는 여기에서 한 걸음 더 나아가 언어가 순수한 형식 — 추상적인 기호 조작 — 이며, 바로 이 언어가 인간다움의 본질인 동시에 우리를 다른 동물과 구별해주는 것이라고 주장했다.

유전학의 시대에 이것은 언어가 모든 인간이 그리고 인간만이 공유하는 유전적인 혁신의 결과물이라는 생각과 우리가 습득한 것이 '언어 기관(言語器官, language organ)'이라 불릴 수 있다는 생각을 필요로 했다. 뇌의 시대에 촘스키의 추종자들은 이 기관의 소재를 뇌 속에 두고자 하면서, 그곳이 바로 브로카(Broca) 영역일지 모른다고 암시했다. 그러나 뇌 연구는 언어가 언제나 뇌의 많은 영역을 활성화한다는 것을 보여주었다. 현재 브로카 영역은 말하기와 듣기를 연결하는 거울뉴런 영역으로 보인다. 촘스키 추종자들이 찾고자 했던 '언어 기관'은 존재하지 않는다. 언어는 많은 별개의 뇌 영역을 연결하는 회로로부터 발생하는 것으로 보인다. 그런데 이러한 영역은 또한 비언어적 기능을 위해서도 사용된다.

촘스키의 중요한 한 가지 혁신은 그의 이론이 무의식적인 사고의 존재를 필요로 한다는 점이었다. 그의 '언어의 규칙'은 전혀 의식적인 것이 아니었다. 이 혁신이 얼마나 중요한지는 결코 과소평가할 수 없다. 이 혁신 덕택에 한 세대의 인지과학자들이 무의식적인 심리 과정의 연구에 초점을 맞추게 되었다.

촘스키의 핵심적인 은유가 앞선 경험적인 결과에 근거하지 않았다는 점을 떠올려야 한다. 오히려 촘스키의 은유는 그 시대의 가장 대중적인 패러다임과 일치했으며 하나의 연구 프로그램 — 여러 결과의 혼합을 이끌어냈던 — 을 정의했다. 하나의 발견 절차 — 언어의 형식을 정확히 파고드는 방식 — 로서, 그의 은유는 지금까지 아주 유용했다.

촘스키는 언어 구조의 연구에서 의미를 배제했다. 1963년 촘스키의 첫 학부생 제자 중 한 명이었던 나는 정반대의 증거, 즉 통사 구조가 의미에 의존하는 사례를 발견했다. 기호 조작 체계라는 1963년 맥락의 '의미'는 형식논리를 가리켰다. 나는 형식논리를 생성언어학에 도입함으로써 촘스키의 이론을 확대해야 한다고 제안했으며, 이 제안을 '생성의미론'이라 불렀다.

1960년대 말에 이르러 생성의미론은 그 당시 촘스키 추종자였던 많은 사람들에게 인기를 얻었다. 생성의미론의 초기 형식은 기호 조작 패러다임에 들어 있었다. 사고를 형식논리로 다루는 것이 얼마 동안은 언어의미론을 위한 중요한 발견 절차로 작용했다. 그러나 1968년 즈음에 기호논리학 내에서 의미를 설명하면서 문제가 생겼다. 그래서 나와 몇몇 동료 — 맥컬리(Jim McCawley)와 키넌(Ed Keenan), 파티(Barbara Partee) — 는 모형이론적 논리학으로 전향했다. 이 논리학은 기호 조작을 넘어서서 집합론을 사용하는 수학적 모형으로 나아갔다.

## 신계몽적 마음의 실마리

1970년대 중반 래너커(Ron Langacker), 포코니에(Gilles Fauconnier), 타미(Len Talmy), 필모어 등의 언어학자와 함께 나는 원칙적으로 기호 조작 패러다임이나 모형이론적 논리학으로는 결코 설명할 수 없는 자료를 내어놓았다. 바로 이 무렵에 인지과학과 뇌과학 연구에서 그러한 자료가 언어학을 인지과학이나 뇌과학과 통합한 이론으로 처리할 수 있다는 것을 암시하는 연구 결과가 나오기 시작했다. 인지언어학은 1975년 태동한 이후 세계 곳곳의 학문 공동체에서 더욱 다듬어졌으며, 기호 조작 패러다임과는 들어맞을 수 없으나 인지과학과 뇌과학의 관점에서 의미가 통하는 방대한 언어 현상을 탐구해왔다. 정치에 가장 중요한 영향을 미치고 있는 그러한 현상은 프레임과 개념적 은유, 원형이다. 나는 이들에 대해 앞선 장에서 이미 논의했다. 다음은 그러한 발상이 발달했던 방식이다.

우리가 '프레임'의 관점에서 생각한다는 발상은 1960년대 말과 1970년대 초에 태동했다. 사회학자 어빙 고프만은 사회 제도와 관행을 상세하게 연구했다.³ 자신이 관찰했던 것을 이해하기 위해, 고프만은 [인생은 연극]이라는 은유를 사용했다. 각각의 형태의 제도나 관행은 배우와 대사, 비교적 잘 정의된 연기를 담고 있는 연극과 같다. 병원에는 환자와 간호사, 의사, 방문자, 잡역부가 있는데, 이들은 모두 다른 역할을 수행한다. 의사는 진단하고 약을 처방하지만, 환자나 방문객은 그러한 역할을 수행하지 않는다.

수술이 진행되는 곳은 수술실이지 로비가 아니다. 엘리베이터의 위치는 로비이지 수술실이 아니다.

고프만은 삶이 연속적이고 겹치는 프레임 — 이러한 역할을 수행하는 사람들이 펼치는 서사 — 으로 구성된다고 말한다. 우리는 이러한 프레임을 민감하게 인식한다. 예를 들어, 우리가 새로운 전문분야의 직업을 갖고, 우리의 새로운 역할을 지닌 어떤 사람이 무엇을 수행해야 하고, 수행할 수 있고, 수행할 수 없는지를 배워야 하는 경우를 생각해보라. 그러한 프레임 ― 그리고 역할 ― 은 여러 관행에서 볼 수 있다.

그러나 우리의 삶을 이끌어가는 프레임은 대부분 무의식적이며 반사적이다. 예를 들어, 당신이 커피 한 잔을 주문하거나 길을 묻거나 차를 몰아 집으로 가고 있는 경우를 생각해보라. 고프만이 말하는 바와 같이, 어떤 프레임을 '사용하는 사람'은 '그 프레임이 현재 갖고 있는 그러한 구조화된 속성을 의식하지 못할 가능성이 높다'.

프레임 개념은 학계가 인간의 문화뿐 아니라 컴퓨터를 관찰하기 시작했을 때 다른 유용성을 갖게 되었다. 인공지능 창시자 중 한 사람인 민스키는 1974년에 정보가 이른바 자신의 '프레임' 구조로 다가온다는 점에 주목했다.[4] 민스키에게 프레임은 특정한 종류의 거실에 있는 것이나 아이의 생일파티에 가는 것, 병원에 가는 것과 같은, 어떤 정형화된 상황을 표상하기 위한 데이터 구조였다.

우리는 프레임을 마디와 관계의 망으로 간주할 수 있다. 어떤 프레임의 '상위 수준'은 고정되어 있으며, 추정 상황에 대해 언제나 참인 것을 표상한다. 프레임의 하위 수준에는 많은 종착 마디 ― 구체적인 사례나 데이터로 채워야 하는 '구멍' ― 가 있다. 각 종착 마디는 그곳에 배정되는 요소가 충족시켜야 하는 조건을 명시할 수 있다. 일련의 관련 프레임은 서로 연결되어 프레임 시스템이 된다.

거의 같은 시기에 솅크(Roger Shank)와 에이블슨(Robert Abelson)은 이른바 자신들의 '스크립트'에 대해 비슷한 설명을 펼쳤다.[5] 그들의 고전적인 실례는 식당 스크립트였다. 이 스크립트에는 고객, 수석 급사, 남종업원/여종업원, 요리사, 식탁, 의자, 메뉴, 요리, 요리가격, 수표, 봉사료 등에 해당하는 구멍이 있다. 고객과 수석 급사, 웨이터/웨이트리스, 주방장은 사람이어야 하고, 요리는 음식이어야 한다는 것 등이다. 이 스크립트에는 순서가 있다. 먼저 고객은 수석 급사의 안내를 받아 식탁에 앉는다. 그 다음 종업원이 고객에게 차림표를 제공한다. 이어서 종업원은 고객의 주문을 받는다. 이 밖에도 많은 행위가 순서에 따라 진행된다. 우리가 여기서 말하는 이야기 — 예를 들어, 식당에서 일어났던 일 — 는 이런 식으로 구조화된다.

우리는 프레임과 서사 사이의 연결을 스크립트에서 확인할 수 있다. 서사는 어떤 이야기를 말해주는 프레임이다. 이 프레임에는 의미역, 이러한 의미역의 속성, 역할 사이의 관계, 그리고 시나리오가 있다. 단순한 프레임을 넘어서서 하나의 서사 — 이야기 — 가 되는 것은 무엇인가? 서사에는 하나의 핵심, 즉 교훈이 있다. 서사는 당신이 삶을 살아가야 하는 방식 — 또는 살아가서는 안 되는 방식 — 에 관한 것이다. 서사에는 감성적 내용 — 즉, 당신을 슬프거나 화나거나 경외심을 갖게 만드는 사건 — 이 있다.

틀의미론의 창시자인 필모어는 다른 어느 누구보다 더 상세하게 프레임을 연구해왔다. 그의 증거는 수많은 언어 자원에서 나온다. 첫 번째 자원은 '의미밭', 즉 관련 낱말이나 어구의 무리이다. 의미밭의 예에는 {칼, 포크, 숟가락}, {일요일, 월요일, 화요일, ……}, {사다, 팔다, 비용, 가격, ……}, {식탁, 의자, 소파, ……}, {가속기, 기화기, 브레이크, 클러치, ……}, {식당, 종업원, 고객, 차림표, 요리음식, 수표, ……} 등이 있다. (수천 개에 이르는) 단순한 사례에서는 무엇이 어떤 의미밭 안에 있는지 또는 무엇이 그 의미밭 밖에 있는지 말하기 쉽다. 정말로 쉬운 일이어서 어떤 과학 재정 기구도 그 실험에 연구비를 지원하려 하지 않을 것이다. 우리가 다음과 같이 실험을 설정할 수 있음에도 말이다. 다음의 예에는 각각 동일한 의미밭에 속하는 요소가 세 개 있고, 다른 요소와는 함께 속하지 않는 요소가 하나 있다. {칼, 소파, 포크, 숟가락},

{팔다, 사다, 일요일, 가격}, {바나나, 기화기, 브레이크, 가속기}에서 동일한 의미밭에 속하지 않는 그 요소를 골라내라. 동일한 의미밭에 속하지 않는 사례는 각각 분명히 '소파' '일요일' '바나나'이다.

당시 필모어는 무엇이 한 의미밭의 요소들 사이의 관계를 특징짓는지의 문제를 제기했다. 그의 대답은 바로 '프레임'이었다.[6] 필모어의 프레임은 '의미역'이라 불리는 프레임 요소로 구성된다. 이 의미역은 민스키의 '구멍'이나 고프만의 '역할'과 비슷하다. 각 의미 역할에는 무엇이 그 의미 역할을 채울 수 있는가에 대한 일련의 제약이 있다. 그래서 역할들 사이에는 관계가 있다. 여러 전제, 즉 역할에 대해 전제되는 '프레임의 진리'가 있다. 여러 시나리오가 가능하다. 즉, 무엇이 어떤 프레임에서 발생할 수 있는가를 정의하는 과정이나 행위 연쇄가 다양할 수 있다. 그리고 어떤 역할을 채우는 요소들 사이의 대조가 다양하다.

예를 들어, 상거래 프레임을 살펴보자. 이 프레임의 의미 역할은 구매자와 판매자, 물품, 돈이다. 구매자와 판매자는 사람이다.

이 시나리오에는 다음 세 부분이 있다.

제1부: 구매자는 물품을 원하고 돈을 가지고 있다. 그리고 판매자는 돈을 원하고 물품을 가지고 있다.
제2부: 구매자는 돈을 판매자에게 넘기고, 판매자는 물품을 구매자에게 넘긴다.
제3부: 구매자는 물품을 가지고 있고, 판매자는 돈을 가지고 있다.

이 시나리오는 다른 프레임, 즉 소망 프레임과 소유 프레임, 양도 프레임을 전제한다. 상거래 프레임은 어떤 체계의 일부이다. 예를 들어, 이 프레임을 전제하는 프레임은 쇼핑 프레임이나 마케팅 프레임 등이다. 식당 프레임은 복합적이며 상거래 프레임과 음식 봉사 프레임을 둘 다 포함한다. 이 경우에 상거래 프레임의 물품은 음식 봉사 프레임의 음식이다. 필모어는 모든 낱말의 의미가 프레임의 관점에서 특징지어진다는 가설을 세웠다. 이 가설은 지난 30년 이상 동안 유지되어왔다.

최근 몇 년 동안 프레임에 대한 신경계산 모형은 캘리포니아대학교(버클리) 국제컴퓨터과학연구소(ICSI)의 언어 신경이론 연구팀에서 구축해왔다. 문법과 어휘부의 특성은 언어 신경이론에서 이른바 '구문' ― 입말(과 글말, 기호)을 의미에 연결하는 신경 회로, 즉 프레임과 은유 등 ― 의 관점에서 정의된다. 이 '신경 회로'는 심적 시뮬레이션을 활성화한다. 심적 시뮬레이션은 추론을 실행한다. 그 결과는 낱말과 문법, 언어 이해, 언어 습득에 대한 신경계산 모형의 모음이다.[7]

갤리스(Vittorio Gallese)는 거울뉴런을 최초로 발견한 사람 중 하나이다. 그와 나는 2002년 주요한 거울뉴런 자료를 조사하는 공동 연구에서 깜짝 놀랄 만한 발견을 했다. '쥐기' 개념을 특징짓는 프레임 구조에 필요한 모든 정보는 쥐는 동작과 이 동작의 지각을 지배하는 거울뉴런에서 찾아볼 수 있다는 것을 발견했다.[8] 달리 말하면, 물리적 행동에 대한 개념 구조가 몸동작과 이러한 움직임의 시(視)지각을 지배하는 신경 체계에 존재한다. 이것은 프레임으로 특징지어지는 가장 기본적인 개념이 거울뉴런의 층위에서 물리적으로 신체화될 수도 있다는 것을 보여주는 증거였다. 개념은 물리적으로 신체화되어 있으며 뇌의 감각운동 체계를 사용한다는 발상이 탈신체화된 구계몽의 이성과 얼마나 거리가 먼지는 과소평가할 수 없다. 구계몽의 이성에 따르면, 개념은 보통 감각운동 체계와 완전히 단절되어 있는 탈신체화된 추상화로 간주된다.

## 신체화와 개념적 은유

우리는 대부분 2,500년 전에 태동했던 은유 이론을 배웠다. 멀리 아리스토텔레스까지 거슬러 올라가는 이 은유 이론은 일상 언어가 축자적이라고, 즉 일상 언어가 세계와 직접 합치할 수 있는 개념을 표현한다고 가정했다. 이 은유 이론에서는 은유가 사고의 문제가 아니라 유사성에 근거한 언어의 일탈적인 사용이라고 주장했다. 은유가 주로 시적이거나 장식적인 목적을 위해 특히 정치적 수사에서 사용되었다는 주장이었다. 비코(G. Vico), 니체(F. Nietzsche), 카시러(E. Cassirer) 등 소수의 철학자와, 리처즈(I. A. Richards)를 비롯한 문학 비평가는 은유적 **사고**의 존재에 주목했다. 그러나 어떻게 은유가 작동하는가에 대해서는 어느 누구도 과학적으로 세세하게 밝혀내지 않았다. 이 오래된 은유 이론은 1977년까지 주도권을 누렸다.[9]

1977년에 썼지만 1979년에 발표한 「도관 은유」라는 제목의 고전적인 논문에서, 레디(Michael Reddy)는 은유가 정말로 개념적 — 즉, 사고의 문제 — 이며, 언어는 부차적이라는 것을 보여주었다.[10] 그는 의사소통의 쟁점을 나타내는 표현을 살펴보고 있었다. 그는 신입생의 작문 과제에 대한 자신의 컬럼비아대학교 동료들의 논평으로부터 그러한 표현을 추출했다. 그는 다음과 같은 논평에 주목했다.

Try to *pack* more thoughts *into* fewer words

(더 많은 생각을 더 적은 낱말 속에 **집어넣**으려고 시도하라.)

The sentence was *filled with* emotion

(그 문장은 감정**으로 가득 차** 있었다.)

That remark is completely *impenetrable*.

(그 논평은 완전히 **뚫고 들어갈 수 없다.**)

Your words are *hollow* — you don't mean them.

(네 말은 **공허하다** — 진심으로 하는 말이 아니다.)

Your concepts *come across* beautifully.

(네 개념은 아름답게 **다가온다.**)

이 밖에도 유사한 논평은 100개가 훨씬 더 넘었다. 이러한 표현에 대해 일반화를 모색하면서, 그는 주요한 의사소통 은유가 [**낱말은 아이디어를 담는 그릇**]과 [**의사소통은 아이디어를 낱말에 담아 어떤 도관 — 전달 수단 — 을 따라 청자 또는 독자에게 낱말로부터 의미를 끄집어내도록 보내는 것**]이라는 결론을 내렸다.

레디의 논문을 읽지 않은 채 책상에 놓아두고 있던 1978년 초 나는 여행의 관점에서 사랑에 대해 생각하고 이야기하는 표현들을 살펴보고 동일한 결론에 도달했다. 예를 들어, 다음 표현을 보라.

The relationship has *hit a dead end*.

(그 관계는 **막다른 골목에 맞닥뜨렸다.**)

We can't keep *going the way we've been going*.

(우리는 **지금까지 지나온 길로** 계속 갈 수 없다.)

We may have to *turn back*.

(우리는 **다시 돌아가야** 할지 모른다.)

The marriage is *on the rocks*.

(그 결혼은 **암초에 걸렸다.**)

It's *off the track*.

(그것은 궤도를 벗어났다.)

We're *spinning our wheels* in this relationship.

(우리의 관계는 **헛바퀴를 돌리고** 있다.)

We're *stuck*. Our relationship isn't *going anywhere*.

(우리는 **교착상태에 빠져** 있다. 우리의 관계는 **아무데도 가지** 못하고 있다.)

It's been *a long, bumpy road*.

(그 길은 **멀고 험난했다**.)

We've *come a long way*.

(우리는 **먼 길을 지나왔다**.)

We're *going in different directions*.

(우리는 서로 **다른 방향으로 가고** 있다.)

We're *at a crossroads*.

(우리는 **갈림길에 서** 있다.)

We may have to *go our separate ways*.

(우리는 **각자 다른 길로 가야**만 할지 모른다.)

I may have to *bail out of this marriage*.

(나는 **이 결혼에서 빠져나와야** 할지 모른다.)


 이 다양한 표현을 모두 지배하는 일반화는 본질상 개념적이다. 이것은 사랑을 여행의 관점에서 개념화하는 방식이다. 일반적인 이 개념화는 여행 프레임을 사랑 프레임에 사상하는 것이라고 말할 수 있다. 구체적으로 여행 프레임의 역할이 사랑 프레임의 역할에 사상된다.

| 여행 | | 사랑 |
|---|---|---|
| 여행자 | ⇒ | 연인 |
| 탈것 | ⇒ | 관계 |
| 목적지 | ⇒ | 인생의 공동 목표 |
| 여행 중의 어려움 | ⇒ | 사랑 중의 어려움 |

이러한 사상이 은유를 형성한다. 중요한 것은 단순한 낱말이 아니라, 당신이 이 은유의 관점에서 생각할 수 있다는 사실이다. 이 은유는 여행 프레임에 의해 특징지어지는 여행에 대한 지식을 '여행으로서의 사랑' 프레임 속의 사랑에 대한 지식에 사상한다. 그러면 당신은 은유적으로 사랑을 여행의 관점에서 추론할 수 있다. 예를 들어, 만일 당신이 관계의 막다른 골목에 이르렀다면, 지금까지 지나왔던 그 길로 계속 갈 수 없다. 당신은 돌아가야만 할지 모른다. 만일 서로 다른 방향으로 가고 있다면, 당신과 연인은 동일한 장소에 도달할 가능성이 낮다. 즉, 인생의 공동 목표를 달성할 가능성이 낮다. 그래서 당신은 갈라서야만 할지 모른다.

존슨(Mark Johnson)과 나는 [사랑은 여행]과 같은 경우에 대해 궁금해했다. 이 경우에 여행이 사랑에 대응할 분명한 이유가 없다. 우리는 [사랑은 여행] 은유의 무언가 흥미로운 점에 주목했다. 즉, 이 은유는 더 일반적인 종류의 은유를 사용하는 것 같았다. 예를 들어, [공통의 인생 목표는 목적지]와 [어려움은 이동에의 장애물] 등의 하위 사상을 살펴보자. [어떤 목적을 달성하는 것은 목적지에 도달하는 것], [목적이 있는 행동은 목적지로의 이동], [(목적을 달성할 때 겪는) 어려움은 (그러한 목적지를 향한) 이동에의 장애물]이라는 일반적인 은유가 있다. 이러한 별개의 더 일반적인 은유가 [사랑은 여행] 은유의 사상 체계에서 어떤 역할을 수행하는 것으로 보인다.

그러나 우리는 이렇게 질문한다. [사랑은 여행]에서는 왜 사랑 관계를 탈 것이라고 간주하는가? 탈것은 닫힌 공간이다. 그리고 [관계는 닫힌 공간]이라는 또 하나의 일반적인 은유가 있다. 그래서 우리는 어떤 관계에 빠져 있다거나, 그 관계에서 벗어난다거나, 때로는 심지어 어떤 관계의 덫에 걸려 있다는 말을 한다. 더욱이 두 사람이 하나의 탈것 안에 있을 때, 그들은 보통 서로 가깝다. 이 밖에도 [친밀성은 근접성]이라는 별개의 일반적인 은유가 있다. 이 은유는 다음과 같은 표현으로 발현된다.

We're *very close*.
(우리는 **아주 가까운** 사이다.)
We've *drifted apart*.
(우리는 **따로 돌아다녔다**.)
We've *split up*.
(우리는 **갈라섰다**.)
We've been *together for ten years* now.
(우리는 현재 **10년째 함께** 지내고 있다.)

우연히도 탈것은 점유자들이 그 안에 가까이 앉아 있으며, 여행하기 위해 사용하는 닫힌 공간이다.

그러나 우리는 이렇게 물었다. 사랑은 목적지와 무슨 관계가 있는가? 서양 문화에서는 사람들이 인생의 목적 — 인생의 목표, 즉 당신이 일생에 걸쳐 달성할 계획을 세워 놓은 것 — 을 가지고 있다고 생각한다. 우리는 삶에 대한 주요한 문화적 은유, 즉 [인생은 목적을 지향하는 활동]이라는 은유를 가지고 있다. 즉, 인생은 목적을 지닌 것이라고 생각한다. 목적을 달성하는 것은 목적지에 도달하는 것이라는 은유가 주어지면, 장기적인 인생 목표는 은유적으로 일생을 거치면서 도달해야 할 목적지로 간주된다. 우리는 심지어 우리 자신이 몇 살까지 얼마나 멀리 도달했는가를 보여주는 서류가 있다. 이러한 서류는 CV(이력서)라 불린다. 이것은 라틴어로 '삶의 과정'을 뜻하는 표현에서 나온 curriculum vitae의 약어이다[curriculum은 '달리다'를 뜻하는 라틴어 curro에서 나온다]. 이 문화에서는 사랑 중인 사람들은 단순히 삶의 목표가 아니라 양립 가능한 삶의 목표, 즉 그들이 함께 도달할 수 있는 목적지를 가지고 있다고 생각한다. [사랑은 여행] 은유는 공통의 목적지를 향해 함께 가는 과정에서 겪는 어려움에 관한 것이다. 예를 들어, 멀고 울퉁불퉁한 길, 막다른 골목, 오도 가도 못하게 됨, 서로 다른 방향으로 가는 것, 갈림길에 서 있는 것 등을 보라.

간단히 말해서, 우리는 [사랑은 여행] 은유를 다양한 은유적인 부분으로 분석할 수 있다. 이 은유적인 부분은 [친밀함은 가까움], [관계는 닫힌 공간], [인생은 목표를 지향하는 활동], [목적을 달성하는 것은 목적지에 도달하는 것], [어려움은 목적지에 도달하는 것에의 장애물] 등의 일반적인 은유이다. 그리고 [사랑 관계의 탈것]은 [친밀함은 가까움] 은유의 특수한 경우이다.

이러한 일반적인 은유(예: [많음은 위])는 대부분 흔한 일상의 경험, 특히 어린아이일 때 겪었던 경험 속의 상관관계에 근거한다. 친밀감은 물리적 가까움과 상관관계가 있다. 즉, 친밀감을 느끼게 된 사람들과 우리의 물리적 거리는 가깝다. 이른바 우리의 '닫힌 공간'은 공간 내의 경계가 있는 지역이다. 우리의 기본적인 관계는 우리의 가족 안에서 발달한다. 우리는 공간 내의 어떤 경계가 있는 지역, 즉 집을 가족과 공유한다. 어떤 목적을 달성하려면 보통 어떤 목적지로 이동해야 한다. 만일 시원한 맥주를 마시고 싶다면, 냉장고에 가야 한다. 그리고 어려움은 보통 당신이 목적지에 도달하지 못하도록 막는 것과 상관관계가 있다. 만일 부엌이 잠겨 있다면, 당신은 그 맥주를 얻기 위해 냉장고에 다가갈 수 없을 것이다. 경험 속의 이러한 상관관계는 여러 문화에서 반복적으로 나타난다.

간단히 말해서, 존슨과 나는 [사랑은 여행]과 같은 개념적 은유가 여러 하위사상 ― 독립적으로 발생하며 또한 일상 경험 속의 상관관계에 근거하는 더 단순한 은유들 ― 으로 구성되는 사상이라는 것을 발견했다. 이들은 신체화된 은유, 즉 일상의 신체화된 경험에 근거한 은유이다. 예를 들어, 목적을 달성하는 것(예: 맥주를 구하는 것)을 목적지에 도달하는 것(예: 냉장고에 도달하는 것)과 상관관계를 짓는 경험이나, 명확한 경계가 있는 지역(아파트, 집, 사무실)에서 어떤 사람과 함께 살거나 일하면서 그 사람과 어떤 관계를 맺는 경험을 생각해보라. 수년 동안 전 세계에서 연구가 계속 진행되면서, 신체화된 은유의 더 많은 사례가 나타났다.[11]

이것에 대한 설명은 나라야난(Srini Narayanan)이 은유의 신경이론을 내어 놓았던 1997년까지 기다려서야 들을 수 있었다. 이 이론에 따르면, 경험 속의 규칙적인 동시발생은 상이한 뇌 영역의 동시적인 활성화를 의미한다.[12] 분산 활성화는 이 영역들을 연결하는 신경 회로를 만든다. 이러한 연결이 물리적으로 '일차 은유'를 형성한다. 이 은유의 사례는 바로 우리가 앞에서 주목했던 '더 작은' 은유 ― [친밀감은 가까움]과 [관계는 닫힌 공간] ― 이다. 이 은유의 특별한 사례는 [사랑 관계는 탈것], [인생은 목표 지향적인 활동], [목적을 달성하는 것은 목적지에 도달하는 것], [어려움은 목적지로 이동하는 것에의 장애물] 등이다. [사랑은 여행] 은유는 일차 은유들이 신경적으로 서로 결속할 때 형성되는 복합 은유이다.

우리의 뇌는 그러한 일차 은유를 수백 개씩 습득한다. 아동기의 중반에서 후반기에 도달할 때쯤엔, 우리는 우리의 뇌를 구조화하는 수백 개의 일차 은유를 가지고 있다. 이러한 은유는 새로운 은유적 개념을 만들기 위해 프레임에 결속할 수도 있고, 다른 은유와 결속할 수도 있다.

언어는 프레임과 은유로 구성된 우리의 개념 구조에 복합적으로 연결된다. 어떤 사례에서는 원천영역 개념의 낱말이 대응하는 목표영역 개념 대신에 사용된다. 예를 들어, 우리의 관계가 '갈림길'에 서 있다고 말하는 경우를 보라. 그러나 더 복합적인 경우가 있다. 우리의 관계가 '헛바퀴를 돌리고 있다'를 예로 들어보자. 이 경우에는 (보통은 무의식적인) 어떤 관습적인 문화적 영상이 활성화된다. 이 영상에서는 연인들이 모래나 진흙, 눈, 얼음 때문에 꼼짝달싹 못하며 헛바퀴를 돌리고 있는 자동차 안에 있다. 이 영상에 대해 우리가 알고 있는 것은 차에 탄 이들이 자동차를 나아가게 하려는 노력에 많은 에너지를 쏟아붓지만 좌절을 겪는다는 것이다. [사랑은 여행] 은유는 이 영상에 대한 지식을 사랑 관계에 대한 지식에 사상한다. 그래서 이 관계는 하나도 나아가지 못하고 있다. 연인들은 이 관계에 많은 노력을 쏟고 있으나 좌절을 겪는다.

터너(Mark Turner)와 나는 일차 은유와 언어 사이의 훨씬 더 복잡한 관계에 주목했다.[13] 셰익스피어의 소네트 73번에서 첫 번째 4행 연구(聯句)는 [일생은 일 년]이라는 은유에 근거한다. 이 은유에서 가을은 노년에, 겨울은 죽음에 사상된다.

That time of year thou mayst in me behold

When yellow leaves, or none, or few, do hang

Upon those boughs that shake against the cold,

Bare ruined choirs, where late the sweet birds sang.

그대 나에게서 늦은 계절을 보리라

노란 나뭇잎, 여러 잎 또는 몇 잎 또는 하나도 없이

추위에 떠는 나뭇가지

감미로운 새들이 노래하던 이 폐허의 성가대석.


두 번째 4행 연구(聯句)는 [일생은 하루]라는 은유에 근거한다. 이 은유에서 노년은 석양이고 죽음은 밤이다.


In me thou seest the twilight of such day

As after sunset fadeth in the west;

Which by and by black night doth take away

Death's second self that seals up all in rest.


나에게서 그대는 석양이 서천에

이미 넘어간 그런 황혼을 보리라

모든 것을 안식 속에 담을 제2의 죽음

그 암흑의 밤이 닥쳐올 황혼을


마지막 6행에서는 [일생은 불]이라는 개념적 은유를 볼 수 있다. 이 은유에서 노년은 불타는 석탄이고 죽음은 차가운 재이다.


In me thou seest the glowing of such fire

That on the ashes of his youth doth lie

As the deathbed on which it must expire

Consumed with that which it was nourished by.

This thou perceivest, which makes thy love more strong,

To love that well which thou must leave ere long.


그대는 나에게서 이런 불빛을 보리라

청춘이 탄 재, 임종의 침대 위에

불을 붙게 한 연료에 소진되어

꺼져야만 할 불빛을

그대 이것을 보면 안타까워져

오래지 않아 두고 갈 것을 더욱더 사랑하리라.


[일생은 일 년]과 [일생은 하루], [일생은 불]이라는 개념적 은유는 함께 이해된다. 그러나 왜 이러한 은유가 함께 이해되는가? 흔히 시인들은 일생을 그런 식으로 개념화한다. 그리고 지금까지 가장 위대한 시적인 마음의 소유자인 셰익스피어는 왜 이 모든 은유를 자신의 가장 위대한 소네트 중 하나에 담는가?

표면상으로는 이러한 은유가 신체화되어 있지 않은 것처럼 보인다. 일생은 우리의 경험에서 한 해나 하루, 불과 상관관계를 지니지 않는다. 그러나 더 심층의 분석에서는 이 은유들이 신체화되어 있다. 한 해와 하루, 불은 모두 하나의 영상도식 — 즉, 무에서 시작해 점점 자라나고, 정점에 이르고, 서서히 강도가 줄어들고, 마침내 다시 아무것도 남지 않고 사라지는 강도의 증감 주기 — 을 공유한다. 충분히 살다 간 일생 역시 전체적으로 그러한 모습을 지닌다. 이것은 우리가 매순간 쉬는 숨과 비슷하다. 위에 제시된 세 연구(聯句)에서는 모두 이 주기가 어둠에서 시작해 점점 더 밝아지고, 그 다음에 천천히 어두워가고 결국 어둠이 다시 돌아온다.

따라서 이 세 연구(聯句)는 모두 신경 결속에 의해 결합된 다음 세 가지 개념적 은유의 특수한 경우로 간주될 수 있다. [삶은 빛이고 죽음은 어둠이다]. [삶은 열기이고 죽음은 차가움이다]. [인생은 증감 주기이다].

각각의 연구(聯句)는 경험 속의 상관관계에 근거한다. 즉, 사람은 오직 살아 있을 때에만 빛을 볼 수 있다. 죽으면 우리는 빛을 잃는다. 살아 있을 때에만 몸은 따스하다. 죽는 순간 몸은 차갑게 된다. 그리고 일생은 낮은 수준의 힘과 생기로 시작해, 점점 정점에 도달하고, 그 다음 쇠락한다.

이 시의 각 연구(聯句)는 더 심층의 더 단순한, 신체화된 이 세 은유의 특수한 경우이다. 이 시의 실제 언어로 발현되든지 그렇지 않든지, 이 세 은유는 우리 모두가 알고 있는 은유이다. 셰익스피어는 자신이 셰익스피어이기 때문에 그것을 직관적으로 알고 있었다.

이 세 가지 일차 은유는 외현적인 언어 없이도 이 시에 대한 우리의 이해를 구조화하고 있다. 이 은유들이 서로 결속되어 한 해와 하루, 불의 특수한 경우를 생성할 때 그렇게 한다. 그러나 이 특수한 경우는 분명히 이 시의 언어로 드러나 있다.

여기서 핵심은 셰익스피어가 천재라는 것이 아니라, 뇌가 보통 이런 식으로 작동한다는 것이다. 이것이 바로 우리가 엄격한 아버지 세계관과 자애로운 부모 세계관의 경우에서 확인하는 것이다. 비록 자신이 구조화하고 있는 담화의 언어로 좀처럼 나타나지 않지만, 이 두 세계관은 사고의 전체 체계를 구조화하는 은유이다. 이 두 세계관이 드러나는 곳은 바로 사용되는 이성의 형식이며, 외견상 상이한 개념들의 일관성이다.

## 필수적 은유

고전적 이론에 따르면, 은유는 개념의 의미와 관계가 없다. 그러나 개념적 은유는 이 생각을 완전히 뒤엎는다. 도관 은유는 우리가 의사소통에 대해 생각하는 주요한 방식이다. 그럼에도 이것은 은유이다. 즉, 도관 은유는 의사소통을 물리적 물건을 보내는 것의 측면에서 이해하는 하나의 방식이다.

그런데 도관 은유는 의사소통에 대한 몇 개의 은유 중 하나이다. 아이디어와 사고에 대한 은유는 의사소통에 대한 은유를 생성하는 경향이 있다. 예를 들어, [생각하는 것은 움직이는 것] 은유에서 아이디어는 어떤 지형 내의 위치이며, 사고 과정에서 생각하는 사람은 이 생각(위치)에서 저 생각(위치)으로 옮겨 다닌다.[14] 논리적 추론에서는 생각하는 사람은 점차적으로 나아가며 그의 마음은 헤매지 않는다. 의사소통은 어떤 사고 경로를 따라 안내원이 딸린 여행을 보내는 것이다. 예를 들어, 'Let me take you through the argument (너에게 그 논증을 샅샅이 훑고 지나가게 해주겠다)' 'Are you following me?(내 말 잘 따라오고 있냐?)' 등의 문장을 보라.

[아는 것은 보는 것] 은유에서는 사고하는 것은 대상을 보는 것이며, 의사소통을 하는 것은 보여주는 것이다. 예를 들어, 'Now I'm going to show you that you are wrong(이제 네가 잘못이라는 것을 보여주려 한다)' 'He pointed out that global warming is real(그는 지구온난화가 실재한다는 것을 보여주었다)' 등을 보라.

그리고 [아이디어가 음식]인 은유에서는 이해하는 것은 소화하는 것이며, 의사소통하는 것은 먹이를 주는 것이다. 예를 들어, 'I've been feeding him stock market tips for weeks — so many he can barely digest them all(나는 몇 주 동안 그에게 주식시장 정보라는 먹이를 주고 있다. 너무 많아서 그는 좀처럼 이 정보를 다 소화하지 못한다)'와 같은 문장을 보라.

전반적으로 의사소통 개념은 대부분 은유적이다. 메시지를 보내거나 아이디어를 전해주지 않는다면 의사소통은 어떻게 될까? 보여주거나 제시하지 않는다면? 어떤 사람에게 차근차근 어떤 논증을 살펴보고 지나가도록 하지 않는다면? 사람들에게 정보를 제공하지 않는다면? 만일 모든 은유를 제거해 버린다면, 당신이 의사소통에 대해 어떻게 생각할 수 있는지 또는 의사소통이 무엇인지를 어떻게 전달할 수 있는지 분명하지 않다.

이것은 사랑의 경우에도 마찬가지이다. 사랑은 우리의 추론의 근거를 제공할 수 있는 비(非)은유적인 개념적 내용을 거의 담고 있지 않는 감정이다.[15] 여행 은유 이외에도 사랑에 대한 은유는 많다. 사랑은 물리적 힘으로 개념화된다. 'She knocked me off my feet(그녀로 인해 나는 넘어질 뻔했다)'와 'There's a magnetism between us(우리 사이에는 자력이 있다)' 등이 이 은유의 실례이다. 사랑은 또한 선물로 개념화된다. 예를 들어, 'I gave her my love(나는 그녀에게 내 사랑을 주었다)'를 보라. 그리고 'A hot romance(뜨거운 로맨스)'와 'His passion has cooled(그의 열정은 식었다)'에서 보듯이, 사랑은 열기로 개념화된다. 이 밖에도 단일한 개체나 연결된 개체 등으로 개념화되기도 한다. 정말로 사랑은 열정의 열기가 없으면 사랑이 아니다. 또한 물리적 힘이나 자력, 미침, 선물, 여행, 융합 등이 없어도 사랑은 정말 사랑이 아니다.

개념적 은유는 단지 부가물이 아니라, 사고의 내재적이며 아주 풍부한 국면이다.


## 문법 속의 프레임과 은유

프레임 정보가 거울뉴런 자료에 나타났다는 점에 주목하면서, 갤리스와

나는 거울뉴런과 인근의 뉴런 무리가 일반적인 행동 프레임의 의미 역할 —
행위자(Agent), 행위(Action), 피영향자(Patient), 위치(Location), 목적(Purpose) —
을 특징짓는 정보를 제공한다는 것을 또한 발견했다. 우리는 움켜쥐는 동작
에 대해 이러한 점을 제시했다. 그리고 구체적인 행위 없이 일반적인 프레임
을 위해 존재하는 모든 그러한 행위에 대해서도 동일한 종류의 정보를 단일
뉴런 층위에서 이용할 수 있다는 점에 주목했다.

언어학에서 그러한 일반화된 프레임을 연구하기 시작한 지 40년 이상이
되었다. 1965년에 처음으로 필모어[16]와 그루버(Jeff Gruber)[17]는 각각 그러한
일반적인 의미역이 문법에서 어떻게 작용하는지를 연구했다. 그들은 그러한
의미역이 일반적인 문법 원리에 개입한다는 것을 보여주었다. 그 이후 그러
한 일반적인 프레임과 문법을 연결하는 엄청난 양의 연구가 여러 언어에서
진행되었다. 면밀한 탐구의 대상이 되었던 다른 의미역에는 행위의 도구, 사
건의 경험자, 경험의 자극, (사건의 시뮬레이션을 위한 관점이 되는) 사건의 주인
공, 이동의 기점, 경로, 목표 등이 들어 있었다.

이 연구가 보여주는 것은 바로 언어의 문법에서 신경 회로가 그러한 의미
역을 다양한 위치에 선형적으로 연결할 수 있으며, 또는 그러한 의미역을 격
어미로 표시할 수 있다는 것이다.[18]

문법학자의 이른바 명사나 동사, 전치사, 절, 여타의 문법 범주는 물리적
형태(입말, 글말, 기호)를 개념적 범주에 연결하는 회로에 대한 명칭으로 보인
다. 전통적인 문법학자는 명사를 사람이나 장소, 물건의 이름이라 특징지었
다. 이름 부분은 음운 형태이다. 사람이나 장소, 물건은 일종의 개념적 개체
이다. '명사'는 음운 형태와 이 개념적 개체를 연결하는 관계이다. 그 자체로
서 '명사'는 사람이나 장소, 물건 그리고 이들의 은유적 투사(예: 상태나 행위
등)에 대한 이름의 범주를 정의한다.

명사 'desk'는 음소 연쇄 /desk/ ─ 하나의 형태 ─ 가 책상 모양, 책상과의 상호작용을 위한 운동 프로그램, 책상 관련 지식 등에 대한 심적 영상으로 구성되는 의미에 연결되는 것으로 이루어진다. 물론 다른 종류의 명사도 있다. 예를 들어, 상태(은유적 위치)나, 행위(은유적 물건), 기관(은유적 사람)을 보라.

문법은 일차 은유가 우리의 개념 체계에서 어떻게 작동하는가를 이해하기 위한 흥미로운 터전이다. [상태는 (공간 내에 경계가 지어진) 위치]라는 은유를 예로 들어보자. 이 은유가 발생하는 이유는 어떤 상태에 있는 것과 어떤 위치에 있는 것 사이의 상관관계 때문이다. 예를 들어, 만일 당신이 어느 무더운 날 서늘함을 느끼길 원한다면, 나무 아래로 들어갈 수도 있다. 만일 어떤 아이가 따스함과 안정감을 느끼고 싶다면, 그는 자기 침대의 이불 속으로 들어갈지도 모른다. 우리는 특정 위치에서 특정한 상태를 계속 경험한다. 이것이 바로 이 일차 은유([상태는 위치])를 만들어낸다. 이 은유는 어떤 특정한 상태나 위치에 대한 것이 아니라, 일반적인 상태와 일반적인 위치에 대한 것이다. 일단 우리가 이 사상을 습득하고 나면, 그것은 우리의 뇌 속에 박혀 기꺼이 활성화된다. 우리가 어떤 상태에 대해 생각할 때에는 거의 언제라도 그렇게 되기 때문이다. 모든 특정한 상태는 일반적인 상태의 개념을 이용한다. 일반적인 상태는 공간 내의 경계 지어진 지역으로 이해된다. 바로 이런 연유로 우리는 이 은유를 적용해 상태에 대해 추론할 수 있다. 만일 당신이 우울감에 빠져 있다면, 당신은 우울감에서 벗어나 있지 않다. 만일 당신이 우울감의 언저리에 있다면, 당신은 아직은 우울감에 빠져 있지 않지만 결코 거기서 멀리 있지 않다. 공간 내의 경계 지어진 지역에 대한 언어와 논리가 상태에 적용된다. 그래서 상태는 은유적 장소로서 명사이며, 따라서 행복과 우울도 명사이다.

관심을 단문으로 돌려보자. 예를 들어, 문장 'Sam bought the car from Harry(샘은 해리로부터 그 자동차를 샀다)'를 살펴보자. '사다(buy)'는 상거래 프레임과 어떤 시나리오를 참조해 정의된다. 이 프레임에는 구매자와 판매자, 물품, 돈이라는 의미 역할이 있다. 그리고 그 시나리오에서는 구매자 돈을 가지고 나가고 판매자는 물품을 가지고 나간다. 그 다음에 그들은 서로 돈과 물품을 교환하며, 드디어 판매자가 돈을 소유하고 구매자가 물품을 소유한다. 그러나 구매 개념과 판매 개념은 추가적으로 다른 프레임을 상거래 프레임에 결속한다. 구매 개념은 시뮬레이션에서 구매자의 관점을 취한다. 구매자는 이 시나리오의 처음부터 끝까지 주인공이다. 게다가 일반적인 행위 프레임이 상거래 프레임에 결속되어 있다. 그래서 구매자는 행위자 역할에, 물품은 피영향자 역할에 결속된다. 그 행위는 거래에 결속되며, 구매자(행위자)는 그 거래의 인과적 행위자로 간주된다. 심적 시뮬레이션에서는 구매자의 관심사가 중요한 것이다. 그 자동차가 잘 굴러갈까? 자신은 그 자동차를 감당할 수 있을까?

동사 'buy(사다)'는 방금 제시된 의미를 지니며, 현재시제에서는 'buy'로 발음이 나고 과거시제에서는 'bought'로 발음이 된다. 'buy'는 행위 동사이다. 일반적인 행위 동사 ― 문법 내의 한 개념으로서 ― 는 행위 프레임 내의 행위를 명시되지 않은 어떤 음소 연쇄에 연결하는 회로이다.

이제는 어순을 살펴보자. 영어의 단순한 행위 절에서는 행위자가 먼저 나오고, 행위가 행위자 다음에 나온다. 그리고 피영향자는 행위 다음에 온다. 신경적 관점에서 행위 절은 다음과 같이 보인다. 행위 절 구문에서 의미는 행위 프레임이고, 구문의 형태 부분은 형태 ― 낱말과 형태소 ― 의 선형적인 배열로 구성된다. 이 문법 구문은 이 배열 내의 구멍을 행위 프레임의 역할에 연결하는 신경 사상으로 구성된다. 즉, 첫 번째 구멍은 행위자와 연결되고, 두 번째 구멍은 행위에 연결되며, 세 번째 구멍은 피영향자에 연결된다. 이제 문법에 대한 이러한 관점을 상세하게 제시할 것이다.

## 뇌의 문법에서의 '순환'

촘스키는 여전히 언어의 구조가 기호 조작과 구 구조 나무에 의해 주어진다고 주장한다. 최근 몇 년 동안에 제시된 그의 주요한 주장은 순환이었다. 순환으로 인해 절은 다른 절에 외견상 무한히 내포될 수 있다. 예를 들어, 'The House That Jack Built(잭이 지었던 집)'에서 나온 실례 — 앞에서 제시했던 — 를 보라. 그러나 뇌 속에는 어떤 기호도 구 구조 나무도 없다. 뇌 기반 문법 이론에서는 순환이 어떻게 작동하는가?

이른바 '내포'는 프레임과 신경 결속의 귀결이다. 결속을 하는 프레임 구조는 이 문장의 위계 구조를 제공한다. 예를 들어, 'Bill believed Sam bought the book from Harry(빌은 샘이 해리로부터 그 책을 샀다고 믿었다)'와 같은 문장을 살펴보자. 믿음 프레임에는 '믿는 사람'과 '믿음의 내용'이라는 의미 역할이 있다. '믿는 사람' 역할은 신경적으로 빌에게 결속된다. '믿음의 내용' 역할 — 뉴런의 기능적 무리 — 은 신경적으로 'Sam bought the book from Harry(샘은 해리로부터 그 책을 샀다)' 절의 의미와 결속된다. 그 의미는 '사다' 프레임이 제시한다. 이 프레임에서 샘은 구매자 역할에, 해리는 판매자 역할에, 책은 물품 역할에 신경적으로 결속된다.

'사다' 프레임 전체는 통합된 신경 회로를 형성한다. 언어 신경이론에서는 모든 프레임이 통제 마디 — 다음 속성을 지닌 — 라 불리는 하위회로를 포함한다는 가설을 세운다.

- ◆ 통제 마디가 활성화될 때에는, 전체적인 프레임 회로가 활성화된다.
- ◆ 프레임 내의 어떤 역할이 활성화될 때에는 통제 마디가 활성화되며, 이 것은 다시 이 프레임의 나머지를 활성화한다.

◆ 통제 마디가 억제될 때에는 전체 프레임이 억제된다.

이제 '사다' 프레임의 통제 마디를 살펴보자. 이 마디가 '믿다' 프레임의 '믿음의 내용' 역할에 신경적으로 결속될 때, 우리는 'Bill believed Sam bought the book from Harry(빌은 샘이 해리에게서 그 책을 샀다고 믿었다)'의 의미를 얻는다.

이것은 문법학자가 문장 보어라 부르는 것이며, 그 절은 '내포절'이라 불린다. 내포는 (전체 프레임에 대한) 프레임 통제 마디를 프레임 역할 마디에 신경적으로 결속함으로써 이루어진다. 우리는 이 결속 과정을 유지하면서 추가적인 결속을 모색할 수 있다. 예를 들어, May believed that Max believed that Bill believed … that Sam bought the book from Harry(메이는 샘이 해리로부터 그 책을 샀다고 …… 빌이 믿는다는 것을 맥스가 믿는다고 믿었다)를 보라. (이 결속은 우리가 원하는 대로 무한히 반복 가능하다.) 이것이 바로 신경 문법이 유한의 수단으로부터 무한의 가능성을 창조하는 방식이다.

그러나 '믿음' 프레임은 어떠한가? 당신은 'May believed that Max believed that Bill believed … (메이는 빌이 …… 을 믿는다는 것을 맥스가 믿는다고 믿었다)'에서 이 프레임의 많은 사례를 필요로 하지 않는가? 사실 이것은 그렇다. 하나의 실례는 무엇인가? 마디가 수십 개에서 수백 개 사이의 뉴런을 포함하는 회로라는 점을 떠올려보라. 신경계산 이론에서 마디의 사례는 전체 회로와 동일한 계산 속성을 지닌 하위회로이다. 당신이 이 문장을 처리할 때, 단지 소수의 '믿음' 프레임 회로만이 필요하다. 그리고 한 하위회로의 통제 마디는 다른 한 하위회로의 역할 마디에 결속된다.

보어에 더해, 다른 종류의 여러 내포절이 있다. 여기에서 상황이 조금 복잡해진다. 명사는 개체의 이름이다. 개체는 범주 구성원이며, 여러 속성과 어떤 지시물 ─ 그 개체가 가리키는 무언가 ─ 을 갖는다. 따라서 '개체' 프레임 내의 역할에는 지시물과 범주, 속성이 들어간다.

의미적으로 제한적인 관계절은 전체 프레임 F의 통제 마디를 어떤 개체 프레임의 속성 역할에 신경적으로 결속한다. 그리고 이 절은 전체 프레임 F 속의 어떤 역할을 그 개체의 지시물에 결속한다.

예를 들어, 'the book Bill bought from Harry(빌이 해리에게서 샀던 책)'을 살펴보자. 그 책은 하나의 개체이다. 달리 말하면 'the book'은 어떤 구문이 개체 프레임에 연결한 형태이다. 개체 프레임은 지시물이나 범주, 속성과 같은 역할을 가지고 있다. 책 프레임은 범주 역할에 결속되며, 이로 인해 그 개체가 책이 된다. 'Bill bought ____ from Harry(빌은 해리에게서 ~을 샀다)'는 물품 역할이 어떤 음운적 형태도 없는 '사다' 프레임의 형태이다. 이 관계절 구문은 일반적이지만, 이 경우에는 다음과 같은 영향을 미친다.

- 이 관계절 구문은 '사다' 프레임의 통제 마디를 그 책의 속성 역할에 신경적으로 결속한다.
- 이 관계절 구문은 '사다' 프레임의 물품 역할을 그 책의 지시물에 결속한다.
- 이 관계절 구문은 '사다' 프레임의 음운 형태가 the book(책)을 뒤따르도록 정렬한다.
- 이 관계절 구문은 물품 역할을 어떤 관계대명사나 영(零) 형태로 표현하도록 제약한다. 이 경우에는 영 형태로 표현되어 있다.

표면 형태의 '내포'는 의미적인 신경 결속의 결과이다.

부사절은 프레임 통제 마디를 명제 프레임 내의 역할에 결속하는 것과 관련이 있다. 각각의 명제 프레임은 시간이나 장소, 이유와 같은 역할을 동반한다. 예를 들어, 'John was sad because Sarah left(존은 새라가 떠났기 때문에 슬펐다)'에서 'John was sad(존은 슬펐다)'가 표현하는 명제는 이유 역할을 가지고 있으며, 'Sarah left(새라가 떠났다)'에 대한 프레임 통제 마디는 이 이유 마디에 결속된다. 'because'는 이유 역할에 결속되는 절 앞에 온다. 다시 한 번 말하지만, 어떤 '내포'절의 출현은 한 프레임의 역할 마디를 다른 한 프레임의 통제 마디에 의미적으로 결속한 결과이다.

아주 세세한 신경 문법의 개발은 이미 시작되었다. 이 문법은 중요하다. 왜냐하면 이 문법이 뇌에서 언어가 어떻게 작동하는지와 왜 언어가 그렇게 강력한지를 설명하는 데 도움이 되기 때문이다.

필연적으로 언어 이론은 뇌과학을 수용하게 될 것이다. 마음과 언어에 대한 기호 조작 패러다임은 여전히 미국의 몇몇 (50에서 60여 개) 언어학과에서 인기가 있다. 그러나 이 패러다임은 앞으로 몇십 년 동안에 완전히 사라질 것이며 뇌 기반 언어학으로 대체될 것이다.

그러나 현재 출현하고 있는 뇌에 기반을 둔 언어와 사고 이론은 언어학 그 자체를 훨씬 넘어서서 학계에 영향을 미치고 있다. 이 이론은 철학을 완전히 변화시킨다. 존슨과 나는 『몸의 철학(Philosophy in the Flesh)』에서 이것을 개괄했다. 철학은 증거와 무관한 선험적인 이론화 작업으로 간주되었다.[19] 예를 들어, 언어철학은 대부분 실제 언어에 대한 방대한 지식을 고려하지 않은 채 진행되었다. 뇌에 기반을 둔, 언어와 마음의 해명은 그러한 견해에 도전한다. 철학은 자신의 핵심적인 개념 중 많은 것이 본질상 은유적이며, 각각의 철학 이론 자체가 특정한 은유를 핵심적인 진리로 채용한다는 것을 인식하지도 못한 채 진행되었다. 영미 철학의 접근은 진리 대응설과, 의미를 진리 조건으로 보는 견해를 취하는 경향이 있다.

진리 대응설과 진리 조건설 둘 다 경험적으로 거짓인 것으로 판명되었다. 그러나 철학 자체의 고유한 개념을 바꾸는 것은 결코 작은 문제가 아니다. 철학자는 인간이다. 철학자의 뇌는 하룻밤 사이에 바뀌지 않을 것이다. 이것은 다른 어떤 사람의 의지가 하룻밤 사이에 바뀌지 않는 것과 마찬가지이다. 그러나 철학은 중요하다. 대부분의 현대 정치학 이론과 도덕성 이론은 학문으로서의 철학으로부터 태동했다. 신계몽에서는 여타의 철학과 마찬가지로 정치철학도 결국 21세기 마음에 근거할 것이다.

| 책을 마치며 |

# 정치적 마음이 작용한다면?

　뇌와 마음에 대한 21세기의 이해가 널리 알려져 있으며 충분한 평가를 받는다고 가정해보라. 무엇이 변화할 수도 있는가? 다음은 의식의 변화가 시작될 장소이다.

　우리는 우리의 뇌가 감정이입을 위해, 협동을 위해, 상호 유대를 위해, 그리고 지구와의 연대를 위해 진화했다고 이해할 것이다. 우리는 혼자서 살아갈 수 없다.

　우리는 미국 민주주의의 핵심에 감정이입이 있다는 사실을 수용할 것이다. 감정이입은 인간 사회 전체를 위한 긍정적 힘이다. 바로 감정이입 덕택에 우리는 근본적인 인간의 권리에 대해 관심을 갖는다. 바로 이 감정이입 때문에 우리는 온갖 방식으로 우리 인간을 범죄자나 불, 질병, 재앙, 불량 음식, 위험한 근로 조건, 소비자 사기, 노령의 빈곤 등으로부터 보호하는 것에 대해 관심을 갖는다. 이 감정이입이 바로 개인과 기업의 역량강화, 즉 운송용 도로와 교량, 인터넷과 통신 위성, 공립 교육 기관, 자본을 위한 금융 제도, 계약을 위한 법원 제도 등에 대해 우리가 관심을 갖는 이유이다. 그리고 감정이입 덕택에 우리는 권위적인 권력에 대한 견제와 균형에 관심을 갖는다. 바로 이 감정 이입 때문에 우리는 우리 자신이 선택하는 정부에 그러한 보살핌을 요구한 다. 그러한 보살핌이 없다면, 어떤 미국도 존재하지 않을 것이다.

우리는 감정이입이 또한 어떻게 생태 의식의 핵심에 있는지를 살펴볼 것이다. 감정이입은 정당과 국경을 초월한다. 자연계와 여타의 존재 ― 인간이든 아니든 ― 에 대한 우리의 유대는 우리의 인간다움에서 아주 중요하다. 감정이입의 계발과 함께, 생태의식이 삶의 모든 국면으로 스며들 것이다.

21세기 마음과 함께 프레임의 체계가 새롭게 정교화된다. 거짓말이나 사기, 정치적 협박을 자행하기 위해 프레임을 만들기는 더 어려울 것이다. 프레임을 가지고 거짓말하는 행위는 이제 우리가 제대로 명명할 수 있고 정확히 포착할 수 있기 때문이다. 이것만으로도 도움이 될 것이다. 그러나 이것보다 훨씬 더 많은 것이 있다.

우리는 미국인의 주요한 정치적 사고 양식은 두 종류 ― 엄격한 사고 양식과 자애로운 사고 양식 ― 가 존재한다는 것을 인식할 것이다. 그러나 이 두 사고 양식은 서로 겹치지 않는 영역에서 작용한다. 비록 이 두 사고 양식이 삶의 상이한 영역에서 활성화되지만, 많은 미국인은 이 두 사고 양식의 유형을 다 가지고 있다.

사람들은 진보적 사고의 도덕적 토대는 감정이입의 정치이며 이 감정이입을 실행하기 위해서는 책임감과 강인함이 필수적이라고 이해할 것이다. 정부의 역할은 보호와 역량강화로 간주될 것이다. 이것은 민주주의의 도덕적 토대로 이해될 것이다. 정부의 도덕적 권위는 정부가 그러한 도덕적 임무를 수행할 때 얻는 존경심으로부터 나올 것이다. 세금은 보호와 역량강화를 유지하기 위한 납입금으로 간주될 것이다.

보수주의 정치는 권위와 규율, 복종의 정치라고 인식될 것이다. 정부의 역할은 거대할 수 있다. 그러나 그 역할이 국가의 군사력과 경제력을 극대화하고, 힘의 과시로 공공질서를 유지하고, 자유방임 시장을 만들어 옹호하고, 사영화 기업을 지원하고, 사유 재산을 보호하고, 개인의 책임과 보수적인 형태의 종교를 장려하는 등의 방향으로 치우칠 것이다.

사람들은 (권력의 균형이나, 구속적부심제도, 기본권 등) 미국의 민주주의 원리가 자유, 공평성, 평등, 기회, 책임, 책무성 등에 대한 진보적인 이해로부터 나온다고 인식할 것이다. 사람들은 이러한 모든 개념이 논쟁적이며 보수적인 유형을 가지고 있다는 점을 또한 인식할 것이다. 그리고 자유방임 시장과 밀접한 관계가 있는, 민주주의에 대한 아주 다른 보수적 관점이 공식적인 인정을 받을 것이라는 점을 인식할 것이다.

신계몽은 유토피아가 아닐 것이다. 보수주의자는 사라지지 않을 것이며, 또한 이중개념을 소유한 '부분적인 보수주의자'도 사라지지 않을 것임을 이해할 것이다. 미국 정치가 감정이입에 근거해야 하는가 아니면 권위에 근거해야 하는가의 문제는 사라지지 않을 것이다. 민주주의는 계속 문제를 일으킬 것이다. 왜냐하면 반민주적인 요소가 언제나 출현할 것이기 때문이다. 그러나 우리의 새로운 지식은 이 문제를 공론화할 것이다.

진보적 관점과 보수적 관점 사이에 좌에서 우로 이어지는 어떤 선도 없으며, 어떤 일원화된 '중도적' 세계관도 없다는 것을 이해할 것이다. '중도 진보주의자'는 일부 쟁점 영역에서는 보수적인 가치와 사고 양식을 사용한다. 그리고 '중도 보수주의자'는 어떤 쟁점에 대해서는 진보적인 가치와 사고 양식을 사용한다.

사람들은 자녀 양육이 정말로 중요하다는 사실을 인식할 것이다. 대중은 아이의 뇌가 주로 생후 3년에서 5년 사이에 뉴런의 엄청난 규모의 죽음으로 인해 형성된다는 점을 이해할 것이다. 사용되지 않는 뉴런은 죽어 없어질 것이다. 초기 아동 교육이 정말 중요하다는 사실이 인정을 받을 것이다. 자애로운 양육이 아이에게 (그리고 사회에) 훨씬 더 유익함을 보여주는 여러 연구가 널리 알려질 것이다. 자애로운 형태의 자녀 양육과 교육이 전국적으로 실시될 것이다. 아동 구타와 여타의 아동 학대는 법으로 금지될 것이다. 제임스 돕슨이나 로라 박사와 같은 엄격한 아버지 양육의 주창자는 아이들에게 해로운 사람으로 인식될 것이다.[1]

대중적인 논쟁에서 쟁점을 프레임에 넣는 것은 열린 공적 토론의 문제일 것이다. 정치 지도자는 자신이 사용하고 있는 개념적 프레임 뒤에 있는 가치를 자각할 것이다. 그들은 상대편의 가치 — 자신이 공유하지 않는 가치 — 에 가장 잘 들어맞는 프레임의 사용을 피할 것이다.

정책 입안자는 자신의 정책의 도덕적 토대를 의식할 것이며, 사람들은 그들이 그러한 도덕적 토대를 명시적으로 밝힐 것이라고들 예상할 것이다.

언론인은 정치적 동기가 있는 프레임을 언제 사용할 것인지를 인식할 것이며, 쟁점을 다른 방식으로 프레임에 넣는 것에 대해 논의할 것이다.

여론조사원과 여론조사 비용을 지불하는 사람들은 질문을 프레임에 넣는 것에 더 민감할 것이다. 정치 (선거) 운동은 여론조사를 따르는 것이 아니라, 대중의 여론을 어떻게 자신의 도덕적 세계관에 맞도록 변화시킬 수 있는지를 인식하기 위해 여론조사를 이용할 것이다.

국가가 아니라 국민에게 초점을 맞추는 외교 정책이 필요하다는 점을 인식하게 될 것이다. 그래서 외교 정책은 기아, 빈곤, 여성 권리, 아동 권리, 공공 보건, 기본 교육, 지구 생태, 물 권리, 지구온난화의 영향, 토착원주민의 권리 등의 쟁점을 수용하게 될 것이다.

여러 종류의 공공 재산 — 공기, 공중파, 강, 시내, 대수층, 대양, 국립수림 등 — 은 사용할 때보다 보존할 때 더 가치 있는 것으로 인식되고, 모든 사람의 소유이며 신탁을 통해 보존되는 재산으로 인식될 것이다. 그래서 이러한 공공 재산은 사용 허가권을 경매에서 팔고, 오염 배출량의 상한선을 설정하고, 적절하게 사용해야 한다는 점을 사람들이 인식할 것이다.

사영화는 인식 가능한 보수적인 전략일 것이며, 그 사례가 공적으로 논의될 것이다. 정부의 보호 원리는 인정받을 것이다. 기업은 일종의 정부로 인식될 것이다. 기업은 많은 방식으로 사람들의 삶을 지배한다. 탈규제와 사기업화는 정부의 제거가 아니라 정부 형태의 이전으로 이해될 것이다. 구체적으로 탈규제와 사기업화는 대중에 대한 책무성을 지닌 정부로부터 대중에 대해 아무런 책임도 지지 않는 정부로의 이전과, 도덕적 임무(보호와 역량강화)를 지닌 공적인 정부로부터 이익을 극대화하는 임무만을 지닌 사적인 정부로의 이전으로 이해될 것이다.

건강은 보험이 아니라 보호의 문제로 인식될 것이다. 건강보험 정책을 팔고 건강관리 비용 지불을 거부함으로써 이익을 내는 것이 분명히 드러나고, 이에 대응하기 위한 토론이 이어질 것이다.

교육은 역량강화의 문제로 인식될 것이다. 즉, 교육은 전 범위의 타고난 재능을 강화하고 학생들에게 경이로운 세계를 열어주는 문제일 것이다. 시험에 맞추어 학생들을 가르치는 것을 포기하고, 그 대신에 자신의 방식대로 생각하는 방법을 가르칠 것이다. 뇌와 마음에 대해 우리가 점점 많은 것을 이해하게 되었다는 점을 가르칠 것이다.

책무성은 책임 있는 윗사람에게 돌아가지 힘이 없거나 계급이 낮은 아랫사람에게 돌아가지 않을 것이다.

극도로 부유한 사람과 중하위 계층 사람 사이의 엄청난 차이가 부도덕하다는 것이 분명해질 것이다. 거대한 부는 거대한 권력으로 이어진다. 이것은 그 자체가 민주주의에 대한 위협이다. 이것은 또한 훨씬 더 폭넓게 분배되어야 하는 (땅에 대한 접근가능성과 같은) 한정된 자원을 고갈시킨다.

더 이야기할 수 있지만, 여기에서 멈추겠다.

우리의 마음은 데카르트나 칸트가 생각했던 것과는 아주 다르게 작동한다. 우리는 위대한 정치 이론가들 ─ 예를 들면, 플라톤에서 아리스토텔레스, 루소, 홉스, 로크, 마르크스, 밀(J. S. Mill), 롤스에 이르는 ─ 이 생각했던 것보다 훨씬 더 매력적인 존재이다. 인간이라는 것의 의미가 무엇인지에 대해 새로운 이해가 출현하고 있다. 우리의 정치 제도나 관행은 우리의 집단적인 자기 이해를 반영한다. 이것이 근본적으로 변화할 때, 우리의 정치도 또한 그렇게 변화할 것이다.

그러나 서둘러야 한다. 만년설이 녹아내리고 있다.

| 감사의 말 |

이러한 책은 많은 사람의 도움 없이는 쓸 수 없다. 아주 유익한 논의를 해준 분들께 온 마음으로 감사드린다.

일상의 통찰을 제공하고 많은 지원을 해준 아내 캐슬린 프럼킨.

아들 앤드류 레이코프와 대니엘러 블라이히마르.

형 샌디 레이코프.

로크리지연구소의 동료인 브루스 버드너와 글렌 스미스, 에반 프리시, 에릭 하스, 셰리 레슨, 조 브루어, 스코트 파킨슨, 크리스티나 스미스, 윌 버넷, 대월 파우터.

정치에 관여하는 친구들인 로버트 라이시, 마이클 폴란, 마누엘 카스텔, 웨스 보이드, 조안 블레이즈, 피터 반스, 돈 아비트블릿, 제프 맨코프, 가이 새퍼스타인과 지니 새퍼스타인 부부, 스티브 실버스타인, 캐시 배리, 밥 버넷, 밥 엡스타인, 할리 샤이켄과 베아트리체 샤이켄 부부, 크리스 에들리, 마리아 에카베스티, 퀸 델러니, 웨인 조던, 캐서린 트림버, 맬 번스타인, 이델리세 맬리브, 스티브 스위그와 매리 스위그 부부, 칼 포프, 해너 베스 잭슨.

넷루츠(Netroots)의 친구들은 너무 많아 일일이 거명할 수 없다. 하지만 엘리 패리스너와 마르코스 멀릿소스, 돈 헤이즌, 애리애나 허핑튼에게 특별한 감사를 드린다.

캘리포니아대학교(버클리)의 언어 신경이론과 인지언어학 연구팀의 제롬 펠드먼과, 이브 스위처, 찰스 필모어, 스리니 나라야난, 엘런 다지, 존 브라이언트, 낸시 창, 에바 목, 캐런 설리반, 러셀 리 골드만, 마이클 엘스워스, 마크 에틀링거, 새라 버슨, 러셀 로즈, 제니 레더러, 제냐 앤틱, 홍지섭, 엘리자베스 웰링, 조슈아 마커.

신경과학자이자 인지과학자인 안토니오 다마지오와 한나 다마지오 부부, 비토리오 갤리스, 마르코 아이아코보니, 드루 웨스턴, 리사 아지즈 자데, 롭 윌러, 존 조스트, 레이 깁스.

그리고 오랫동안 공동 연구를 수행했던 마크 존슨과 라파엘 누네즈.

또한 전 세계의 인지언어학자와 인지과학자들에게 감사의 마음을 전하고 싶다. 지난 30년에 걸친 그들의 연구 덕택에 뇌와 마음, 언어에 대한 우리의 이해는 엄청나게 변화했다.

## | 해설 |

### 머리말: 뇌의 변화와 사회 변화

1.　Andrea Rock, *The Mind at Night* (New York: Basic Books, 2005). "다트머스대학의 신경과학자 가자니가(Gazzaniga)에 따르면, 뇌가 행하는 것의 98퍼센트는 의식적인 자각 밖에 있다." 엄밀히 말해서, 98퍼센트와 같은 수는 거의 의미가 없다. 왜냐하면 생각을 실제로 셀 수 없기 때문이다. 그렇지만 그 퍼센트 비율은 대략 맞는 것 같다. 예를 들면, 텍스트 분석에서 만약 우리가 하나의 텍스트를 이해하기 위해 필요한 모든 것 ─ 의식적으로 자각하고 있지도 않고 그 안에 쓰여 있지도 않은 모든 것 ─ 을 적어놓는다면, 대략 95.98퍼센트가 맞는 것으로 보인다.

### 01_ 애나 니콜과 뇌

1.　George Lakoff, "Structural Complexity in Fairy Tales"(동화의 구조적 복잡성) (1964년 여름 인디애나 주 블루밍턴에서 열린 미국 언어학회 모임에서 발표한 논문). 이것은 동화에 대한 블라디미르 프로프(Vladimir Propp)의 고전 형태론을 최신화한 것으로, 전체적인 구도가 어떻게 서로 얽히고 체계적으로 구조화된 단순 구도들로 이해될 수 있는지를 보여준다.

2.　Roger Shank and Robert Abelson, *Scripts, Plans, Goals and Understanding* (Hillsdale, NJ: Erlbaum, 1977).

3.　Jerome Feldman, *From Molecule to Metaphor* (Cambridge, MA: MIT Press, 2006). 펠드먼은 단순한 '삼각형 마디들'을 조합하면 충분히 프레임의 신경계산 속성을 특징지을 수 있다고 주장한다. 각각의 '마디'는 하나의 회로를 형성하는 비교적 작은 무리의 뉴런이다. 삼각형 마디에는 세 개의 그러한 회로가 있고, 이 중 어느 두 개가 점화하면 세 번째 회로도 활성화된다. 이에 더해, 통제 마디, 즉 이것을 달성하는 단순회로가 있다.

4.　Erving Goffman, *Frame Analysis: An Essay on the Organization of Experience* (New

York: Harper and Row, 1974).

5.   Charles Fillmore, "An Alternative to Checklist Theories of Meaning," in *Proceedings of the First Annual Meeting of the Berkeley Linguistics Society* (Berkeley, CA: Berkeley Lingustics Society, 1975), 123-31. Charles Fillmore, "Frame Semantics," in Linguistic Society of Korea, ed., *Linguistics in the Morning Calm* (Seoul: Hanshin), 111-38. Charles Fillmore, "Frames and the Semantics of Understanding," *Quaderni di Semantica* 6 (1985): 222-53.

6.   Vittorio Gallese and George Lakoff, "The Brain's Concepts: The Role of the Sensory-Motor System in Conceptual Structure," *Cognitive Neuropsychology*, 22(2005): 455-79.

7.   Antonio Damasio, *Descartes' Error* (New York: Grosset/Putnam) 1994), 174. [한국어 판: 안토니오 다마지오 지음, 『데카르트의 오류』, 김린 옮김(중앙문화사, 1999)], Antonio Damasio, *Looking for Spinoza* (New York: Harcourt, 2003), 147-50. [한국어 판: 안토니오 다마지오 지음, 『스피노자의 뇌 — 기쁨, 슬픔, 느낌의 뇌과학』, 임지원 옮김(사이언스북스, 2007)]

8.   Srini Narayanan, "Moving Right Along: A Computational Model of Metaphorical Reasoning About Events," *Proceedings of the National Conference on Artificial Intelligence*, 1999 (AAAI '99): 121-28. Feldman, *From Molecule to Metaphor.*

9.   Dan P. McAdams, *The Redemptive Self: Stories Americans Live By* (New York: Oxford University Press, 2006). Dan P. McAdams, *The Person: A New Introduction to Personality Psychology*, 4th ed. (New York: Wiley, 2006). McAdams and his colleagues at the Northwestern University Psychology Department have shown that it is common for people to live out the Redemption narrative. He suggests that personality involves living out narratives.

10.  http://www.gwu.edu/~nsarchiv/NSAEBB/NSAEBB122/index.htm#kubark.

11.  Feldman, *From Molecule to Metaphor*, 213-15.

12.  Antonio and Hanna Damasio, personal communication.

13.  Marco Iacoboni, *Mirroring People: The New Science of How We Connect with Others* (New York: Farrar, Straus and Giroux, 2008). 거울뉴런에 관해서는 이 뛰어난 대중적 인 책을 추천한다. [한국어판: 마르코 야코보니 지음, 『미러링 피플 — 세상 모든 관계 를 지배하는 뇌의 비밀』, 김미선 옮김(갤리온, 2009)]

14.  Naomi Klein, *The Shock Doctrine* (New York: Metropolitan Books, 2007). [한국어판: 나오미 클라인 지음, 『쇼크 독트린 — 자본주의 재앙의 도래』, 김소희 옮김(살림Biz, 2008)]

15.    더 깊이 있는 논의는 7장을 볼 것.


## 02_ 정치적 무의식

1.    Charles Fillmore, "An Alternative to Checklist Theories of Meaning," in *Proceedings of the First Annual Meeting of the Berkeley Linguistics Society* (Berkeley, CA: Berkeley Linguistics Society, 1975), 123-31. Charles Fillmore, "Frame Semantics," in Linguistic Society of Korea, ed., *Linguistics in the Morning Calm* (Seoul: Hanshin), 111-38. Charles Fillmore, "Frames and the Semantics of Understanding," *Quaderni di Semantica* 6 (1985): 222-53.

2.    http://www.rockridgeinstitute.org/research/lakoff/tortreform.

3.    Al Gore, *The Assault on Reason* (New York: The Penguin Press, 2007), 72. [한국어판: 앨 고어 지음, 『이성의 위기』, 안종설 옮김(중앙북스, 2008)]

4.    Lynn Hunt, *Inventing Human Rights: A History* (New York: Norton, 2007). [한국어판: 린 헌트 지음, 『인권의 발명』, 전진성 옮김(돌베개, 2007)]

5.    J. E. Faust, "Obedience: The Path to Freedom," *Ensign*, May 1999, 45.

6.    *New York Times*, March 29, 1994.

7.    이 역사에 대한 뛰어난 논의는 로스실드(Emma Rothschild)의 *Economic Sentiments: Adam Smith, Condorcet, and the Enlightenment* (Cambridge, MA, and London: Harvard University Press, 2001), 특히 2장을 보라.

8.    Adam Smith, *An Inquiry into the Nature and Causes of the Wealth of Nations*, R. H. Campbell and A. S. Skinner, eds. (Oxford: Clarendon Press, 1976), 157-58.

9.    같은 책, 96.

10.   Rothschild, *Economic Sentiments*, 64.

11.   From the Nixon tapes. Quoted in Michael Moore's movie *Sicko*.

12.   Drew Westen, *The Political Brain* (New York: Public Affairs, 2007). [한국어판: 드루 웨스틴 지음, 『감성의 정치학』, 뉴스위크 한국판 옮김(중앙북스, 2007)]


## 04_ 뇌의 역할과 정치적 이념

1.    Chen-Bo Zhong and Kate Liljenquist, "Washing Away Your Sins: Threatened Morality and Physical Cleansing," *Science* 313, no. 5792 (September 8, 2006): 1451-52.

2.    Dan Jones, "Moral Psychology: The Depths of Disgust," *Nature* 447 (June 14, 2007): 768-71.

3.     J. Moll et al., "Human Fronto-Mesolimbic Networks Guide Decisions About Charitable Donation," *Proceedings of the National Academy of Sciences USA* 103, no. 42 (October 17, 2006): 15623-28.

4.     Marco Iacoboni, *Mirroring People: The New Science of How We Connect with Others* (New York: Farrar, Straus and Giroux, 2008).

5.     J. Greene et al., "The Neural Basis of Cognitive Conflict and Control in Moral Judgment," *Neuron* 44 (October 14, 2004): 389-400.


## 05_ 새로운 의식

1.     Lynn Hunt, *Inventing Human Rights: A History* (New York: Norton, 2007).

2.     George Lakoff, *Don't Think of an Elephant!* (White River Junction, VT: Chelsea Green, 2004). [한국어판: 조지 레이코프 지음, 『코끼리는 생각하지 마 — 미국 진보 세력은 왜 선거에서 참패하는가』, 유나영 옮김(삼인, 2006)]. George Lakoff and the Rockridge Institute, *Thinking Points* (New York: Farrar, Straus and Giroux, 2006). [한국어판: 조지 레이코프 지음, 『프레임 전쟁』, 나익주 옮김(창비, 2007)]


## 06_ 트라우마적 개념: 테러와의 전쟁

1.     http://www.cfr.org/publication/13432/.


## 07_ 실재를 프레임에 넣기: 사영화

1.     http://www.youtube.com/watch?v=Zu90tBlkKXw.

2.     http://www.nydailynews.com/news/wn_report/2007/10/03/2007-10-03_blackwater_to_guard_fbi_team_probing_it.html.

3.     http://www.foodnavigator-usa.com/news/ng.asp?id=76029.

4.     http://www.independent.org/publications/tir/promo.asp?issueID=49&articleID=631; http://www.independent.org/publications/tir/promo.asp?issueID=50&articleID=646; http://www.independent.org/newsroom/article.asp?id=119.


## 08_ 프레임 형성의 공포

1.     http://judiciary.senate.gov/testimony.cfm?id=2504&wit_id=432.


366

2.    http://www.rockridgeinstitute.org/research/lakoff/occupation.

3.    http://www.dailykos.com/story/2007/5/24/143738/794.

4.    http://www.globalpolicy.org/security/oil/2005/crudedesigns.htm.

5.    http://www.dailytimes.com.pk/default.asp?page=2007%5C09%5C19%5Cstory_19-9-2007_pg3_1.

## 09_ 고정관념에 맞서라: 복지여왕의 아들

1.    *New York Times*, 1976-02-15, p. 51; www.washingtonmonthly.com/features/2003/0309.
      mendacity-index.html; www.huppi.com/kangaroo/L-welfarequeen.htm; http://en.
      wikipedia.org/wiki/Welfare_queen.

2.    George Lakoff, *Women, Fire, and Dangerous Things* (Chicago University of Chicago
      Press, 1987). [한국어판: 조지 레이코프 지음, 『인지 의미론』, 이기우 옮김(한국문화
      사, 1994)』. C. Mervis and E. Rosch, "Categorization of Natural Objects," *Annual
      Review of Psychology* 32 (1981): 89-115. E. Rosch (E. Heider), "Natural Categories,"
      *Cognitive Psychology* 4: 328-50. E. Rosch, "Cognitive Reference Points," *Cognitive
      Psychology* 7: 532-47. E. Rosch, "Cognitive Representations of Semantic Categories,"
      *Journal of Experimental Psychology* (General) 104: 192-233. E. Rosch, "Human
      Categorization," in N. Warren, ed., *Studies in Cross-Cultural Psychology* (London:
      Academic, 1977). E. Rosch, "Principles of Categorization," in E. Rosch and B. B.
      Lloyd, *Cognition and Categorization* (Hillsdale, NJ: Erlbaum, 1978), 27-48. E. Rosch,
      "Prototype Classification and Logical Classification: The Two Systems," in E.
      Scholnisk, ed., *New Trends in Cognitive Representation: Challenges to Piaget's
      Theory* (Hillsdale, NJ: Erlbaum, 1981), 73-86. E. Rosch and B. B. Lloyd, *Cognition and
      Categorization* (Hillsdale, NJ: Erlbaum, 1978). E. Rosch et al., "Basic Objects in
      Natural Categories," *Cognitive Psychology* 8 (1976): 382-439.

3.    George Lakoff and Mark Johnson, *Metaphors We Live By* (Chicago: University of
      Chicago Press, 1980); 2nd ed., 2003. [한국어판: M. 존슨·G 레이코프 지음, 『삶으로
      서의 은유』, 노양진·나익주 옮김(박이정, 2006)]

## 11_ 인지 정책

1.    Garrett Hardin, "The Tragedy of the Commons," *Science* 162 (1968): 1243-48.

### 12_ 논쟁적인 개념은 도처에 있다!

1.      W. B. Gallie, "Essentially Contested Concepts," *Proceedings of the Aristotelian Society* 56 (1956): 167-98.

2.      http://en.wikipedia.org/wiki/Essentially_contested_concept.

3.      이에 대한 하나의 기술을 보려면, George Lakoff, *Moral Politics: How Liberals and Conservatives Think* (Chicago: University of Chicago Press, 1996; 2002), 299-303.을 보라. [한국어판: 조지 레이코프 지음,『도덕, 정치를 말하다 ― 보수와 진보의 뿌리는 무엇인가?』, 손대오 옮김(김영사, 2010)]

4.      www.americanscientist.org/template/Newsletter?memberid=null&issueid=1661.

5.      Paul Starr, *Freedom's Power* (New York: Basic Books, 2007), 2.


### 13_ 정치적 뇌를 탐사하라!

1.      Drew Westen, *The Political Brain* (New York: Public Affairs, 2007).

2.      같은 책, 264.

3.      J. T. Jost et al., "Political Conservatism as Motivated Social Cognition," *Psychological Bulletin* 129, no. 3 (May 2003): 339-75.

4.      D. M. Amodio et al., "Neurocognitive Correlates of Liberalism and Conservatism," *Nature Neuroscience*, September 9, 2007.

5.      Theodor W. Adorno, *The Authoritarian Personality* (New York: Harper, 1950).

6.      Bob Altemeyer, *Enemies of Freedom: Understanding Right-Wing Authoritarianism* (San Francisco: Jossey-Bass, 1998). Bob Altemeyer, *The Authoritarian Specter* (Cambridge, MA: Harvard University Press, 1997).

7.      R. Willer, M. Feinberg, and D. Laurison, " 'Fear and Loathing' in Support for War: The Effects of Prejudice, Distrust, and Fear of Terrorism," Department of Sociology, University of California, Berkeley.


### 14_ 사익의 문제

1.      B. M. H. Larson, "The Social Resonance of Competitive and Progressive Evolutionary Metaphors," *Bioscience* 56, no. 12 (December 2006). B. M. H. Larson, "Darwin's Metaphors Revisited: Conceptual Metaphors, Conceptual Blends, and Cognitive Models in a Scientific Theory," unpublished manuscript.

2.      Theodore L. Brown, *Making Truth: Metaphor in Science* (Urbana and Chicago:

University of Illinois Press, 2003).

3.    www.nytimes.com/2007/06/26/science/26essay.html.

4.    *New Republic*, October 19, 2006.

5.    Marco Iacoboni, *Mirroring People: The New Science of How We Connect with Others* (New York: Farrar, Straus and Giroux, 2008), chapter 7.

6.    An excellent introduction to the literature is found at http://plato.stanford.edu/entries/altruism-biological.

7.    Steven Pinker, *The Blank Slate* (New York: Viking, 2002), 243. [한국어판: 스티븐 핑커 지음, 『빈 서판 — 인간은 본성을 타고나는가』, 김한영 옮김(사이언스북스, 2004)]

8.    H. Kern Reeve and Bert Holldobler, "The emergence of a super organism through intergroup competition," *Proceedings of the National Academy of Sciences USA* 104, no. 23 (June 5, 2007): 9736-40.

9.    Robert Wright, *Nonzero: The Logic of Human Destiny* (New York: Pantheon, 2000). [한국어판: 로버트 라이트 지음, 『넌제로 — 하나된 세계를 향한 인간 운명의 논리』, 임지원 옮김(말글빛냄, 2009)]


## 15_ 합리적 행위를 정의하는 은유

1.    합리적 행위자 모형의 은유적 성격에 대한 아주 상세한 전문적인 논의는 레이코프와 존슨(Lakoff & and Johnson)의 『몸의 철학』(Philosophy in the Flesh) 23장에서 찾아볼 수 있다. 나는 이 분석을 버클리의 정치학과에서 게임 이론을 가르치는 유명한 수학자인 파월(Robert Powell)과 함께 수행했다.

2.    Karen Breslau and Katrina Heron, "The Debriefing," *Wired* 8.12 (December 2000).


## 16_ 왜 매파가 승리하는가?

1.    나는 카너먼의 노벨상 수상 강연을 강력히 추천한다.
      nobelprize.org/nobel_prizes/economics/laureates/2002/kahneman-lecture.html.

2.    Peter Bernstein, *Against the Gods: The Remarkable Story of Risk* (New York: John Wiley & Sons, 1996). 실례는 왓킨스(Thayer Watkins)에서 추출한 것이다. http://www.sjsu.edu/faculty/watkins/prospect.htm. [한국어판: 피터 L. 번스타인 지음, 『리스크 — 위험, 기회, 미래가 공존하는』, 안진환 옮김(한국경제신문, 2008)]

3.    C. Trepel, C. Fox, and R. Poldrack, "Prospect Theory on the Brain?: Toward a Cognitive Neuroscience of Decision under Risk," *Cognitive Brain Research* 23 (2005): 34-50. S. M. Tom, C. Trepel, C. Fox, and R. Poldrack, "The Neural Basis of Loss

Aversion in Decision Making Under Risk," *Science* 315 (January 26, 2007): 515-18.

4.    D. Kahneman and J. Renshon, "Why Hawks Win," *Foreign Policy*, Jan./Feb. 2007.

## 17_ 뇌의 언어

1.    마음의 신체화에 대한 증거를 처음으로 자세하게 논의한 연구는 레이코프(George Lakoff)의 *Women, Fire, and Dangerous Things* (Chicago: University of Chicago Press, 1987)이다. 현대 철학에서 이것을 다룬 최초로 다룬 연구는 존슨(Mark Johnson)의 *The Body in the Mind* (Chicago: University of Chicago Press, 1987)[한국어판: 마크 존슨 지음, 『마음 속의 몸』, 노양진 옮김(철학과현실사, 2000)]이다. 신경과학을 비롯한 가장 최근의 해명은 레이코프와 존슨(Lakoff & and Johnson)의 *Philosophy in the Flesh* (New York: Basic Books, 1999)[한국어판: 마크 존슨·조지 레이코프 지음, 『몸의 철학』, 임지룡·노양진·나익주 옮김(박이정, 2002)]를 보라. 깁스(Raymond J. Gibbs Jr.)의 *Embodiment in Cognitive Science* (New York: Cambridge University Press, 2005)는 의미의 신체화를 뒷받침하는 증거에 대한 철저하고 뛰어난 연구이다. 의미의 신체화에 대한 신경계산적 토대는 펠드먼(Jerome Feldman)의 *From Molecule to Metaphor* (Cambridge, MA: MIT Press, 2006)에 제시되어 있다.

2.    A. R. Damasio and D. Tranel, "Nouns and verbs are retrieved with differently distributed neural systems," *Proceedings of the National Academy of Sciences USA* 90 (1993): 4957-60.

3.    W. T. Harbaugh, U. Mayr, and D. R. Burghart, "Neural Responses to Taxation and Voluntary Giving Reveal Motives for Charitable Donations," *Science* 316, no. 5831 (June 15, 2007): 1622-25.

4.    심적 시뮬레이션 이론은 펠드먼(Jerome Feldman)의 *From Molecule to Metaphor* (Cambridge, MA: MIT Press, 2006)에 상세하게 제시되어 있다.

## 18_ 신계몽의 언어

1.    Noam Chomsky, *Syntactic Structures* (The Hague: Mouton, 1957), 13.

2.    Noam Chomsky, *Cartesian Linguistics: A Chapter in the History of Rationalist Thought* (Cambridge, MA: MIT Press, 1966).

3.    Erving Goffman, *Frame Analysis: An Essay on the Organization of Experience* (New York: Harper and Row, 1974).

4.    M. Minsky, "A Framework for Representing Knowledge," *MIT-AI Laboratory Memo*

306, June 1974, condensed version, in P. Winston, ed., *The Psychology of Computer Vision* (New York: McGraw-Hill, 1975).

5.  Roger Shank and Robert Abelson, *Scripts, Plans, Goals and Understanding* (Hillsdale, NJ: Erlbaum, 1977).

6.  Charles Fillmore, "An Alternative to Checklist Theories of Meaning," in *Proceedings of the First Annual Meeting of the Berkeley Linguistics Society* (Berkeley, CA: Berkeley Linguistics Society, 1975), 123-31.

7.  http://www.framenet.icsi.berkeley.edu.

8.  Vittorio Gallese and George Lakoff, "The Brain's Concepts: The Role of the Sensory-Motor System in Conceptual Structure," *Cognitive Neuropsychology* 22 (2005): 455-79.

9.  은유에 대한 앞선 시대의 해명을 완벽하게 개괄한 저작은 존슨(M. Johnson)이 편집한 *Philosophical Perspectives on Metaphor* (Minneapolis: University of Minnesota Press, 1981)이다. 은유의 뛰어난 개론서는 커브체시(Z. Kovecses)의 *Metaphor* (New York: Oxford University Press, 2002)[한국어판: 졸탄 커브체시 지음, 『은유: 실용입문서』, 이정화·우수정·손수진·이진희 옮김(한국문화사, 2003)]이다.

10. Michael Reddy, "The conduit metaphor," in A. Ortony, ed., *Metaphor and Thought* (Cambridge, UK: Cambridge University Press, 1979), 284-324.

11. George Lakoff and Mark Johnson, *Metaphors We Live By* (Chicago: University of Chicago Press, 1980); 2nd ed., 2003.

12. 이 설명은 1997년에서 1999년 사이에 캘리포니아대학교(버클리) 컴퓨터과학과에서 나온 세 개의 박사논문을 결합한 결과였다. 이 세 논문은 나라야난(S. Narayanan)의 "KARMA: Knowledge-based Action Representation for Metaphor and Aspect," Ph.D. dissertation, Department of Computer Science, University of California, Berkeley, 1997과, 그래디(Joseph Grady)의 "Foundation of Meaning: Primary Metaphors and Primary Scenes," Ph.D. dissertation, University of California, Berkeley, 1997, 그리고 크리스토퍼 존슨(Christopher Johnson)의 "Constructional Grounding: The Role of Interpretational Overlap in Lexical and Constructional Acquisition," Ph.D. dissertation, University of California, Berkeley, 1999이다.

13. G. Lakoff and M. Turner, *More Than Cool Reason: A Field Guide Poetic Metaphor* (Chicago and London: University of Chicago Press, 1989).

14. George Lakoff and Mark Johnson's *Philosophy in the Flesh* (New York: Basic Books, 1999), 236.

15. 같은 책, 70.

16. Charles J. Fillmore, *Entailment Rules in a Semantic Theory* (Columbus: Ohio State

University, 1965).

17. Jeffrey Gruber, "Studies in Lexical Relations," Ph.D. dissertation, MIT, 1965.

18. 신체화된 구문 문법에 대해서는 펠드먼(Jerome Feldman)의 *From Molecule to Metaphor* (Cambridge, MA: MIT Press, 2006)를 보라.

19. Kwame Anthony Appiah, "The New Philosophy," *New York Times Magazine*, December 9, 2007; http://www.nytimes.com/2007/12/09/magazine/09ww1n-idealab-t. htm. 아파이어(Appiah)는 경험과학 연구가 철학 내에 존재한다는 개념에 반대하면서 철학이 관념적인 학문이라는 전통적 견해를 옹호한다.

## 책을 마치며: 정치적 마음이 작용한다면?

1. 이에 대한 상세한 설명은 레이코프의 『도덕, 정치를 말하다』 21장을 보라.

# | 찾아보기 |

# '정치의 전장은 뇌'

### 1

인지과학자이자 인지언어학자로서 캘리포니아대학교(버클리) 언어학과 교수인 레이코프(George Lakoff)는 인지언어학의 개념적 은유 이론과 프레임 이론에 근거해, 미국 정치를 이해하고자 시도해왔다. 1980년대 초 레이건 대통령의 집권 이후 민주당은 (2006년 중간선거 승리와 2008년 오바마의 대통령 당선 전까지) 왜 줄곧 선거에서 패배했는가? 도대체 왜 가난한 서민 유권자들이 자신의 이익과 정체성에 반해 보수적인 공화당을 지지해왔는가? 『폴리티컬 마인드: 21세기 정치는 왜 이성과 합리성으로 이해할 수 없을까?』에서 레이코프는 이러한 질문에 대한 답이 인간 뇌의 작용에 있다고 말한다.

레이코프가 제기하는 이러한 질문은 한국 사회에서도 의미심장한 시사점을 준다. '경제 살리기'와 '선진화' 프레임의 위력을 바탕으로 서민과 중산층의 지지를 이끌어낸 보수 진영이 행정부와 국회의 권력을 장악한 뒤 더욱 심화되고 있는 경제적 양극화와 청년 실업, 비정규직 양산, 빈번한 정리해고로 인해 서민의 삶은 고달파지고 중산층이 빠른 속도로 무너지고 있기 때문이다. 실제로 그의 이전 저서 『코끼리는 생각하지 마』와 『프레임 전쟁』, 『자유는 누구의 것인가?』는 정치적 세계관과 프레임이 우리가 의식하지 못하는 사이에 우리 삶에 얼마나 많은 영향을 미치는가에 대해 우리나라 독자들의 인식의 폭을 넓혀주었다. 『폴리티컬 마인드: 21세기 정치는 왜 이성과 합리성으로 이해할 수 없을까?』도 역시 앞선 저작의 논점을 유지하면서도 신경과학적인 발견에 근거한 흥미롭고 예리한 통찰을 담고 있어서 독자들의 많은 관심을 불러일으킬 것으로 기대된다.


2

레이코프에 따르면, 미국의 보수주의자와 진보주의자 둘 다 국가를 가정으로 본다는 점에서는 유사한 인식을 가지고 있지만, 어떤 가정이 이상적인 가정인가에 대해서는 커다란 차이를 보인다. 미국인들의 마음속에는 적어도 두 개의 이상적인 가정 모형이 있다. 하나는 엄격한 아버지 가정 모형이고 다른 하나는 자애로운 부모 가정 모형이다. 보수주의자에게 국가는 엄격한 아버지의 권위가 살아 있는 가정이고, 반면 진보주의자에게 국가는 자애로운 부모의 사랑이 넘치는 가정이라는 것이다.

엄격한 아버지 가정 모형에서는 기본적으로 세계에는 수많은 위험이 존재하고, 아버지는 자녀를 그러한 위험으로부터 보호할 만한 힘과 권위를 소유하며, 따라서 자녀는 도덕적 권위를 상징하는 엄격한 아버지에게 절대적으로 순종해야 한다. 이 모형에서는 아버지에게 순종하지 않은 것은 악이기 때문에 순종하지 않는 자녀는 엄한 벌과 규율을 통해서 도덕적인 권위를 지닌 엄격한 아버지로 자라나도록 양육해야 한다. 반면에 자애로운 부모 가정 모형에서는 아버지와 어머니가 자녀 양육을 서로 평등하게 책임지며, 자녀에게 감정이입을 해야 한다. 이 모형에서 자녀는 아버지에 대한 절대적인 순종이 아니라 부모가 제공하는 자애로운 감정이입을 통해서 자신과 타인에 대한 배려와 책임감을 배운다.

엄격한 아버지 가정 모형의 가치와 도덕관을 국가에 적용한 보수주의 세계관은 지도자의 도덕적 권위, 근본주의 기독교적인 선악의 가치체계, 개인의 절제 강조, 시장자유에 대한 철저한 신봉, 개인의 경제활동이나 재산에 대한 국가의 간섭 거부 등으로 나타난다. 그 결과 국가의 지도자는 엄격한 아버지이고, 하느님은 엄격한 징벌적인 아버지이며, 지도자의 권위에 도전하는 국민은 아버지에게 반항하는 악한 자녀이고, 세금은 무거운 짐이며, 세금 부과자는 악당이고, 세금을 없애는 사람은 영웅이 된다. 반면에 자애로운 부모 가정 모형의 도덕성에 근거한 진보주의 세계관에서는 국가의 지도자(부모)가 사회의 가난하고 억압당한 사람들(자녀)에게 감정이입을 하고 그들을 보살피는 데 힘써야 한다. 그 결과 국가를 운영하기 위한 세금은 가정의 생계에 필요한 자산이 되며, 사회적 공공성을 위한 세금 부과는 가정의 생필품을 확보하기 위한 필수적인 활동이 되며, 세금을 없애거나 납부하지 않는 사람은 가정을 파괴하는 악당이 된다.

레이코프는 '국가는 가정'이라는 은유를 통해 가정의 도덕적 가치관을 국가와 정치에 연결함으로써 미국인의 정치적 세계관을 분석하고 있다. 그의 이러한 주장은 정치학이나 사회학, 경제학 등 다른 분야의 연구에서 찾아보기 힘든 매우 흥미롭고 신선한 것이다.


3

『폴리티컬 마인드』에서도 레이코프는 보수주의자들이 정치적·사회적 이슈를 프레임에 넣어 사람들의 마음을 통제함으로써 선거에서 승리하고 권력을 장악해왔다고 주장한다. 여기에서 더 나아가 그는 프레임 형성이 정치적 사고에 결정적인 영향을 미친다는 자신의 생각이 신경과학적으로 근거가 있다는 주장을 덧붙인다.

지금까지 우리가 알고 있는 것과는 달리 정치란, 정확하고 구체적인 사실이나 수치를 제시하는 논증을 통해 마음을 변화시키는 일이 아니라, 신경 회로나 경로를 만들고 다시 짜는 일과 관련이 있다는 것이다. 감정에 와 닿고, 도덕적으로 매력이 있으며, 마음에 감동을 주는 서사나 은유에 반복적으로 접하게 되면, 그런 표현을 이해하는 데 관여하는 특정 신경 경로는 계속 활성화되어 결국 우리의 뇌에 안정적으로 자리 잡을 가능성이 아주 높다.

이렇게 물리적으로 고착화된 신경 경로는 강력한 프레임으로 작용해 우리의 사고와 행동 방식을 이끌고 제약한다. 한마디로, 사람들의 뇌를 통제하는 정치가가 선거에 승리하게 되는 것이다.

레이코프는 지난 30여 년 동안 미국 정치에서 보수적인 공화당 정치인들이 '뇌와 마음이 어떻게 작동하는지'를 잘 이해하고 있기 때문에, 이성뿐만 아니라 감성에 호소하고, 이미 신경적으로 잘 다듬어진 서사에 편승하고, 효과적인 프레임을 만들어냄으로써 계속 선거에서 승리해왔다고 주장한다. 예를 들어, 그들이 자주 사용하는 '가난뱅이에서 부자로'나 '자수성가'와 같은 서사는 이미 많은 미국인의 뇌에 안정적으로 자리 잡고 있어, 이들의 중요한 의사 결정에 커다란 영향을 미친다. 그래서 그는 진보주의자도 보수와의 경쟁에서 이기기 위해서는 프레임 형성의 중요성을 인식하고 더 좋은 프레임과 더 감동적인 서사를 만들어야 한다는 점을 강조한다. 더욱이 너무나도 중요한 민주주의를 지키려면 미국인들의 뇌를 형성하는 일을 절대로 보수적인 권위주의자들에게 내맡겨서는 안 된다고 경고한다. 정치적 사고 역시 뇌의 활동이라는 물리적 과정에서 나온다고 보기 때문이다.

신경과학의 최근 발견을 동원해, 레이코프는 '국가는 가정' 은유와 '이상적인 가정'에 대한 두 가지 모형에서 나오는 도덕적 가치관이 정치적 세계관을 낳는다는 주장을 입증하려고 시도하며, 진보주의자가 이러한 신경과학적 지침을 잘 이해함으로써 보수주의자에게 승리를 거둘 수 있다고 전망한다. 이 전망은 미국의 진보 진영보다 오히려 한국의 진보적인 정치지도자가 마음에 깊이 새겨야 할 지침이다.

4

레이코프에 따르면, 공화당은 정치적 쟁점에 대한 프레임을 성공적으로 만들어 보수 이데올로기의 우위를 확보했다. 그들은 말 그대로 유권자의 뇌에 보수주의 세계관에 맞는 배선이 깔릴 때까지 동일한 주장을 계속 반복한다. 은유적 언어가 우리의 정치적 이해를 강력하게 형성하고, 우리의 뇌는 거의 대부분 무의식적으로 작용하기 때문에 좋든 싫든 이 정보를 흡수한다. 그래서 보수적인 개념과 연상이 우리의 뇌에 확실히 자리 잡게 된다. 레이코프가 즐겨 사용하는 실례는 '세금 구제'이다. '세금 구제'라는 말은 세금이 필연적으로 우리 모두가 피하고 싶은 어떤 부정적인 힘이라는 것을 암시한다. 이러한 개념은 뇌에 안정적으로 자리 잡은 본능적인 서사를 동원한다. 그는 이 서사를 구원 서사라 부른다. 이 서사에서는 부시 대통령이라는 '영웅'이 기업과 열심히 일하는 미국인 가정이라는 '희생자'를 큰 정부라는 '악당'에게서 구원한다. 이와 유사한 많은 서사 구조가 다양한 방식으로 사용되어 우익의 경제 정책과 군사주의적인 외교 정책을 장려한다.

공화당이 이 정치적 세뇌를 마음껏 즐기는 반면, 민주당은 '18세기 계몽(구계몽)'의 사고에 빠져 있다. 민주당은 합리적인 토론과 사실, 수치, 반박에 사로잡혀 있으며 이러한 접근이 유권자에게 미치는 영향이 미미하다는 것을 자각하지 못한다. 게다가 민주당은 답답하게도 논쟁의 프레임이 이미 보수적 세계관과 가정에 유리하도록 짜여 있는 정치적 토론에 참여한다. 예를 들어, '세금 구제'라는 용어에 깔린 가정을 수용하는 세금에 대한 부정적 프레임에서는 세금 구제에 반대하는 논증을 성공적으로 펼칠 수 없다. 마찬가지로 미국과 영국의 군대가 이라크와 아프가니스탄에 가 있는 것은 이 두 나라의 국민을 해방시키기 위함이라는 프레임을 수용하는 한 이라크나 아프가니스탄의 점령에 반대하는 주장을 효과적으로 펼칠 수 없다. 이것도 역시 '구원 서사'이다.

레이코프는 진보주의자가 뇌를 더 잘 이해한다면 정치에 다른 방식으로 접근할 것이라고 믿는다. 그들이 서사와 은유, 프레임의 힘을 인식하고 진보적인 가치에 근거한 자신들 고유의 서사를 만들어낼 것이다. 예를 들어, '세금 구제' 프레임을 대체하는 서사에서는 아마도 열심히 일하는 미국인 가정이 '희생자'이고, 거대 기업 자체와 기업이 지배하는 사회가 '악당'이며, 공적 자금 지원 프로그램이 '영웅'에 해당할 것이다. 레이코프는 이러한 종류의 사고를 자유시장의 확대, 생태문제, 이민제도, 기아문제 등 다양한 영역의 외교 정책에 적용해 어떻게 우리의 내적인 은유 체계가 우리의 정치적 이해로 이어지는가를 설명한다.


5

진보주의자를 위한 훌륭한 메시지를 담고 있는 이 책은 전작의 내용과 상당 부분 겹친다. 그렇지만 "현재 미국의 진보주의 정치인들은 이성이 축자적·의식적·보편적·논리적·비감정적이며 탈신체화되어 있고 가치중립적이라는 18세기 계몽주의(구계몽) 관점이 여전히 옳다고 여기지만, 이것은 잘못된 믿음이다"라는 주장을 신경과학의 발견을 동원해 입증하려고 시도한다는 점에서 새로운 내용을 담고 있다.

레이코프에 따르면, 진보주의자는 유권자가 합리적 행위자이며 따라서 논리와 자기 이익에 근거해 정치적 결정을 내린다는 확고한 믿음을 갖고 있다. 그리하여 진보주의자는 유권자들이 정확하고 자세한 진실을 알기만 한다면 틀림없이 자신들을 지지할 것이라는 믿음에서, 감정적 유대를 이끌어내기 위한 진정성 있는 호소나 적절한 프레임을 만들기 위한 진지한 노력 없이 단지 경험적 증거와 논리적 주장과 함께 자신의 이념을 제시하는 전략을 사용한다. 반면에 보수주의자는 감정에 호소하고 자신들의 이념을 뒷받침하는 프레임을 효과적으로 만들어낸다. 1980년대 이후 대부분의 미국 선거에서 감정과 프레임 형성이 논리를 압도해왔다는 사실은 유권자가 합리적인 행위자라는 진보적인 정치 지도자들의 믿음이 틀렸음을 역설적으로 보여준다.

진보적 이상이 유권자의 마음을 사로잡기 위해서는 "대중에게 진보적인 도덕적 세계관을 수용하도록 하려면, 단지 인구 집단의 이익이 아니라 도덕성을 계속 공개적으로 강조함으로써 대중의 마음속에서 진보적인 사고를 활성화해야 한다"는 레이코프의 진단은 미국만이 아니라 한국의 정치 상황에도 그대로 적용될 수 있다. 한국의 진보 진영은 권위와 복종, 절제의 가치가 아니라 감정이입의 가치에 충실하고, 진정성이 있는 매력적인 서사나 프레임을 만들어내야 하며, 각각의 이슈를 따로따로 언급하기보다 정치에 대해 전체적으로 조망해야 한다.

1997년과 2002년의 대통령 선거에서 패배한 이후 한국의 보수 진영은 매력적인 프레임과 서사를 선점해 유권자의 마음을 사로잡는 데 능숙한 면모를 보여주었다. 그들은 '경제 살리기' 프레임으로 2007년 대통령 선거에서 승리한 이후 '친서민', '녹색성장', '민영화', '선진화', '공정사회' 등의 개념을 선점했다. 그리고 보수 언론을 통해 그러한 개념을 계속 반복해 주입함으로써, 자신들이 그러한 개념의 소유자이며 대변자인 것처럼 보이고자 했던 그들의 의도는 어느 정도 성공했다. 자신들의 진정한 의도는 교묘하게 감추고 있지만 말이다. 국민의 뇌에 이러한 개념의 보수적인 해석이 활성화되는 한, 그들이 실제로 경제를 살렸는가, 실제로 친서민적인가, 공기업 민영화의 수혜자가 실제로 서민인가, 실제로 사회가 공정한가는 중요한 문제가 아니게 된다.

진보 진영이 '그들은 친서민적이 아니다'라거나 '그것은 민영화가 아니다'라는 식으로 단순히 부정하는 것은 보수의 프레임을 강화해줄 뿐이다. 예를 들어, 보수적인 현 정부는 KTX의 민영화 일정을 발표했으며, 민영화라는 이름으로 인천공항을 기업에 넘기려는 의도를 여전히 포기하지 않고 있다. 단순히 '민영화하지 말라'고 반대하는 것은 여전히 보수가 만들어낸 '민영화' 프레임에 머무르는 것이다. 레이코프는 민영화에 대해 "공적 자금이 사기업의 자본금을 제공하는 데 사용되지만, 사기업은 국민들에게 엄청난 비용을 물리면서도 모든 책무성을 회피하게 된다"고 비판하면서, 사유화(privatization)와 영리화(proftiteering)를 결합한 '사영화(privateering)' 프레임으로 대응한다. 정부의 공적인 서비스 기능을 기업에 넘기면 "공익과 기업의 이익이 충돌할 때 기업은 필연적으로 공익을 외면할 수밖에 없다"는 것이다. 레이코프에 따르면, "사영화는 평범한 납세자에게서 부유한 투자가에게로 부를 이전하는 수단이다. 이로 인해 부자들은 훨씬 더 부유하게 되는 반면, 보통 사람들은 정부가 당연히 보장해야 하는 안전과 기회를 빼앗기게 된다".

국민건강관리공단이 운영하는 의료보험의 기능을 민간 보험회사에 넘겨주려는 시도나 의료산업화를 명분으로 영리병원을 허용하려는 시도도 마찬가지이다. 공공의료 프레임 내에서 '어떤 국민에게나 보장해야 할 국가의 고

유 임무를 포기하고 영리 추구를 최고 가치로 여기는 기업에 국민의 건강안
전을 넘기려 하고 있다'는 주장으로 맞서야 한다.

　이제 한국의 진보는 보수가 오랫동안 자신들을 민주주의와 헌정 질서를
파괴하고 인권을 억압하던 반민주 세력이라 규정해왔던 '민주화' 프레임에서
어떻게 벗어났는지 성찰해볼 때이다. 그들은 '민주화' 프레임에서 논쟁하기
를 철저히 거부했으며, 자신들이 국가를 선진화된 산업 사회로 진입하도록
하는 데 주도적인 역할을 해왔다고 주장하는 '선진화' 프레임과 '산업화' 프레
임으로 맞섰다. 지금도 한국의 보수는 자신들이 하고자 하는 모든 일에 공기
업 선진화, 보험 선진화, 국회 선진화, 교육과정 선진화, 학교문화 선진화 등
'선진화'라는 이름을 붙이고 있다. 한국의 진보 진영은 더 늦기 전에 보수가
짜놓은 프레임에서 벗어나야 한다. 그렇게 하려면 먼저 보수의 프레임의 내
용이 무엇인지와 보수가 그러한 프레임으로 감추고자 하는 진정한 속내가 무
엇인지를 간파해야 한다. 그런 다음 진보의 정체성과 가치를 충실히 반영하
고 유권자의 감정을 사로잡는 매력적인 프레임을 만들어낸다면, 이 개념 전
쟁에서 반드시 이길 수 있다.


### 6

　이 책을 옮기는 과정에서 많은 분의 도움을 받았다. 먼저 이 책의 이론적
틀인 인지언어학을 가르쳐주신 연세대 영문학과 이기동 선생님께 감사드린
다. 담화·텍스트 분석에 관심을 갖게 해주신 서강대 영문학과 김태옥 선생님
과 전남대 영어교육과 조명원 선생님께도 많은 빚을 지고 있다. 전남대 철학
과 노양진 선생님, 한국외국어대 영어과 박정운 선생님, 캘리포니아대(버클
리) 언어학과의 권익수 선생님, 위스콘신대(밀워키) 영문학과의 문강형준 선

생님은 초고를 원문과 대조해 읽고 적지 않은 오류를 바로잡아주었다. 그리고 부산대 차윤정 선생님과, 상명대 임혜원 선생님, 중앙대 이유미 선생님, 창원대 임정민 선생님은 초고의 우리말 표현을 다듬어주었으며, 고전공부모임의 김데레사, 김정은, 김선구, 강정희, 박명섭, 범혜영, 조세경, 조미라, 조미숙 선생님은 번역 과정에서 많은 격려와 지원을 해주었다. 또한 이 책에 대한 추천사를 기꺼이 써주신 작가 황광우 선생님과 경희사이버대 미국학과 안병진 선생님, 강원대 경제학과 이병천 선생님, 서울대 법학전문대학원 조국 선생님께 진심으로 감사드린다. 끝으로 이 책의 번역을 맡겨준 도서출판 한울의 윤순현 과장님께 감사의 말을 전한다.


2012년 5월
나익주

| 지은이 |

**조지 레이코프**(George Lakoff)는 캘리포니아 버클리대학교(University of California, Berkeley)의 언어학과와 인지과학과의 리처드앤드골드만 석좌교수이다. 진보주의 이념의 본산지 역할을 하고 있는 로크리지 연구소(The Rockridge Institute)를 창립했으며, 버클리대학교의 국제컴퓨터과학연구소와 인지과학연구소의 연구원으로 활동하고 있다.

레이코프는 인지언어학계를 이끌고 있는 대표적인 학자로서 많은 저작을 발표했는데, 저서의 대부분이 베스트셀러였다. 인지언어학의 태동 과정에서 결정적인 역할을 했고 인지언어학은 물론 철학, 심리학, 수학, 교육학, 심지어 체육 분야에서도 고전이 된『삶으로서의 은유(Metaphors We Live By)』는 미국에서 여전히 인기 있는 스테디셀러이며, 유럽의 거의 모든 언어로 번역되었다. 또 다른 책『인지의미론(Women, Fire, and Dangerous Things)』과『몸의 철학(Philosophy in the Flesh)』은 인지언어학의 철학적 배경과 인지언어학의 연구 성과를 집대성한 작품으로, 인지언어학을 공부하는 학자들에게는 바이블이다.

레이코프는 인지언어학의 연구 성과(특히 개념적 은유 이론)를 정치적 담론에 적용해 미국 정치를 분석하고 있다. 이러한 방향의 연구를 담은『도덕, 정치를 말하다(Moral Politics)』와『코끼리는 생각하지 마(Don't Think of an Elephant!)』,『프레임 전쟁(Thinking Points!)』,『자유는 누구의 것인가(Whose Freedom?)』는 모두 큰 반향을 얻었다. 레이코프는 국내에서도 상당히 많이 알려져 있으며, 대부분의 책이 우리말로 출판되었다.

| 옮긴이 |

**나익주**(羅益柱)는 전남대학교 영문과를 졸업하고 서강대학교 대학원과 전남대학교 대학원에서 석사와 박사 학위를 받았다. 캘리포니아 버클리대학교 언어학과에서 객원학자로 인지언어학과 은유를 연구했으며, 전남대학교 영미문화연구소 연구원과 한국담화·인지언어학회의 연구이사, 학술지 《담화와 인지》의 편집위원으로 활동하고 있다. 「개념적 은유: 사랑」, 「성욕의 은유적 개념화」, 「정과 한의 은유적 개념화」, 「삶을 지배하는 교육 은유」 등의 논문을 썼고, 지은 책으로 『인지언어학』(공저)이 있으며, 옮긴 책으로 이 책의 지은이인 조지 레이코프의 『삶으로서의 은유』(공역), 『몸의 철학』(공역), 『프레임 전쟁』, 『자유는 누구의 것인가』를 비롯해 『인지언어학이란 무엇인가』, 『개념·영상·상징: 문법의 인지적 토대』, 『마음의 시학』, 『인지언어학』 등이 있다.

한울아카데미 1446

## 폴리티컬 마인드
21세기 정치는 왜 이성과 합리성으로 이해할 수 없을까?

ⓒ 나익주, 2012

지은이 • 조지 레이코프
옮긴이 • 나익주
펴낸이 • 김종수
펴낸곳 • 도서출판 한울

초판 1쇄 인쇄 • 2012년 6월 15일
초판 2쇄 발행 • 2014년 3월 12일

주소 • 413-756 경기도 파주시 파주출판도시 광인사길 153 한울시소빌딩 3층
전화 • 031-955-0655
팩스 • 031-955-0656
홈페이지 • www.hanulbooks.co.kr
등록번호 • 제406-2003-000051호

Printed in Korea.
ISBN 978-89-460-4819-5 93340

* 책값은 겉표지에 있습니다.